무브

MOVE ㅣ 영적 성장에 대한
1,000개 교회들의 증언

그렉 호킨스, 캘리 파킨슨 지음
박소혜 옮김

무브

MOVE | 영적 성장에 대한
1,000개 교회들의 증언

국제제자훈련원

에릭 안슨에게
이 책을 바칩니다.

추천사

『무브』는 우리가 섬기고 있는 설교와 심방, 교육과 상담과 같은 사역들을 통해 기대했던 모습과 한참 차이가 나는 목회 현장의 진실을 있는 그대로 들여다보도록 도와준다. 그 현실을 보면서 당황스럽고 충격을 받기는 하겠지만, 그 현실을 직시하면 단순히 수적인 성장에 치우쳤던 과거와는 달리 어떻게 성도들을 참된 그리스도의 제자로 만드는, 질적인 성장을 이끌어 낼 수 있을지 해법을 찾게 된다. 그래서 이 책을 목회자들과 목회를 준비하는 신학생들에게 강력하게 추천한다. 읽기만 해서는 안 된다. 연구를 통해서 발견된 사실들을 우리의 목회 현장에 비추어 비교 분석하고 대안을 찾기를 바란다. 성도들로 하여금 더 깊은 신앙 성숙의 자리로 이끌기 위해서 구체적이고 효과적인 전략을 세우는 데 매우 요긴한 도움을 줄 것이다.

김명호
국제제자훈련원 대표,
〈크리스채너티 투데이〉 대표

담임 목회의 여정을 출발할 때부터 이미 가슴에 깊게 새긴 것이지만, 한걸음씩 나아가면서 더욱더 그 중요성을 절감하게 되는 것은 다름아닌 "성도 한 사람 한 사람의 영적인 성장" 이라는 목회의 본질이다. 이것은 우리 목회자들의 절대적 사명이요 책임이다. 너무나 더디게 보이고, 과연 어떤 열매가 맺히기는 할지 의심되는 순간들도 있지만, 성도 한 사람 한 사람의 변화와 성숙이 없는 건강한 교회의 성장은 불가능하며, 만약 그런 토대가 없이 양적인 성장이 일어난다면, 그것은 재앙임에 틀림없음을 확신한다. "발견" 프로젝트는 진정한 부흥과 주님께서 원하시는 교회의 성장을 꿈꾸는 관록 있는 목회자들과 이제 목회의 출발선상에 있는 많은 목회자들 모두에게 좋은 디딤돌이요 마중물이 되리라 확신한다.

김건우
시카고 헤브론교회 담임목사

『무브』는 곧 움직임이다. 살아 있는 모든 것은 움직이기 마련이다. 그것은 교회도 마찬가지다. 하지만 솔직한 자기 성찰과 진단만이 자신을 돌아보게 하고 앞을 향해 움직이게 한다. 『무브』는 그런 의미에서 우리가 현재의 상황이나 처지에 머물거나 안주하지 못하도록 한다. 교회가 머무는 것은 성장과 변화를 멈추는 일이기에 거기에는 미래도 소망도 없다. 이 책은 교회의 환경이나 규모와 상관없이 한국 교회가 질적으로 성장하고 역동적으로 움직일 수 있도록 돕는 '가이드'라 할 수 있다. 또한 하루아침에 나온 연구 보고서나 한 교회만의 경험을 담아낸 책이 아니라 1,000여 개 교회의 성장과정과 스토리가 담긴 작품이다.

자신이 되어야 할 모습 그리고 그 성숙한 모습에 이르는 단계와 방법. 이 모두 오늘날 대부분의 사역자들과 성도들이 갖지 못하고 있는 그림이다. 성경은 끊임없이 우리로 하여금 예수님의 형상을 닮아 가도록 초청하고 있는데, 예수님을 닮아 가는 영적 성숙이 많은 이에게는 너무 추상적이기만 하다. 이 책은 경험적 분석과 신학적 통찰을 통합하여, 이 소중한 주제를 매우 실제적으로 다루고 있다. 미국적 상황에서 쓰였고 하나님 나라의 개념이 약하다는 단점에도 불구하고, 영적 형성spiritual formation에 대하여 이만한 글은 당분간 만나기 힘들 것이다. 진정한 성도로 성장하고 성장시키고 싶은 성도, 목회자, 교회는 이 책을 교과서로 삼아야 할 것이다.

김요한
함께하는교회 담임목사,
(사)와플 대표

김형국
나들목교회 대표목사,
『교회를 꿈꾼다』 저자

CONTENTS

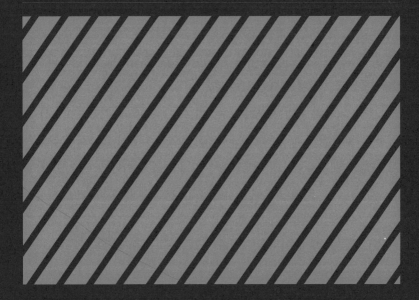

'사실'은 우리의 친구

그날 그들이 나의 하루를 망쳐 놓았다.

그러니까 내가 신뢰하고 존경하는 세 명의 동료가 교회 성도들을 대상으로 한 정교하고 상당히 비싼 설문조사 결과를 들고 나를 찾아왔는데, 그 결과는 상당히 뜻밖이었다.

나는 언제나 지역 교회가 세상의 소망이라는 믿음을 가졌었다. 지금도 그 믿음은 변함없다. 그러나 그날 그 설문 결과를 보고 나는 내가 30년 이상 목회해 온 교회가 생각했던 것만큼 성도들의 영적 성장에 기여하지 못하고 있다는 사실을 깨달았다.

우리 교회의 행정 목사인 그렉 호킨스 Greg Hawkins 와 커뮤니케이션 담당자 캘리 파킨슨 Cally Parkinson 은 내가 전적으로 지원하고 관심을 쏟았던 이 설문조사 프로젝트의 담당자들이었다. 이들은 여론조사 전문가 에릭 안슨 Eric Arnson 을 영입해 이 조사를 좀 더 정교하게 분석하고 발전시켰다. 이들의 목표는 우리 교회가 제공하는 다양한 활동과 프로그램 가운데 어떤 것이 성도들의 영적 성장에 가장 큰 도움이 되는지를 알아보는 것이었다. 다시 말해, 성도들이 하나님과 이웃을 향한 사랑 안에서 성장하려면 어떤 활동이 가장 효율적인 도움을 주는지를 알아보고자 한 것이다^{마 22:37-40}. 이 설문조사 결과로 기존의 다양한 사역들을 면밀히 재조정하여 좀 더 많은 사람들의 신앙을 성장시키는 데 도움을 줄 수 있을 거라고 예상했다.

그러나 이들이 알아낸 사실들은 오히려 우리 교회가 효율성에 대하여 갖고 있던 몇몇 핵심 전제들에 의문점을 남겼다. 우리 교회 전체 교인들 중 18퍼센트에 해당하는 1,000명 이상의 사람들이 영적으로 침체된 상태에 있으면서도 그 상황에 어떻게 대처해야 할지 모르고 있다는 것이 그 가운데 한 예였다. 아예 교회를 떠날 생각을 하는 사람들도 많았다. 교회에서 가장 성숙하고 열정적인 어떤 성도들은 더 깊은 신앙의 세계로 나아가고 더 큰 도전을 받고 싶어 했으나, 다음 단계로 성장하는 일에 교회가 그리 큰 도움이 되지 않는다고 느꼈다.

충격적인 결과였다. 그때까지 난 성도들을 도와 온전히 헌신된 그리스도의 제자들로 만드는 것이 우리 윌로크릭의 유일한 존재 이유라고 생각했었다. 그런데 사실^{facts}은 우리가 갈 길이 한참 더 남았다고 말하고 있었던 것이다.

이 프로젝트 팀이 조사 결과를 발표한 후, 나는 그들에게 감사의 말을 전하고 그 모든 데이터와 분석 결과를 살펴볼 시간을 며칠 달라고 요청했다. 이후 며칠 동안 그 발표 자리에서 알게 된 사실들이 머릿속에서 떠나질 않았다. '그 무엇보다 하나님을 더 사랑'하며, 일상생활 속에서 가난한 사람들을 섬기고 교회에 다니지 않는 친구들에게 다가감으로써 하나님에 대한 사랑을 표현하고 있다고 답한 교인의 비율이 50퍼센트였다는 조사 결과를 떠올리며 위안 삼아 보려고도 했다. 그러나 아무리

해도 윌로크릭의 사역에 대하여 내 자신이 생각하던 바와 우리가 실제로 달성한 바가 서로 일치하지 않는다는 사실이 마음에 걸렸다. 받아들이기도 힘들었다.

이 조사 결과에서 나온 간단하지만 심오한 해결책 한 가지가 있다. 믿음의 여정에 선 성도들을 앞으로 전진시키려 할 때 가장 효과적인 전략은 성경에 의지하게 만드는 것이다. 교회 안에서만 성경을 읽게 하는 것만으로는 충분치 않았다. 그 일은 우리도 이미 잘하고 있었다. 중요한 것은 교회 밖에서 스스로 성경을 읽을 수 있도록 교인들을 돕는 것이었다. 그래서 우리는 수요일 저녁 예배를 완전히 새롭게 재구성했다. 대학 강의 형식으로 수요일 예배를 바꾸어 교인들의 다양한 필요를 좀 더 잘 채울 수 있게 하였다.

이 조사를 통해 알아낸 사실에 기초하여 만들어 낸 변화로 우리 교회의 상황은 크게 호전되었다. 최근 몇 년 동안 우리는 수많은 등록 교인들에게 세례를 주었다. 교회는 더 건강하고 활기에 넘쳤으며, 더 많은 사람들을 신앙의 길로 이끌고 있다. 더 중요한 것은, 더욱 많은 사람들이 그리스도께 온전히 헌신한 제자들로 성장해 가고 있다는 사실이다.

이 조사 결과가 우리의 사역 방법을 크게 변화시키는 것을 보면서 우리는 이것을 더 많은 사람들에게 알리기로 결정했다. 우리가 발견한 이 문제들은 단순히 윌로크릭만의 문제가 아니며, 다른 모든 교회들도 우리처럼 이 결과를 통해 유익을 얻을 수 있을 거라고 판단했기 때문이다. 윌로크릭 협회에 속한 다른 동료들과의 긴밀한 작업을 통해 그렉과 캘리의 팀은 대상을 1,000여 교회의 25만 명 이상의 교인들로 확대하여 4년에 걸쳐 설문조사를 진행했다. 이 확대된 조사의 결과로 나온 데이터베이스는 윌로크릭이라는 한 교회를 대상으로 했던 조사의 결과를 재확인해 주었다. 그 결과가 바로 독자 여러분이 교회를 이끌어 가는 방식을 변화시켜 줄 이 책이다.

본격적으로 이 책을 읽기 전에 마음을 열고 하나님이 하시는 말씀에 귀를 기울이겠다는 다짐을 하기 바란다. 나는 우리 교회 리더십 팀들에게 했던 '사실은 우리의 친구'라는 격려의 말을 여러분에게도 똑같이 해 주고 싶다. 때로는 매우 도전적이지만, 이들이 우리의 친구라는 사실에는 변함이 없다. 이 책에서 여러분이 해결하고 싶어 하는 문제와 관련된 정보를 발견하여 어떻게 하면 여러분의 교회가 온전한 구속의 잠재력을 100퍼센트 발휘할 수 있을지에 대하여 지속적인 대화를 시작하기를 기도한다.

지역 교회는 분명 세상의 희망이다. 우리는 최선의 노력을 기울여 교회를 보살펴야 한다. 교회는 그럴 가치가 있다.

빌 하이벨스
윌로크릭 커뮤니티 교회의 창립 목사이자 담임목사
윌로크릭 협회 이사장

마음을 측정할 수 있을까?

교회 사역은 매우 쉽지만 동시에 엄청나게 어렵다. 교회 사역이 쉬운 까닭은, 예수님이 교회의 사역을 매우 명쾌하게 규정해 주셨기 때문이다. "너희는 가서 모든 민족을 제자로 삼아 아버지와 아들과 성령의 이름으로 세례를 베풀고 내가 너희에게 분부한 모든 것을 가르쳐 지키게 하라" 마 28:19-20.

예수님의 이 명령 속에는 모호한 점이 하나도 없다. 어느 계명이 가장 크냐는 바리새인들의 질문에 대하여 예수님은 이렇게 답하셨다. "네 마음을 다하고 목숨을 다하고 뜻을 다하여 주 너의 하나님을 사랑하라 하셨으니 이것이 크고 첫째 되는 계명이요 둘째도 그와 같으니 네 이웃을 네 자신같이 사랑하라" 마 22:37-40. 그렇다면 예수님은 무슨 의미로 사랑하라는 말씀을 하신 것일까? 다양한 의미로 해석되도록 **여지를** 남겨두셨을까? 전혀 그렇지 않았다. "내 계명을 받아서 지키는 사람은 나를 사랑하는 사람이요" 요 14:21, 새번역.

따라서 교회의 목적, 즉 교회 지도자들이 받은 사명은 교회의 성도들이 하나님을 사랑하고 이웃을 사랑함으로써 예수님께 순종하는 제자가 되도록 돕는 것이다. 이것이 바로 예수님이 우리에게 바라는 것이다. 성경은 이 사실을 상당히 직설적으로 표현하고 있다. 따라서 교회 지도자들이 '무엇'을 추구해야 하는지는 매우 쉬운 부분이다. 문제는 '어떻게'다. 지난 2천 년 동안 모든 새로운 세대의 기독교 지도자들이 이 문제를 붙들고 씨름해 왔다. 어떻게 하면 교인들을 그리스도의 제자로 변모시킬 수 있을까? 어떻게 하면 우리가 목회하는 성도들이 정말로 하나님의 사랑, 나아가 이웃을 향한 사랑 안에서 나날이 성장하고 있는지 확인할 수 있을까? 마음의 변화를 측정하는 방법이 있다면 큰 도움이 될 텐데.

1962년에 나온 닥터 수스^{Dr. Seuss}의 동화 『그린치는 어떻게 크리스마스를 훔쳤을까』^{How the Grinch Stole Christmas}를 영화로 만든 애니메이션 작품은 크리스마스 영화의 고전이라 할 수 있다. 그 이야기에 나오는 그린치는 불평꾼이다. 그가 왜 그런 사람이 되었는지는 아무도 모르지만 작가는 그의 마음이 아주 작다는 점을 암시한다.

하지만 그 사실을 어떻게 입증할 수 있을까? 이 애니메이션 영화는 마법 엑스레이를 통해 다른 사람의 심장보다 한참이나 작은 그린치의 심장을 보여 준다. 다행히 이것이 영화의 끝은 아니다. 그린치는 후빌 마을과 어린 신디에게 온갖 못된 짓을 저지른 다음 인생이 완전히 변하는 경험을 한다. 이번에도 마법 엑스레이 화면을 통해 그의 마음에서 일어난 변화를 실제로 볼 수 있는데, 그 크리스마스 날, 그린치의 마음은 **세 배나** 커진다.

교회 지도자들도 닥터 수스의 마법 엑스레이 화면을 사용할 수 있다면 그리스도의 제자를 만드는 과정을 측정하기가 훨씬 쉬울 것이다. 예수님은 "너희가 서로 사랑하면 이로써 모든 사람이 너희가 내 제자인 줄 알리라"고 말씀하셨다[요 13:35]. 그렇게만 된다면 우리는 매주 예배당 안으로 들어오는 사람들을 일렬로 세워 각 사람의 마음이 얼마나 사랑으로 가득 차 있는지를 측정한 후, 매주 엑스레이 결과를 비교해 교인들의 하나님과 이웃에 대한 사랑이 성장하고 있으며 활발하게 움직이고 있는지를 확인할 수 있을 것이다. 그렇게 손쉬운 방법이 있다면 교회의 어떤 사역이 성도들의 영적 성장을 돕고 있는지를 상당히 정확히 판별할 수 있을 것이다. 그렇게만 된다면 사람들의 마음의 변화를 극대화시키려 할 때 시간과 자원을 어떻게 사용하는 것이 최선인지, 지금보다 훨씬 좋은 방안을 마련할 수도 있을 것이다. 또한 성도들을 하나님과 이웃을 사랑함으로써 예수님께 순종하는 진정한 제자로 만드는 일에 우리의 사역들이 정말로 도움이 되고 있는지도 확실히 알 수 있을 것이다.

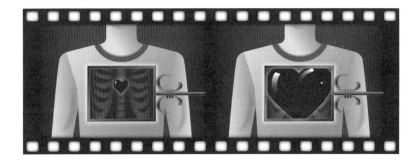

그러나 어쩌랴. 우리에게는 그렇게 마음대로 쓸 수 있는 도구가 없다. 하지만 그렇다고 해서 사람들의 마음의 변화를 이해해야 할 필요성이 사라지는 것은 아니다. 그저 최선의 노력을 다할 수밖에 없다. 우리가 할 수 있는 것을 측정하고, 주로 교회 활동과 관련해 오랜 세대에 걸쳐 교회 지도자들이 성공적이라고 여겨 온 예를 따른다.

우리는 위대한 설교자들의 이야기를 들었기에 주일 오전 예배와 수요 저녁 예배 등 가르치는 일에 공을 들인다. 우리는 할 수 있는 한 최선을 다해 가르친다. 뿐만 아니라 다른 사람들을 격려하여 그들도 최선을 다해 가르치는 일을 하도록 한다. 또한 우리는 성도들이 절박하게 필요로 하는 것이 있다는 것도 안다. 그들은 외롭다. 어려운 결정을 앞에 두고 있으며, 상실을 경험하고 있다. 그래서 우리 교회 지도자들은 상담과 영적 지도를 하고, 돌보는 사역 팀을 조직해 성도들을 돕는다. 그러다가 성도들이 필요로 하는 것이 더 많아지면, 그에 맞춰 자원봉사자들을 모으고 훈련시키고 조직을 구성한다. 당연한 이야기이지만 사람들은 소속감을 느끼고 싶어 한다. 그래서 우리는 소그룹을 만들어 이 소그룹을 이끌 만한 품성이 좋은 사람들을 찾으려 애쓰고, 이들을 어떻게 훈련시키고 준비시킬지 고민한다. 그리고 더 큰 공동체 안에도 돌봐야 할 사람들이 있다. 굶주리고 목마른 이들과 이방인, 갇힌 자와 헐벗고 병든 자들이다. 그리스도의 꾸짖는 소리가 귓가에 쟁쟁하게 울리는 듯하다. "내가 진실로 너희에게 이르노니 너희가 여기 내 형제 중에 지극히 작은 자 하나에게 한 것이 곧 내게 한 것이니라"마 25:40.

때로 우리는 한걸음 뒤로 물러나 지금껏 해 온 모든 일들과 지나온 시간 그리고 갖가지 결정들과 서로를 도전했던 대화들을 되짚어 본다. 어떻게 보면 그 모든 것이 꽤 대단한 것처럼 느껴진다. 그러나 고요히 더 깊이 생각해 보면, 이렇게 자문하지 않을 수 없다. '우리는 **정말** 뭘 하고 있는 거지? 우리 교회가 성도들의 삶에 얼마나 영향을 끼치고 있을까? 이들은 정말 그리스도와 더 가까워지고 있는 걸까? 더 큰 사랑과 자비의 마음을 드러내고 있는가? 말과 행동에서 좀 더 예수님을 닮아가고 있는가?' 우리는 이 질문들에 대하여 긍정적인 답변을 얻기를 기대했지만, 이를 확실히 알 수 있는 방법이 없었다. 이것이 쉽지 않은 일이라는 것은 이미 말했다.

바로 이런 곤혹감이 계기가 되어 우리는 2003년에 이 중요한 질문들에 답하기 위해 전례 없는 노력을 기울이기 시작했다. 자신들이 하나님 나라의 기초를 세우고 있는지, 아니면 그저 바쁘기만 한 것인지 알고 싶어 한 교회 지도자들의 오래된 소망이 큰 역할을 했다. 기본적으로 교회 지도자들의 일반적인 통념에 기초한 설문지를 만들어 한 교회를 대상으로 조사를 시작했는데 몇 가지 놀라운 결과가 나왔다. 그다음 몇 년 동안 끈질긴 노력을 기울여 전문적인 설문조사 도구까지 갖춘 후 1,000개가 넘는 교회들을 조사했고, 그 결과 전례 없는 진전이 일어났다.

그야말로 놀라운 결과들이 나왔다. 기존의 패러다임이 무너졌고 새로운 희망이 생겨났다. 누가 마법 엑스레이 화면이 필요하다 했는가? 그랬다, 우리 교회 성도들이 하나님에 대한 사랑, 나아가 이웃에 대한 사랑 안에서 성장하고 있는지를 확인할 수 있는 방법은 **있었다.** 그랬다, 우리 중 어떤 성도들은 의미 있는 진정한 영적 성장을 경험하고 있었다. 그랬다, 마음의 변화를 측정하는 방법은 있었다. 하지만 다른 무엇보다도 교회 지도자들에게 중요한 사실이 있었다. 그 결과 속에 우리가 배울 수 있는 교훈과 우리가 취해야 할 자세, 우리가 추구해야 할 성공 그리고 우리 성도들이 도달하도록 이끌어야 할 영적 성장의 이정표가 있다는 사실이다.

그 모든 것들을 이 책의 각 장에서 나눌 수 있다고 생각하니 무척이나 감격스럽다. 적어도 처음에는 우리의 직관에 반대되는 사실들이 많은 것을 보고 놀라는 사람도 있을 것이다. 하지만 곧 예수님을 향해 불타는 듯한 뜨거운 마음을 가진 양떼들을 이끄는 목회자들을 만나고 그들로부터 배우며 그것을 즐기게 될 것이다. 또한 여러분이 새로 얻은 지식 덕분에 여러분의 교회에 속한 모든 성도들이 예전에 미처 경험하지 못한 하나님과 이웃에 대한 사랑이 성장하는 걸 목격하는 유익을 얻을 것이다. 사실 이것이야말로 우리가 간절히 기도하는 바다.

1

교회에 관한 진실

나그렉는 구름 위를 걷는 기분이었어야 했다.

지난 5년간 우리 교회의 교인 수는 단순히 늘어난다는 말로 표현할 수 없을 정도로 엄청난 수준으로 증가했다. 예배 참석 인원이 26퍼센트나 증가했다. 물론 나도 안다. 수적 증가가 늘 좋은 것만은 아니란 걸. 하지만 우리 교회 성도들은 비단 주일 예배에만 나오는 게 아니었다. 소그룹 모임에 참석하는 인원 수는 200퍼센트 가까이 늘어났고 그 어느 때보다 더 많은 성도들이 지역 컴패션 이니셔티브 프로그램에 참여해 시카고 전역에 그리스도의 사랑을 전파하고 있었다.

숫자상의 변화가 끝이 아니었다. 모든 숫자들 뒤에는 사람이 있고, 나는 우리 교회 안에서 숱한 사람들의 삶이 변화되고 있다는 증거도 볼 수 있었다. 재결합한 부부들과 삶의 목적을 되찾은 사람들, 하나님에 대한 신앙을 고백하는 학생들과 마침내 은혜의 실체를 온전히 깨달은 사내의 얼굴.

이것이 바로 내가 이 일을 하는 이유다. 이 증거들이야말로 나를 전진하게 하는 힘이다.

그러나 아직 내 이야기는 끝나지 않았다.

2003년 어느 주일, 나는 아내와 함께 강당 안의 늘 앉던 자리에 앉아 있었다. 사람들이 쏟아져 들어오기 시작했고, 하나님을 예배하고 그분의 말씀을 배우려는 열정을 품은 그 수많은 사람들을 보자 내 마음은 감사로 가득 찼다. 주일 예배란 성도들의 성장을 돕기 위해 주중에 기획된 소그룹이나 특별 강의, 봉사 활동, 아웃리치 등 다양한 행사들의 현황을 가시적으로 보여 주는 자리다. 하나님을 알고자 하는 간절한 갈망을 품은 성도들과 함께하는 사역자가 어찌 신나지 않을 수 있을까?

바로 그 순간 너무 신경이 쓰여 도저히 떨쳐낼 수 없는 한 가지 의문이 나를 사로잡았다. 여기 윌로크릭에서 이 사람들을 위해 우리가 아낌없이 지원해 준 그 모든 사역이 **정말로** 이들을 그리스도의 헌신된 제자로 만드는 데 일조하고 있을까? 혹 그저 예배드리기에 좋은 장소를 제공하는 데 그치고 있는 것은 아닐까? 우리가 '교회'에 쏟아 부은 그 모든 수고와 재정, 프로그램과 계획으로 인해 정말로 사람들의 삶은 의미 있는 변화를 경험하고 있을까?

한 무리의 교인들을 바라보면서 나는 모든 가정들이 예배 후에 각자의 동네로 돌아가는 모습을 상상하며 자문했다. "윌로크릭에서 우리가 하고 있는 이 일들 덕분에 세계의 한쪽 구석인 이 시카고 교외가 다른 곳보다 나은 곳이 되고 있는 걸까, 혹 여기나 다른 곳이나 사람들 사는 것엔 별 차이가 없는 건 아닐까?"

처음부터 생각한 직업은 아니었지만 나는 목사로서의 삶을 좋아한다. 원래 나는 MBA 과정을 끝낸 뒤 세계적인 경영 컨설팅회사에서 일했다. 이후 급진적이고 명료한 하나님의 부르심을 받아 윌로크릭이 내가 있어야 할 곳임을 깨달았다. 이 일이야말로 내가 할 일이었다.

그런데도 나는 내 머리와 가슴 사이 어디쯤을 계속 맴돌고 있는 그 한 가지 질문을 도무지 떨쳐낼 수가 없었다. '넌 네가 모든 걸 잘해내고 있다고 생각하겠지. 사람들이 영적으로 성장할 수 있도록 돕는 일을 좋아해서 그 사역에 자신을 바치고 있으니 말이야. 그런데 정말 그럴까?' 확신할 수가 없었다. 이 질문에 대해 확신할 수 없다는 것은 내 사역의 기반이 흔들린다는 뜻이었다. 사랑하는 사람들을 하나님께 좀 더 가까이 인도하고 있는 게 아니라면 대체 나는 무엇을 하고 있다는 말인가?

윌로크릭에 대해 조금이라도 아는 사람은, 우리가 방관자로 서 있는 사람들을 인도하여 전적으로 그리스도께 헌신한 제자들로 만드는 일을 좋아한다는 사실을 알고 있을 것이다. 우리는 다양한 프로그램과 활동을 기획해 사람들을 참여시킨다. 그들이 예수님과 더 친밀한 관계를 맺고 나아가 그분의 사랑을 이웃들과 나누는 방법을 찾게 하려고 노력한다.[마 22:37-40] 빌 하이벨스 목사와 몇 명의 자원봉사자들이 교회를 시작한 1975년 이래로 우리가 가장 힘을 쏟은 부분이 바로 이것이었다. 1975년 당시 몇백 명에 불과하던 교회가 현재는 2만 5,000명 이상이 출석하는 교회로 성장했다. 그 사실을 우리는 겸손한 마음으로 받아들인다. 그러나 한편으로는 이런 수적인 증가를 우리가 교회를 효과적으로 운영하고 있다는 지표로 생각한 것도 사실이었다.

적어도 과거에는 그렇게 생각했다.

그러다가 2004년 윌로크릭 성도들을 대상으로 한 설문조사를 실시
한 후, 우리는 피하고 싶지만 무시할 수는 없는 경고 신호를 받았다. 이
조사를 실시한 애초의 목적은 우리가 오랫동안 간직해 온 매우 중요한
가설을 확인하는 것이었다. '소그룹이나 주일 예배, 자원봉사와 같은 교
회 활동에 대한 참여율이 높으면 하나님과 이웃에 대한 성도들의 사랑
도 더 커진다'는 가설. 달리 말하면 '교회 활동'과 '영적 성장'이 비례할
거라고 예상한 것이다표1-1.

하나님으로부터 멀리 떨어져 있던 사람들은 교회 활동에
참여하면서 하나님과 이웃을 사랑하는 사람이 되어 간다.

표 1-1 많은 교회들이 '하나님으로부터 멀리 떨어져 있던 사람이 교회 활동에 더 많이 참여할수록
하나님과 이웃을 사랑하는 사람이 될 가능성이 높아진다'라는 식의 모델을 가지고 사역에 임한다.

우리 윌로크릭 사역자들은 그렇게 **믿고** 있었다. 사실 이에 대한 선
입견이 너무 강해, 우리는 이것을 거의 기정사실로 알고 있었다.

우리는 성도들의 신앙 성장을 돕는 일에 관해 이 방식의 유효성을 한 번도 의심하지 않았다. 따라서 그 설문조사를 실시할 때 우리가 알고 싶었던 것은, 그 가운데 **어떤** 활동이 **가장** 큰 영적 성장을 일으키는가, 하는 점이었다. 다시 말해, 어떤 활동이 하나님과 이웃에 대한 사랑을 키워 주는 데 가장 효과적인지 궁금했던 것이다. 이것이야말로 교회 지도자가 물어야 할 핵심 질문이라 생각했다. 그 상관관계만 밝히면 좀 더 나은 결정을 내릴 수 있을 것이다. 그 결과에 기초하여 재정도 더 현명하게 사용하고, 사역도 더 효율적으로 진행하여 성도들의 성장에 도움이 되지 않는 프로그램들은 과감히 없애고 도움이 되는 프로그램들은 강화시킬 수 있을 것이다. 우리는 성도들을 영적 성숙의 길로 꽤 잘 이끌고 있다고 평가했다. 설문조사 결과가 우리의 장점을 강화시켜 줄 거라고 기대했다.

과연 처음에는 우리의 조사에 대한 성도들의 반응을 보고 큰 용기를 얻었다. 총 1만 5,000명에게 설문지를 돌렸는데 그 가운데 40퍼센트가 응답을 해온 것이다. 하지만 정작 뚜껑을 열어 보니 우리가 찾으려 한 답은 어디에도 없었다! 예배 참석률에서부터 영적 성숙도에 이르기까지 모든 것을 가늠할 수 있도록 질문지를 만들고, 최첨단 설문기법을 동원했는데도 말이다.

몇 주가 지나도 우리는 여전히 그 조사 결과를 이해할 수가 없었다. 사실 데이터 **자체에는** 아무런 문제가 없었다. 예배 참석률이 영적 성장과 직결될 거라는 선입견 때문에 우리 눈이 가려져 있었을 뿐이다. 그러다가 결국 그 상태를 극복하고 데이터를 있는 그대로 보기 시작하자, 우리 교회 성도들에 관한 세 가지 충격적인 사실을 발견했다. ①교회 활동 참석률의 증가 자체가 하나님과 이웃 사랑의 **증가로 직결되는 일은 거의 없었다.** ②교회 안에 불만을 가진 교인들이 많았다. ③불만이 너무 커서 아예 교회를 떠나려는 사람들도 많았다.

그 모든 좋은 사역들을 행했는데도 사람들이 **거의 변화하지 않았다니!** 그 전 어느 주일, 내가 도무지 떨쳐낼 수 없었던 그 감정이 이제야 냉혹하고 확실한 사실들과 함께 침체를 드러낸 것이다.

그것은 분명 인정하기 힘든 나쁜 소식이었다. 하지만 이 설문조사가 안겨준 좋은 소식도 있었다. 그것은 그로 인해 우리의 사역 방식이 변화했다는 것과 나 자신의 사역에 대한 헌신의 마음 역시 극적인 변화를 경험해 새로운 활력이 생겼다는 점이다. 이것이 사건의 전모다.

일개 교회인 윌로크릭의 나아갈 방향을 알아보기 위해 시작된 이 설문조사는 조금씩 확장되어 영적 생활 조사 발견REVEAL Spiritual Life Survey이라는 설문조사 도구가 되었고, 결과적으로 지금까지 1,000개 이상의 다양한 교회들이 이를 활용했다. 이 교회들에 출석 중인 25만여 명 성도들의 답변에 기초하여 우리는 영적 성장을 가늠하는 새로운 렌즈를 발견했을 뿐 아니라, 모든 교회를 영적으로 생동감 넘치는 교회로 이끄는 요인들도 새로이 알아냈다. 이 책 나머지에서는 그 방법들을 설명하는 일에 온전히 할애할 것이다. 이 책을 통해 여러분은 각자의 교회에서 일어나고 있는 일들을 현실적으로 직면하고 교회가 가진 구원 사역의 잠재력을 최대한 활용하는 변화의 기회를 얻을 것이다. 그리고 그 동안 우리가 발견한 사실들에 기초하여 성도들의 영적인 성장을 역동적인 여정으로 이끄는 방법에 대한 실제적인 통찰도 나눌 것이다.

그 전에 주의해야 할 한 가지 중요한 사항이 있다. 결코 설문조사 결과나 데이터만을 가지고 한 사람의 영적 성장도를 평가해서는 안 된다는 것이다. 천지의 주권자이시며 섭리자이신 하나님은 때때로 신비로운 방법을 통해 사람의 마음을 움직이신다. 발견 프로젝트를 진행할 때에 끊임없이 그분의 지혜와 인도하심을 구한 것도 그 때문이다.

성도들의 영적 성장 과정을 이해하는 새로운 방식의 바탕에는 다음과 같은 여덟 가지 중요한 발견들이 있었다. 이 발견들은 모든 교회들과 관련이 있으며, 성도들을 그리스도께 더 가까이 인도하기 위한 구체적인 전략을 가지고 과감하게 행동하고자 하는 모든 사역 지도자들에게 유익한 도구들이다. 이는 적어도 북미 지역에서는 보편적인 현상들로 증명할 수 있지만, 개중에는 우리의 직관에 반대되는 놀라운 사실들도 있을 것이다.

▶ **영적 성장을 측정하는 것은 가능하다.** 영적 성장을 측정하는 것이 발견 팀이 애초에 이 조사를 시작한 목적은 아니었다. 하지만 2004년 첫 번째 설문조사 결과를 분석하던 중에, 사람들이 예수 그리스도와의 관계를 묘사하는 방식에 근거하여 영적 성장을 예측하는 체계가 만들어졌다. 여기서 말하는 '영적 성장'이란, 마태복음 22장 37-40절 말씀에 근거하여 '하나님과 이웃 사랑의 증가'로 정의한다.

▶ **교회 활동은 장기적인 영적 성장을 예측할 수도, 이끌어 낼 수도 없다.** 좀 더 정확히 말해, 예배 참석률이 증가하고 조직적인 사역활동에 참여하는 사람이 많아진다고 해서 꼭 성도들이 더 높은 영적 성장 단계로 나아간다고 예측할 수 없으며, 그 활동이 영적 성장을 이끌어 낸다고도 말할 수 없다. 교회 활동은 영적 성장 과정 중 **초기** 단계에서 **가**

장 큰 영향력을 발휘하며, 이후의 영적 여정 과정에 더 큰 영향을 미치는 것은 기도나 성경읽기 같은 개인적인 신앙 훈련들이다.

▶ **교회에는 다니지만 신앙에 무관심한 다수의 불신자들이 그리스도를 받아들일 가능성은 무척 낮다.** 그리스도께 헌신하지 않은 채 5년 이상 교회만 다니는 사람들의 수가 상당히 많다. 이들은 신앙을 갖기 위해 적극적으로 탐구하지 않는다. 오히려 오랫동안 교회에 출석할수록, 자신들의 현재 영적 성장 속도에 만족하고 있다거나 자기들의 신앙이 '침체'되어 있다고 말하기 쉽다. 즉, 그리스도께 헌신하지 않은 채 교회를 다닌 기간이 길어질수록 예수님을 자신의 주님이자 구세주로 받아들일 가능성이 낮아진다.

▶ **가장 헌신적인 그리스도인들조차 그리스도의 명령과 거리가 먼 삶을 살고 있다.** 성숙한 신자들은 다른 사람들보다 교회를 섬기고 어려운 처지에 있는 자들을 도우며 복음을 전하거나 십일조 내는 일에 더 열심을 내고 있다. 그러나 이들 중 높은 비율의 사람들이 여전히 놀라울 정도로 소극적인 모습을 보이고 있다. 예를 들어 "하나님을 가장 사랑한다"라는 진술에 대해서는 대부분이라고 할 수 있는 약 80퍼센트의 사람들이 매우 강한 동의를 표했으나, 교회 봉사에 참여하지 않는 사람은 3분의 1에 달했으며 매달 어려운 처지에 있는 사람들을 돕는 일을 하는 사람은 50퍼센트에 지나지 않았다. 작년 한 해 동안 불신자들과 영적인 대화를 나눈 경험이 여섯 번 이하였던 사람은 60퍼센트였으며, 믿지 않는 사람들을 교회에 초대한 숫자가 여섯 명 이하였던 사람은 80퍼센트에 달했다. 십일조를 하지 않는 사람은 40퍼센트였다.

▸ **성경 묵상이 영적 성장에 가장 큰 영향을 미친다.** 교회가 그리스도와의 관계에 있어서 다양한 영적 성장 단계에 속한 사람들을 돕기 위해 할 수 있는 일이 딱 하나밖에 없다면, 그 한 가지는 이미 분명하다. 성경을 읽도록 영감을 주고 격려하며 실제적인 준비를 시켜 주는 것이다. 특히 각자가 일상생활 속에서 성경의 의미를 묵상할 수 있도록 도와주는 것이 중요하다. 그러나 조사 결과, 교인 다섯 명 가운데 단 한 명만이 매일 성경을 묵상하고 있는 걸로 나타났다. 그 결과를 보면, 현재 대부분의 교회들은 이 일을 제대로 해내지 못하고 있는 셈이다.

▸ **교인 네 명 중 한 명꼴로 영적으로 침체되어 있거나 불만을 느끼고 있다.** 영적으로 침체되어 있거나^{혹은 침체되어 있는 동시에}교회가 성도들의 성장을 돕기 위해 하고 있는 일들에 불만을 느끼는 사람들이 **모든 교회에 있다.** 평균적으로는 교회 교인들 중 13퍼센트가 '침체'라는 단어로 자신들의 영적 성장 속도를 설명했으며, 18퍼센트가 '불만족'이라는 표현을 사용했다. 이 비율이 50퍼센트에 달한 교회도 있다.

▸ **영적 성장을 위한 '만병통치약'은 없다.** 우리는 영적으로 강력한 장점을 가진 여러 교회들을 찾아냈으나, 제자 훈련의 성공을 보장해 주는 단 하나의 '필살' 프로그램 같은 것은 없었다. 다만 발견 프로젝트에 참여한 교회들 중 최상위에 속한 교회들이 하고 있는 최고의 프로그램 네 가지를 발견했는데, 이에 대해서는 3부에서 논의할 것이다.

▸ **리더십이 중요하다.** 이번 조사에 참여한 교회들 가운데 가장 모범적인 것으로 나타난 교회들의 지도자들은 다양한 성격과 목회 방식을 갖고 있었다. 조용하고 내성적인 사람도 있었고, 자신감 넘치고 앞

에 나서는 것을 좋아하는 사람도 있었다. 다만 이들의 공통적인 특징 가운데 중요한 한 가지는, 타협 없이 끈질기게 집중하여 성도들을 그리스도의 제자로 성장시키기 위한 일을 추진해 나간다는 점이었다. 이것이 중요하다^{매우 중요하다}. 이들이 추구하는 전략과 프로그램은 사실 다른 대부분의 교회들이 행하는 것들과 크게 다르지 않았기 때문이다. 차이를 만드는 것은 그들의 마음이며, 그리스도께서는 바로 이 마음을 사용하신다.

이 여덟 가지 발견이 이제부터 이 책이 자세하게 다루게 될 영적 성장의 기본 체계를 구성한다. 이 체계는 교회 사역에 대한 새로운 사고방식과 새로운 도구들에 기초했으며, "성도들의 영적 성장을 돕기 위해 무슨 일을 해야 하는가?"라는 질문에 대하여 교회 지도자들이 답할 수 있도록 도와줄 것이다.

발견 프로젝트는 지금까지 윌로크릭이 이 질문에 좀 더 제대로 된 답을 할 수 있도록 도와주었다. 이것이 여러분 교회에도 똑같은 도움을 줄 것이라 믿어 의심치 않는다. 좀 더 정확히 말해 이 책은 어떤 한 교회의 권고나 의견을 제시하는 데서 그치는 책이 아니라, 사실에 근거한 시의적절한 정보를 집대성한 책이다. 나와 함께 이 책을 쓴 캘리 파킨슨은 이 조사를 통해 알아낸 발견들에 대하여 질문하는 사람들에게 자주 이런 말을 한다. "보세요, 이중에 우리가 만들어 낸 건 하나도 없어요!"

때로는 이 같은 확신이 꼭 필요하다. 발견 프로젝트의 결과들 중에는 어느 정도 적응기를 지내야만 받아들일 수 있는 것이 많기 때문이다. 그것들은 우리가 알고 있다고 생각한 것과 늘 일치하지는 않을 것이다.

간단히 말해, 지금까지 우리가 말한 새 렌즈를 착용하려면 완전히 새로운 눈이 필요하다. 예전의 눈을 그대로 가지고 있다면 새 렌즈를 착용한다 해도 시야가 아주 조금 넓어지는 것으로 그치고 말 것이다.

개요

이제부터 이렇게 새로 취해야 할 눈에 대한 많은 정보를 접하게 될 것이다. 크게 3부로 나눈 이 책의 1부에서는 이 새롭고 좀 더 시의적절한 영적 성장 체계가 어떤 것인지에 대해 논의할 것이며, 2부에서는 이 체계를 활용해 최선의 영적 성장을 이끌어 내려면 어떻게 해야 하는지를 이야기할 것이다. 마지막 3부에서는 목회자들과 교회 지도자들이 어떻게 하면 성도들과 그리스도의 교회를 가장 효과적으로 섬길 수 있을지를 논의할 것이다.

PART1 영적 성장 과정

발견 프로젝트는 영적 성장 과정spiritual continuum에 따라 모든 교인을 네 개 그룹으로 나누었다표 1-2.

기독교를 알아 감: 기본적으로는 하나님을 믿지만, 자신의 삶에서 그리스도와 그리스도가 수행하는 역할에 대해서는 확신하지 못하고 있는 사람들이다.

그리스도 안에서 성장함: 그리스도와 인격적인 관계를 맺고 있는 사람

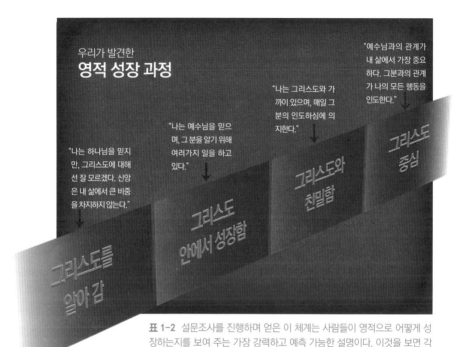

우리가 발견한
영적 성장 과정

"나는 하나님을 믿지 만, 그리스도에 대해 선 잘 모르겠다. 신앙 은 내 삶에서 큰 비중 을 차지하지 않는다."

"나는 예수님을 믿으 며, 그분을 알기 위해 여러가지 일을 하고 있다."

"나는 그리스도와 가 까이 있으며, 매일 그 분의 인도하심에 의 지한다."

"예수님과의 관계가 내 삶에서 가장 중요 하다. 그분과의 관계 가 나의 모든 행동을 인도한다."

그리스도를 알아 감

그리스도 안에서 성장함

그리스도와 친밀함

그리스도 중심

표 1-2 설문조사를 진행하며 얻은 이 체계는 사람들이 영적으로 어떻게 성 장하는지를 보여 주는 가장 강력하고 예측 가능한 설명이다. 이것을 보면 각 사람의 영적 신념의 강도와 영적 활동에 참여하는 수준은 결국 각자가 그리스 도와의 관계를 어떻게 묘사하고 있는지에 따라 결정된다는 것을 알 수 있다.

들이다. 자신의 영혼 구원과 영생과 관련해서는 그리스도를 믿기로 헌 신하였으나, 그분과의 관계를 발전시키는 것이 어떤 의미이며, 이를 위 해서 무엇을 해야 할지에 대해서는 이제 막 배우기 시작하였다.

그리스도와 친밀함: 일상생활 속에서 그리스도께 의존하는 사람들이 다. 이들은 그리스도가 일상생활 속에서 자신들을 도우신다고 믿으며, 매일의 삶 속에서 직면하는 모든 문제에 대하여 그리스도께 도움을 구 하고 인도하심을 기대한다.

그리스도 중심: 그리스도와의 관계가 자신의 전체 생활에서 가장 중

요하다고 생각하는 사람들이다. 이들은 자신의 삶을 온전히 예수님과 그분이 중요하게 생각하시는 문제들에 내어드리면서, 모든 것을 예수님의 뜻과 그분이 바라시는 것에 종속시킨다.

이제 각 단계에 속한 성도들의 이야기를 직접 듣게 될 것이다. 각 영적 성장 단계에 대한 글을 읽다 보면 자기 교회 성도들의 이름과 얼굴이 구체적으로 떠오를 것이다.

PART 2 영적변화

영적으로 자라나면서 사람들은 이 영적 성장 과정 중 한 단계에서 그다음 단계로 변화해 간다. 2부에서는 영적 성장의 세 가지 변화 과정을 좀 더 자세히 살펴볼 것이다[표 1-3].

1단계 변화: '그리스도를 알아 감'에서 '그리스도 안에서 성장함'으로. 이 첫 번째 변화야말로 기독교의 기본이라 할 수 있다. 신뢰를 쌓는 이 단계에서는 영적 신념과 태도의 토대를 굳건하게 세우는 것이 매우 중요하다. 교회 활동이 영적 성장에 가장 큰 영향력을 발휘하는 변화 단계다.

2단계 변화: '그리스도 안에서 성장함'에서 '그리스도와 친밀함'으로. 두 번째 변화 단계에서 사람들은 예수님과 인격적 관계를 맺을 것인지를 결정한다. 이 변화가 성공적으로 이뤄지기 위해서는 개인적인 신앙 훈련의 습관을 발전시키는 것이 중요하다. 그래야만 그리스도와의 친밀감을 키우는 데 필요한 시간과 공간이 만들어지기 때문이다.

3단계 변화: '그리스도와 친밀함'에서 '그리스도 중심'으로. 세 번째 변화 단

영적 성장 과정은
세 가지 변화를 통해 일어난다.

그리스도
중심

그리스도와
친밀함

3단계
변화

그리스도
안에서 성장함

2단계
변화

그리스도를
알아 감

1단계
변화

표 1-3 사람들은 영적 성장 과정을 거치며 세 차례의 변화를 통해 성장해 간다.
1단계 변화–영적 성장의 초기 단계
2단계 변화–영적 성장의 중간 단계
3단계 변화–영적 성장의 성숙한 단계

계에서 사람들은 세속적인 자기 중심주의를 버리고 그리스도를 닮은 희생정신을 드러낸다. 이들은 날이 갈수록 커져 가는 예수님을 향한 사랑을 복음 전도를 포함한 영적인 섬김을 통해 표현한다.

중요한 것은 이 세 차례의 변화를 가장 효율적으로 촉진시키기 위해 교회가 제공해야 할 요소가 단계별로 제각기 다르다는 사실이다. 오랫동안 주일 예배와 소그룹 모임, 봉사의 기회들이 교회의 모든 성도들에게 잠재적으로 똑같은 영향을 미친다고 믿어 온 모든 지도자들에게 이것은 정말 놀라운 사실이다. 실제로는 속해 있는 단계가 다르면 그 사람에게 필요한 영적인 요소도 달라진다. 이 책에서는 각 단계에 속한 사람들의 필요를 어떻게 충족시켜 줄 수 있는지에 대해서도 심도 깊게 살펴볼 것이다.

PART 3 영적 리더십

3부에서는 조사 결과의 실제 예들을 살펴볼 것이다. 조사한 교회의 수가 500개를 넘어가기 시작하니2007년 가을에 500이라는 수치를 넘어섰다, 어떤 교회들이 가장 성공적으로 영적 성숙을 촉진시키는지를 쉽게 판별할 수 있었다. 우리는 간단한 수학적 과정을 통해 어떤 교회가 '최상위 5퍼센트' 교회가 되는지를 알아보았다. 우리는 이 25개 교회들이 어떤 일을 하고 있는지 궁금했다. 왜 이 교회들만이 그토록 훌륭한 결과들을 내는 것일까? 그리고 무엇보다 이 교회 지도자들로부터 우리는 무엇을 배워야 할까?

살펴보니 그들로부터 배워야 할 것은 한두 가지가 아니었다.

이 목회자들과 교회 지도자들이 알려 준 정보들은 개념적인 것이 아니라 실제적인 생명력을 갖고 있었다. 그 정보들은 실제적인 효과를 발휘하는 것들이었다. 여러분의 교회가 많은 자원을 가지고 있는 교회든, 매주 한 가지 자원만으로 어렵게 지내고 있는 교회든, 무엇보다 반가운 소식은 이것이 단순하고 재생 가능한 정보들이라는 사실이다. 다음은 그 가운데 지도자들이 해야 할 모범적인 네 가지 실천 사항과 한 가지 핵심적인 원리를 정리한 것이다. 이에 대해서는 3부에 가서 좀 더 자세히 다룰 될 것이다표 1-4.

'그리스도 중심의 리더십'을 중심으로 한 모범적인 네 가지 실천 사항

① 변화의 길로
② 모든 것은 성경으로
③ 주인의식 형성
④ 지역 공동체 목회

LEADERSHIP TEAM

표 1-4 교회의 크기나 교파, 사회 · 경제적 환경을 불문하고 가장 효과적인 영적 성장을 이끌어 내는 교회들은 공통적으로 네 가지의 실천 사항을 실천하고 있었다. ①사람들을 변화의 길로 이끈다. ②행하는 모든 것을 성경으로 이야기한다. ③주인의식을 길러 준다. ④지역 공동체를 목회한다. 이 네 가지 실천은 모두 '그리스도 중심의 리더십'에서 비롯되며 그에 의존하여 그것으로 유지된다.

실천 1: 사람들을 변화의 길로 이끈다. 최고의 모범을 보이는 교회들은 새 신자들에게 너무 다양한 사역을 제공하려 하기보다는 초보 단계에 적합한 방법을 집중적으로 알려 준다. 그것들이 이들이 그리스도 중심의 삶을 향한 영적 경험을 시작할 수 있도록 돕기 위해 특별히 마련된, 효과적이면서도 타협할 수 없는 방법들이다.

실천 2: 행하는 모든 것을 성경으로 이야기한다. 최고의 모범 교회들에서는 '성경'이 설교나 생활 지침의 근거 이상의 역할을 한다. 이 교회들은 성경으로 **숨쉬고** 있다. 이 교회들에서 일어나는 모든 만남과 경험은 늘 이 질문으로 시작된다. "성경은 그것에 대해 무엇이라 이야기하고 있습니까?" 그리고 교회 지도자들은 이 질문에 대한 답에 근거하여 모범적인 삶을 제시한다.

실천 3: 주인의식을 길러 준다. 최고의 모범 교회들의 성도들은 자신이 단순히 교회에 **소속되어** 있는 것이 아니라, 자신이 교회 그 **자체**라고 믿고 있다. 이들은 교회 훈련의 가치를 자신들의 정체성의 일부로 받아들인다. 이 교회들은 모든 성도들이 스스로 **행동 변화의 책임**을 지게 한다. 일상의 삶에서 신앙을 실천하여 더욱 그리스도를 닮은 사람이 되게 하는 것이다.

실천 4: 지역 공동체를 목회한다. 최고의 모범 교회들의 사역은 단순히 그 지역 공동체를 **섬기는** 것에서 끝나지 않는다. 이들은 각 지역 공동체의 목자가 되어 해당 지역의 쟁점들에 더 깊숙이 관여하거나 시민단체에서 중요한 자리를 맡아 공공을 위해 일한다. 비영리 기관이나 다른 교회들과 연계하여 해당 지역의 가장 긴급한 사안을 해결하기 위해 필요한 자원을 확보하는 데 힘을 쓰는 일도 흔하다.

또한 우리는 최상위 5퍼센트에 속하는 최고의 모범 교회들의 담임 목사들을 만나면서 그 교회들이 이상의 네 가지 기준을 실천하고 있다는 사실에 더하여 한 가지 핵심적인 리더십 원리를 추가로 발견했다. 이 교회들의 지도자들은 모두 제자를 만들고자 하는 **열정으로** 불타고 있었다. 이들의 가장 중요한 염원이자 마음속 가장 깊은 소원은 두말할 것 없이 그리스도의 제자를 만드는 것이었다. 그리고 그들의 이 같은 특징이 앞으로 우리가 더 자세히 살펴볼 네 가지 실천을 이끌어 내는 직접적인 원인이 되었다.

여러분도 나처럼 '내가 정말 우리 교회 성도들의 마음과 영혼에서 일어나고 있는 일을 알고 있는 걸까?'라는 의문을 품어 본 적이 있는지 모르겠다. 이 모든 활동과 프로그램이 정말로 사람들을 하나님께로 더 가까이 이끌고 있을까? 혹 이 모든 것이 그저 다람쥐 쳇바퀴 돌리는 식의 일이 되고 있는 건 아닐까? 발견 프로젝트의 결과는 우리 교회의 성도들이 교회를 어떻게 경험하고 있는지에 대한 진실을 알려 주었다. 그중에는 반갑지 않은 진실도 섞여 있었다. 그러나 동시에 성도들의 영적 성장을 도울 수 있는 더 효과적인 방법도 알려 주었다. 그렇기 때문에 여러분과 내가 지금 이 일을 하고 있는 것이다. 이 책에서 그 설문조사를 통해 알게 된 사실들을 나눔으로써, 여러분이 지금 하고 있는 일이 **여러분의** 교회 성도들의 삶에 실제적인 변화를 만들어 낼 것이라는 더 큰 확신을 갖게 해 주고 싶다.

몇 주 전 주일에도 나는 강당에 앉아, 자리를 찾아 앉는 성도들을 바라보았다. 하지만 이번에는 우리 사역의 효율성에 대한 불편한 의문 대신 안정적인 평온함이 마음을 채웠다. 우리가 모든 것을 잘하고 있는 것은 아니겠지만 이 사람들의 삶 속에 실제적인 변화를 만들고 있다는 사실만은 분명히 알았기 때문이다. 그리고 또 하나의 창의적인 프로그램을 내놓았기 때문이 아니라 '교회 활동이 많아진다고 해서 반드시 영적인 성장을 하는 것은 아니다'는 진리를 기꺼이 직면하고 이에 대응해 행동하기로 다짐했기 때문이다.

그렇다면 무엇이 영적 성장을 이끌어 낼까?

이제 놀라운 사실들을 하나씩 살펴보자.

영적 성장의 단순성

영적 성장은 단선적으로 이뤄지거나 예측 가능한 과정이 아니다. 그것은 사람마다 달리 적용되는 복잡한 과정이며, 각자의 환경과 성령님의 활동에 따라 각기 다른 속도로 진행된다. 물론 이 말도 사실이지만, 이 때문에 영적 성장이 복잡하게 느껴질 수도 있다. 다시 말해, 영적 성장은 이해하기도 어렵고, 이를 위한 자원을 찾아 제공하기도 힘들며, 측정하는 건 절대 불가능하다고 판단할 수 있다. 영적 성장이 복잡하기는 하지만, 영적 성장의 일반적인 진행 과정을 잘 살펴보면 일정한 단순성이 드러난다. 이 책은 그 사실을 교회 지도자들에게 알려 줄 것이다. 그들이 이 문제를 달리 인식하여 필요한 자원을 좀 더 적절히 제공하고 더욱 생산적으로 사람들을 지원하는 방법을 찾도록 도와줄 것이다.

이 책이 제시할 발견들은 전체적으로 영적 성장이 '그리스도를 알아 가는 단계'에서부터 마지막 '그리스도 중심의 단계'에 이르기까지 네 단계에 걸쳐 일어나는 과정임을 전제한다. 점점 영적으로 성숙해지는 과정을 기준으로 하는 세 차례의 변화가 이 진행 과정에 결정적인 역할을 한다. 조직적인 교회 활동에서부터 개인적인 신앙 훈련에 이르는 다양한 영적 촉진 요소들이 어떤 단계에 머물던 성도를 다음 단계로 나아가게 하는 방법에 영향을 끼친다[표 1-5].

이 책에서 밝히는 이 발견들은 개인적 차원에서 일어나는 영적 성장 과정이 아닌, 전체 교회 차원에서의 성장을 설명하는 것이다. 말했다시피 이 과정은 사람마다 달리 일어날 수 있으며, 그것이 예측한 경로를 따라 진행될 가능성은 낮다.

그러나 수만 명의 성도들의 영적 성장에 영향을 끼치는 교회 지도자들은 영적 성장을 더 단순한 방식으로 인식할 수 있다고 생각한다. 영적 성장 과정은 사람마다 각기 다르게 진행되지만, 수많은 사람들을 대상으로 영적 경험에 대한 설문조사를 진행해 보면 개별적 차이를 뛰어넘는 일반적인 패턴이 드러나기 때문이다.

이는 마치 이제 막 입학한 신입생 학급이 마지막 졸업을 하는 과정과 비슷하다. 모든 학생이 경험하는 개인적인 과정은 천차만별이다. 누군가는 전학을 가고 또 누군가는 학교를 중퇴하기도 한다. 그리고 한 번 이상 전공을 바꾸는 사람들도 있을 수 있다. 그러나 전체적으로 보면 그 학급은 하나의 단체로서 다양하고 비슷한 학습 경험을 거쳐 예측 가능한 어떤 시점에 졸업을 한다. 각 사람이 경험하는 과정은 제각각 다르고 예측하기도 어렵지만, 단체로서 전체 학급이 경험하는 과정은 좀 더 일관성이 있으며, 그 결과도 더 예측하기가 수월하다.

따라서 영적 성장 과정이 사람에 따라 달리 진행되고 성령님이 이끄시는 부분도 매우 많지만, 이 책이 설명하는 발견들을 통해 교회 지도자들은 믿고 따를 수 있는 꽤 확실한 통찰과 전략을 배울 수 있다. 그럼으로써 그들이 섬기고 있는 사람들의 삶에 변화를 가져오도록 이끌 수 있다.

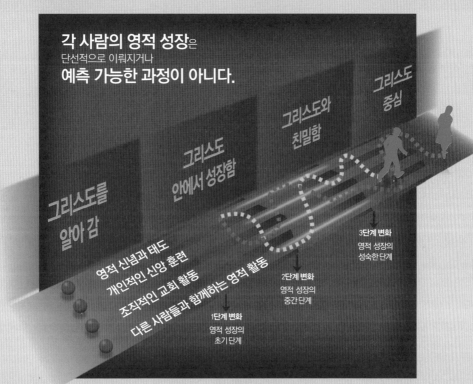

표 1-5 각 사람은 각기 고유한 영적 성장 경로를 따른다.

PART 1

영적성장과정
The Spiritual Continuum

2

그리스도를 알아 감:
하나님을 탐구하는 사람들

마샤와 그녀의 남편 릭은 어느 토요일 오후, 자신들이 사는 작은 도시를 통과해서 최근 지인의 결혼식 때문에 방문했던 한 교회 옆을 지나가는 중이었다. 불가지론자임을 자처하던 릭이 아내를 향해 이렇게 물었다. "내가 내일 교회에 가보고 싶다고 말하면, 당신 많이 놀랄까?"

마샤는 남편의 질문에 침착하게 반응했다. 남편이 갑자기 교회에 관심을 보였다는 사실이 그녀는 전혀 놀랍지 않았다. 릭은 최근 25년간 일하던 직장에서 쫓겨난 상태였기 때문이다. 마샤는 남편에게 이렇게 말했다. "전장의 참호 속에서 무신론을 고수하는 사람은 없을 거예요. 지금 당신은 참호 속에 들어가 있잖아요." 그녀는 릭이 미래의 일로 분투하고 있음을 알았다. 그는 답을 찾고 있었다. 그가 지금 느끼고 있는 불확실성을 이해시켜 줄 뭔가를 찾고 있었다.

마샤와 릭은 그다음 날 교회에 갔다. 그뿐 아니라 그로부터 2년이 지난 지금까지도 그들은 주일과 수요 예배에 빠짐없이 참석하고 있다. 이들은 담임목사님을 존경하고 신앙과 관련된 질문이나 주제에 대하여 교회가 제공하고 있는 다양한 공부 모임에도 참여하고 있다. 마샤는 최근 한 소그룹 모임에 나가기 시작했는데, 이 모임에는 '스스로 그리스도인이라 자처하는 사람들이 보일 만한 독실한' 믿음을 갖기 위해 노력하는 그녀를 격려해 줄 여성들이 가득 모여 있다.

마샤는 자기 안의 질문을 해결하기 위해 애쓰는 적극적인 탐구자 정도로 스스로를 평가했다. 하지만 아직은 그리스도가 가르치신 모든 것을 온전히 받아들일 준비가 되어 있지는 않았다. "예수님을 안 믿는 건 아니에요. 다만 신에게 가는 길이 단 하나밖에 없다는 것을 믿기가 어려워요. '하나님이 모든 것을 용서하시는 분이라면 우리가 그리스도를 믿지 않는다고 해서 천국에 못 갈 이유가 뭐야?', '사랑의 하나님이 어째서 예수님을 십자가 위에서 고통당하며 죽게 하셨을까?' 아직 이런 질문들이 남아 있어요."

마샤는 아직까지 이 질문들에 대한 답을 찾지 못했고 그것이 그리스도를 받아들이는 데 장애물이 되고 있지만, 이런 탐구를 그만둘 생각은 없다. 현재로서는 교회에 출석하는 것이 그녀의 삶에 필요한 중요한 요소를 채워 주고 있다. 그녀는 이렇게 설명한다. "교회 출석은 제 인생에 초점을 맞춰 주는 역할을 하고 있어요. 제 삶을 정상 궤도로 올려 놓는 거죠." 그리고 그 궤도를 따라 제대로 된 길을 걷도록 도와주는 수많은 헌신적인 그리스도인들과 관계를 맺게 된 자신은 "정말로 축복받은 사람"이라는 말을 덧붙인다. "하나님이 제가 마땅히 속해야 할 곳에 저를 데려다 주신 것 같아요."

그리스도를 알아 가는 사람들의 특징:
영적 가장자리에 있다

탐구*explore*라는 단어를 들으면 무엇이 가장 먼저 떠오르는가? 작은 배 세 척만을 가지고 산살바도르를 향해 항해하는 콜럼버스나 지구 행성을 떠나 우주 공간을 최초로 목격한 우주 비행사들처럼 새로운 대륙을 찾아 나서거나 미지의 대양을 항해하는 사람들도 떠오를 것이다. 이 단어에는 뭔가를 매우 세밀하게 조사하거나 연구한다는 뜻도 담겨 있다. 또한 예수 그리스도의 제자가 된다는 것이 어떤 의미인지 배우는 신앙의 초기 단계에 있는 사람들을 설명하기에 적절한 단어다. 이들은 그리스도를 조사하고 연구하며 기독교 신앙에 대해 질문을 던지는 사람들이기 때문이다.

그리스도를 탐구하는^{알아 가는} 사람들은 아직까지는 신앙의 가장자리에 있으면서 기독교의 핵심적인 믿음을 평가하고 그 믿음을 받아들인 사람들의 공동체를 주시한다. 그러나 완전히 그 안에 들어갈 준비가 되어 있지 않으며 그럴 의지도 없다. 전반적으로 이 단계에 속한 사람들은 하나님의 존재와 그리스도의 구원의 약속을 전적으로 믿어야 하는 이유를 찾고 있다. 그러나 의심이 걸림돌이 되어 하나님이나 하나님을 믿는 다른 사람들과 의미 있는 영적 관계를 맺지는 못한다.

영적 성장의 다른 세 단계와는 달리, 일반적인 교회들에서 이 단계에 속한 사람들은 다시 크게 두 부류로 나눠 볼 수 있다. 한 부류는 적극적인 탐구자들이고, 다른 한 부류는 **수동적인** 탐구자들이다. 첫 번째 부류인 적극적인 탐구자들은 마샤처럼 예수님의 성품과 실체에 대한 의

문을 해결하기 위해 성실하게 탐구하는 사람들이다. 주로 이 부류의 사람들을 가리켜 '그리스도를 알아 간다'고 이야기한다. 하지만 사실 이 단계에는 아무런 '구도'의 노력을 기울이지 않는 두 번째 부류의 사람들도 포함되어 있다. 이들은 최소한의 기독교적 신념과 관계와 활동으로 특징지어지는 피상적인 영적 생활에 만족하며 교회만 왔다 갔다 한다. 이들은 명목상으로는 믿음을 가지고 있을지 모르지만 이들에게서는 활발한 성장의 징후를 전혀 찾아볼 수 없다. 이렇게 두 부류의 탐구자들이 결합된, 그리스도를 알아 가는 이 단계에는 여러 형태의 불신자들이 섞여 적극적으로 자신들의 영적 질문에 대한 답을 찾고 있는 사람들도 많지만, 그 밖의 사람들은 주로 습관에 따라 교회에 출석하거나 사회적으로 받아들여지고 싶은 욕구 때문에 교회에 출석한다. 그리스도와의 관계를 추구하는 일에 대해서는 그다지 관심을 보이지 않거나 아예 아무런 관심도 보이지 않는다.

그러나 이 두 부류의 사람들에게서는 한 가지 공통적인 관심사가 발견된다. 교회와 교회의 지도자들은 이들을 위해 그 일을 해 주면 된다. 나중에 그리스도를 알아 가는 단계에 속한 것으로 판명된 사람들을 포함한 모든 설문조사 대상들을 향해, 우리는 그들이 교회에서 제공받기 원하는 다양한 사항들에 대한 중요성의 순위를 묻는 질문을 던졌다. 그 결과 그 공통적인 관심사를 알아낼 수 있었다. 이 과정에서 우리는 다음 여섯 가지 보기를 사람들에게 제시했다.

"결정적으로 중요하다."

"매우 중요하기는 하나, 결정적으로 중요하지는 않다."

"중요하다."

"중요한 편이다."

"중요하지 않은 편이다."

"중요하지 않다."

이 응답들을 분석하면서 '결정적으로 중요하다'와 '매우 중요하다'라는 응답을 받은 항목들을 살펴보았다. 이 두 가지 응답을 받은 항목들을 분석한 결과 그리스도를 알아 가는 사람들이 교회와 지도자들에게 가장 크게 바라는 다섯 가지 요소를 확인할 수 있었다^{표 2-1}.

그리스도를 알아 가는 사람들이 교회와 지도자들에게 가장 바라는 다섯 가지	
교회에 바라는 것	각 진술에 대해 '결정적으로 중요하다', 또는 '매우 중요하다'라고 답한 사람들의 비율
1. 그리스도와 인격적인 관계를 가질 수 있도록 도와주세요.	68%
2. 압도적인 예배를 체험하게 해 주세요.	68%
3. 소속감을 느낄 수 있도록 도와주세요.	68%
4. 성경을 더 깊이 이해할 수 있도록 도와주세요.	67%
5. 교회 지도자들이 영적 성장 방법의 본보기를 만들어 보여 주고 이를 지속적으로 보강해 주세요.	66%

표 2-1 이것은 그리스도를 알아 가는 사람들이 순위를 매긴 교회에 바라는 19가지 교회의 특징 가운데 가장 중요한 상위 다섯 가지 요소이다. 이중에서도 다음 세 가지 요소는 68퍼센트의 사람들이 결정적이거나 매우 중요하다고 말할 만큼 중요한 항목으로 작용하는 것이다. ①그리스도와 인격적인 관계를 가질 수 있도록 도와주세요. ②압도적인 예배를 체험하게 해 주세요. ③소속감을 느낄 수 있도록 도와주세요.

그리스도를 알아 가는 단계에 속한 사람들 중 약 3분의 2가 교회 지도자들이 이러한 것들을 지원해 주기 바란다는 의견에 동의했다. 이 다섯 가지 답변에 대하여 결정적으로 중요하거나 매우 중요하다고 말한 응답자의 비율이 최대 2퍼센트밖에 차이가 나지 않는다. 따라서 이 단계에 속한 사람들이 이 다섯 가지 항목에 대해 느끼는 중요도가 거의 같다고 볼 수 있다.

그리스도를 알아 가는 사람들은 분명 예수님에 대한 관심을 가지고 있으며, 어떻게 하면 그분과 관계를 맺을 수 있을지 알고 싶어 한다. 우리는 그들에게 그 방법을 알려 주어야 하며, 그들 대면하기를 두려워하며 피해서는 안 된다. 그들이 갈망하는 예배 경험에 대해서는, 관찰자로서 참여하는 것이 아니라 전적으로 자유롭고 적극적으로 참여해야 한다는 것을 깨닫게 해 주어야 한다. 성경에 대해 좀 더 정확히 이해할 수 있도록 도와주려면, 그들이 스스로 성경을 읽도록 격려하는 동시에 성경을 가르치는 일을 병행해야 한다. 담대하게 성경을 직설적으로 가르치는 일을 외면해서는 안 된다. 그것이 바로 그들이 원하고 필요로 하는 일이기 때문이다.

그들이 소속감을 원한다는 사실도 눈여겨보아야 한다. 이 조사를 진행하면서 우리는 소속감에 대한 이들의 필요를 "소그룹이나 봉사할 수 있는 기회를 달라"는 요청으로 자동적으로 치환해서 생각해서는 안 된다는 사실을 깨달았다. 이 단계에 속한 사람들이 바라는 것은 환영받는다는 느낌이었다. 또한 기독교 신앙에 대해 확신하지 못하고 있음에도 불구하고 교회가 자신들을 위한 장소임을 확인하고 싶어 했다. 목회자들은 예배나 각종 행사를 진행할 때 그 공간 안에 이 같은 탐구자들이 포함되어 있다는 것을 인식할 수 있다. 또한 "기독교 신앙과 관련된 문제들을 탐구하고 있는 여러분은…" 같은 말을 덧붙임으로써 공동체 의식을 고양시킬 수 있다. 이런 문구를 통해 그들은 교회가 자신들을 위한 공간이기도 하다는 점을 확인할 수 있기 때문이다. 이로써 자신이 환영받고 있다고 느끼고, 그곳이 자기들이 속해야 할 곳이라고 생각한다.

이 장 서두에서 이야기한 마샤는 교회와의 연결점을 찾는 일에 있어서 발전해 가고 있지만, 또 한 명의 적극적인 탐구자인 프랭크는 지금까지도 여전히 이 목표를 향해 나아가고 있다. 사업체를 운영하는 쉰 살의 프랭크의 가족은 주류 교계의 어떤 교회에 정기적으로 참석하고 있다. 그는 자신이 교회에 가장 크게 바라는 것은 '소속감'이라고 말한다. 그는 첫 번째 소그룹 모임이 전혀 만족스럽지 않았고, 오히려 주일 예배 말씀을 통해 가끔씩 도전을 받았다고 답했다. "기독교를 탐구하는 우리 같은 사람들은 교회 안에서 이미 활발하게 활동하고 있는 사람들과 공통점이 없는 경우가 많아요. 그 사람들은 이미 우리보다 여러 단계 앞서 있으니까요." 그는 이어서 설명한다. "개중에는 우리를 그 다양한 활동 안으로 데려가 적응시키는 능력을 가진 사람들도 있지만 나머지 사람들에 대해서는 당혹스러움을 느끼게 돼요. 아무래도 우리의 자리와 그들의 자리가 다르니까요. 하지만 그건 우리가 거기 있고 **싶지** 않기 때문이 아니라, 지금 우리의 자리가 거기가 **아니라** 여기이기 때문입니다."

그리스도를 알아 가는 사람들도 성장에 관심이 있으며, 교회 지도자들이 그 방법을 알려 주기를 바란다. 그들은 교회 지도자들의 삶을 주시하면서 그들의 설교를 정말 믿어도 되는지를 가늠해 보고 있다. 목사들이 진실한 사람들이며 관계를 맺을 만한 사람들이라는 것을 느끼게 하려면 교회 지도자들과 선생들은 자신들의 과거의 경험, 즉 그리스도와 관계를 맺기 시작한 때의 이야기를 해야 한다. 그렇게 하면 그리스도를 알아 가는 사람들이 신앙생활을 시작하는 것이 얼마나 중요한 것인지를 깨달을 수 있다. 또한 지도자들이 직접 이야기해 주는 발견의 과정을 들을 수 있다. 이들은 특히 모든 것이 '찰칵' 하면서 딱 맞아떨어지는 특정한 시간이나 순간이 있는지를 알고 싶어 한다. 어떻게 하면 그 같은 결정적인 순간을 촉발시킬 수 있을까? 그리고 그다음에는 어떤 일이 생길까?

이 같은 영적 성장의 초기 과정을 지나는 사람들과 대화하는 방법을 알고 싶은가? 그렇다면 그리스도를 알아 가는 사람들만의 고유한 특징 세 가지를 염두에 두는 것이 도움이 될 것이다.

1. 이들은 교회에는 규칙적으로 출석하지만 그리스도와의 인격적인 관계는 맺고 있지 않다

우리는 기독교가 진리인지 허구인지를 진지하게 고민하고 있는 이들이 규칙적으로 교회에 가고 있다는 사실에 놀라지 말아야 한다. 물론 읽을 만한 책도 있고, 대화를 나눌 그리스도인 친구들도 있으며, 동네에서 진행되는 성경공부 모임도 있다. 그러나 그들이 가진 질문에 대한 답을 원할 때, 즉 예수가 누구이며 그분을 따른다는 것이 어떤 의미인지를 이해하고자 할 때, 이들은 가장 확실하면서도 직접적인 정보의 출처를 찾는다. 그것이 바로 교회다. 반면 매주 교회에 모습을 드러내는 것만으로 만족하는 사람들이 교회에 가는 동기는 다소 불명확하다. 누군가는 자녀들이 성장 과정에서 '교회를 경험'하기를 바라고, 또 누군가는 음악이 좋아서, 혹은 소속감을 느끼고 싶어서, 혹은 자기 지역에서 좋은 일을 하는 기관에 속하고 싶어서 교회에 갈 것이다.

　어쨌든 교회에 다니게 된 동기가 무엇이든 간에, 그리스도를 알아가는 사람들은 흔히 신은 믿지만 '예수님과 인격적인 관계를 맺고 있지는 않고 있다'라고 이야기한다. 프랭크는 자신의 영적 과정에 대하여 이렇게 말한다. "젊었을 때는 신을 믿는다고 말할 수 없었어요. 하지만 지금은 신에 대한 믿음을 표현하는 방법을 찾았습니다. 이제 저는 인간보다 위대한 어떤 존재를 믿어요. 그런데 그리스도의 제자가 된다는 건 뭘까요? 성육신한 신이라는 예수님을 따르는 것은 아무래도 어려운 일입니다. 아직은 제게 어려운 개념이에요. 아직 그걸 받아들일 단계에는 이르지 못했어요." 사실 이렇게 그리스도와의 인격적 관계가 부족한 것이야말로 이 단계에 속한 사람들의 정체성이며, 다른 영적 성장 단계와 이 단계를 구분 짓는 핵심적 요소다.

　좀 더 분명하게 이야기해 보자. 하나님을 믿는 것과 예수님과 인격적인 관계를 맺는 것은 서로 완전히 다른 이야기다. 이 단계에 속한 사람들 중 대다수라고 할 수 있는 74퍼센트의 사람들이 성경의 하나님이 유일한 참 하나님이라는 견해에 강한 동의를 표한다.[1] 또한 이들 가운데 3분의 1이 하나님을 매우 사랑하고 있다고 답한다[표 2-2]. 그리고 이들 가운데 다수의 사람들이 자신의 삶에서 예수가 중요한 존재가 아니라고 말하면서도 스스로를 그리스도인이라 자처하며, 실제로 그렇게 믿고 있다. 오늘날의 교회들은 상당히 분명한 태도로 예수님을 믿고 따르는 실제적인 실천을 기독교로 정의하고 있지 않은가? 이런 전제가 합리적

1 　이 책은 "나는 성경의 하나님이 유일하고도 진정한 하나님 – 아버지, 아들, 성령 – 이심을 믿는다"라는 진술에 대한 사람들의 동의를 '삼위일체'라는 단어로 줄여 부를 것이다.

으로 여겨지는 기존의 현실에서 교회마다 이런 사람들이 수천 명씩 존재하고 있다는 사실은, 우리가 갖고 있는 이 기본 전제가 효과적으로 전달되지 못하고 있음을 보여 준다.

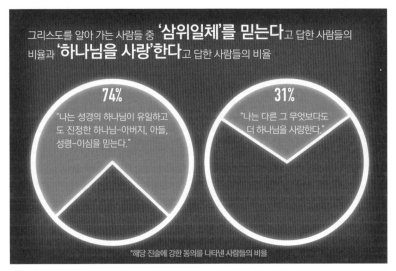

그리스도를 알아 가는 사람들 중 **'삼위일체'를 믿는다**고 답한 사람들의 비율과 **'하나님을 사랑'한다**고 답한 사람들의 비율

74%
"나는 성경의 하나님이 유일하고도 진정한 하나님-아버지, 아들, 성령-이심을 믿는다."

31%
"나는 다른 그 무엇보다도 더 하나님을 사랑한다."

*해당 진술에 강한 동의를 나타낸 사람들의 비율

표 2-2 그리스도를 알아 가는 사람들 중 74퍼센트에 달하는 다수의 사람들이 삼위일체에 대한 믿음을 묻는 진술에 강한 동의를 나타냈으나, 하나님을 사랑한다는 진술에 대하여 강한 동의를 드러낸 사람은 31퍼센트에 지나지 않았다.

2. 이들의 영적 성장 속도는 매우 느리다

이 단계에 속한 사람들의 영적 성장 속도가 느리다는 사실이 놀랍게 느껴질 수도 있다. 그리스도를 알아 가는 단계에 속한 이 사람들은 영적 호기심을 가졌으니 적어도 평균적인 성장 속도를 보일 거라 기대할 수 있기 때문이다. 하지만 결과는 그와 정반대로 나타났다[표 2-3].

오히려 이 사람들이 네 단계 중 가장 느린 성장 속도를 보인 것이다! 그리스도를 알아 가는 사람들 중 자신들이 영적으로 빠른 속도나 보통의 속도로 성장하고 있다고 답한 사람은 18퍼센트에 지나지 않았다.

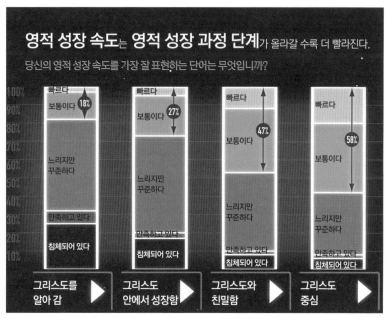

표 2-3 사람들의 영적 성장 과정이 그리스도를 알아 가는 데서 그리스도 중심으로 올라갈수록 자신의 영적 성장 속도가 빠르거나 보통이라고 답한 성도들의 비율이 높아졌다.

반면 가장 성숙한 신자들이라 할 수 있는 '그리스도 중심'의 사람들 가운데 58퍼센트가 영적으로 빠르거나 보통의 속도로 성장하고 있다고 답했다. 영적 성장 과정의 이 다양한 단계를 고속도로를 달리는 자동차들이라고 생각해 보자. 거기에 영적 속도계가 달려 있어 성장 속도를 알려 주는 백분율이 기록된다고 가정할 때, 그리스도를 알아 가는 단계의 사람들은 시속 약 30킬로미터로 달리는 차에 비유할 수 있다. 반대로 그리스도 중심의 사람들은 시속 90킬로미터 이상의 속도로 쌩쌩 달리는 차에 해당된다. 이 정도의 속도로 간다면 그리스도를 알아 가는 단계의 이 사람들이 더 의미 있는 영적 시속을 나타내기까지는 상당한 시간이 필요할 수밖에 없다.

3. 교회에 다닌 기간이 길수록 그리스도의 제자가 될 확률이 낮다

"그리스도를 알아 가는 사람들 중 교회에 다닌 기간이 **길수록** 그리스도의 제자가 될 확률이 **낮다**." 잠시만 이 진술을 집중해서 살펴보자. 논리적으로 생각하면, 교회에 다닌 기간이 길수록 결국 믿음의 선을 넘어갈 확률이 높아진다고 보는 것이 맞다. 그러나 이 조사 결과는 우리가 단순히 쉽게 예측할 수 있는 인간의 행동을 다루고 있는 것이 아님을 효과적으로 일깨워 준다. 그리스도를 믿는 신앙은, 사람들에게 진리를 설득시키면 끝나는 단순한 문제가 아니다. 그것은 하나님의 영이 하시는 일이다.

그럼에도 설문조사 결과와 데이터는 사람들이 그리스도를 믿는 신앙에 필요한 단계를 밟는 데 실패하는 **이유**를 규명하고 더 잘 이해할 수 있도록 도울 수 있다. 조사 결과 이 단계에 속한 사람들 가운데 **5년 이상** 교회에 다닌 사람들이 그보다 짧은 기간 동안 교회를 다닌 사람들에 비해 영적 성장 속도가 침체되어 있다거나 지금의 상태에 만족한다고 답한 비율이 더 높았다표 2-4. 이들에게 있어 주일 예배 참석이란 최종 목적지를 향해 움직이는 것이라기보다는 얼어붙은 길 위에서 자동차 바퀴만 돌리는 것과 더 유사하다. 이들의 성장 속도가 느려진다는 것은 곧 그리스도를 위한 결정을 내릴 가능성이 교회에 출석한 기간과 반비례하여 **줄어든다**는 것을 뜻한다.

어떻게 이럴 수 있을까? 규칙적으로 교회에 다니면서 그리스도의 구원의 약속에 대한 메시지를 듣는 사람들이 어떻게 이렇게 영적으로 심드렁한 태도를 보일 수가 있는 것일까? 마샤처럼 소그룹에 속하여 좀 더 성숙한 신자들과 어울리는 탐구자들이 왜 의심에서 벗어나지 못한 채 계속해서 회의적인 태도를 보이는 것일까?

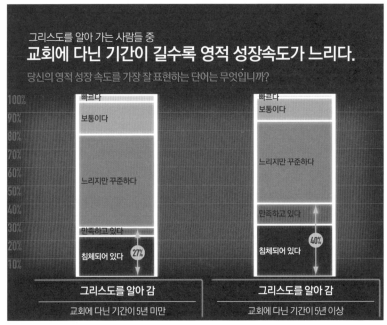

표 2-4 그리스도를 알아 가는 사람들 중에서 교회를 5년 이상 다닌 사람들이 교회를 다닌 기간이 5년 미만인 사람들에 비해 자신들의 영적 성장이 침체되어 있다고 대답한(혹은 자신의 현재 성장 속도에 만족하고 있다고 말한) 비율이 높았다. 오랫동안 교회를 다닌 사람들 중에서는 40퍼센트가 침체되어 있거나 현재의 상태에 만족한다고 말한 반면, 교회에 다닌 기간이 5년 미만인 그리스도를 알아 가는 사람들 중에서는 27퍼센트만이 그렇게 답했다.

이들의 영적 성장 속도가 이렇게 느린 것은 이들 앞에 놓인 결정의 본질적인 속성 때문이다. 이들은 그리스도를 받아들이는 결정을 내리는 일에는 기한이 정해져 있지 않다고 인식한다. 대통령 선거일에 투표를 하거나 할인권을 유효 기간 내에 사용해야 하는 것과는 달리, 그리스도를 알아 가는 단계에 오랫동안 머무르고 있는 이 사람들은 이미 그리스도를 받아들이기에 적합한 기회들을 여러 차례 날려 버렸고, 앞으로도 영적 추구를 지속해 가야 한다는 시급성을 전혀 느끼지 못하고 있다. 그들은 막연하고 모호한 기한만을 세워 두었다. 이들에게 시간은 그리 중요한 문제가 아니다. 이들은 세상의 모든 시간이 마치 자기 것처럼, 신학적 진리를 조사하고 논의하며 숙고해 볼 시간은 얼마든지 있다고 생각한다.

그러나 조사 결과에 따르면, 시간은 중요한 문제가 맞다. 인생의 다른 많은 결정들과 마찬가지로, 미루는 성향의 사람은 수동적이 되어 간다. 그리스도를 알아 가는 단계의 사람들이 그리스도를 받아들이겠다는 결정을 뒤로 미룰수록 결국 그리스도를 받아들이겠다는 결정을 내릴 가능성은 점점 희박해진다. 교회에 다닌 기간이 5년 미만인 사람들은 대체적으로 기독교와 관련된 상황들을 조심스럽게 살피고 다니지만, 교회에 5년 이상 다니면서도 그리스도를 따르겠다는 결정을 쉽게 내리지 않은 사람들은 제한된 영적 속도로 달리는 삶에 만족하고 사는 경우가 많다. 그리고 이런 영적 무관심 덕분에 '기독교의 핵심 주장에 대한 믿음 부족 현상'은 이 단계에 속한 **모든 사람을** 가장 대표적으로 규정하는 특징이 된다.

모든 교회에는 이처럼 오랫동안 교회의 가장자리를 맴도는 탐구자들이 있다. 물론 이들을 교회에 오게 하는 것이 집에 머물게 하는 것보다는 낫다. 그러나 이들이 교회에 다닌 기간이 오래될수록5년 이상 그리스도를 받아들이겠다는 결심을 할 확률이 낮아진다. 이 사실은 우리의 마음을 매우 불편하게 만든다. 이제 우리는 우리가 지금껏 오랫동안 믿어 온 전제에 의문을 던지고 좀 더 절박한 마음을 가져야 할 것이다.

교회 지도자들인 우리가 할 일은 영적 변화를 촉진시키는 것이다. 교인들이 앞으로 나아가고 변화하지 않는다면 이제 우리가 그들의 배를 나아가게 해야 한다. 즉, 이들이 마음을 열고 중요한 도전들과 정해진 다음 단계를 받아들이는 동시에 하나님을 모셔들이도록 우리가 격려해 주어야 한다. 이런 도전에 오히려 자기 만족의 상태를 더 굳건히 해서 교회에 다니는 게 낫겠다고 결정하는 사람이 생기지는 않을까? 설사 그런 일이 생긴다 해도, 그것은 최악의 상황이라 할 수 없다. 최악의 상황은 교회의 탐구자들이 해가 바뀌고 또 바뀌어도 여전히 그리스도를 향한 시급한 필요를 무시한 채 살도록 내버려 두는 것이다.

하나님에 대한 사랑: 신념들과의 싸움

우리의 영적 여정 중에 하나님이 실재하시며 그분의 아들 예수 그리스도가 우리에게 영생을 주기 위해 이 땅에 오셨다는 것을 믿기로 선택하는 것보다 더 중요한 단계는 없다. 이에 대한 믿음은 기독교 신앙에서 매우 중대한 것일 뿐만 아니라, 그리스도를 알아 가는 사람들이 가장 받아들이기 어려워하는 부분이기도 하다. 사실 그리스도를 알아 가는 단계에 있는 사람들의 영적 경험을 가장 정확히 정의하려면 바로 이 '기독교 신앙에서 가장 기본이 되는 신념들과의 지적인 싸움'을 이야기하면 된다. 그 때문에 이 단계에 속한 사람들이 몇 가지 핵심적인 기독교 신념들과 '하나님에 대한 사랑'을 묻는 항목에 긍정적인 답을 한 비율은 좀 더 성숙한 단계의 사람들의 대답과 엄청난 차이를 보일 수밖에 없다[표 2-5].

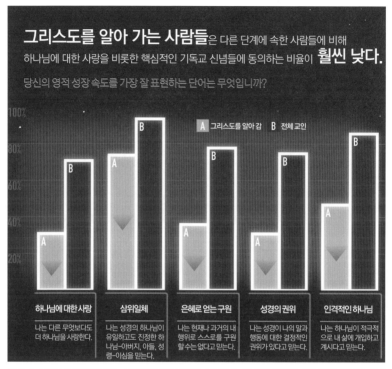

그리스도를 알아 가는 사람들은 다른 단계에 속한 사람들에 비해 하나님에 대한 사랑을 비롯한 핵심적인 기독교 신념들에 동의하는 비율이 **훨씬 낮다.**

당신의 영적 성장 속도를 가장 잘 표현하는 단어는 무엇입니까?

A 그리스도를 알아 감   B 전체교인

하나님에 대한 사랑	삼위일체	은혜로 얻는 구원	성경의 권위	인격적인 하나님
나는 다른 무엇보다도 더 하나님을 사랑한다.	나는 성경의 하나님이 유일하고도 진정한 하나님-아버지, 아들, 성령-이심을 믿는다.	나는 현재나 과거의 내 행위로 스스로를 구원할 수는 없다고 믿는다.	나는 성경이 나의 말과 행동에 대한 결정적인 권위가 있다고 믿는다.	나는 하나님이 적극적으로 내 삶에 개입하고 계시다고 믿는다.

표 2-5 그리스도를 알아 가는 사람들의 경우, 자신들이 하나님을 믿고 있으며, 핵심적인 기독교 신념들에 동의하고 있다고 말하는 비율이 전체 교인들의 대답과 비교하여 크게 낮았다.

그리스도를 알아 가는 사람들 중 "성경의 하나님이 유일한 참 하나님"임을 확신하는 비율이 74퍼센트인 데 반해, "나는 현재나 과거의 내 행위로 스스로를 구원할 수는 없다"고 믿는 사람은 그 답변의 절반도 안 되는 36퍼센트였다. 이 단계의 사람들도 하나님이 존재한다는 것은 알고 있지만, 그리스도를 구원의 길로 받아들이거나 성경의 거룩한 능력을 받아들일 준비는 되어 있지 않았다. '인격적인' 하나님이라는 개념도 그들에게는 까마득하게만 느껴진다.

어떤 때는 열심히 탐구하는데도 이 신념들이 요원하게만 느껴지기도 한다. 예를 들어 프랭크의 경우, 복음서에 나온 사건들의 역사적 세부 사항에 대한 의심이 아무래도 사라지지 않는다. 그는 이렇게 말한다. "예수님의 말씀 자체는 제게 큰 문제가 아니에요. 문제는 제자들이 그 말씀을 정확히 이해하지 않은 것일 수도 있다는 거예요. 예수님이 그걸 직접 쓰셨다면 그 내용이 완전히 달라졌을 수도 있지 않을까요? 제가 신경 쓰는 문제는, 성경 말씀을 글자 그대로 믿어야 할 것인가 하는 점이에요."

그렇지만 이 같은 난제가 앞으로 계속해서 우리 발목을 잡지는 않을 것이다. 다음 장에서는 이 같은 의심을 극복한 몇 사람들의 이야기를 하게 될 것이다. 솔직히 말해 더 성숙한 그리스도의 제자들 역시 시시때때로 그리스도를 알아 가는 단계의 사람들이 만나는 염려와 걱정과 유사한 의심과 질문을 내뱉고 있다. 우리 중 그리스도를 알아 가는 단계의 고전적인 인물인 예수님의 제자 도마가 제기한 의심과 무관하다고 할 수 있는 사람이 있겠는가? 예수님을 직접 따르면서 그리스도께서 지상에서 하신 숱한 사역을 눈앞에서 보았음에도 불구하고 도마는 십자가 위에서 돌아가신 예수님을 보았다는 다른 제자들의 주장을 드러내 놓고 의심했다. "내가 그의 손의 못 자국을 보며 내 손가락을 그 못 자국에 넣으며 내 손을 그 옆구리에 넣어 보지 않고는 믿지 아니하겠노라"요 20:25.

발견 프로젝트에서 나온 데이터를 보면 그리스도를 알아 가는 단계의 사람들은 지금까지도 도마의 이 외침을 반복하고 있다. 21세기의 탐구자들은 이제 더 이상 이런 증거에 신경 쓰지 않는다고 생각하고 싶겠지만 그것은 사실이 아니다. 사람들은 여전히 확신을 얻고 싶어 한다. "증명해! 증거를 보여 달라고! 보면 믿을게!" 도마처럼 이들도 예수님을 직접 만나 그리스도를 대면함으로써 모든 의심을 벗어 버리고 싶어 한다.

여기서 좋은 소식 한 가지는 탐구 과정에 있는 이 사람들이 머뭇거리는 발걸음이긴 하지만 그래도 다음 차선책을 향해 나아가고 있다는 사실이다. 이들은 다양한 신앙 훈련을 통해 일상의 경험 속에서 그리스도를 만나기 위해 애쓰고 있다. 이 가운데 절반이 넘는 사람들이 인도하심을 구하는 기도를 자주 드리고 있으며, 5분의 1이 넘는 21퍼센트의 사람들이 한 주에도 서너 번씩 자신의 삶과 관련하여 성경 말씀의 의미를 묵상하고 있다. 물론 이 수치가 교회 전체에서 기도하고 묵상하는 사람들의 수보다는 훨씬 낮지만 말이다.교회 전체적으로는 기도하는 사람은 87퍼센트, 성경을 묵상하는 사람은 64퍼센트다. 이들이 여전히 자신들의 삶 속에서 하나님의 임재를 지적으로 이해하기 위해 애쓰고 있다는 점을 생각하면 이는 얼마든지 이해할 수 있다.

그러나 아무리 이 상황을 이해한다 해도 이 사람들을 사랑하는 우리들에게 이 문제는 크나큰 근심거리가 된다. 내게는캘리 이 단계에 속한 친구와 가족이 많이 있다. 자녀들과 형제들, 조카들 중에도 기독교의 가장자리에서 서성거리는 이들이 있다. 심지어 내 남편도 그러하다. 남편은 정유공장을 설계하는 구조 공학자로, 사우디아라비아나 중국, 인도 등의 외국을 자주 여행한다. 그는 내게 이렇게 말한다. "난 당신 기준에서 볼 때 잘못 살고 있는 수백만 명의 눈을 들여다보며 살아 왔어." 내가 부탁하면 그는 교회에 오긴 할 것이다. 하지만 이 단계에 속한 다른 사람들처럼 그 역시 기독교가 참인지 거짓인지를 구분할 수 있는 시간은 얼마든지 있다고 생각하는 것 같다.

이렇게 지적 능력을 타고난 사람들이나 유능한 사람들, 혹은 자신감 넘치는 사람들을 만날 때마다 나는 '벌새 전략'이라고 부르는 방법을 쓰려고 노력한다. 수년 동안 나는 벌새들을 우리 집 뒤뜰로 데려오려고 애썼다. 그러다가 한 가지 비밀을 깨달았다. 벌새들의 마음을 끌기 위해서는 사전에 먹이통을 준비해 둬야 했다. 그때부터 나는 땅 위에 아직 눈이 남아 있는 초봄이 오면 밖으로 나가 먹이통을 뒤뜰 여기저기에 비치해 놓았다. 아직 벌새 한 마리 보이지 않는 상황에서 그렇게 몇 주 동안 충실하게 설탕물을 채워 넣고 기다리다 보면 마침내 굶주릴 대로 굶주린 벌새들이 날아온다. 그러면 거기에는 그들을 위해 깔끔한 먹이통이 마련되어 있는 것이다.

나는 이것이 그리스도를 알아 가는 단계의 사람들을 위한 가장 좋은 접근법이라고 생각한다. 우리의 삶과 교회가 영적인 벌새 먹이통과 같이 될 때, 자연에 대한 하나님의 선하심과 은혜와 이 세계에 가득한 적극적인 하나님의 임재 증거가 흘러 넘치게 될 것이다. 그러면 사람들이 그것을 볼 것이고, 그들 가운데 굶주린 사람들은 가까이 다가올 것이다. 하지만 배고프지 않은 사람은 오지 않을 것이다. 우리는 지적 줄다리기를 통해 사람이 그리스도께 다가오는 경우는 없다는 사실을 기억해야 한다. 하나님이 사람을 변화시키고 그들의 마음을 바꾸신다. 그러니 그분이 사람들의 주의를 사로잡을 때, 즉 그리스도를 알아 가고 있는 사람들이 진리에 대하여 간절히 목말라하고 있을 때, 우리 믿음의 먹이통이 깨끗한 상태로 준비되어 있는지를 분명히 확인해야 할 것이다.

이웃에 대한 사랑: 관심 없음

그리스도를 알아 가는 사람들의 삶에서 주일 예배는 가장 중요한 영적 영향을 미칠 가능성이 높다. 그런데 이들 중 교회의 교인이 되는 것이 그리스도인으로 성장하는 데 있어 필수적이라고 생각하는 사람은 3분의 1에 지나지 않는다. 이들 중 다수가 교회에 정기적으로 출석하면서도 다른 교인들과 관계를 맺는 일에 대해서는 상대적으로 별 관심을 보이지 않는다. 신앙 공동체에 참여하는 것에 대한 이 같은 무관심은 소그룹과 다른 봉사 사역에 대한 저조한 참여율로 나타난다. 전체 교인들 가운데서 이러한 교회 공동체를 형성하는 활동에 참여하는 비율이 50퍼센트인데 반해, 그리스도를 알아 가는 사람들 중에서는 25퍼센트만이 이 일에 참여하고 있다. 그리스도를 알아 가는 사람들에게 있어 교회의 역할은 그저 주일 한 시간 동안 영적 콘텐츠를 제공해 주는 데서 그치는 경우가 대부분이다. 게다가 이 콘텐츠가 이들의 나머지 한 주 동안의 세속적 삶에 미치는 영향은 매우 미미하다[표 2-6].

이 단계에 속한 사람들은 이웃에 대한 사랑이 상대적으로 적기 때문에 교회와 관련된 관계를 형성하는 데 관심을 덜 기울인다. 이 단계에 속한 사람들 중 30퍼센트 미만의 사람들만이 "내가 아는 사람들과 모르는 사람들을 매우 사랑"한다는 진술에 전적인 동의를 나타냈다. 이 응

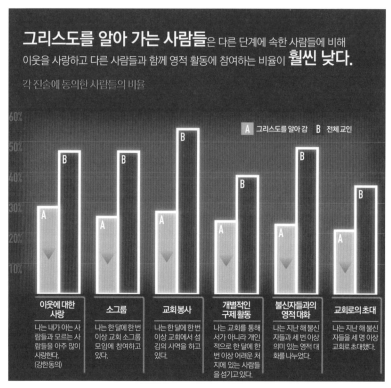

그리스도를 알아 가는 사람들은 다른 단계에 속한 사람들에 비해 이웃을 사랑하고 다른 사람들과 함께 영적 활동에 참여하는 비율이 **훨씬 낮다.**

각 진술에 동의한 사람들의 비율

A 그리스도를 알아 감   **B** 전체 교인

이웃에 대한 사랑	소그룹	교회봉사	개별적인 구제 활동	불신자들과의 영적 대화	교회로의 초대
나는 내가 아는 사람들과 모르는 사람들을 아주 많이 사랑한다. (강한동의)	나는 한달에 한번 이상 교회 소그룹 모임에 참여하고 있다.	나는 한달에 한번 이상 교회에서 섬김의 사역을 하고 있다.	나는 교회를 통해서가 아니라 개인적으로 한 달에 한 번 이상 어려운 처지에 있는 사람들을 섬기고 있다.	나는 지난 해 불신자들과 세 번 이상 의미 있는 영적 대화를 나누었다.	나는 지난 해 불신자들을 세 명 이상 교회로 초대했다.

표 2-6 그리스도를 알아 가는 사람들의 경우, 자신들이 이웃을 사랑하며 다른 사람들과 함께 영적 활동에 참여하고 있다고 말하는 비율이 전체 교인들과 비교해볼 때 크게 낮았다. 소그룹이나 봉사 활동과 같은 교회 활동에 대한 참여율에서 특히 많은 차이를 보인다.

답을 한 사람들의 비율 역시 하나님에 대한 사랑을 묻는 질문과 마찬가지로 다른 단계의 사람들보다 동의를 표현하는 비율이 훨씬 낮다. 이것이 바로 이들이 교회 활동과 공동체를 위한 봉사에 상대적으로 덜 참여하는 이유다. 여기 속한 사람들 다섯 명 가운데 한 명만이 매달 어려운 처지에 있는 사람들을 위한 봉사 활동을 하고 있으며, 이와 비슷한 비율로 소수의 사람들만이 지난 1년간 세 명 이상의 사람들을 교회로 초대

했다. 이들이 신앙을 실천하는 수준이 낮은 단계에 머물러 있다는 것은 이 그룹이 교회의 활동과 관계에 대해 최소한의 관심만을 갖고 있다는 것이다. 이들의 삶에서는 영적 성장 속도를 보여 주는 표지가 거의 나타나지 않는다.

교회가 이들을 위해 구체적으로 어떤 역할을 감당해야 하는지를 단정하기는 어렵다. 이들은 제각기 다른 이유로 교회에 출석하고 있다. 하지만 교회의 일에 참여하는 일에 대해서는 머뭇거리고 있다. 그다음 단계로 자신이 무엇을 하고 싶은지에 대해서도 양면적인 감정을 가지고 있다.

교회 지도자들로서 이들을 섬기는 우리 역시 이들에 대해 양면적인 감정을 느낄 수 있다. 이들이 스스로 결정을 내릴 수 있도록 적당한 공간을 마련해 주는 것이 중요하다는 것을 알고 있다^{이 과정에 소요되는 시간은 사람마다 다르다}. 그러나 다른 한편으로는 누군가를 너무 오래 기다리게 하면 그가 이 일에 점점 더 무관심해지고 그리스도를 받아들일 가능성도 낮아질 수 있다는 사실도 기억해야 한다.

이 같은 긴장이 있기 때문에 우리는 용의주도하게 행동하여 균형을 맞춰야 한다. 먼저 우리는 그리스도를 알아가는 단계의 이 사람들이 환영받고 있다는 느낌을 받도록 배려하는 한편, 동시에 그리스도에 대한 믿음을 선택하는 일의 중요성과 긴급성도 이해시켜야 한다. 즉, 탐구의 기회를 주는 동시에, 믿음의 이유도 주어야 한다는 말이다.

이 목표를 향해 나아갈 때 우리는 이 단계의 사람들이 호기심보다는 조심성 있는 태도를 취하는 경우가 많다는 사실을 인지해야 한다. 이들은 열린 마음에서 나오는 호기심보다는 의심이나 더 나아가 두려움에 의해 움직인다. 특히 보이지 않는 하나님과 고대 문서에 기초한 하나님의 신비로운 언약과 관련된 문제를 두고 고심할 때 이러한 의심이 분명하게 드러난다. 이들 중 대부분은 이 고대 문서의 내용이 너무 모호하고 위협적이라고 느낀다.

이들이 그리스도와 인격적 관계 맺기를 꺼려하는 것은 두려움 때문이기도 하다. 이들이 자신의 인생을 예수님께 맡기기로 결심할 때 하늘나라에서는 잔치가 벌어지지만 대부분의 경우 교회의 담벼락 안에서는 거의 아무런 박수소리도 들려오지 않는다. 의심 많은 세속의 세상은 수많은 것을 요구하는 위압적인 곳이며, 이런 세상에 살면서 그리스도를 따르기로 선택하는 것은 결코 쉬운 일이 아니다. 그래서 마샤와 프랭크처럼 많은 사람들이 수년 동안 신앙의 가장자리인 이 단계에 머물러 있는 것이다. 평생을 이 단계에 머물다 가는 사람들도 있다.

하지만 만약 마샤와 프랭크가 이 의심과 두려움을 극복한다면 어떤 일이 일어날까? 하나님이 모든 벽을 뚫고 들어오셔서 이들의 눈을 열어 예수님에 대한 진리를 보게 하신다면 어떤 일이 벌어질까? 그다음부터는 모든 일이 순조롭게 진행되지 않을까? 하지만 그렇지 않을 가능성이 높다. 그리스도의 제자로 사는 우리의 삶에는 큰 기쁨도 있지만 위험과 장애물도 항상 같이 따라다니기 때문이다. 우리는 영적 성장 과정에 이제 막 들어섰을 뿐이다. 발견 프로젝트에서 나온 결과는 우리 믿는 자들의 삶에 존재하는 기복을 적나라하게 보여 준다. 이제 그 결과가 완전한 신앙의 초보자들, 즉 그리스도 안에서 성장하는 단계에 속한 사람들의 마음과 삶에 관하여 무엇을 말하고 있는지 살펴보도록 하자.

그리스도를 알아 가는 사람들의 특징

* 영적 가장자리에 머물러 있다.

* 탐구하고 있으나 기독교의 주장에 대해서는 우유부단한 태도를 보인다.

* 신은 믿지만 대신 그리스도에 대한 신앙으로 인해 고민하는 경우가 대부분이다.

* 교회에 출석은 하지만 교회 활동에는 참여하지 않는다.

* 오랫동안 교회에 다닌 사람들이 이 단계에 속해 있을 수도 있다.

사양화 지대에 갇힌 사람들 :
그리스도를 알아 가는 단계에서 멈춘 교회

이 교회의 역사는 100년에 이르며, 사람들이 많이 살지 않는 펜실베이니아 남동부에 위치하고 있다. 이 교회의 교인 350명은 대부분이 중년 이상의 백인 노동자들이다. 대부분이 10년 이상 이 교회에 다녔지만 발견 프로젝트 팀이 조사한 바에 따르면 이들 중 20퍼센트가 그리스도를 알아 가는 단계에 머무르고 있었다. 그리고 44퍼센트가 그다음 단계인 그리스도 안에서 성장하는 단계에 있었다. 이 수치만 본다면 매주일 예배 시간에 이 교회의 목사는 기독교에 대한 심오한 질문들을 두고 적극적으로 씨름하고 있는 사람들을 주 대상으로 하여 설교하면서 이들의 신앙을 새롭게 성장시키는 일에 집중할 거라고 생각하기 쉽다. 그렇지 않은가?

하지만 실상은 이와 달랐다. 이 교회는 영적으로 휴면기에 들어가 있었다. 이들의 무관심의 뿌리는 아주 깊었다. 이들의 영적 무기력의 증거는 곳곳에서 발견되었다. 그들이 가진 핵심적인 기독교 신념이 매우 약하다는 사실이 그 가운데 하나였고, 개인적으로 신앙 훈련을 하는 사람 역시 매우 드물다는 것이 또 하나의 증거였다. 이들에게는 하나님의 계획과 목적에 자신의 인생을 드리겠다는 생각은커녕, 그리스도와의 인격적 관계라는 개념 자체가 없었다.

물론 이 교회의 목사 역시 성도들에게 좀 더 직접적이며 도전이 되는 메시지와 예배 형식을 취해 현상을 타개하려고 애쓰고 있었다. 그러나 상황이 만만치 않았다. 불만을 토로하는 성도의 비율은 29퍼센트로 높게 나오고, 많은 사람들이 '소속감'을 못 느끼겠다고 불평하고 있었다. 이들이 목회자의 변화의 노력에 안정감을 느끼지 못하고 있다는 뜻이었다.

불행하게도 이것은 이 교회만 겪는 독특한 경험이 아니다. 우리가 조사한 바에 따르면 다섯 교회 가운데 한 교회가 '장기적 침체, 영적 미성숙, 변화에 대한 무감각'이라는 이 교회의 특징을 그대로 답습하고 있었다. 이 교회들의 목회자들은 이 결과에 놀라지 않았다. 오히려 대다수 교회들이 우리의 조사에 참여한 근본적인 이유는 본질적으로 자신들의 교회가 겪고 있는 영적 무관심에 대한 의혹을 확인하기 위해서였다.

그러나 결과가 좋지 않을 것이라 의심하면서도 그 진실을 따라가는 것은 용기가 필요한 일이다. 비슷한 의심을 하면서도 자기 교회 성도들의 영적 안이함에 대해 잡음을 내고 싶어 하지 않는 교회 지도자들이 얼마나 많은가! 영적 휴면기 상태에 있는 교회들이 이보다 훨씬 많을 것 같아 두렵다. 전체 비율이 5분의 1이상이라는 이야기도 있다. 정신이 번쩍 들게 하는 이야기가 아닌가!

영적 성장을 위한 조언

그리스도를 알아 가는 단계와 관련하여 교회 지도자들이 기억해야 할 가장 기본적인 사실은, 이들이 교회에 다니기로 선택한 사람들이라는 사실이다. 이들은 믿음과 관련된 쟁점들에 대하여 탐구할 의지가 없는, 하나님과 멀리 떨어진 사람들이 아니다. 이들은 교회가 사회의 다른 곳에서 줄 수 없는 뭔가를 자기들에게 주기를 바란다. 그래서 다양한 방식으로 교회가 자신들에게 영향을 끼칠 수 있는 기회를 주는 것이다. 이 부분을 잊지 말기 바란다. 이들은 무엇인가를 찾아 스스로 교회에 왔다. 그리고 그들이 찾는 그것을 우리가 주기를 바란다.

물론 이 일에 대한 책임이 우리에게만 있는 것은 아니다. 지도자들인 우리가 맡은 역할은, 이들이 탐구 과정에서 스스로 적극적인 역할을 맡도록 도전하는 것이다. 찾으면 찾을 수 있을 것이라고[마 7:8] 위로해 주는 동시에, 그 탐구의 여정에는 각자 적극적으로 참여해야 하며 마음을 전적으로 그 과정에 쏟아 부어야 한다는 사실을 지속적으로 알려 주어야 한다. "너희가 온 마음으로 나를 구하면 나를 찾을 것이요 나를 만나리라"[렘 29:13].

이 단계에 속한 사람들이 일주일에 한 번 교회에 가서 교회가 기본적으로 제공하는 것을 받는 걸로 만족하고 편안함을 느끼게 해서는 절대 안 된다. 수동적인 태도로는 아무것도 할 수 없음을 상기시켜 주라. 적극적인 영적 탐구는 주일 하루가 아닌 한 주 내내 지속될 수 있으며, 또 반드시 지속되어야만 한다는 사실을 깨닫게 하라.

그리고 이들에게 언젠가는 각자의 삶에 대해 해명해야 할 날이 올 것임을 분명히 알려 주라. 그럼으로써 이 탐구의 노력에 대한 대가가 무척 크다는 사실을 깨닫게 해 주어야 한다. 천국과 지옥에 대한 논쟁을 피하지 말라. 그러면서도 그리스도와의 관계가 영생의 문제보다 훨씬 중요한 것임을 확실히 이해시켜야 한다. 그리스도와의 관계가 지금 현재 각자의 삶에서 무엇을 의미하는지를 알 수 있게 도와주라. 즉, 예수님께 각자의 인생을 맡길 때 자신의 삶이 더 평화로워지며 그분의 인도하심을 받게 되고 그것이 희망의 근거가 될 것이라는 깨달음을 주는 것이다. 다시 말하지만, 이들은 자신의 삶에 대해 발언할 수 있는 권리를 여러분에게 부여해 주었다. 우리의 조사 결과 역시 이들이 우리가 자신들을 도전하고 그다음에 어떤 행동을 해야 할지 알려 주기를 바라고 있음을 보여 준다.

이들을 도전할 때 한 가지 유념해야 할 것이 있다. 예수님을 따르기로 결정하겠다는 생각에는 두려움이 섞여 있을 수 있다는 사실이다. 이들은 세상의 시각에서 볼 때 과학적으로 결코 증명할 수 없으며 받아들이기 힘든 요소가 많은 신앙을 갖기 위해 몸부림치고 있다. 이들은 교회 밖에 있는 동료들과 친구, 가족들로부터 비웃음을 당하고 존경을 잃을 각오까지 불사하며 이렇게 노력하고 있는 것이다. 그러니까 그리스도를 알아 가는 사람들에게는 우리의 인내심과 공감, 사랑과 기도가 필요하다. 그들은 그걸 받을 자격이 있다. 또한 우리는 성령님이 그들의 마음과 정신 속에서 일하실 수 있도록 충분한 시간도 주어야 한다.

하지만 그들에게 선택의 시간을 무기한으로 줘서는 안 된다는 사실을 반드시 기억해야 한다. 너무 많은 시간을 주면 그들의 영정 성장 과정에 실제적인 손상을 입힐 수가 있기 때문이다. 이들에게는 자기들의 신앙을 탐구할 공간이 필요하다. 성경공부나 각종 행사에 참여하거나 좀 더 심층적인 연구를 위한 모임에 들어가고, 개인적으로 가장 골치 아파하는 문제에 대한 답을 줄 수 있는 지식을 가진 사람을 초대하는 일

등이 그런 공간이 될 수 있다. 그러나 이 같은 지원 활동은 이들을 도전하는 일과 병행하여 진행되어야만 한다. 가능한 한 그들의 모습이 레이더 화면에 비춰지고 있음을 이 탐구자들에게 인지시키라. 영적 성장의 진행 상황을 묻고, 각 사람이 가진 독특한 망설임을 가장 잘 나타낸 성경구절을 알려 주라. 일정한 기간 동안 매일 성경을 읽게 하며, 그들이 이 일들을 잘 이행하고 있는지를 함께 확인하라. 성경을 함께 읽고, 혹 지금껏 언급한 일이나 그 밖의 여러 가지 도전을 하는 당신을 성가신 사람으로 여길까 봐 두려워도 이를 극복하라.

　　그 사람의 영적 건강에 대해 여러분이 보이는 인격적인 관심보다 더 강력한 도움은 없다. 그리고 성도들의 삶에 큰 영향을 미치고 훌륭한 제자를 만들어 내는 교회를 나타내는 지표 중 '전부를 걸라'고 도전하는 것보다 확실한 것도 없다.

그리스도 안에서 성장함:
열린 마음으로 하나님을 대하는 사람들

갓난아이인 딸 하나와 십 대 초반의 아들 하나를 둔 서른두 살의 기혼 남성 마이클은 예술적인 기질을 갖고 있다. 클래식 트럼펫을 배운 그의 꿈은 전문 교향악단에서 연주하는 것이었다. 그러나 이 꿈이 좌절되자 그는 진로를 바꿔 자신의 예술적 열정을 클래식한 가구를 제작하는 일에 쏟아 부었다.

어렸을 때 그는 제도화된 종교를 접할 기회가 거의 없었다. 그의 표현에 따르면 자신의 부모는 '뉴에이지 히피'였고, 한창 성장할 시기에는 예수님을 "그저 한 명의 역사적 인물, 매우 영적이고 큰 깨우침을 얻은 사람이긴 하지만 인간의 모습을 한 신은 분명 아닌 존재"라고 생각했다. 인생 대부분을 기독교를 무시하며 살았던 것이다. 그는 "그리스도보다는 그를 적대시하는 논쟁을 받아들이며 살았다"고 말한다.

마이클이 기독교를 진지하게 생각하기 시작한 것은, 아들과 함께

꼬박꼬박 교회에 다니던 젠과 데이트를 하기 시작했을 때부터였다. 젠은 마이클을 만나 대화할 때 자신의 신앙을 변호하면서 마이클이 품은 의문들에 답해 줄 수 있는 사람을 만날 수 있는 교회를 찾아보라고 권했다. 그는 젠의 말을 따랐다. 이렇게 자신이 가진 질문에 대한 답을 찾는 과정이, 최초로 그리스도를 받아들이기로 결심한 순간과 이후 진지하게 영적 성장을 위한 헌신의 기초를 세우는 데 있어서 중추적인 역할을 했다.

제프는 이십 대인 세 자녀를 둔 홀아비로, 이 세 자녀들 중 한 명은 지금도 제프와 같이 살고 있다. 노련한 금융마케팅 중역인 그는 스스로를 '전사'라고 칭할 정도로 현실적이고 직선적인 사람이다. 그는 자신을 이렇게 묘사한다. "나는 상대가 누구든 잘못된 행동을 하고 있는 사람이 있으면 거리낌 없이 다가가 그것에 대해 이야기한다." 가톨릭 집안에서 자란 그는 예수회에 속한 교육기관에서 대학원 과정까지 마쳤으며, 오랫동안 하나님을 믿어 왔고 기억하는 한 기도도 계속해 왔다고 한다. 그는 열세 살이나 열네 살 때 다녀온 몬태나 여행을 떠올리며 이렇게 말한다. "절벽 끝 바위에 앉아 산을 바라보며 바람 사이로 부는 소리를 듣다가 저는 이런 생각을 했어요. '빅뱅 같은 사건이 있었을 리 없어. 순전히 우연으로 이런 결과가 나올 리는 절대 **없다고**.'"

그러다가 최근 몇 년 전부터는 초교파 교회에 다니기 시작했고, 그때부터 그는 의도적으로 그리스도에 집중하기 시작했다. 제프는 "예수님에 대한 모든 대화가 훨씬 더 일상적인 것이 되었고 모든 초점이 예수님께 맞춰졌어요"라고 말한다. 제프는 조직적인 기술을 활용해 독서와 기도는 물론이고 적극적인 질문을 하며, 주일 예배에 성실하게 참여하는 등 활발하게 자신의 영적 성장을 도모해 가기 시작했다. 이 과정 가운데 가장 결정적인 순간은 미시간 호수에서 세례를 받던 순간이었다. 많은 가족과 가까운 친구들이 그 자리에 참석하였기에 훨씬 더 의미 있는 경험이 되었다. 장로교 목사가 된 그의 오랜 친구도 그 날 그의 세례를 축하하기 위해 참석했다. "우리가 물에 들어가기 전에 그 친구가 해변에서 어떻게 하고 있는지 봤어야 했어요." 그는 웃으며 말한다. "그 친구는 완전히 기운이 넘쳐서 이 말을 반복했어요. '하나님이 하시고 있는 일을 봐! 하나님이 어떤 일을 **하시고 있는지 보라고!**'"

   마이클과 제프, 이 두 사람은 영적 성장 과정으로 볼 때 완벽하게 그리스도 안에서 성장하는 단계에 속해 있다. 이들은 각기 다른 성장배경과 직업, 가족 역동성을 지니고 있지만 몇 가지 공통점도 있다. 이 두 사람은 모두가 자녀들을 둔 아버지이며, 둘 다 새롭게 발견한 그리스도와의 관계에 대해 말하는 점에서 매우 명확한 태도를 보인다. 또한 교회에 대한 의존도와 헌신, 신앙적인 측면에서 전진해 나가야겠다는 공통된 꿈을 가지고 있다. 그리고 이 둘은 서로를 잘 모르지만 둘 다 8월이라는 계절에 어울리지 않게 시원했던 어느 주일 오후 똑같은 호숫가에서 세례 예배를 드렸다.

   이 두 사람의 인생에서 우리는 하나님이 이들을 움직여 신앙의 탐구 과정에 동반되는 의심과 질문을 뛰어넘어 진정한 신앙을 특징짓는 결심과 실천으로 향하게 하신다는 증거를 발견할 수 있다. 이 같은 결심과 실천 속에 더 많은 성장의 기회가 곁들여 있다. 지금 제프와 마이클은 바로 그 기회를 힘차게 따라가고 있다.

그리스도 안에서 성장하는 사람들의 특징: 교회를 받아들인다

성장은 이상한 형태로 진행될 수가 있다. 감정적 변덕스러움과 신체적 변화, 사회적 불안으로 특징지어지는 사춘기라는 인생의 단계를 생각해 보면 이것을 명확히 이해할 수 있다. 십 대 청소년들처럼 그리스도 안에서 성장하는 사람들도 새로 발견한 신앙을 각자의 일상생활에 적응시키면서 중요한 지적 변화와 감정적 변화를 경험한다. 이들은 사춘기 청소년들이 느끼는 것과 같은 불안감을 드러내기도 한다. 이는 신앙 성장의 현실적 의미를 받아들일 때면 어느 정도의 버둥거림이 있기 마련이라는 뜻이다.

그러나 그 같은 버둥거림에도 불구하고, 어쩌면 바로 그 때문에 그리스도 안에서 성장하는 이 사람들은 진정한 신앙의 성장을 경험한다. 단순히 하나님을 **아는** 단계에 머물며 실생활에서는 그분과 무관했던 상태에서 벗어나, 그분과 **인격적인** 관계를 맺으며 매일의 경험 속에서 그분과 직접 영향을 주고받게 된다. 이렇게 이제 막 새롭게 신자가 된 사람들은 대개 그 같은 영적 성장의 초석을 깔아 준 교회의 광팬이 된다. 교회가 이러한 존경의 표현에 잘 반응하기 위해서는 이 단계의 사람들에 대한 다음과 같은 세 가지 특징을 좀 더 잘 이해하고 있어야 한다.

1. 이들은 영적 성장 과정에 속한 그룹들 중 가장 다수를 차지하고 있다

우리가 조사한 대상들 중 그리스도 안에서 성장 중인 단계의 사람들이 38퍼센트를 차지하고 있었다. 이는 두 번째로 큰 그룹인 '그리스도와 친밀한 단계'의 27퍼센트라는 수치를 훌쩍 뛰어넘는다^{표 3-1}. 이 말은 곧 어떤 교회를 가더라도 교인 다섯 명 중 두 명은 이 단계에 속한다는 뜻이다. 우리가 조사한 수천 교회들은 각기 다양한 영적 특징을 보였으나 이 단계에 속한 사람들의 비율은 일정하게 교회 전체 인구의 30퍼센트 이상이었다. 출석 교인 중 50퍼센트가 이 그룹에 속하는 교회들도 많았다.

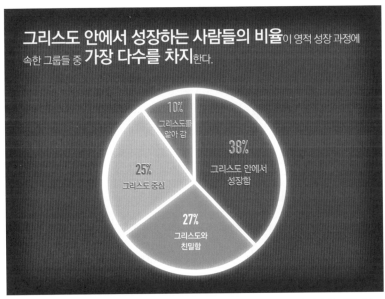

표 3-1 발견 프로젝트 팀이 조사한 전체 대상 중 그리스도 안에서 성장 중인 단계에 속한 사람들이 38퍼센트를 차지하고 있다. 평균적으로 대부분의 교회들에서 이 그룹에 속한 사람들의 수가 가장 많다.

　　이 통계수치로 무엇을 할 수 있을까? 이 단계에 속한 사람들의 수가 교회에서 가장 많으니, 당연히 이들이 다른 그룹의 사람들보다 교회에 더 큰 영향을 끼치고 있다는 사실을 인정하는 것에서부터 논의를 시작해 보자. 그렇다면 다음과 같은 질문이 생긴다. 교회 내에서 거대한 편이지만 영적으로 미성숙한 편에 속하는 사람들의 의견만을 교회 지도자들이 주로 받아들인다면, 그 지도자들의 결정에 어떤 영향을 미칠까? 다른 영적 성장 단계의 사람들을 희생시키고 이 거대한 그룹의 사람들에게 교회의 자원을 집중시키는 부작용이 생기지는 않을까? 봉사 조직의 지도자를 포함해 모든 자원봉사 역할을 하겠다고 나서는 사람들이 상대적으로 신앙생활의 초보자에 해당되는 이 그룹의 사람들로 채워진다면 교회의 전체 사역에 어떤 결과를 초래할까?

대부분의 교회들에서 가장 다수를 차지하고 있는 이 그룹의 사람들이 그리스도와의 관계를 한창 성장시켜 나가고 있는 미성숙한 신자들이라는 이 사실은, 교회 지도자들이 인식하고서 물어야 할 중요한 질문들 중 극히 일부분이다.

2. 이들은 사실상 모든 교회 활동에 가장 적극적으로 참여하고 있다

그리스도 안에서 성장하는 사람들은 주일 예배와 소그룹, 교회 봉사 같은 교회 활동에 있어 그리스도를 알아 가는 단계의 사람들보다 훨씬 높은 참여율을 보인다. '그리스도와 친밀'한 단계나 '그리스도 중심'의 단계에 속한 훨씬 더 성숙한 신도들이 이 활동들에 참여하는 비율이 더 높지만, 그리스도 안에서 성장하는 단계에 들어선 이들이 경험하는 변화의 폭은 그중에서도 현저하게 넓다표 3-2.

특히 이 단계에 속한 사람들이 교회 봉사에 참여하는 비율의 상승폭을 눈여겨보기 바란다. 표의 가장 오른쪽에 있는 막대들을 보면 이 단계에 속한 사람들이 한 달에 한 번 이상 교회 봉사에 참여하는 비율이 그리스도를 알아 가는 사람들의 참여율보다 약 두 배나 상승한 50퍼센

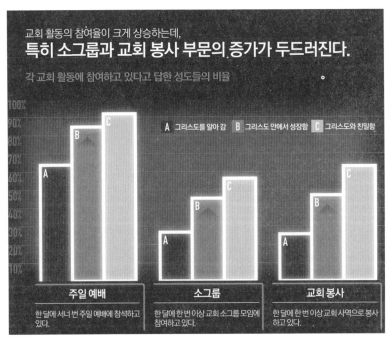

교회 활동의 참여율이 크게 상승하는데,
특히 소그룹과 교회 봉사 부문의 증가가 두드러진다.

각 교회 활동에 참여하고 있다고 답한 성도들의 비율

A 그리스도를 알아 감 B 그리스도 안에서 성장함 C 그리스도와 친밀함

주일 예배	소그룹	교회 봉사
한 달에 서너 번 주일 예배에 참석하고 있다.	한 달에 한 번 이상 교회 소그룹 모임에 참여하고 있다.	한 달에 한 번 이상 교회 사역으로 봉사하고 있다.

표 3-2 화살표는 그리스도를 알아 가는 사람들에 비해 그리스도 안에서 성장하는 사람들의 교회 활동 참여율이 얼마나 상승했는지를 보여 준다. 더 성숙한 신도들이 이 활동들에 참여하는 비율이 더 높지만, 그리스도 안에서 성장하는 단계에 들어선 이들이 경험하는 변화의 폭은 그중에서도 현저하게 넓다.

트에 육박한다! 어쩌면 여러분은 이들을 상대적으로 영적으로 덜 성숙한 그룹이라고 생각하여, 이들이 교회의 자원을 생성하는 데 기여한다기보다는 그 자원을 소비하고 있을 거라고 예상할지 모른다. 어찌됐든 교회를 가장 필요로 하는 사람들이 바로 이 그룹 아닐까? 하지만 아니었다. 사실은 그것과 정반대되는 결과였다. 이 단계에 속한 사람들 중 절반이 한 달에 한 번 이상 교회 봉사에 참여하고 있었던 것이다. 이들이 예배 참석 교인들 중에서 가장 다수를 차지하고 있기 때문에, 교회의 자원봉사자들 중 가장 높은 비율을 차지하는 것도 바로 이들이다.

3. 이들의 영적 성장 속도는 느리지만 꾸준하다

일단 그리스도에 대한 신앙을 받아들이고 난 사람은 엄청나게 빠른 속도로 영적 성장을 거듭하게 될 거라고 생각하기 쉽다. 실제로도 이 그룹은 신념과 신앙 훈련 부문에 있어서 의미 있는 변화를 경험하고 있으며 교회의 일에도 깊이 관여한다. 앞에서 살펴본 표 3-2에서 이 사실을 확인할 수 있다. 즉, 이 그룹에 속하는 사람들 중 85퍼센트가 매달 서너 번씩 주일 예배에 참석하고 있으며, 47퍼센트가 한 달에 한 번 이상 소그룹 모임에 참여하고, 50퍼센트는 한 달에 한 번 이상 교회 봉사를 하고 있다. 이 모든 현황을 볼 때 우리는 이들이 이에 상응하는 수준의 영적 성장을 경험하고 있다고 가정하고 싶다.

그러나 불행하게도 이 같은 예상은 사실이 아닐 수 있다. 그리스도 안에서 성장하는 단계의 이 사람들은 자신의 영적 성장 속도를 평가하는 것에 대해서 매우 망설인다. 이들은 자신들의 영적 성장 속도를 표현하는 데 있어 오히려 그리스도를 알아 가는 단계의 사람들과 더 유사한 모습을 보이며 '느리지만 꾸준하다'라고 평가했다[표 3-3]. 이처럼 상대적으로 소박한 영적 성장 속도에 대한 자기 평가는 자신감의 부족, 혹은 불확실성에 대한 감정을 반영한 결과로 보인다. 어쩌면 이들은 그리스도와 관계를 맺는다는 것이 자신이 지금까지 생각했던 세계의 우선순위를 완전히 새로 재정비하는 것이며, 이 같은 엄청난 변화를 이루기 위해서는 상당한 시간이 필요할 수 있다는 사실을 인지하고 앞으로 걷게 될 여정에 대해 겁을 먹고 있는 것일 수도 있다.

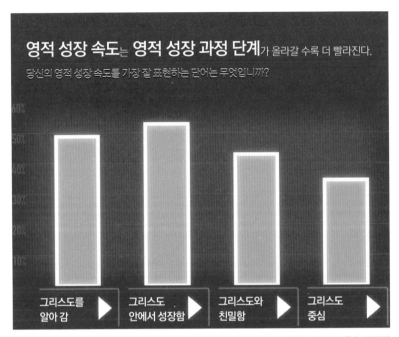

영적 성장 속도는 **영적 성장 과정 단계**가 올라갈 수록 더 빨라진다.

당신의 영적 성장 속도를 가장 잘 표현하는 단어는 무엇입니까?

| 그리스도를 알아 감 | 그리스도 안에서 성장함 | 그리스도와 친밀함 | 그리스도 중심 |

표 3-3 그리스도 안에서 성장하는 사람들 중 50퍼센트 이상이 자신들의 영적 성장 속도를 '느리지만 꾸준하다'라고 답하고 있다. 이는 전체 네 단계 중 가장 높은 수치다.

이들의 영적 성장을 위해서는 무엇을 해야 하는가?

발견 프로젝트 팀이 알아낸 다양한 결과들 중에서도 가장 중요한 사실 하나가 바로 이 단계에 속한 사람들에게서 나왔다. 이는 곧 '교회 활동 참여율이 꼭 영적 성장과 직결되지는 않는다'라는 것이었다. 우리는 반복해서 가설을 검증해 보았고, 그때마다 이 결론이 도출되었다. 이 새신자들은 교회 사역과 각종 프로그램에 적극적으로 참여함에도 불구하고 앞에서 이야기한 것처럼 열정적이면서도 두려워하는 성향이 있다. 앞으로 나가기를 주저하고, 자꾸 뒤돌아 서서 자신들이 들은 내용을 곱씹고 배운 내용들을 내면화시키는 등 사춘기 청소년과 비슷한 행태를 보인다는 사실이 반복해서 확인되었다. 그러나 주일 예배나 소그룹, 교회 봉사에 대한 이들의 높은 참여율을 보면, 이들이 교회를 자신들의 영적 감독으로 여기고 있음을 알 수 있다. 그리스도 안에서 성장하기 시작할 때 교회가 자신들의 신념을 확언해 주고 격려해 주며, 좋은 안내자의 역할을 해 줄 주요한 근원이라고 믿는다.

좋은 감독이라면 이 선수들에게 가장 필요한 지식을 알려 주고 훈련을 시켜 주며, 나아가 이들이 실제적인 행동을 할 수 있도록 가르침으로써 이 선수들이 각자의 궁극적인 목표에 도달할 수 있도록 도와주어야 한다. 코치는 선수를 도전하는 사람이다. 그리고 그들로 하여금 이 도전을 받아들이도록 기회를 주고 격려해 주는 사람이다. 우리가 발견 프로젝트를 통해 알게 된 가장 의외의 사실은, 그리스도 안에서 성장 중인 이 사람들이 이 같은 도전을 받기를 바라고 있을 뿐만 아니라 실제로 기대하고 있다는 점이었다. 이것은 앞서 예견한 '아기 그리스도인'들이 애지중지 귀중한 대우를 받기를 원한다는 잘못된 가정과 완전히 동떨어진 결과다.

이 장 서두에 언급한 제프는 이와 비슷한 기대를 했던 때의 이야기를 털어놓았다. "세례를 받고 난 후 이런 생각이 들었어요. '좋았어, 그런데 이제부턴 어떻게 하지?'" 제프는 큰 기대를 가지고 세례 받는 날을 향해 달려왔었다. 그러나 정작 그 목표가 달성되자 이제는 채워 넣어야 할 신앙생활의 빈 공간이 보이기 시작한 것이다.

마이클 역시 신앙 여정 가운데서 이제 어느 쪽으로 가야 할지를 살피는 상황에 처해 있다. 그는 그다음 단계로 무엇을 해야 할지 알고 싶어 자신의 교회에서 출간한 『세례 그 이후』*Next Steps After Baptism*라는 소책자를 지속적인 영적 성장을 위한 주요 도구로 활용했다. 그 목록 중에는 소그룹에 참여할 것을 제안하는 내용이 담겨 있었고, 마침 그가 세례 받는 시기에 그의 교회는 다양한 소그룹 모임을 시작했다.

그는 말한다. "잠깐만 헌신하면 되는 일이었어요. 그래서 갔지요. 그 결과 함께 어울릴 수 있는 좋은 사람들을 많이 만났어요." 실제로 마이클의 소그룹에 속했던 사람들은 이후 많이 성장하여 처음 생각했던 헌신의 기간이 지난 후에도 몇 달 동안 더 모임을 이어가기로 했다.

제프는 각기 다른 교회들에 출석하는 사람들로 구성된 소그룹 성경공부 모임에 참석하고 있다. 그뿐만 아니라 교회의 주일 예배 설교를 통해 듣는 메시지를 통해서도 많은 도전을 받고 있다. 예를 들어 그는 예전에도 매일 밤 잠들기 전에 규칙적으로 기도하는 훈련을 했었지만 지금은 하나님의 임재 안에 거하는 것을 강조한 강력한 설교 말씀에 따라 기도한다. 그는 이 기도를 하나님과의 '달리기 대화'*running conversation*라고 부른다.

교회가 앞으로 나아갈 길을 알려 주기를 바라고 또 이를 받아들일 마음의 준비가 된 사람은 마이클과 제프뿐만이 아니다. 오히려 그리스도 안에서 성장하는 단계의 사람들 가운데 약 4분의 3이, 교회 지도자들이 다음 단계로 성장할 수 있도록 자신들을 **도전해** 주는 것이 '결정적으로 중요'하거나 '매우 중요'하다고 답했다[표 3-4].

즉, 그리스도 안에서 성장하는 사람들은 우리가 에둘러 말하는 것을 원치 않는다. 이들은 우리가 성경을 가르치고 각자의 생활을 진찰하도록 자신들을 도전하며, 자신들이 듣고 있는 진리를 따르는 데 필요한 일이라면 어떤 변화라도 감내하도록 격려해 주기를 기대한다. 우리는 이 사실에 놀라지 말아야 한다. 예수님 역시 자신을 따르고자 한 사람들에게 대가를 치르고 십자가를 지며 모든 소유를 포기해야 한다고 도전하셨다눅 14:25-33. 냉정하게 도전하라! 물론 그리스도 안에서 성장 중인 이 사람들을 도전할 때는 이제 막 그리스도와 관계를 맺기 시작한 각 사람에게 적합한 다음 단계가 무엇인지에 대해서도 구체적으로 알려 주어야 한다.

그리스도를 안에서 성장하는 사람들이 가장 바라는 다섯 가지

교회에 바라는 것	각 진술에 대해 '결정적으로 중요하다', 또는 '매우 중요하다'라고 답한 사람들의 비율
1. 그리스도와 인격적인 관계를 가질 수 있도록 도와주세요.	83%
2. 성경을 더 깊이 이해할 수 있도록 도와주세요.	82%
3. 교회 지도자들이 영적 성장 방법의 본보기를 만들어 보여주고 이를 지속적으로 보강해 주세요.	78%
4. 강력한 예배를 제공해 주세요.	75%
5. 다음 단계로 성장할 수 있도록 도전해 주세요.	74%

표 3-4 위는 그리스도 안에서 성장하는 사람들이 교회에 바라는 19가지 교회의 특징 중 가장 중요한 상위 다섯 가지 요소들이다. 이중 80퍼센트가 넘는 사람들이 그리스도와 인격적인 관계를 맺고 성경을 더 깊이 이해할 수 있도록 성도들을 돕는 일을 교회가 해야 할 '결정적으로 중요한' 일이거나 '매우 중요한' 일이라고 답했다.

나는^{그렉} 우리 교회를 담임하고 있는 빌 하이벨스 목사님과 함께 겪어 온 그 모든 과정을 아직까지 생생하게 기억한다. 하이벨스 목사님은 스스로를 도전하는 데 능숙한 사람으로 자처한다. 그는 늘 진실을 말할 준비를 하고 있으면서 필요하다면 언제나 상대에 대한 기대치를 높여 준다. 그를 20년 이상 알아 왔는데 나는 그가 영적인 도전을 하는 것을 수차례 목격했다. 하지만 그런 하이벨스 목사님조차 처음에는 '본격적으로 나서서' 매 주일 예배 시간에 사람들을 도전하는 일이 쉽지만은 않았다. 사람들, 특히 영적 성장 과정에서 초기 단계를 지나는 사람들이 부담을 느끼지 않을까 걱정스러웠던 것이다. 그러나 나는 뒤돌아서지 말 것을 목사님께 권했다. 그것이 우리 성도들이 필요로 하고 또 원하는 것이었기 때문이다. 목사님은 여러 차례 결단력을 발휘하여 그 같은 격려에 응해 주셨다.

한 예로, 우리는 "읽고 연계하며 기도하라"^{Read, Relate, and Pray}라는 제목의 주일 예배 설교 시리즈를 진행한 적이 있었다. 그리스도인의 삶의 기초가 되는 신앙 훈련을 다루는 시리즈였다. 첫 번째 주에 하이벨스 목사님은 하와이의 뉴호프 크리스천 펠로우십 교회^{New Hope Christian Fellowship}의 웨인 코데이로^{Wayne Cordeiro} 목사님을 초청해 성경 읽기의 가치를 가르치고 이를 위해 구체적인 도움이 될 만한 몇 가지 도구를 알려 달라고 요청했다. 왜 웨인 목사님께 이 설교를 부탁했을까? 발견 프로젝트에 참여한 교회들 중 성경 읽는 성도들의 비율이 가장 높았던 곳이 뉴호프 교회였기 때문이다. 우리는 그들이 이 일을 어떻게 하고 있는지 더 배우고 싶었다.

하이벨스 목사님은 웨인 목사님의 메시지를 따랐다. 즉, 웨인 목사님이 알려 준 지침에 따라 성도들에게 성경을 매일 일정 분량씩 읽으라고 도전한 것이다. 또한 "제가 여러분을 대신해서 성경을 읽어 드릴 수는 없습니다"라고 말함으로써 이 도전에 대한 개인의 책임의 중요성을 강조했다. 이 도전에 교인들은 반응하였고, 그 결과 놀라운 일이 일어났다. 1년 뒤, 우리 교회 성도들을 대상으로 똑같은 설문조사를 했더니 규칙적으로 매일, 혹은 일주일에 서너 번 성경을 읽는 사람들의 수가 18퍼센트나 상승한 것이다.

교회 전체 성도들의 영적 성장을 돕는 구체적인 방법에 대해서는 3부에 가서 자세히 다루게 될 것이다. 그에 앞서 그리스도 안에서 성장하는 단계에 있는 성도들을 좀 더 살펴보면서 이들이 하나님과 이웃을 사랑하라고 한 가장 큰 계명에 어떻게 응답하고 있는지 알아보자.

하나님에 대한 사랑: 개인의 가치가 되어 가고 있다

예상했겠지만 그리스도 안에서 성장하는 단계에 속한 사람들이 기독교의 핵심적 신념과 하나님에 대한 사랑을 표현한 진술에 동의하는 수준이 그리스도를 알아 가는 사람들보다 훨씬 높았다[표 3-5].

이 단계에 속한 사람 중 94퍼센트가 삼위일체에 대해 확고한 신념을 갖고 있었고, 81퍼센트가 각자의 삶에 생생하게 살아 계신 **인격적인** 하나님의 존재를 강하게 믿고 있었다. 은혜로 얻는 구원이나 성경의 권위에 대한 확신은 다소 부족했으나 그리스도를 알아 가는 단계의 사람들에 비하면 이 주요 신념을 받아들이는 비율이 약 두 배에 이르렀다.

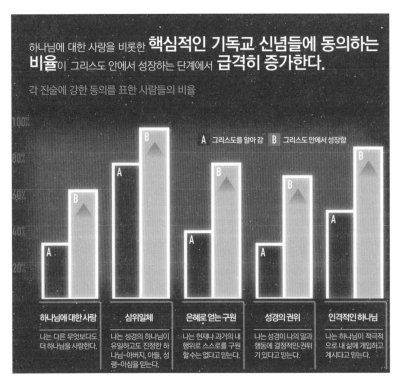

하나님에 대한 사랑을 비롯한 **핵심적인 기독교 신념들에 동의하는 비율**이 그리스도 안에서 성장하는 단계에서 **급격히 증가한다.**

각 진술에 강한 동의를 표한 사람들의 비율

A 그리스도를 알아 감   B 그리스도 안에서 성장함

하나님에 대한 사랑	삼위일체	은혜로 얻는 구원	성경의 권위	인격적인 하나님
나는 다른 무엇보다도 더 하나님을 사랑한다.	나는 성경의 하나님이 유일하고도 진정한 하나님-아버지, 아들, 성령-이심을 믿는다.	나는 현재나 과거의 내 행위로 스스로를 구원할 수는 없다고 믿는다.	나는 성경이 나의 말과 행동에 결정적인·권위가 있다고 믿는다.	나는 하나님이 적극적으로 내 삶에 개입하고 계시다고 믿는다.

표 3-5 그리스도 안에서 성장하는 사람들의 경우, 자신들이 하나님을 사랑하고 있으며, 핵심적인 기독교 신념들에 동의하고 있다고 말하는 비율이 그리스도를 알아 가는 사람들에 비하여 급격히 높아진다. 특히 ①하나님에 대한 사랑 ②은혜로 얻는 구원 ③성경의 권위 등 세 가지 항목에 대해 동의하는 비율은 그리스도를 알아 가는 사람보다 두 배씩 높다.

이들은 또 개인적인 신앙 훈련도 하고 있다. 성경의 권위를 확신하는 면에서는 다소 주저하는 모습을 보이면서도 이들 중 절반이 일주일에 서너 번 성경을 읽고 묵상하고 있다[표 3-6]. 물론 나머지 절반은 성경을 읽지 않는다. 예를 들어 제프는 매일 성경을 기초로 묵상 시간을 갖는 것으로 하루를 시작하고 성경을 읽으며 소그룹 모임에서 진행되는 토론에도 참여하는 반면, 마이클은 성경 읽는 훈련이 덜 되어 있어, 성경 읽기

가 그에게는 '정말 시작하긴 해야 하는' 훈련처럼 느껴진다.

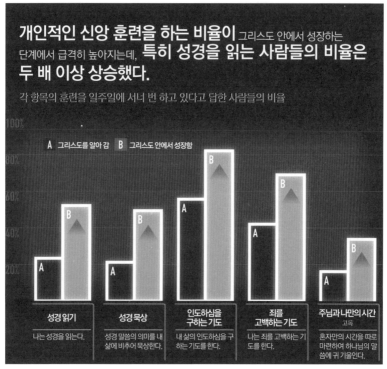

표 3-6 화살표는 그리스도를 알아 가는 단계의 사람들에 비해 그리스도 안에서 성장하는 사람들이 얼마나 더 개인적인 신앙 훈련을 하고 있는지 그 상승폭을 나타낸다. 성경과 관련된 두 가지 활동에 대한 참여율의 증가가 특히 눈에 띈다. 일주일에 서너 번 성경을 읽고 묵상한다고 답한 사람들의 비율이 그리스도를 알아 가는 단계의 사람들의 경우 20퍼센트 정도인 데 반해, 그리스도 안에서 성장 중인 사람들은 50퍼센트가 그렇다고 답했다.

기도 역시 이 단계의 사람들이 하나님과 매일 대화를 이어가는 리듬을 형성시켜 준다는 의미에서 중대한 영적 성장 요소다. 이들 중 82퍼센트가 매일, 혹은 자주 하나님의 인도를 구하는 기도를 하고 있다. 고독의 훈련을 하고 있는 사람들의 비율 역시 다른 훈련들에 비해 한참 뒤

처지긴 하지만 그리스도를 알아 가는 단계에 비해서는 상당한 증가율을 보였다. 이는 이 단계에 속한 사람들이 가진 하나님과 소통하고자 하는 열망이 자라고 있다는 뜻이다.

이들은 분명 자발적으로 상당한 개인적 시간과 생각, 에너지를 들여 자신들의 신앙을 성장시키고 그리스도와의 관계를 진전시키려 한다. 그러나 좀 더 위대한 영적 지식을 추구하고 하나님을 사랑하라는 가장 큰 첫 번째 계명을 받아들이는 마음이 더 커진다고 해서 그것을 늘 행동으로 온전히 옮기는 것은 아니다. 앞으로 보겠지만 이들은 여전히 자신들의 신앙을 행동으로 옮기는 방법, 즉 이웃을 사랑하는 법을 배우고 있다.

이웃에 대한 사랑: 커지고는 있지만 제한적이다

그리스도 안에서 성장하는 사람들은 신앙의 지적인 측면에서 진일보한 모습을 보여 주지만, 믿는 바를 행동으로 옮기는 일에 대해서는 실패를 거듭한다. 이들은 자발적인 학생이자 교회 프로그램의 적극적인 참가자들이지만, 교회 밖이나 불신자들 사이에서 자신들의 신앙을 드러내는 일은 **극히 드물다.** 또한 점점 많은 교회 활동과 개인적인 신앙 훈련을 통해 영적 기반을 닦아 가면서도, 다른 사람들을 교회로 초청하거나 개별적으로 구제 활동을 하는 것은 그리 내켜 하지 않는다. 경우에 따라서는 이런 일을 두려워하기도 한다.

8개월 전 세례 신자가 된 앤은 자신이 이제야 겨우 거리낌 없이 그리스도와의 동행을 인정하기 시작했다고 말한다. "지금은 일종의 안전

지대 안에 들어와 있는 것 같아요. 예전에는 제 신앙에 대해 많은 말을 하는 일이 전혀 없었는데 지금은 아무렇지 않게 말할 수 있어요. 그리고 제가 지금 어디에 서 있는지, 또 어디를 향하고 있는지도 알겠어요. 다른 사람들이 어디에 서 있는지에 대해서도 더 많이 관심을 갖게 되었어요. 예전에 비하면 엄청나게 큰 관심이에요."

앤의 성장은 단순히 호기심을 갖는 차원에서 멈추지 않았다. 최근 그녀는 교회에 다니지 않는 남동생에게 허를 찔리는 경험을 했다. 동생이 그녀의 새로운 신앙을 대화 주제로 올린 것이다. 그녀는 당시의 일을 이렇게 회상한다. "동생은 '누나가 교회에서 요즘 이런저런 일을 하는 걸 보면 좋아. 우리 남매가 자라면서 받아 온 전통적인 교육에서 한 걸음 벗어나고 있는 것 같아'라는 요지의 말을 했어요. 그 말에 완전히 허가 찔리는 느낌이었어요. 동생이 그런 말을 할 줄은 몰랐거든요. 어쨌든 그 말을 듣자 저는 이런 생각이 들더군요. '와! 좋아. 잘 됐어.'"

동생을 교회에 초청해서 동생도 그런 경험을 해 보게 하면 어떨까? 앤도 그 생각을 하고 있었다. "네, 정말 그렇게 해야 할 것 같아요. 정말이에요."

그리스도 안에서 성장하는 사람들에게는 어려운 처지에 있는 사람들을 섬기는 것도 두려운 일이 될 수 있다. 아내와 함께 위스콘신에 살면서 매일 시카고로 출퇴근하고 있는 서른두 살의 IT 프로젝트 매니저 마크의 예를 들어 보자. 그는 4년이라는 오랜 기간의 진지한 숙고 과정을 거쳐 그리스도를 알아 가는 단계에서 그리스도 안에서 성장하는 단계로 옮겨 갔다. 그리고 일단 그리스도를 따르기로 결심하고 난 다음부터는 하나님의 길을 따라 사는 방법을 배우는 것을 최우선 순위로 하고 있다.

최근 어느 날 저녁, 퇴근을 하던 중에 그는 우연히 기차역 푸드코트의 타코벨 레스토랑 앞에서 굶주려 보이는 한 사람이 서 있는 것을 보았다. 그는 당시의 일을 이렇게 묘사했다. "문득 그 사람에게 다가가서 배가 고픈지, 필요한 게 있는지 묻고 싶다는 생각이 들었어요. 사실 저는 이런 생각을 해 본 적이 별로 없었는데 말이에요. 하지만 그 사람은 '아닙니다, 괜찮아요. 벌써 먹었어요'라고 말하더군요. 그러고는 제게 계속 대화를 시도했어요. 그러자 마음이 매우 불편해지면서 이런 생각이 들더군요. '이보시오, 그냥 내가 저녁을 사 주면 당신은 당신 갈 길을 가고, 나 역시 내 갈 길을 갈 텐데 왜 이러는 거요.' 하지만 결국 우리는 몇 분 더 대화를 나눴어요. 그 사람은 자신이 예술가라며 저더러 자기 옆에 와서 관중이 되어 자기 예술을 봐 달라고 했어요."

결국 대화를 끝내고 집으로 돌아온 마크는 엄청난 안도감을 느꼈다. 하지만 이후 며칠 동안 머릿속으로 이 경험을 반복해서 떠올린 마크는 당시 자신의 마음속에 뭔가가 일어났다는 사실을 깨달았다. "그때 저는 하나님의 임재에 사로잡혔던 겁니다. 그리스도의 긍휼을 드러낼 이런 기회가 온 것은 제가 위험을 감수했기 때문입니다. 그리고 실제로 그렇게 하면 그런 일을 더 하고 싶다는 열망이 커지는 것 같아요."

앤과 마크는 앞으로 전진하고 있다. 이들의 신앙은 자라는 중이다. 하지만 좀 더 성숙한 단계의 신자들과 비교해 보면 그들은 여전히 '배우는' 자리에 서 있으며, 혼자서 제자로서의 일을 '행하는' 점에서는 불편함을 느낀다. 조사 결과 가운데 이웃에 대한 사랑이 어느 정도인지 스스로 평가한 항목을 보면서, 이들의 신앙적 행동을 다른 단계의 신자들과 비교해 보면 이 사실을 더 분명하게 확인할 수 있다[표 3-7]. 이들 안에 이웃에 대한 사랑이 커지고 있고 그리스도를 알아 가는 단계의 사람들에 비해 훨씬 높은 수준의 봉사나 전도 활동도 하고 있다. 그러나 좀 더 성숙한 성도들의 그룹^{회백색}이 이 영역에서 훨씬 높은 비율로 긍정적인 답을 하고 있다.

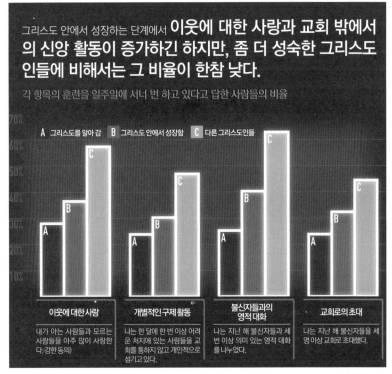

그리스도 안에서 성장하는 단계에서 **이웃에 대한 사랑과 교회 밖에서의 신앙 활동이 증가하긴 하지만, 좀 더 성숙한 그리스도인들에 비해서는 그 비율이 한참 낮다.**

각 항목의 훈련을 일주일에 서너 번 하고 있다고 답한 사람들의 비율

A 그리스도를 알아 감   **B** 그리스도 안에서 성장함   **C** 다른 그리스도인들

이웃에 대한 사랑	개별적인 구제 활동	불신자들과의 영적 대화	교회로의 초대
내가 아는 사람들과 모르는 사람들을 아주 많이 사랑한다.(강한동의)	나는 한 달에 한 번 이상 어려운 처지에 있는 사람들을 교회를 통하지 않고 개인적으로 섬기고 있다.	나는 지난 해 불신자들과 세 번 이상 의미 있는 영적 대화를 나누었다.	나는 지난 해 불신자들을 세명 이상 교회로 초대했다.

표 3-7 그리스도 안에서 성장하는 사람들의 경우, 자신들이 이웃을 사랑하며 교회 밖에서 신앙 활동을 하고 있다고 답한 비율이 그리스도를 알아 가는 단계의 사람들보다는 높아졌으나, 화살표를 보면 그것이 좀 더 성숙한 다른 그리스도인들의 비율에는 크게 못 미쳤다.

그리스도 안에서 성장하는 사람들도 하나님에 대한 큰 사랑과 굳건한 믿음을 가지고 있지만 여전히 영적으로 크게 성장할 잠재력을 가진

상태에 머물러 있다. 신앙이 성장하고는 있지만 더 성숙한 성도들과 같은 태도와 생활양식을 갖기에는 여전히 턱없이 부족하다. 결과적으로 우리는 좀 더 인내심을 가지고 이들을 격려하는 한편, 계속해서 도전해야 한다. 또한 이들이 이루어 내는 크고 작은 승리를 축하해 주어야 한다.

교회의 코치 역할

지금까지 살펴보았듯이 그리스도 안에서 성장하는 사람들이 영적 성장을 위해 필요한 단계를 밟아 나갈 때 교회는 중요한 조력자의 역할을 감당한다. 그리고 이것이 바로 이 그룹에 대하여 교회가 해 주어야 할 가장 중요한 코치 역할이다. 이 단계에 속한 사람들은 성장하기를 열망한다. 다만 두려움을 극복하게 해 줄 격려와 지원이 필요하고, 배운 바를 성숙하고 헌신된 그리스도의 제자로서 걸맞은 생활양식과 행동으로 적용하는 방법을 익혀야 한다.

1986년에 나온 영화 "후지어"Hoosiers는 이 단계에 속한 사람들이 가진 특유의 영적 에너지인 '불안'을 아주 잘 묘사하고 있다. 이 영화는 인디애나 주의 히코리Hickory라는 가공의 작은 마을의 농구 시즌을 묘사한다. 배우 진 해크먼Gene Hackman이 연기한 유능하지만 변덕스러운 성격의 코치가 이끄는 히코리 농구 팀은 몇몇 라이벌 팀을 기적적으로 이기고, 인디애나폴리스에서 열리는 주 챔피언십 경기에 출전할 자격을 얻는다. 영화는 히코리 팀이 승리하는 장면을 지나간 과거의 모습을 삽입하여 파노라마처럼 묘사한다. 외로운 소년들이 농장 마당에 링을 세워 두고 농구공을 던지는 장면을 통해 이 작은 마을 팀의 심경을 효과적으로 그린 것이다. 이 팀은 분명 규모나 속도, 기술적인 측면에서 결코 우승 팀이 될 만한 자격을 갖추지 않았다. 그럼에도 이들은 매일 농장 마당에서 농구를 하면서 생겨난 꿈을 가지고 나아갔다. 자신을 믿고 코치를 믿는다면 어떤 일도 해낼 수 있다는 꿈을 꾸었다.

그 꿈 때문에 그들은 난관을 헤쳐 나갈 수 있었다.…그 꿈 때문에 그들은 인디애나폴리스라는 큰 도시에까지 나갔다. 본 경기 전에 버틀러 대학의 경기장을 방문한 키만 껑충한 이 소도시 소년들은 그 위엄에 압도당한다. 그러면서 당황하고 회의감에 빠져들었다. 그렇게 위협적일 정도로 큰 경기장에서 경기를 한다는 생각에 겁을 먹은 것이다.

소년들이 이런 감정에 휩싸여 있을 때 코치가 농구 골대 쪽으로 걸어가 줄자를 꺼낸다. 그러고는 골대의 테두리에서 바닥까지의 거리를 재면서 말한다. "3미터, 딱 3미터야. 히코리의 농구 골대와 다를 게 전혀 없다고."

여러 가지 면에서 그리스도 안에서 성장하는 사람들은 이 히코리의 소년들과 닮았다. 이들은 규칙적으로 기도하고 성경 읽는 법을 배우고 소그룹에 참여하고 교회 봉사를 시작하면서 진정한 마음에서 우러나온 행동을 하며, 소소한 영적 '승리'를 경험하기도 한다. 그러나 이 모든 승리는 '고향 군중'이라는 안전한 보호구역에서 시작된 것이다. 바깥 세상에서 그들이 새로 발견한 신앙을 살아내기 시작하자면 불안과 의심으로 인해 무너지기 십상이다. 일상생활에서 일반적인 인간관계를 맺어 나간다는 것은 새로 믿음을 갖게 된 신자들에게 벅찬 삶일 수 있다. 이들은 자신의 기술이나 성격에 대한 자신감이 부족하고 교회 밖에서 그리스도를 따르겠다는 의지도 자주 흔들리기 때문이다.

　그러나 영적 성장을 위해서는 그 방법을 반드시 배워야 한다. 그들에게는 교회 차원의 격려가 필요하다. 따라서 교회는 그들이 현실을 직시할 수 있도록 도와주어야 한다. 또한 그들이 주일마다 그렇게 열정적으로 예배하고 아침마다 기도하는 대상인 바로 그 하나님이 직장과 집 등 어디서든 그들 곁에 계시다는 것을 상기시켜 주어야 한다. 그들은 우주의 하나님이 늘 자기와 함께 계심을 확신하고 싶어 한다. 이것을 믿을 때에야 비로소 실제 세계가 두려운 대상이 아니게 되기 때문이다.

그리스도를 안에서 성장하는 사람들의 특징

* 기독교 핵심 신념들을 확실하게 받아들인다.
* 신앙 훈련에 더 익숙해진다.
* 교회 바깥에서 신앙을 드러내기를 주저한다.
* 영적으로 더 성장하고 영향력을 발휘할 준비가 되어 있다.

텍사스의 심장부에서: 그리스도 안에서 성장하는 한 교회

텍사스에 온 것을 환영한다. 우리는 지금 이 주에서 가장 큰 도시 외곽의 부유한 교외 지역에 위치한, 아주 빠르게 성장 중인 한 교회에 와 있다.

이 교회의 성장은 다양한 방식으로 드러나고 있는데, 마치 자석처럼 새로운 신자들을 많이 불러 모으고 있는 아름다운 새 성전도 그 증거 가운데 하나다. 수천 명에 달하는 주일 예배 참석자도 계속 늘어나는 추세. 그런데 흥미롭게도 이 가운데 그리스도를 알아 가는 사람들의 비율은 겨우 6퍼센트로 아주 낮게 나왔다. 이 교회는 계속해서 그리스도인들을 맞아들이고 있으며, 그 가운데 44퍼센트가 그리스도 안에서 성장하는 단계에 속한다.

발견 프로젝트의 결과에 따르면 이 사람들은 자기 교회를 사랑한다. 교회에 대한 사랑은 그리스도 안에서 성장하는 단계의 사람들의 중요한 특징이기 때문에 이는 그리 놀랄 만한 일이 아니다. 그리고 이 사람들은 자기 교회의 담임목사를 존경하고 칭송한다. 하지만 성도들의 영적 건강이 평균 수준에 머무르고 있었는데, 많은 교인들이 상대적으로 영적으로 미성숙한 그룹에 속해 있다는 이 교회의 현실을 고려해 볼 때 이 역시 새삼스러운 사실이라 말할 수 없다. 그러나 이 사실은 주로 젊은 전문가들로 구성된 15명의 이 교회 지도자들을 자극하였고, 이들은 왜 교인들이 영적 득점판의 점수를 크게 올리지 못하고 있는지를 이해하기 위해 애쓰고 있다. 이 텍사스 사람들은 자신들의 스포츠를 사랑한다.

겉으로 볼 때는 이 교회의 많은 요소들이 그럴듯하게 느껴진다. 출석 교인 중 약 70퍼센트가 소그룹에 속해 있을 정도니 말이다. 하지만 다시 한 번 말하지만 그리스도 안에서 성장하는 사람들의 전형적인 특징이 바로 교회 활동에 몰두하는 것이다. 교회 사역을 위해 봉사하는 비율은 평균적인 수준이지만, 이들은 교회가 하는 거의 모든 요청을 수긍하고 그 일을 해낸다. 이 교회 지도자들이 가장 큰 관심을 가진 것은 복음 전도 부문에서의 저조한 결과였다. 물론 그리스도 안에서 성장하는 사람들이 교회 문 밖에서는 자신들의 신앙에 대해 말하기를 두려워하는 경향이 있다는 것을 아는 우리에게 이것은 새삼스러운 사실이 아니지만 말이다.

이 문제를 해결하기 위해 그들은 설교 단상에서 잃어버린 자들에게 더 가까이 다가가고 각자의 신앙을 다른 사람들과 나누기 위한 훈련을 더 많이 할 것을 성도들에게 강조하는 등, 고전적인 대책을 강구하기 시작했다. 그러나 결국에는 그처럼 짧은 교회 역사에서 얻기 힘든 한 가지 지혜를 얻었다. 그것은 곧 이 같은 자원의 부족이 최대의 난제가 아니라는 결론이었다. 몇 차례 뼈아프고 진솔한 영적 추구의 과정을 지난 끝에 이 지도자들은 애초의 계획을 중간에서 멈춰 세우고, 교인들의 영적 성장을 가장 크게 방해하는 요소가 다름 아닌 바로 자신들이라는 결론을 내린다. 옳은 결론이다. 영적 진보를 위태롭게 하는 가장 큰 장애물은 교회, 구체적으로 말하자면 교회의 지도자들이다. 지도자들의 신앙 수준이 평균에 머물러 있으니, 성도들의 신앙 역시 평균을 벗어날 수가 없다헉억.

이 지점에서 그들은 용기 있는 한 걸음을 내딛었다. 이들은 자신들의 최우선 순위를 삶에 반영하고 각자의 마음속에 도전하는 요인들이 충분히 강력하게 자리 잡고 있는지를 평가하기로 했다. 그리고 교회 전체를 대상으로 하는 영적 성장 프로그램을 새로 시작하기에 앞서, 지도자 팀의 집단적 영성 강화를 위해 모든 일을 다하겠다는 데 동의했다.

우리가 조사한 교회들 가운데 이 교회처럼 그리스도 안에서 성장하는 단계의 교인들이 절대 다수를 차지하여 그들의 영향을 크게 받는 교회가 3분의 1이상이었다. 발견 프로젝트 결과에 따르면 이 교회들의 신앙 성숙도는 평균적인 수준에 머물러 있었다. 그러나 적어도 방금 이야기한 텍사스의 교회는 이 평균을 훌쩍 뛰어넘는 유익한 결론을 얻은 것 같다. 곧 그리스도 안에서 성장하는 단계의 사람들이 많이 모인 교회의 영적 활력을 돋우기 위해서는 무엇보다 교회 지도자들의 영적 심장에 활기를 불어넣는 것이 중요하다는 결론 말이다. 성도들이 교회를 사랑하면 그 지도자들은 현재의 상태에 만족하고 자기가 변화하는 것이 교회의 영적 리더십에 얼마나 본질적인 영향을 끼치는지를 잊어버리기 쉽다. 특히 위에서 말한 교회 같은 '평균적인' 교회에서는 리더십이 무엇보다 중요하다. 새신자들은 교회를 사랑하기 때문에 그것이 그리스도 중심의 헌신된 삶으로 향한 것인지 아닌지 판단도 못한 채 그 지도자들의 뒤를 따르려 하기 때문이다.

영적 성장을 위한 조언

지금까지 여러 교회 지도자들을 만나 발견 프로젝트의 결과를 이야기해 왔지만 그중에서도 가장 많은 사람들을 놀라게 한 것이 있다. 우리의 예상과 달리 교회 활동이 곧바로 영적 성장의 수준을 올려 주는 것은 아니라는 사실이었다. 이 같은 통찰은 리더십과 관련하여 여러 가지 시사점을 던져 준다. 우리는 그중에서도 그리스도 안에서 성장하는 단계의 사람들에게 있어 특히 중요한 두 가지 조언을 하고 넘어가고자 한다. (1) 섬김에 대한 열정 때문에 개인적인 신앙 훈련에 대한 헌신을 양보하는 일이 있어서는 안 된다. (2) 섬김의 사역을 많이 하는 것과 기독교 리더십의 자격을 혼동하지 말라.

1. 섬김에 대한 열정 때문에 개인적인 신앙 훈련에 대한 헌신을 양보하는 일이 있어서는 안 된다.

그리스도 안에서 성장하는 사람들은 매우 적극적으로 섬기는 일에 참여하기 때문에 지도자들은 이들의 높은 봉사 참여율을 영적 성장에 대한 명확한 지표라고 오해하기 쉽다. 그러나 지도자들은 잊지 말고 이들이 기도나 말씀 묵상과 같은 개인적인 신앙 훈련에 있어서 얼마나 헌신된 모습을 보이고 있는지를 확인하고 도전해 주어야 한다. 영적 성장은 교회 활동에 참여하는 것 이상의 일이다. 영적 성장을 위해서는 많은 요소가 필요하지만, 그중에서도 하나님과 함께 시간을 보내는 것이 필수적이다. 이것에 대해서는 8장에 가서 더 이야기하겠지만 여기서 중요하게 지적하고 넘어갈 것은, 그리스도 안에서 성장하는 성도들을 향한 교회의 메시지에 교회 봉사와 하나님과의 개별적인 만남을 위해 시간을 투자하는 것 사이에 균형을 이야기하는 말씀이 반드시 들어 있어야 한다는 사실이다.

몇 년 전 나는그렉 새신자로 18개월간 교회에 다닌 한 친구를 알고 지냈는데, 그는 영적 성장을 위해서라면 '가능한 한 많은 사역에 참여'해야 한다고 생각했다. 나는 크게 낙담했다. 그 순간 나는 그가 강대상 위에서 '참여'라는 단어를 듣고 그 말을 그대로 따라한 것임을 깨달았다. 교회는 매주 그가 '할 수 있는' 사역이 무엇인지 광고했던 것이다. 그 순간의 깨달음이 내게는 알람 역할을 해 주었다. 그리고 발견 프로젝트 조사를 시작하고부터는, 더 많이 참여하면 더 많이 성장하게 된다는 심성모델mental model에 따라 우리가 살아가고 있음을 깨달았다. 하지만 이제는 우리도 안다. 이것이 사실이 아니라는 걸.

그러니 성도들, 특히 그리스도 안에서 성장하는 성도들을 향해 영적 성장의 의미를 두고 무심코 전했던 메시지들을 주의 깊게 돌이켜보라. 이들은 교회 지도자 여러분이 말한 바를 지키는 데 열심인 사람들이다. 그러니 봉사를 촉구하는 여러분의 메시지는 반드시 예수님과 함께 시간을 보내라는 메시지와 균형을 이루어야 한다. 예수님은 그들이 교회를 섬기기 때문에 그들을 사랑하시는 게 아니라, 있는 모습 그대로의 그들을 사랑하시니까.

이 일의 중요성을 곰곰이 생각하고 이 일의 필요성을 다른 사람들에게 설득시키려면, 82쪽에 있는 표 3-4를 다시 들여다보는 것이 도움이 될 것이다. 그리스도 안에서 성장하는 사람들은 그리스도를 알아 가는 사람들에 비해 훨씬 더 구체적인 것들을 교회에 바란다. 그리스도와 인격적인 관계를 가질 수 있도록 도와달라고 답한 사람이 가장 많지만, 성경을 더 깊이 이해할 수 있도록 도와달라는 요청이 그 뒤를 바짝 쫓고 있다. 이 단계에 속한 사람들 중 82퍼센트가 성경을 더 깊이 이해할 수 있도록 도와

주는 것이 교회의 역할 중 '결정적으로 중요'하거나 '매우 중요'하다고 답했다. 이들은 하나님의 말씀에 굶주려 있다. 따라서 지도자들은 이 같은 그들의 필요를 얼마나 잘 채워 주고 있는가를 생각하며 광고를 비롯한 우리의 모든 사역 분야를 면밀히 평가해야 할 것이다.

2. 섬김의 사역을 많이 하는 것과 기독교 리더십의 자격을 혼동하지 말라.

교회에서 섬김의 사역을 많이 한다고 해서 그것만 가지고 그 사람이 지도자의 역할을 감당할 준비가 되었다고 판단해서는 안 된다. 특히 성도 전체를 대상으로 하는 영적 리더십을 누군가에게 맡기려 할 때는 더욱 신중해야 한다. 봉사에 열심히 참여하고 있다고 해서 모두가 성숙한 그리스도의 제자인 것은 아니다.

우리도 이것이 사실이었으면 좋겠다. 그랬다면 사람들에게 이전에 어떤 봉사를 했었는지 물어보고 가장 인상적인 이력을 가진 사람을 지도자에 앉히면 되니 얼마나 쉽고 편리하겠는가! 그리고 실제로 많은 조직이 이런 식으로 일하고 있다. 교회의 일도 이렇게 흘러가야 한다고 생각하는 사람들이 있다. 이들은 자기가 교회에서 어떤 일을 했고, 그것이 얼마나 성공적이었는지를 떠벌리면서 그것이 마치 자신이 교회 지도자가 되기에 적합한 이유라도 되는 것처럼 이야기한다. 그러나 우리는 이런 논리에 휘둘려서는 안 된다. 이보다 훨씬 더 중요한 것은, 우리의 초점을 옮겨 '교회 활동과 공적'이 아닌 '각자의 마음의 상태'를 바라보는 것이다. 우리는 사람들의 속마음을 살펴 그들이 교회가 아닌 그리스도를 진정으로 사랑하고 있는지를 확인해야 한다. 아무도 보지 않을 때에도 그를 사랑하는 그리스도와 시간을 보내기 위해 자기 삶을 정돈해 놓았는가? 어떤 봉사를 했는지를 두고 리더십의 자격으로 삼는 것은 매우 유혹적인 발상이다. 새로운 소그룹 지도자를 열 명, 스무 명씩 찾는 경우라면 더욱 그러할 것이다. 그렇지만 그런 유혹에 저항해야만 한다.

4

그리스도와 친밀함:
하나님과 인격적인 관계를 맺고 있는 사람들

　　미국 최대의 한 도시에서 변호사로 일하는 올리비아는 자신의 직무 환경을 '매우 세속적이고 회의적인 세상'이라고 표현한다. 그녀는 이렇게 말한다. "하루에도 수없이 어려운 순간들이 찾아와요. 상대편 변호사를 만나야만 하는 상황이 그 한 예지요." 올리비아는 한때는 자신이 신앙에 대해 '매우 냉소적'인 태도를 취했었다고 기억한다. 하지만 그리스도를 영접한 지 2년이 채 되지 않은 지금은 아침에 출근하는 시간을 몽땅 다 들여 성경을 읽는다. 그리고 필요로 하는 사람들에게 신앙 서적을 나눠 주는 일도 시작했다. 최근에는 회사의 중역 한 명에게 필립 얀시의 『놀라운 하나님의 은혜』*What's So Amazing about Grace?, IVP*를 건네주었다. 또 그녀는 자신이 속한 소그룹 외에, 자신에게 필요한 도전을 줄 수 있는, 자신보다 성숙한 신앙을 가진 구성원들이 포함된 두 번째 소그룹 모임에 참여하는 방안도 고려 중이다.

추운 어느 1월의 아침, 그녀는 하나님의 말씀이라고밖에 생각할 수 없는 분명한 메시지를 들었다. "머린을 점심식사에 초대하렴." 올리비아는 그 의미를 즉각적으로 알아차렸다. 머린은 매일 그녀의 사무실 근처의 다리 위에 서 있는 노숙자들 가운데 한 명이었다. 올리비아는 그 즉시 머린을 점심식사에 초대할 계획을 세웠다. 하지만 이 계획은 실패로 돌아가고 말았다. 밖으로 나가 그가 늘 있던 자리에 가 보았지만 아무리 찾아도 그의 모습이 보이지 않았다. 그녀는 당시의 일을 이렇게 회상한다. "정말 실망했어요. 저는 그게 하나님의 메시지였다고 확신했거든요. 그래서 그 사람이 어디 갔는지 궁금증을 떨쳐낼 수가 없었어요."

그로부터 몇 달 후, 머린이 그 다리에 다시 나타났을 때에 올리비아는 그에게 다가갔다. 그런데 그의 손에 성경이 들려져 있는 것이 아닌가! 비록 머린은 올리비아의 점심식사 초대에는 응하지 않았지만, 그 두 사람은 매일 아침 함께 대화를 나누기 시작했다. 올리비아는 커피를 그에게 건네주면서 필요한 것이 없는지 묻기 시작했다. 어느 날 올리비아는 용기를 내서 성경을 가리키며 그에게 그리스도인인지를 물었다. 그러자 머린은 올리비아에게 그렇다고 답했다. 아니, 사실은 아주 최근에 그리스도를 영접했다고 대답했다. 몇 주 동안 교회에 갔었는데, 목사님이 그리스도를 영접하려는 사람은 앞으로 나오라고 하기에 앞으로 나갔다는 것이다.

이렇게 시작된 이들의 대화는 곧 그리스도를 믿는 신앙에 대한 긴 토론으로 이어졌고, 결과적으로 이들은 지속적인 우정을 쌓아 가게 되었다. 올리비아는 이렇게 말한다. "우리는 친한 친구가 되어 매일 대화를 나눠요. 크리스마스 때는 머린이 우리 부모님 집에 와서 제 가족과 함께 성탄을 기념하기도 했어요. 저는 지금도 하나님이 이 관계를 통해 제게 가르치고자 하시는 것을 확인하고 있어요."

마크는 공군의 탄약과 폭발물 전문가로 이탈리아에 배치된 지 몇 달이 채 지나지 않아, 6층 건물에서 딱딱한 콘크리트 석판 위로 떨어졌다. 의사는 그가 다시 살아나기 힘들 거라고 진단했지만 마크는 그 같은 암울한 예측을 뛰어넘고 기적적으로 살아났다. 그는 이렇게 말한다. "저를 제일 처음 본 의사는 그저 제가 편안한 죽음을 맞기를 바랐어요." 감사하게도 하나님은 그를 위한 다른 계획을 갖고 계셨다.

마크는 이 사건이 일어나기 몇 년 전에 그리스도를 영접했었지만, 교회에 규칙적으로 나가지는 않았다. "크리스마스나 부활절 같은 때만 교회에 갔어요. 혹 이 문제에 대해 질문하는 사람이 있으면 늘 하나님은 군대 막사에서도 교회에서처럼 우리 기도를 들으신다고 대답했지요." 추락사고 이후에 병원에서 보낸 몇 달간의 회복기에 대해서는 이렇게 말한다. "내가 왜 살아났는지 묻고, 내게 대체 무슨 일이 일어났는지를 이해하기 위해 엄청난 시간을 쏟았어요. 처음에는 나를 구해 준 것에 대해 하나님께 감사하는 마음을 가졌지만 그다음에는 매일 겪어야 하는 온갖 고통 때문에 하나님을 원망하기도 했어요."

사고가 일어난 지 2년 후, 마크는 뉴멕시코 공군기지로 이동했고, 거기서 지금의 아내인 베스를 만났다. 이들은 만난 지 얼마 되지 않아 결혼했다. "우리는 정기적으로 교회에 가자는 이야기를 했었어요. 하지만 우리가 찾는 것을 줄 것 같은 교회를 찾기가 힘들었어요." 이로부터 몇 년 후 아들 타일러가 태어나자 상황이 변하기 시작했다. "타일러는 네 살이 되자 하나님에 대하여 우리가 답할 수 없는 질문을 하기 시작했어요. 그때 베스의 친구 가운데 한 명이 자기 교회에 다니자고 권했지요. 그렇게 해서 그 교회에 갔더니 처음부터 집에 온 것처럼 편안한 느낌이 들었습니다." 그로부터 몇 년 후 마크와 베스는 그리스도의 제자가 되기로 결심했다.

이제 감사하는 성도가 된 이들은 자신의 믿음을 나누고 매일 규칙적인 신앙 훈련을 하는 데 아무런 불편함을 느끼지 않으며, 그리스도와도 점점 친밀해지고 있다. 지난 몇 년간 자신의 인생에서 행하신 하나님의 역사하심을 생각해 보면, 마크는 지금 자신이 과거 그 어느 때보다도 더 큰 평안함을 누리고 있음을 깨닫는다. 그리고 교회가 이 같은 성장에서 중대한 역할을 해 왔다는 생각도 한다. 재향 군인회VA의 의사는 마크가 외상후 스트레스 장애에서 회복되는 속도를 보고 매우 놀라 도저히 못 믿겠다는 듯 고개를 흔들며 그에게 물었다. "그러니까 이렇게 좋아진 게…**교회** 다니면서라고요?" 마크는 그 장면을 떠올리며 웃음을 지었다.

구체적인 사연은 서로 다르지만 마크와 올리비아에게는 몇 가지 공통점이 있다. 이들은 둘 다 그리스도인으로서의 정체성을 확고히 하려는 열망을 갖고 있으며, 영적 성장에 대해서도 열정적이다. 또한 그리스도와의 성숙한 관계에 따르는 책임을 기꺼이 진다. 이들은 영적 성장 단계에서 가장 중요한 요소 가운데 하나인 '신앙과 삶의 통합'을 달성한 신자들을 대표한다. 이들은 자신의 신앙과 생활양식을 분리시키지 않고, 의미 있고 중요한 방식으로 그리스도의 제자로서의 정체성을 만들어 가기 시작했다. 그러나 그렇다고 해서 이들이 스스로 신앙 여정의 최종 목적지에 '도착'했다고 느끼고 있을까? 전혀 그렇지 않다. 오히려 이두 사람은 계속해서 성장해 나가는 일에 집중하고 있었다. 이들은 점점더 그리스도와 친밀해지고 있으며 하나님과 이웃 사랑을 가시적인 방식으로 드러내는 법을 배우고 있다.

그리스도와 친밀한 사람들의 특징:
예수님과 친밀한 우정을 쌓아 간다

그리스도와 친밀한 단계에 들어선 사람들에게 있어 믿음이란 근본적으로 인격적이고 의미심장한 힘으로, 이것은 모든 깨달음의 순간에 작용한다. 이 단계쯤 되면 이제 그리스도를 믿는 믿음은 일주일에 한두번 교회에서 경험하는 이벤트가 아닌, 일상생활이라는 원거리에서 작동하는 그 무엇이 된다. 이 단계에 속한 사람들은 신앙에 더 많은 것을 투자하고, 교회 문 안팎을 불문하고 나서서 예수 그리스도의 제자이자 지지자로서 자신의 침체를 공개적으로 드러낸다.

또한 이들에게는 영적인 확신이 커진다는 특징이 있다. 자신의 삶에 살아 계신 하나님의 실재성과 신뢰성, 능력에 대하여 날이 갈수록 더큰 확신을 갖는다. 올리비아는 이렇게 말한다. "하나님은 끊임없이 제게 뭔가를 말씀하세요. 제가 더 많이 순종할수록 더 많은 말씀을 해 주시지요." 그리스도 안에서 성장하는 단계의 사람들에게서 나타나기 시작했던 영적 변화의 징후가 이 단계의 사람들에게서는 좀 더 일관된 훈련 형태로 짙게 드러난다. 이들은 지속적이고 규칙적으로 하나님과 대화하고 개인적인 신앙 훈련을 함으로써 하나님에 대한 사랑을 끊임없이 드러낸다. 이웃에 대한 사랑 또한 깊어지는데 이는 전도 활동의 증가로 가장 잘 표현된다.

그렇지만 무엇보다 이 단계의 사람들을 정확히 구분짓는 특징이 있다. 이들이 더 높은 수준의 **주인의식**을 가지고 영적 여정을 걸어 나간다는 점이다. 이들보다 미성숙한 앞의 두 그룹과는 달리, 이들의 영적 여정은 신앙 멘토나 역동적인 설교, 흥미로운 성경공부 등에 의해 결정되지 **않는다.** 이들도 대부분 교회에 소속되는 것이 지속적인 영적 성장에서 빼놓을 수 없는 요소라는 것은 알고 있다. 그러나 책임감 있게 그리스도와 인격적인 관계를 발전시켜 나가는 것도 이에 못지않게 중요하다고 생각한다. 이들은 다양한 경로를 통해 하나님의 음성을 분별하고 그 음성에 의지해 영적 인도하심과 지원을 받으며 용기를 얻는다. 그렇게 그리스도의 제자가 되겠다고 한 다짐을 실천에 옮긴다. 마크는 이렇게 말한다. "처음 영적 성장을 할 때는 교회의 영향을 가장 많이 받았어요. 하지만 지금 저와 제 아내는 스스로 알아서 가야 할 곳에 가고 성경도 혼자 읽고 있어요. 아들을 위해 어린이 성경도 마련해 주었지요. 교회도 우리의 갈 길을 인도해 주지만, 우리는 스스로를 채찍질하고 있습니다."

물론 마크가 속한 그리스도와 친밀한 단계의 사람들 중 대다수가 여전히 교회의 지원을 기대하고 있다. 그러나 이들은 교회의 지원을 기대하는 동시에 '스스로를 채찍질하여' 하나님의 은혜에 지속적으로 의지하여 예수님과의 인격적인 관계를 발전시키는 방법을 배워 간다. 실제로 교회와 지도자들에게 가장 원하는 것이 무엇인지 물어보았을 때,

이들 중 5분의 4가 개인의 영적 성장을 위해 스스로 책임을 질 수 있도록 격려해 달라고 답했다[표4-1].

그리스도와 친밀한 사람들이 교회와 지도자들에게 가장 바라는 다섯 가지	
교회에 바라는 것	각 진술에 대해 '결정적으로 중요하다', 또는 '매우 중요하다'라고 답한 사람들의 비율
1. 성경을 더 깊이 이해할 수 있도록 도와주세요.	88%
2. 그리스도와 인격적인 관계를 가질 수 있도록 도와주세요.	87%
3. 교회 지도자들이 영적 성장 방법의 본보기를 만들어 보여 주고 이를 지속적으로 보강해 주세요.	84%
4. 다음 단계로 성장할 수 있도록 도전해 주세요.	82%
5. 개인의 영적 성장을 위해 스스로 책임질 수 있도록 격려해 주세요	80%

표 4-1 이것은 그리스도와 친밀한 사람들이 교회에 바라는 19가지 교회의 특징 가운데 가장 중요한 상위 다섯 가지 요소들이다. 이 가운데 90퍼센트에 가까운 사람들이 성경을 더 깊이 이해할 수 있도록 도와주고 그리스도와 인격적인 관계를 가질 수 있도록 도와주는 일을 교회가 해야 할 '결정적으로 중요한' 일, 또는 '매우 중요한' 일이라고 답했다.

이 단계에 들어와 처음으로 "개인의 영적 성장을 위해 스스로 책임을 질 수 있도록" 격려해 달라는 요청이 "강력한 예배를 제공"해 달라는 요청을 제치고 상위 다섯 가지 요소에 포함된 것이다. 다시 한 번 분명히 말하지만, 그렇다고 해서 이들이 주일 예배를 하찮게 여긴다거나 무시한다는 뜻은 아니다. 단지 이들은 주일 예배 중에 일어나는 일을 다른 요소들에 비해 상대적으로 덜 중요하게 여길 뿐이다. 간단히 말해, 이들은 회중 예배에 **더하여** 하나님을 경험하는 좀 더 개인적이고 의미 있는 방법을 찾았다.

자신의 영적 성장에 대한 책임을 스스로 지기 시작하면서 이 같은 격려를 교회에 요청하는 것은 그리스도와 친밀한 사람들의 성숙한 신앙을 나타내는 다양한 표지 중 하나일 뿐이다. 이 사람들은 구체적인 두 가지 특징을 더 가지고 있다. 이 역시 이전 단계의 사람들에게서는 찾아볼 수 없었던, 성숙해 가는 신앙인들에게서 처음으로 발견되는 특징들이다.

이들은 언제나 하나님의 말씀을 듣고 하나님과 대화한다

이들의 영적 방향키는 개인적인 신앙 훈련에 투자하는 것에 향해 있다. 전반적으로 이들은 그리스도를 알아 가는 단계나 그리스도 안에서 성장하는 단계의 사람들에 비해 규칙적인 신앙 훈련을 열심히 하고 있다[표 4-2]. 이들 중 대부분이라고 할 수 있는 80퍼센트 이상의 사람들이 성경을 읽고 성경을 묵상하며 인도하심을 구하고 죄를 고백하는 기도를 일주일에 서너 번씩 한다. 또 이와 비슷한 빈도수로 홀로 조용히 있는 시간을 확보해 하나님의 음성을 듣는다고 답한 사람도 절반이 넘었다.

표 4-2에서 보듯, 모든 단계의 사람들이 가장 일반적인 여러 가지 개인 신앙 훈련들 중에서 '인도하심을 구하는 기도'를 가장 많이 하고 있다는 점이 특히 흥미롭다[그리스도와 친밀한 단계에서는 93퍼센트 정도의 사람들이 이 같은 기도를 하고 있다]. 그리스도를 알아 가는 사람들과 그리스도 안에서 성장하는 사람들 역시 이 훈련을 많이 하고 있으나, 그리스도와 친밀한 단계의 사람들이 하는 인도하심을 구하는 기도의 내용은 다른 두 그룹의 사람들과는 다르다는 사실을 세심하게 눈여겨보아야 한다.

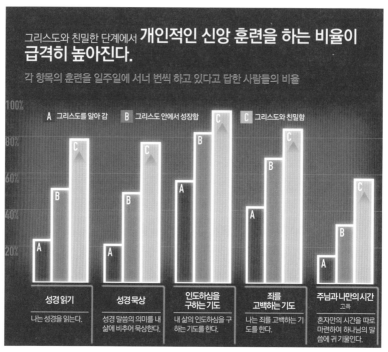

그리스도와 친밀한 단계에서 **개인적인 신앙 훈련을 하는 비율이 급격히 높아진다.**

각 항목의 훈련을 일주일에 서너 번씩 하고 있다고 답한 사람들의 비율

A 그리스도를 알아 감　**B** 그리스도 안에서 성장함　**C** 그리스도와 친밀함

성경 읽기	성경 묵상	인도하심을 구하는 기도	죄를 고백하는 기도	주님과 나만의 시간
나는 성경을 읽는다.	성경 말씀의 의미를 내 삶에 비추어 묵상한다.	내 삶의 인도하심을 구하는 기도를 한다.	나는 죄를 고백하는 기도를 한다.	혼자만의 시간을 따로 마련하여 하나님의 말씀에 귀 기울인다.

표 4-2 화살표는 그리스도 안에서 성장하는 단계의 사람들에 비해 그리스도와 친밀한 단계의 사람들이 얼마나 더 개인적인 신앙 훈련을 하고 있는지 그 상승폭을 나타낸다. 성경과 관련된 두 가지 활동의 증가가 특히 눈에 띄는데, 일주일에 서너 번 성경을 읽고 묵상한다고 답한 사람들의 수가 거의 80퍼센트에 달한다.

　　개인적인 신앙 훈련으로서의 기도를 이야기할 때 그리스도를 알아가는 단계의 사람들은 주로 "하나님, 당신이 거기 계시다면 제가 그걸알게 해 주세요"나 "하나님이 이 일을 해 주신다면 제가 믿을게요" 같은말을 한다. 반면 그리스도 안에서 성장하는 단계의 사람들은 기도하면서 친구에게 말하듯이 매일의 쟁점들에 대하여 하나님의 도우심을 구한다. 의도적으로 매일 아침저녁으로 하나님과 대화하는 훈련을 하거나 식사 전에 기도하는 습관을 들이려 하는 경우도 많다. 그러나 그리스

도와 친밀한 단계의 사람들의 기도는 물처럼 흐르는 대화와 같다. 그들은 하루 종일 하나님과 대화한다. 이들은 더 이상 사람이 "쉬지 말고 기도하라"는 성경의 명령을 순종할 수 있는지 궁금해 하지 않는다. 대부분의 경우 이미 자신들이 그렇게 하고 있기 때문이다.

그리스도와 친밀한 단계의 사람들과 그 이전 두 단계에 속한 성도들 간의 차이점은 **매일의** 훈련 현황을 자세히 살펴볼 때 가장 확연하게 드러난다[표 4-3]. 매일의 상황을 보면, 그리스도와 친밀한 단계의 사람들

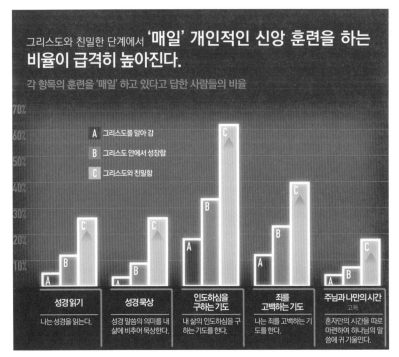

그리스도와 친밀한 단계에서 '매일' 개인적인 신앙 훈련을 하는 비율이 급격히 높아진다.

각 항목의 훈련을 '매일' 하고 있다고 답한 사람들의 비율

A 그리스도를 알아 감
B 그리스도 안에서 성장함
C 그리스도와 친밀함

성경 읽기	성경묵상	인도하심을 구하는 기도	죄를 고백하는 기도	주님과 나만의 시간
나는 성경을 읽는다.	성경 말씀의 의미를 내 삶에 비추어 묵상한다.	내 삶의 인도하심을 구하는 기도를 한다.	나는 죄를 고백하는 기도를 한다.	혼자만의 시간을 따로 마련하여 하나님의 말씀에 귀 기울인다.

표 4-3 화살표는 그리스도 안에서 성장하는 단계의 사람들에 비해 그리스도와 친밀한 단계의 사람들이 얼마나 더 '매일' 개인적인 신앙 훈련을 하고 있는지 그 상승폭을 나타낸다. 이것을 보면 이들이 이전 단계의 사람들에 비해 예수님의 가치와 가르침을 각자의 삶에서 중심적인 요소로 만들기 위해 얼마나 더 진지한 헌신을 하고 있는지를 확인할 수 있다.

중 절반 이상이 인도하심을 구하는 기도를 하고 있고, 죄를 고백하는 기도를 하는 성도들의 비율도 거의 절반에 이른다. 앞선 두 단계의 사람들과 비교할 때 더욱 놀랍게 느껴진다. 이 사실은 그리스도와 친밀한 단계에 이르면 신앙의 성숙도와 그리스도와의 친밀함을 나누는 수준이 크게 증가한다는 점을 실증적으로 보여 준다.

이 장 서두에서 이야기한, 그리스도인이 된 지 2년이 채 되지 않은 변호사 올리비아의 사연에서 우리는 '쉬지 않는' 기도가 그녀의 생활에서 어떤 방식으로 드러나고 있는지를 들을 수 있다. "저는 늘 사람들과 어떤 것들things에 대한 기도 목록을 만들어요. 하지만 여기서 말하는 것들이란 물질적인 것이 아니라 힘과 용기를 뜻해요. 어쨌든 저는 이 목록을 두고 매일 기도해요. 어떤 때는 큰 소리로 기도해요. 그러면 정말 신기한 일이 일어납니다. 제 기도는 거의 울부짖는 것으로 끝나는데 얼굴 위로 눈물이 막 흘러내리는 건 아니지만 눈에 눈물이 가득 차올라 있어요. 그 순간 하나님과 제가 100퍼센트 소통하고 있다고 느껴요. 하나님이 바로 제 곁에 있다는 느낌이 들기도 하죠."

무엇보다 '매일'의 삶 속에서 성경 읽기와 성경 묵상, 고독을 위한 시간을 마련하는 항목에서 그리스도와 친밀한 단계의 그리스도인들은 그리스도 안에서 성장하는 단계의 사람들에 비해 두 배 이상 더 적극적인 모습을 보였다표 4-4. 실제로 발견 프로젝트 팀이 알아낸 가장 중요한 발견 가운데 하나가, 바로 성경 묵상을 위해 개인적인 시간을 투자하는 것이 영적 성장을 촉진하는 가장 강력하고도 독보적인 요소라는 것이다. 성경 묵상이라는 신앙 훈련을 행하는 빈도수가 이 단계에서 급격히 증가하는 것이 바로 그 증거다이 발견에 대해서는 2부에서 더 자세히 이야기할 것이다. 이 단계에 속한 사람들 가운데 자신들의 영적 성장 속도가 보통 수준이거나 빠르다고 평가한 사람도 거의 절반에 이르렀다. 이는 앞선 두 단계에서 같은 답을 한 사람의 비율의 약 두 배에 해당한다.

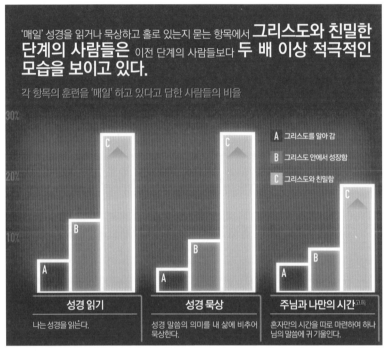

표 4-4 화살표는 '매일' 성경 읽기와 성경 묵상, 홀로 있는 시간을 마련하고 있는지 묻는 항목에서 그리스도와 친밀한 단계의 사람들이 그리스도 안에서 성장하는 단계의 사람들보다 두 배 이상 적극적인 모습을 보이고 있음을 보여 준다.

표 4-3이나 4-4에서 묘사된 것과 같은 극적인 증가율을 볼 때마다, 나는^{캘리} 나 자신의 우선순위를 생각하게 된다. 우리는 모두 날이 갈수록 바빠지는 경향이 있다. 하지만 자신에게 정말 중요한 일을 위해서라면 어떻게 해서든지 시간을 만들어 낸다는 것이 보편적인 진리다. 쉽지는

않지만 자신이 반드시 '해야만 한다고' 믿는 것을 하기 위해서는 어떻게든 시간을 낸다. 나의 우선순위 목록은 몇 년 전 『내년을 더 젊게 사는 연령혁명』Younger Next Year, 매일경제신문사을 읽고 완전히 바뀌었다. 그 책에서 저자들은 대부분의 사람들이 쉰 살 이후에 경험하는 전형적인 신체 조건의 악화에 대해 이야기하다가 한 가지 놀라운 주장을 한다. 즉, 이 신체적 조건의 악화가 사실은 '70퍼센트는 선택적'인 결과라는 것이다. 물론 인간의 유전적 구성이나 기타 환경적 요인 중에는 우리의 통제를 벗어나는 불가항력의 요소들이 존재하지만, 그 변수들이 우리의 신체적 건강에 미치는 영향력은 30퍼센트 정도라는 것이다. 이 책의 저자들은 몇 가지 나쁜 습관을 버리고 좋은 습관을 익히는 것만으로도 대부분의 사람은 노화에 따른 자연적인 아픔이나 고통, 장애 가운데 많은 부분을 이겨낼 수 있다고 단호하게 주장한다.

그러면서 이들은 몇 가지 좋은 습관을 추천했는데, 그 가운데 첫 번째 것을 읽자마자 나의 관심은 거기 완전히 쏠리고 말았다. 일주일에 6일 동안 하루에 45분씩, 지방이 연소되는 수준에 이를 때까지 심장박동수를 올리는 운동을 하라는 것이 그 방안이었다. 저자들은 이것을 오십 대 이상의 사람들이 가져야 할 '새로운 직업'이라고 표현했다. 일주일에 6일. 잡담이나 게으름 부리기 없음. 변명 불가.

이렇게 일주일에 6일간 45분씩 운동하는 습관을 받아들이고 나자 그것은 내 인생이라는 경기의 판도를 완전히 바꿔 놓았다. 임의로 정해진 할 일 목록에 운동이 들어갔고, 그것은 매일 직장으로 향하는 출퇴근만큼이나 중요한 일과가 되었다. 월급을 받고 싶다면 직장에 모습을 드러내야 한다. 그렇지 않은가? 마찬가지로 건강하게 나이 들고 싶다면 체육관에 나타나야 한다.

　다른 많은 것들처럼 운동 역시 선택의 문제다. 그것은 우리의 진짜 우선순위를 실제적으로 드러낸다. 우리 각자에게 가장 중요한 것은 결국 실제적인 실천을 통해 나타나기 마련이다. 우리가 그리스도와 친밀한 단계의 사람들에게서 발견한 것이 바로 이것이었다. 그리스도를 믿는 신앙이 이들에게 너무나 소중한 가치가 되었기에, 이들은 결국 그리스도와의 관계를 우선순위 목록에서 최우선 순위에 올리게 되었다. 이모든 것에서 우리가 이해해야 할 가장 중요한 사실이 있다. 인간의 차원에서 '그리스도를 우선순위로 선택'하는 행위가 그리스도와 친밀한 이들의 영적 성장 경험에서 아주 본질적인 역할을 한다는 점이다. 성령님도 우리의 노력과 상관없이 신비롭고 강력한 방법으로 우리의 마음과 정신을 변화시키실 때가 많지만, 우리가 그분의 영향력에 눈과 귀를 열어 둔다면 우리의 삶을 인도하고 만들어 가시는 그분의 사역의 능력은 말할 수 없을 정도로 강력해진다.

　이 모든 사실을 통해 자신의 영적 성장, 혹은 성장의 퇴화가 여러 가지 측면에서 '70퍼센트는 선택적'인 결과일 수 있음을 깨닫는다. 즉, 우리의 영적 성장은 매일 우리가 내리는 선택에 따라 그 수준이 크게 영향을 받는다는 말이다. 우리가 해야 할 일의 목록 순서를 정할 때 그리스도는 어디 계시는가? 우리는 얼마나 자주 기도와 말씀을 통해 하나님의 진리에 자신의 마음과 정신을 집중시키고 있는가? 일주일에 6일? 하루에 45분씩? 게으름 부리거나 변명하는 일 없이? 이 정도의 노력을 기울이는 것만으로도 좋은 출발점이 될 것이다.

이들은 자신의 신앙을 '공공연하게' 드러낸다

그리스도와 친밀한 단계에서는 이웃에 대한 사랑이 점점 더 커진다. 이는 전도 활동에 더 자주 참여하는 모습을 통해 가장 잘 확인된다표 4-5. 물론 그리스도 중심 단계의 성도들이 전도에 참여하는 비율이 훨씬 더 높지만, 각 개인이 대중 앞에 나서서 그리스도에 대한 충성과 기독교 신

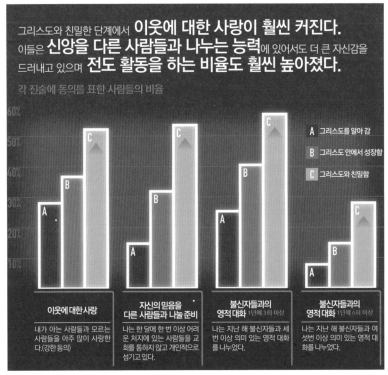

표 4-5 그리스도와 친밀한 사람들의 경우, 이웃을 사랑하며 자신의 신앙을 다른 사람들과 나누는 능력에 대한 자신감이 높아졌다고 답한 비율이 증가하면서 곧바로 복음 전도 활동도 증가했다. 그러나 교회 지도자들은 이 결과에 좀 실망할지도 모르겠다. 오른쪽의 막대들을 보면, 이 그룹에서도 작년 한 해 동안 불신자들과 여섯 번 이상 의미 있는 영적 대화를 나누었다고 답한 사람의 수가 아주 소수인 것으로 드러나고 있기 때문이다. 평균적으로 이들은 두 달에 한 번 이하로 불신자들과 영적인 대화를 나누고 있었다.

앙의 핵심적 신념에 대한 지지를 표현하는 비율이 이 단계에서 비약적
으로 증가한다.

흥미로운 것은 이 수치들이 이렇게 비약적인 증가를 하기까지 어
떤 교회는 지원을 아끼지 않았지만 **그렇지 않은** 교회들도 있었다는 사
실이다. 그리고 어떤 경우든 각 교회들은 스스로를 '친 구도자'ˢᵉᵉᵏᵉʳ ᶠʳⁱᵉⁿᵈˡʸ
교회라고 규정한다. 발견 프로젝트 팀이 조사한 바에 따르면 그리스도
와 친밀한 단계의 사람들은 출석하는 교회의 종류와는 상관없이 자기
들의 신앙을 다른 사람들과 분명히 나누고 있었다. 그리스도에 대한 사
랑이 커지면서 잃어버린 자들에게로 다가가라는 예수님의 명령에 순종
하고자 하는 마음에 동기 부여를 받는 것이다.

구체적으로는 이들 가운데 절반 이상이 이웃을 사랑하며 자신의
믿음을 다른 사람과 나눌 준비가 되었다는 진술에 전적인 동의를 표했
다. 또한 이웃을 사랑하는 마음이 복음에 대한 자신감과 결합되면서 불
신자들에게 복음을 전하는 횟수도 많아졌다. 지난 해 불신자들과 세 번
이상 의미 있는 영적 대화를 나누었다고 답한 사람은 절반이 넘었으며,
이 대화를 여섯 번 이상 나눈 사람은 3분의 1에 달했다. 그리스도의 제
자들에게 영감을 주어 잃어버린 자들에게 나아가도록 하는 데 인생을
바치고 있는 목회자들에게는 이 수치가 몹시 낮은 것처럼 느껴질지 모
르겠지만, 그리스도와 친밀한 단계의 사람들이 이전 단계의 사람들에
비해 그 메시지를 훨씬 더 진심으로 받아들이고 있다는 것만은 부인할
수 없는 사실이다.

부상을 극복하고 살아난 공군 전문가 마크는 교외의 한 초등학교
에서 처음으로 자신의 신앙을 다른 사람과 나누는 기념비적인 기회를

누렸다. 제대 이후 죽 그 학교에서 컴퓨터 전문가로 일하고 있던 그는 당시 컴퓨터와 관련된 업무를 보고 있었다. 그때 그 방에 앉아 있던 선생님 몇 분이 종교에 대한 이야기를 하기 시작했다. 그 가운데 여러 명이 신은 존재하지 않는다고 주장했다. 마크는 이렇게 말한다. "거기 앉아서 처음에는 '이런 사람들이 우리 아이들을 가르치다니!' 하고 생각했어요. 충분히 기다렸다가 결국 이렇게 말하기 시작했습니다. '여러분은 전부 잘못 알고 계십니다. 여러분이 생각하는 문제가 뭔지 말씀해 주시고, 제 신앙 이야기를 들어보세요. 저야말로 하나님은 무엇이든 다 하실 수 있다는 걸 증명하는 살아 있는 증거이니까요.'" 그러면서 그는 자기 이야기를 그 사람들에게 들려주었다. 그러자 선생님 가운데 한 명이 마크에게 이렇게 말했다. "그렇군요. 이 문제를 다시 한 번 생각해 보죠."

이 단계의 사람들에게서는 앞선 단계의 사람들에게서는 찾을 수 없었던 두 가지 특별한 신앙적 특징이 처음으로 드러난다. 그 두 가지 특징은 '개인적'이라는 단어와 '공개적'이라는 단어로 요약할 수 있다. 이들은 영적 성숙을 위한 신앙 훈련에 '개인적'인 투자를 아끼지 않으며, 복음을 전하려는 노력을 통해 자신의 믿음을 '공개적'으로 드러내면서 따로 시간을 내어 불신자들과 신앙의 문제에 대해 이야기한다. 이들은 자신의 신앙을 과시하지도 않지만 그렇다고 해서 숨기지도 않는다. 그리스도의 제자라는 것이 온전히 이들의 정체성이 되는 것은 아니지만^{이것은 다음 장에서 다루게 될 그리스도 중심의 성도들의 경우도 마찬가지다}, 적어도 그리스도를 믿는 신앙이 이들의 인생을 인도해 나가는 최종적인 가치 가운데 하나인 것만은 분명하다. 개인적인 차원에서 그리스도가 이들 각자의 정체성에서 중요한 부분을 차지하고 있는 것이다.

하나님에 대한 사랑: 중심적 가치

그리스도와 친밀한 단계의 사람들이 헌신된 성도들이라는 사실에는 의심의 여지가 없다. 그들은 핵심적인 기독교 신념들에 대하여 다섯 명 중 네 명꼴로 전적인 동의를 표할 정도로 견고한 믿음을 갖고 있다[표 4-6]. 그리스도 안에서 성장하는 단계만 해도 성경의 권위에 의문을 던지는 사람이 적지 않았지만 이 단계에서는 이런 의심을 하는 사람이 거의 없다.

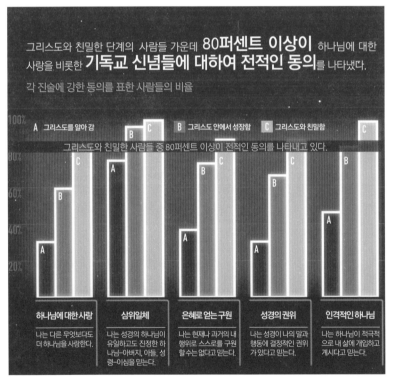

그리스도와 친밀한 단계의 사람들 가운데 **80퍼센트 이상이** 하나님에 대한 사랑을 비롯한 **기독교 신념들에 대하여 전적인 동의**를 나타냈다.

각 진술에 강한 동의를 표한 사람들의 비율

A 그리스도를 알아 감   B 그리스도 안에서 성장함   C 그리스도와 친밀함

그리스도와 친밀한 사람들 중 80퍼센트 이상이 전적인 동의를 나타내고 있다.

하나님에 대한 사랑	삼위일체	은혜로 얻는 구원	성경의 권위	인격적인 하나님
나는 다른 무엇보다도 더 하나님을 사랑한다.	나는 성경의 하나님이 유일하고도 진정한 하나님—아버지, 아들, 성령—이심을 믿는다.	나는 현재나 과거의 내 행위로 스스로를 구원할 수는 없다고 믿는다.	나는 성경이 나의 말과 행동에 결정적인 권위가 있다고 믿는다.	나는 하나님이 적극적으로 내 삶에 개입하고 계시다고 믿는다.

표 4-6 그리스도와 친밀한 단계에 있는 사람들을 나타내는 막대는 모두 80퍼센트 지점을 넘어선다. 이는 곧 이 단계에 속한 대다수의 성도들이 신앙에 기초한 확고한 믿음을 갖고 있다는 뜻이다.

앞에서 우리는 그리스도와 친밀한 단계의 사람들이 전 단계의 사람들보다 깊이 있는 수준의 개인 신앙 훈련을 하고 있다는 이야기를 했다. 그런데 기독교 신념들에 대한 이들의 확신 또한 이에 상응할 정도로 강해졌다는 사실에 주목해야 한다. 이렇게 되면 우리는 이 점을 묻지 않을 수 없다. "신념과 훈련은 동시에 움직이는가, 아니면 한 가지 요소가 성장하면 다른 요소 역시 성장하게 되는가?" 우리의 조사 결과에 따르면, 대부분의 경우 신념과 훈련은 동시에 움직였다. 일반적으로 강한 신념을 가진 성도는 높은 수준의 개인적인 신앙 훈련을 하고 있었고, 마찬가지로 신념이 약한 사람은 신앙 훈련의 수준도 낮은 것으로 결과가 나타났다. 신념은 약한데 훈련은 열심이거나, 혹은 신념은 강한데 훈련에 게으른 사람은 거의 없었다.

그러나 2부에서 더 자세히 살펴보겠지만 조사 결과에 따르면 훈련보다는 신념이 미세하게 우선하는 것으로 나온다. 즉, 신념이 훈련을 이끌어 내는 것이다. 예를 들어 성경의 권위를 의심하는 사람이 성경을 규칙적으로 읽을 가능성은 낮다. 마찬가지로 인격적인 하나님을 강하게 믿는 사람이 인도하심과 격려를 구하는 기도를 자주 할 가능성이 높다. 이로부터 우리는 핵심적인 기독교 신념에 대한 굳건한 믿음의 토대야말로 영적 성장을 위한 필수 요소라는 결론을 내릴 수 있다. 핵심적인 기독교 신념에 대한 토대를 **먼저** 마련한 후에야 개인적인 신앙 훈련에 전념할 수 있고, 그럼으로써 그리스도와의 풍성한 인격적 관계를 발전시켜 나갈 수 있다는 말이다. 물론 영적 성장은 A+B=C 같은 단순한 공식이 아닌, 훨씬 더 복잡한 과정이다. 그러나 약한 신념과 신앙 훈련에 대한 낮은 참여율의 문제를 해결하기 위해 애쓰고 있는 교회가 있다면 우리는 먼저 신념의 토대를 굳건히 쌓는 데 중점적인 노력을 기울일 것을 조언해 주고 싶다.

이웃에 대한 사랑: 교회의 등뼈

이 단계에 속한 성도들은 교회의 등뼈들이다. 다른 단계의 성도들에 비해 하나님의 사역을 지지하는 일과 관련하여 이들의 말과 행동이 가장 일치하고 있기 때문이다. 즉, 그들은 헌신한 바를 그대로 태도에 반영하여 행동으로 옮긴다.

예를 들어 올리비아는 출석하고 있는 교회의 급식 봉사 팀이 섬기는 사람들의 법적 문제를 해결해 주기 위해 법률 자원봉사 팀을 만들었다. 그녀는 자신이 일하는 법률회사에 다니는 한 친구를 설득하여 이 사역을 시작한 후, 그 친구와 함께 다른 두 명의 동료를 더 설득해 이 새로운 봉사 사역에 참여시켰다. 몇 주 후에는 교회 차원에서 같은 일을 할 더 많은 사람들을 모집하는 광고를 냈고 지금까지 18명의 변호사들을 모았다. 달리 법정 대리인을 만날 여력이 없는 500명이 넘는 성도들이 이렇게 도움을 받을 수 있었다. 이들은 법률 고문의 역할만 해 주는 게 아니다. 올리비아는 이 활동을 다음과 같이 설명한다. "각 사람이 영적 여정 가운데 어디쯤에 와 있는지를 알려 주는 일이 우리 사역에서 매우 중요한 부분을 차지하고 있어요. 우리는 그들과 함께 기도하고 각 사람의 상황에 도움이 될 것 같은 교회 프로그램들을 알려 줍니다. 그 사람들의 법적인 문제들을 접하다 보면 그들의 삶에서 가장 은밀한 내용까지 알게 될 때가 많거든요."

그리고 그리스도와 친밀한 단계에 있는 사람들 가운데 거의 절반 이 하나님의 일이 재정 사용의 최우선 순위라고 답했으며, 실제로 십일 조를 하는 비율은 이보다 약간 더 높았다.[표 4-7] 또한 절반 이상의 사람들 이 영적 은사를 사용해 하나님을 섬기고 있다고 답했으며, 60퍼센트 이 상은 정기적으로 교회 사역 기관에서 봉사하고 있다고 답했다. 이들은 개인의 시간을 들여 일상생활에서 하나님의 음성을 분별하고 그에 반 응할 뿐만 아니라, 교회를 돕기 위해 필요한 자원을 제공한다. 이런 행 동들은 앞에서 이들에 대하여 설명한 "그리스도의 제자가 되겠다고 한 다짐을 실천으로 옮긴다"는 말에 대한 신빙성을 높여 준다.

그리스도와 친밀한 단계의 사람들은 분명히 믿음과 교회에 헌신한 사람들이다. 사실 이들이 보여 주는 이런 분명한 헌신은 우리가 영적 성 장 과정이라는 개념을 처음으로 제시했을 때 던진 다음과 같은 최초의 질문을 다시 떠올렸다. 그것은 다름 아닌 '이미 이렇게 높은 수준의 신 앙 성숙도를 보이고 개인적인 신앙 훈련에 대한 강한 헌신 그리고 복음 전도와 이웃을 위한 봉사에 대한 분명한 열정을 가지고 있는 신자들이 존재하는데, 어떻게 이들보다 더 높은 영적 성장 단계가 있을 수 있을 까?'라는 질문이었다. 어쨌든 하나님을 알고 사랑하며, 조직적인 교회 활동 안팎에서 하나님의 목적을 위해 봉사하고, 언행이 일치된 신앙을 가진, 그리스도와 친밀한 단계의 사람들은 그 자체로 성숙한 그리스도 의 제자처럼 보인다. 정말 이들보다 더 높은 영적 성장 단계가 있을까?

우리는 있다고 생각한다. 그리스도와 친밀한 단계의 사람들이 활 동 중심의 신앙에서 더 개인적인 신앙 여정으로 옮겨 갔다 하더라도, 설

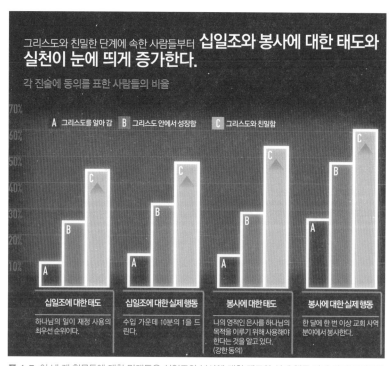

그리스도와 친밀한 단계에 속한 사람들부터 **십일조와 봉사에 대한 태도와 실천이 눈에 띄게 증가한다.**

각 진술에 동의를 표한 사람들의 비율

A 그리스도를 알아 감 B 그리스도 안에서 성장함 C 그리스도와 친밀함

십일조에 대한 태도	십일조에 대한 실제 행동	봉사에 대한 태도	봉사에 대한 실제 행동
하나님의 일이 재정 사용의 최우선 순위이다.	수입 가운데 10분의 1을 드린다.	나의 영적인 은사를 하나님의 목적을 이루기 위해 사용해야 한다는 것을 알고 있다. (강한 동의)	한 달에 한 번 이상 교회 사역 분야에서 봉사한다.

표 4-7 이 네 개 항목들에 대한 막대들은 십일조와 봉사에 대한 태도와 실제 행동 간의 차이를 비교하여 보여 준다. 왼편 두 개 항목에 대한 막대들을 보면 그리스도와 친밀한 단계의 사람들 가운데 거의 절반이 하나님의 일을 위해 지원하는 것이 최우선 순위라는 항목에 강한 동의를 표하고 있다. 실제로 그와 비슷한 비율의 사람들이 수입 가운데 10분의 1을 교회에 드린다. 한편 오른쪽 편 두 개 항목에 대한 막대들은 자신의 은사를 하나님을 위해 사용할 의지가 있는지에 대한 태도(50퍼센트 이상의 사람들이 전적으로 동의)와 실제 봉사를 하고 있는 사람들의 비율(60퍼센트의 사람들이 정기적으로 교회 봉사를 하고 있음)을 나타낸 것으로, 십일조의 경우와 비슷한 양상을 보인다. 그리스도 안에서 성장하는 단계의 사람들과 비교해 보면 이 네 항목의 수치들은 하나같이 크게 상승했음을 알 수 있다.

문조사에 대한 그들의 응답 내용들을 보면, 이들이 여전히 운전수의 자리에 앉아서 자기 삶의 방향을 스스로 결정하는 경향이 많았다. 예수님도 그들의 결정과 행동에 영향을 끼치지만, 다른 경쟁적인 가치들도 여러 가지 그들의 선택에 영향을 미치고 있다는 말이다. 이들은 그리스도와 가깝다. 그리스도와 친밀하다. 영적 변화의 과정에 들어섰다. 그러나

성장해야 할 다른 영역들도 아직 많이 남아 있다. 사실 이들 가운데 다수가 의식적으로는 우리가 '그리스도 중심'이라는 말로 표현한 단계, 즉 그리스도와 친밀한 단계의 바로 다음 단계이자 영적 성장 과정의 마지막 단계에 속한 사람들을 모방하려 한다. 이 사람들은 예수님으로 하여금 운전대를 잡게 하는 사람들이다. 그들은 예수님 옆 보조석에 앉아 그분이 자신들을 위해 정해 주는 여정을 경험하는 것을 기뻐한다.

그리스도와 친밀한 사람들의 특징

* 예수님과의 관계가 일상생활에서 중요한 부분을 차지한다.
* 하나님의 존재와 능력을 확신한다.
* 개인적인 신앙 훈련을 통해 일상생활과 하나님을 연결 짓는다.
* 영적 변화의 징조를 드러내기 시작한다.
* 교회의 뼈대다.

남과 북:
'그리스도와 친밀한' 두 교회

미네소타 주 트윈시티 외곽으로 145킬로미터 정도 떨어진 곳에 출석교인이 300명인 140년 된 교회가 있다. 이 교회는 텍사스 주의 샌안토니오에 있는 출석교인 1,000명의 30년 된 교회와 똑같은 문제를 안고 있다. 이 교회들은 같은 주류 교파에 속해 있으며 그리스도와 친밀한 단계의 사람들이 전체 교인 가운데 33퍼센트로, 이는 평균보다 훨씬 높은 비율이다. 이 정도의 신앙 성숙도가 나타난다는 것은 매우 흥미로운 사실이며, 이것은 분명 그 교회의 지도자들이 매우 유능하다는 점을 증명한다.

그런데 이 교회들에도 문제가 있다니, 대체 무슨 문제일까? 그것은 이 두 교회의 교인들 중에 불만을 가진 사람들의 비율이 매우 높다는 점이다. 미네소타 교회의 경우 24퍼센트가, 텍사스 교회는 30퍼센트가 불만을 가지고 있었다. 게다가 이 두 교회의 교인들이 불만족의 이유로 지목한 요소가 똑같이 '깊이 있는 성경 교육의 부족'이었다.

비슷한 문제를 공유하고 있는 이 두 교회는 한 가지 일관된 깨달음을 제공한다. 우연이든 의도적이든, 이 교회들은 다양한 영적 성장 과정 중에 있는 교인들이 속한 단계가 어디든 상관없이, 성도들의 영적 지식과 경험을 쌓는 데 있어서 교회가 핵심적인 원천이라고 가르쳐 왔다. 그 결과, 성도들의 신앙이 성숙해지고 개인적인 신앙 훈련을 일상생활의 중요한 요소로 여기는 상황 속에서도 그들은 여전히 자신들의 영적인 굶주림을 스스로의 결단으로 해결하는 것이 아니라, 교회가 해결해 주어야 한다고 기대하게 된 것이다.

이 교회들이 의도적으로 성장 과정 중에 있는 그리스도의 제자들에게 이런 메시지를 전하려 한 것은 아니었을 것이다. 그러나 현실적으로 대부분의 주일 예배나 소그룹 등의 사역 활동은 영적인 성장 과정에서 초기에 해당하는 대다수의 미성숙한 교인들을 향해 있다. 그 결과, 궁극적으로 성숙한 신자들은 자신의 영적 성장에 대한 책임을 스스로 져야 한다는 점을 교회가 따로 분명하게 알려 주지 않으면, 그 교회 안에 있는 그리스도와 친밀한 단계의 성숙한 그리스도인들이 불행해지는 결과가 발생할 수밖에 없다. 이런 상황에서 교회가 기대를 만족시켜 주지 못하면 불만이 싹틀 수밖에 없는 것이다.

이런 특징은 이 단계의 성도들에게서만 발견되는 것이 아니다. 깊은 헌신을 하고 개인적인 신앙 훈련을 통해 그리스도와의 관계를 발전시키기로 다짐한 성숙한 성도들에게서도 여전히 교회가 자신의 일차적인 신앙 선생이자 책임자가 되어 주기를 바라는 모습이 공공연하게 발견된다.

이 같은 딜레마를 해결하는 방법은 복잡할 수도 있다. 교회의 자원을 재분배하여 심도 깊은 성경공부 수업과 신앙의 멘토링 네트워크를 형성하는 과정이 필요하기 때문이다. 발견 프로젝트 팀이 조사한 교회들 중에는 이미 이러한 방향으로 노력을 기울이는 교회가 여러 곳 있었다. 구체적으로 이들은 개인적인 신앙 훈련만을 위한 주말 프로그램을 진행하거나 전도나 봉사와 같은 주제를 다루는 추가 강좌를 여는 등, 새로운 지도자 양성 전략을 세우고 있었다.

하지만 이 문제에 대한 해결책은, 가족이라는 울타리를 벗어나는 사춘기 자녀를 돕는 일과 마찬가지로 단순하면서도 어려운 것일 수 있다. 교회는 성장 중인 자녀를 사랑하는 부모처럼 성장해 가는 그리스도의 제자들을 사랑한다. 그러나 언젠가는 그 자녀들이 집을 떠나 세상에 자신만의 족적을 남기는 순간이 온다. 훌륭한 부모는 자녀들을 도와 그들이 어떤 길을 가야 하는지를 이해시키는 책임을 진다. 즉, 자녀들에게 책임감에 대한 필요성을 알려 주고, 그 방향으로 한걸음 내디딜 수 있도록 도와주며, 각자가 얼마나 길을 걸어 왔는지를 가늠할 수 있도록 지원해 주는 것이다.

발견 프로젝트의 조사 결과는 현재 우리의 교회들이 훌륭한 부모들이 하는 이 일을 늘 잘해내고 있는 것은 아니라는 사실을 확실히 보여 주었다.

영적 성장을 위한 조언

　　그리스도와 친밀한 단계의 성도들은 자신들의 믿음을 다른 사람들과 나누려 한다. 실제로 이 단계에 속한 대부분의 사람들이 이 일에 열정을 가지고 있을 뿐만 아니라, 그 일을 하지 않고는 못 배긴다. 이건 좋은 소식이다.

　　그러나 좋지 않은 소식도 하나 있다. 그것은 우리 교회들이 이 중요한 열정에 불을 지펴야 하는 기회를 놓칠 때가 많다는 사실이다. 우리는 이들을 도와 예수님을 위한 능력 있는 증인으로 만들 기회를 날리고 있다. 그들은 하나님에게서 멀리 떨어진 사람들에게 다가가려는 강한 열망을 갖고 있다. 다만 좀 더 효과적으로 그 일을 하려 할 때 필요한 안내나 자신감이 부족한 경우가 있다.

　　이런 상황에서 우리가 지역 교회의 도움과 지원을 활용해 그리스도와 친밀한 단계의 사람들이 가진, 점점 커지는 그리스도에 대한 사랑에서 비롯되는 내적 열정과 잃어버린 자들에게로 가라고 하신 그분의 명령에 순종하고자 하는 열망 사이에 다리를 놓는다면 어떤 일이 일어날까? 엄청난 일이 일어날 것이다!

　　자기의 신앙을 공개적으로 드러내고자 하는 성도들에게는 교회가 그런 자신을 지원하고 있음을 깨닫는 것이 중요하다. 교회 지도자인 우리는 적절한 훈련의 기회를 제공하여 이들이 좀 더 편안하게 그리스도에 대한 믿음을 다른 사람들과 나눌 수 있도록 도와주어야 한다. 하나님으로부터 멀리 떨어져 살던 사람들의 인생을 위해 우리의 자원을 쏟아 부었던 각자의 실례를 들려 주는 것도 큰 도움이 될 수 있다. 각자의 성취와 아쉬웠던 점을 나누는 것이다. 나의 경우^{그랙}, 빌 하이벨스 목사님이 거리낌 없이 나눠 주셨던 사연들에서 늘 큰 도움을 받았다. 목사님은 이미 그리스도께로 인도해 온 사람들의 이야기뿐만 아니라, 10년, 20년, 30년째 계속해서 사랑하고 기도해 주었지만 여전히 하나님께로 돌아오지 않은 사람들의 이야기도 들려주었다. 나는 20년 동안 윌로크릭을 다녔지만 그의 이야기가 지겹게 느껴진 적은 한 번도 없다. 오히려 목사님의 경험담을 들을 때마다 더 큰 자극을 받아 더욱 담대하게 사람들에게 다가갔다.

이 단계에 속한 사람들은 영적 성장에 대하여 스스로 동기를 부여할 줄 아는 사람들이다. 따라서 그들이 더욱 주인의식을 가질 수 있게 해 주어야 한다. 하지만 개인적 차원의 복음 전도라는 영역에서는 교회가 중대한 역할을 감당해 주어야 한다. 대부분의 사람들은 처음에는 누구나 다 자기의 신앙을 다른 사람과 나누기를 무서워한다. 의지는 있지만 적절한 시간과 적절한 말을 찾지 못할까 봐 두려운 것이다. 그들은 이 일의 위험부담이 크다는 것을 이해한다. 따라서 전도와 관련하여 이 사람들을 격려해 주는 것이야말로 교회가 그들의 삶에서 해 주어야 할 중요한 역할이다.

교회 지도자들과 목회자들이 해야 할 또 하나의 중요한 역할은, 앞의 표 4-1에서 설명한 그리스도와 친밀한 단계의 사람들이 필요하다고 말한 사항들을 적극적으로 참고하여 그 필요들을 채워 주는 것이다. 발견 프로젝트의 설문 결과는 그 필요 사항이 무엇인지 분명하게 밝혔다. 지금으로서 이들이 가진 큰 열망은 성경을 이해하고자 하는 열망이다. 그 열망의 강도 역시 이전 단계의 사람들보다 강하여, 약 88퍼센트의 사람들이 그 일이 '결정적으로 중요'하거나 '매우 중요'하다고 답했다. 교회 지도자들이 모범이 되어 영적 성장의 방법을 알려 주기를 바라는 열망 역시, 도전을 받고자 하는 열망만큼이나 강렬하다. 필요 사항에 대하여 매우 높은 비율이 나온 항목을 보면, 이들이 교회에 대하여 무엇을 바라고 있는지는 의심의 여지가 없다. 이들의 영적 갈망이 얼마나 간절한지 느껴지는가?

이 사람들은 한없이 우아해 보일 수 있다. 표면적으로는 부드러운 모습을 보일 수도 있다는 말이다. 그러나 그 외피 아래는 하나님을 경험하고자 하는 훨씬 깊은 열망으로 가득 차 있다. 교회 지도자들은 이 열망을 열렬한 허락의 의미로 받아들여 그리스도께서 명하신 모든 것을 그들에게 가르치고, 그리스도의 삶과 가르침을 그들 각자의 삶의 모든 영역에 적용시키며, 스스로 모범이 되어 그 구체적인 길을 보여 주기 바란다. 그리스도와 친밀한 단계의 사람들이 찾고 있는 것은, 그렇고 그런 평범한 메시지나 간단한 다음 단계, 혹은 안전한 삶의 방식이 아니다. 그들은 자신의 영혼 깊은 곳에 잠재된 불씨를 환히 밝힐 무언가를 찾고 있다.

설문조사에 대한 이들의 답을 보면 그들이 젖을 뗄 준비가 다 되었다는 것을 확실히 알 수 있다. 이들은 더 이상 자신에게 필요한 모든 것을 우리가 손수 떠먹여 주기를 원치 않는다. 이들은 매우 개인적인 차원의 신앙 수준에 이르렀으며, 현재 진행 중인 영적 발달 상황에 대하여 주인의식을 발휘한다. 마땅히 축하해야 할 일이다.

그런데 몇몇 지도자들은 처음에는 이런 상황을 좋은 소식으로 받아들이지 못하는 것 같다. 성도들이 더 이상 자신들을 원치 않는다고 생각하기도 한다. 그러나 그것은 사실이 아니다. 그들은 단지 지도자들이 이전과는 다른 방식으로 자기들을 이끌어 주기를 원한다. 자녀들이 청소년기에 이르면 젖먹이 아이나 초등학생이었을 때와는 다른 것을 바라는 것처럼 말이다. 그러니 이제는 그들이 스스로 밥 먹는 방법을 배울 수 있도록 도와주라. 각자가 스스로 힘을 기르고 인내심을 키울 수 있도록 격려해 주라. 그리고 그들 자신이^{혹은 당신이} 예상한 것보다 더 많이 성장하여, 이 다음 장에서 살펴보게 될 그리스도 중심 단계에 들어서는 모습을 지켜보라.

그리스도 중심:
하나님께 항복한 사람들

메건이 일하는 기독교 대학에 구조조정에 대한 소문이 파다하게 퍼지기 시작했을 때, 한 동료가 조언을 구하기 위해 그녀를 찾아왔다. 메건은 당시의 일을 이렇게 회상한다. "그 친구는 매우 두려워하고 있었어요. 그래서 같이 이야기하고 기도하기 위해 제 사무실로 찾아온 거죠." 취업 지원센터 담당자로 6년간 그곳에서 일하고 있던 메건은 독실한 신앙인으로 직장에서 유명했다. 그뿐만 아니라 자신이 맡은 일도 좋아해서 부서를 충실히 운영해 가며, 취업을 준비하는 수백 명의 학생들과도 인간적인 교류를 즐겼다.

메건은 그 구조조정이 자신에게 직접적인 영향을 미칠 거라고는 의심하지 않았다. 그녀는 그저 동료를 걱정하는 마음으로 함께 기도해 주었다. "그런데 어느 순간 갑자기 기도를 멈추고 눈을 떴어요. 그러고는 제가 사랑했던 사무실과 내가 사랑했던 학교, 내가 사랑했던 직장 한 가운데서 하나님께 말씀드렸어요. '알아서 하세요.'"

친구는 놀라 몸을 곧추세웠지만 메건은 계속해서 기도했다. "하나님, 알아서 해 주세요. 하나님이 어떤 일을 하시든, 그로 인해 제가 더 당신을 닮고 제 인생이 당신을 더욱 영화롭게 할 수 있다면 괜찮습니다. 알아서 해 주세요." 이 기도를 드린 지 24시간도 채 지나지 않아 메건의 상사는 그녀의 자리가 없어졌다고 통보했다.

메건은 하나님이 우리 인생을 위한 최선이 무엇인지 아시는 분임을 신뢰하지 않고서는 우리가 어떤 기도도 할 수 없다고 누구보다 먼저 말할 수 있는 인물이다. 물론 그녀도 자신이 사랑한 직업을 잃은 후 거의 1년간 괴로운 시간을 보냈다는 사실을 순순히 인정한다. 하지만 최근 시카고 교외의 전문대학에서 새로운 직장을 얻은 그녀는 이렇게 말한다. "지금 일은 예전의 일과 아주 많이 달라요. 하지만 매일 일하러 가는 것이 즐거워요. 이 모든 것이 하나님께로 통하는 문으로 이어진 또 다른 길이었다고 생각하니까요. 말하자면 이런 식이죠. '알겠어요, 하나님. 전 옆으로 물러날게요. 제 인생을 내어드릴 테니 원하시는 대로 하세요.'"

한편 도심의 큰 은행에서 26년간 일하던 리처드는 화려한 이력의 소유자다. 현재 53살인 그는 그 은행의 부사장이자 수석 자산 관리자로 일하면서 아내, 열다섯 살인 딸과 각각 여덟 살, 열두 살 난 아들들과 함께 교외에서 편안한 상위 중산층의 삶을 영위할 수 있을 정도의 수입을 벌어들이고 있다.

그는 "어리석은 짓은 이미 할 만큼 해 봤다. 이제는 집으로 돌아오너라"는 하나님의 부르심에 응하여 1998년부터 교회에 다니기 시작했다. 이렇게 그는 어린 시절 온 가족이 지켜 온 신앙의 뿌리를 되찾았다. 그는 이렇게 말한다. "그런 부모님을 주시고, 그런 훈련을 받도록 축복해 주신 하나님께 감사해요. 신앙에서 도망치던 때도 있었지만, 그런 순간에도 어린 시절 받은 가르침이 일부나마 제 안에 남아 있었던 것 같아요."

이제 아버지가 된 그는 자신의 세 어린 자녀들에게도 이 같은 신앙의 기초를 쌓아 주고 싶어 한다. 리처드는 아이들과 소통하면서 한 가지 사실을 발견했다. 부모로서 자녀들을 지도할 때 오히려 스스로의 불완전한 행동을 자주 깨닫는다는 사실이다. 지금 생각하면 후회되는 행동들이었다. "그 순간 이런 생각을 했던 기억이 납니다. '그것에 대해 가책을 느끼게 되다니 다행이야. 이제는 바로잡고 싶어.' 그러면서 생각했어요. 어쩌면 이제 내 역할은 우리 아이들이 더 나은 길, 즉 영원을 향해 더 직접적으로 통하는 길을 걸을 수 있도록 할 수 있는 모든 일을 다하는 것이라고요."

리처드 그 자신에게도 그리스도께 나아오는 여정 가운데 직면하지 않으면 안 되는 문제가 있었다. 경쟁 시장에서 성공을 거두는 동안 형성해 온 건강하지 않은 마음가짐이 바로 그것이었다. 과거에는 돈으로 살 수 있는 것들에 대한 소비에 집착했다. "이건 내 거야. 이게 내 것이 아니라면 내 것으로 만들기 위해 뭐든 할 거야. 당신들이 당신들의 집에 뭔가를 더 들여놓는다면, 나는 내 집에 그보다 더 큰 것을 들여놓을 거야. 당신들도 그 모임에 가입하고, 그 보트를 사. 나도 그것들 때문에 돈을 써 버렸거든." 그는 이런 생각의 영향을 끊임없이 받고 있었음을 깨달았다.

마침내 어느 순간부터 그는 자신이 성공의 정의를 잘못 내리고 있다는 사실에 눈을 뜨고 그리스도를 신뢰하기 시작했다. 당시의 일을 그는 이렇게 회상한다. "어떻게 보면 그것은 항복하겠다는 울부짖음이었어요. 저는 기도했어요. '주님, 도와주세요. 이것과는 다른 삶의 방식이 있을 거예요. 이건 미친 짓이에요. 더는 이렇게 살고 싶지 않아요. 주님이 저를 축복하여 맡기면서 제게 가르치고 돌보라고 하신 우리 아이들이 이런 삶을 사는 것을 원하지 않습니다.' 이런 생각은 잠시 제정신을 잃고 벌인 일종의 해프닝으로 남을 수도 있었고, 반대로 의식 속에 들어와 진지한 고민거리로 발전할 수도 있었어요. 그리고 이 생각을 의식 속에 받아들인다는 것은 곧 예수님께 다가간다는 것을 뜻했어요. 즉, 하나님의 방식대로 살기로 하는 거죠."

메건과 리처드 두 사람은 항복하여 자신의 삶을 예수님께 바쳤다. 직업을 찾을 때뿐 아니라 다른 모든 삶의 영역에서 그렇게 하였다. 이렇게 항복의 마음가짐을 확고히 한 이들에게서는 그리스도 중심 단계에 속한 성도들만이 가진 특징들이 나타난다.

'항복'의 의미

우리는 주로 **항복**이라는 단어를 패배, 즉 타인의 요구에 굴복하거나 포기하는 것과 연결 지어 생각한다. 항복이란 운동 경기의 상대편이나 전쟁에서의 적군에 대하여 보이는 태도처럼 어떤 다른 힘에 굴복하는 것과 관련이 있다. 기본적으로 이 같은 갈등의 핵심은 통제권을 둘러싼 경쟁에 있다. 모노폴리Monopoly라는 보드게임에서 누가 가장 많은 재산을 차지하고 있는지, 혹은 페르시아 만에서 누가 가장 큰 유정을 운영하고 있는지를 둘러싼 통제권이 그 예가 될 수 있다. 통제권을 둘러싼 이 싸움은 결국 마지막 결정이 나는 순간, 즉 어느 한쪽이 다른 한쪽에 굴복하여 통제권을 넘겨줄 때에야 끝이 난다.

따라서 **항복**이라는 단어는 그리스도 중심의 사람들을 가장 잘 묘사한 단어라 할 수 있다. 이들은 자기 삶의 통제권을 완전히 예수님께 넘겨준 사람들이기 때문이다. 그렇다면 자연스럽게 이런 질문이 뒤따른다. **그들이 그리스도께 온전히 항복하기 전에는 무엇이 그들의 삶을 통제하고 있었는가?** 항복이 '포기하는 것'에 대한 것이라면, 그들은 무엇으로부터 떠나와 예수님을 향하여 가는 것일까? 현대를 사는 우리의 인간적 조건을 정의하는 모든 것, 즉 우리의 마음을 괴롭히는 상처와 유혹으로부터 떠나는 것이다. 또한 힘이나 돈에 대한 욕망, 편안함이나 음식 혹은 술에 대한 사랑에서 벗어나는 것이다. 우리의 삶을 전적으로 그리스도께 맡기기 위한 이 싸움은 결코 간단하거나 쉬운 일이 아니다. 윌로크릭의 빌 하이벨스 목사가 그리스도와 친밀한 단계와 그리스도 중심 단계의 사람들 간에 존재하는 영적 간극이 가장 건너기 어려운 틈일 거라고 말한 것은 바로 이 때문이다. 이를 위해서는 우리에게 가장 중요한 것을 포기하고 하나님께 항복하여 그것을 내어드리는 결단이 필요하다.

우리는 세상과 더 가까운 각 개인의 정체성과 행복, 안전, 성공으로 정의되는 세속적인 가치와 예수 중심의 삶을 규정짓는 이웃에 대한 이타적인 사랑과 헌신의 영적인 가치라는 두 종류의 가치관 사이에서 치열한 싸움을 벌여야만 그리스도 중심 단계에 들어설 수 있다. 다른 영적 성장 단계에서는 저울추가 세속적인 가치 쪽으로 좀 더 기울어져 있다.

그리스도와 친밀한 단계의 성도들도 인생의 방향을 결정지을 때 예수님 중심의 가치와 끊임없이 경쟁하는 세속적인 염원의 영향을 지속적으로 받는다. 그러나 그리스도 중심 단계에 들어온 대부분의 성도들은 이 같은 세속적인 가치와 세상에 속한 염원을 버리고 그 모든 통제권을 그리스도께 굴복하여 내맡긴다.

이 같은 생활방식에 필요한 희생은 매일의 헌신을 통해 확대된다. 그리스도 중심의 생활을 하는 사람들의 결심은 일회적인 것이 아니다. 그들은 매일매일 자신의 싸움을 규칙적으로 직면하면서 세속적 세상의 인력을 쫓는 대신 예수님을 따를 것을 선택한다. 이들은 자기를 부인하고 자기 십자가를 지며, 그리스도를 따르는 습관적인 훈련을 통해 배움을 얻는다. 그러나 육체적인 중독을 극복하기 위해 애쓰는 사람들과 마찬가지로 인간의 마음에 생긴 중독 역시 하루아침에 사라지지 않는다. 명예와 부, 권력과 쾌락에 대한 인간 욕망의 뿌리는 우리 영혼 깊은 곳에 자리 잡고 있다. 그것은 늘 우리의 마음을 할퀴면서 쉽게 떠나가질 않는다.

영적 싸움을 이해하려 할 때 약물이나 알코올, 음식 중독과 같은 육체적 중독을 이기는 과정을 살펴보면 유용한 도움을 얻을 수 있다. 영적 성장은 중독으로부터 서서히 **벗어나는** 과정으로 이해할 수 있다. 이 경우 그 벗어남의 대상은 자석처럼 이기적이고 자기 중심적인 생활방식이다. 이 중독의 뿌리는 하나님의 은혜를 통해 절단되지만, 끊임없이 다가오는 세상의 유혹을 완전히 이겨내기 위해서는 쉼 없는 각성이 필요하다.

자기 중심적인 가치에 장악된 문화의 끌어당기는 힘이 예수님을 닮고자 하는 우리의 능력에 어떤 영향을 미칠까? 놀랄 것도 없이 각 영적 성장 단계에 있는 사람들은 서로 다른 수준의 걱정거리를 안고 있다. 그리스도를 알아 가는 단계의 사람들은 일반적으로 별다른 걱정을 내비치지 않으나 주류가 되는 세속적 가치에 왜 의문을 제기해야 하는지 그 필요성 자체를 종종 부인한다. 그리스도 안에서 성장하는 단계의 성도들은 예수님을 찬양하고 존경하긴 하지만 자신의 삶을 영적 영역과 세속적 영역으로 구분하려는 경향을 보인다. 이들은 대부분 신앙 활동을 교회 안에서만 하는 것으로 제한한 채, 교회 밖 세속 세계가 자기 인생의 방향과 일상에서의 결정을 주도하게 내버려둔다. 그리스도와 친밀한 단계의 사람들은 하나님의 음성과 예수님의 인격적인 임재를 인식하고 그것에 의지하기는 하지만, 여전히 세상의 유혹이 그들의 행동에 많은 영향을 미친다.

그러나 그리스도 중심 단계에 들어선 사람들은 지원단의 도움을 통해 지속성을 추구하는 회복기 단계의 중독환자들과 비슷한 모습을 보인다. 이들은 자신들의 약점을 알고 있으며, 자신이 그리스도께 의존하고 있는 존재들임을 인정한다. 그리고 겸손하게 고백한다. "저의 이름은 ___이고, 저는 타락한 피조물입니다. 예수님, 저는 항복하겠습니다." 부인하지 않는다. 책임을 전가하려 하지도 않는다. 그렇다고 해서 죄책감으로 늘 괴로워하지도 않는다. 다만 이들은 이제 자기 혼자서는 세상의 유혹에 결코 저항할 수 없음을 솔직하게 인정한다. 그리스도의 복음의 능력으로만 세속의 끌어당기는 힘을 피할 수 있음을 알게 된 것이다.

이 같은 비교가 과장된 것처럼 보일지도 모르겠다. 우리는 그리스도 중심 단계에 들어선 사람들이 목적지에 완전히 도달했고, 더 이상 성장할 필요가 없다고 말하는 것이 아니다. 하지만 '항복한 삶'이라는 것이 이 단계의 사람들을 정의하고, 이들로 하여금 하나님의 부르심에 자유롭게 응답할 수 있게 한다는 점만은 분명하다. 우리가 소중히 여기는 모든 것을 예수님께 전적으로 맡기기로 선택하는 것은 일회성 이벤트로 그치는 것이 아니라, 매일 반복되는 지속적인 내어드림이 있는 생활 방식이며, 그것이 곧 우리의 성품을 규정한다. 또한 그렇기 때문이 이 일이 그토록 어려운 것이다.

나[캘리] 역시 제일 처음 이 같은 항복을 할 때 분명 이러한 어려움을 겪었다. 1993년 당시 나는 잘나가고 있었다.「포춘」[Fortune]이 지정한 50대 기업에서 일하면서 근사한 경력을 쌓고 있었고, 결혼 생활 15년 차인 남편과의 사이에 두 자녀를 두고 교외의 주택에서 잘살고 있었다. 흠잡을 데 없이 완벽한 삶이었다.

그러던 어느 날…. 전화 한 통이 걸려 왔다. 사고 소식을 알리는 전화였다. 열한 살 난 아들이 자전거를 타고 슈퍼마켓에 갔다가 집으로 돌아오는 길에 차에 치였다는 것이다. 병원에서는 아들이 폐쇄성 뇌 손상을 입었다고 말했다. 이 손상으로 인해 발생할 수 있는 결과는 세 가지였지만 결국은 모두가 같은 말이었다. 아들이 죽을 수도 있다는 것이었다. 설사 살아난다 해도 뇌사상태일 테고, 뇌사상태까지는 이르지 않는다 할지라도 심각한 불구가 될 것이었다.

그때부터 우리는 무작정 기다리기 시작했다. 그사이 아들의 뇌는 손상으로 인해 부풀어 올라 뇌압이 자꾸만 상승했다. 의사는 뇌가 두개골의 용량을 뛰어넘는 수준까지 부풀어 오르면 아들은 죽고 말 거라고 말했다. 보통 0에서 10 사이에 있어야 하는 뇌압은 30까지 치솟아 오르더니 결국 40이 되었다. 사흘을 지켜보다 결국 뇌 팽창 속도를 늦추는 응급 수술을 했다. 그런데도 뇌압은 계속 상승하기만 했다. 40이 되고 50이 되더니, 결국 70이 되었다. 혈압이 떨어지고 눈동자에는 아무런 반응도 없었다. 뇌세포가 죽었다는 뜻이었다. 병원 사람들은 모니터 결과만 보자면 아들은 이미 죽은 상태라고 말했다.

세상을 다 잃은 듯했다. 인간으로서 할 수 있는 것은 모두 다 했다. 내 세상은 산산조각 났다. 더 이상 내 인생을 내가 통제하고 있는 척할 수 없었다. 의사가 내 아들을 살리지 못했으니, 이제 내가 의지할 수 있는 건 신밖에 없었다. 그래서 나는 병원 대기실 밖 주황색 카펫 위에 주저앉아 완전한 절망과 슬픔에 싸인 채 기도하기 시작했다. "하나님, 당신은 기적을 행하실 수 있단 걸 알아요. **지금이** 기적을 행하기에 딱 좋은 순간입니다."

그리고 이후 내 아들은 1997년부터 발작을 멈추었고, 지금은 대학까지 졸업한 건강하고 행복한 청년으로 성장했다. 결혼도 했고 자녀도 생겼다. 직접 만나 보면 그 아이가 수년 전에 그런 일을 겪었다는 것을 상상하기 힘들 것이다.

하지만 이 이야기에서 핵심은 그게 아니다. 중요한 것은 주황색 카펫 위에 주저앉았던 그 순간, 내가 부모의 보호나 의학적 해법, 세속적 안전성 같은 모든 인간적 노력이 환상에 불과하다는 사실을 생생하게 깨달았다는 사실이다. 전화 한 통으로 그 환상은 완전히 스러졌다. 이 경험을 통해 하나님은 더 이상 세상의 것을 믿지 말고 전적으로 그리스도께 의존하라고 가르쳐 주셨다. 물론 아들이 회복되기까지는 긴 시간이 필요했다. 감당할 수 있으리라 상상하지도 못 했던 고통의 순간들도 있었다. 하지만 이후 어떤 선택의 순간이 오든지, 이 믿을 수 없는 세상에서 내가 그때까지 의지했던 모든 것을 언제나 변함없는 예수님께 내 어드리기로 결심한 그때 그 주황색 카펫 위에서의 일이 가장 먼저 떠오른다. 그리고 그 경험이 매일의 내 선택에 영향을 미쳤다. 이 선택은 아직도 매일 반복되고 있다.

그리스도 중심의 사람들의 특징:
확실히 변화되었다

이 단계에 속한 사람들의 모든 것은 예수 그리스도를 중심으로 맞춰져 있다. 하나님에 대한 깊고도 지속적인 사랑에 맞춰진 도덕적 나침반이 이들의 일상생활을 이끌어 나간다. 이들은 진정으로 하나님의 말씀의 인도하시는 능력에 굴복했다. 그리스도가 그들의 생명이자 영적 양분의 근원이며, 이들이 살아가는 핵심적 이유는 그분의 가치와 명령을 드러내는 살아 있는 모범이 되기 위함이다. 그런데 이런 사람들이 입은 영적 갑옷에도 찢어진 틈새가 있을까? 물론이다. 때로는 다른 단계의 사람들이 보이는 엄청난 영적 열정과 활동의 수준과 비교해 볼 때 이 단계의 사람들의 영적 행동이 좀 무기력해 보일 수도 있다. 그리스도를 향한 큰 사랑과 빠른 속도로 커 가는 봉사에 대한 의지가 늘 원기 왕성한 영적 행동으로 드러나는 것은 아니기 때문이다.

그리스도 중심 단계에 속한 성도들에게서는 다음과 같은 세 가지 특징이 나타난다.

1. 그리스도의 일꾼들이다

이 단계에 속한 사람들은 이 땅에서 가장 적극적인 예수님의 손과 발 역할을 한다. 이들은 교회를 섬기고, 가난한 자를 돌보며, 십일조와 전도를 하는 등 모든 일을 다 한다. 이들은 한두 가지의 신앙 활동만 하는 것이 아니라 모든 일을 다 한다. 그것도 다른 단계의 사람들보다 훨씬 더 높은 비율의 사람들이 이 일들에 전념하고 있다[표 5-1].

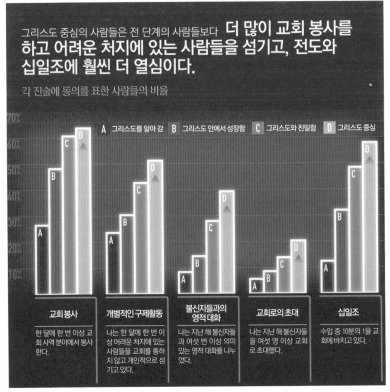

표 5-1 교회 봉사에서부터 사람들을 교회로 초대하는 것과 십일조에 이르기까지 전반적으로 그리스도 중심의 성도들이 전 단계의 성도들보다 훨씬 높은 수준의 신앙 활동에 참여하고 있다.

수는 자기 삶의 어려움을 긍휼을 베푸는 생활방식으로 승화시킨 한국계 미국인이다. 세 가지의 일을 하며 자신과 딸의 생계를 겨우 유지해 가던 그녀는 그 어려웠던 몇 년간의 시절을 돌아보다가 하나님이 그 시기를 자신의 성장을 위해 사용하셨음을 깨달았다. "그 시기는 제 인생에서 가장 어두운 시절이었어요. 제가 의지할 수 있는 건 하나님밖에 없었습니다. 저는 울부짖으면서 기도했고 그분은 제 기도를 들어주셨지요. 그 시련의 시간을 지나는 동안 하나님은 인생이 뭔가를 소유하는 것이 아니라, 하나님과 그분이 깊이 관심을 기울이시는 사람들을 돌아보는 것임을 깨닫게 해 주셨어요."

수도 그들에게 관심을 기울이고 있다. 그녀는 교회의 대표 기도나 손님 접대 같은 일을 자원해서 할 뿐 아니라, 최근에는 평일에 네 시간을 헌신해야 하는 심방 사역자로 봉사하기로 했다. "그동안에는 이 봉사를 할 여력이 없다고 스스로 핑계를 댔어요. 앞으로 언젠가, 그러니까 시간제 근무만 해도 괜찮은 형편이 될 때에나 봉사할 수 있을 거라고 생각했던 거지요. 그런데 어느 순간 깨달았어요. '뭐라고? 시간제 근무를 하게 될 때라고? 그런 일은 없을 거야. 난 아마 일흔 살이 될 때까지 종일 일을 해야 생계를 꾸려 나갈 수 있을 거야. 봉사할 수 있는 시간은 지금밖에 없어.' 그래서 문을 두드리기 시작했습니다. 제가 봉사하기를 하나님이 원하신다면 문이 열릴 테니까요. 혹 그렇지 않다 해도 그것대로 괜찮다고 생각했어요."

수는 봉사 지원을 했고 인터뷰를 마친 후 자신이 짬을 낼 수 있는 시간 동안 봉사를 하기로 했다. 이렇게 그녀는 지방자치 단체의 채무계정 직원으로 받는 휴가의 절반을 봉사 시간으로 쓰기로 했다. 교회는 기꺼이 그녀를 사역자로 받아들였고, 그녀는 이 봉사활동을 위한 훈련이 빨리 시작되기만을 기다리고 있다. 그녀는 이렇게 말한다. "너무 감사해요. 저는 제가 섬기게 될 사람들에게, 그들이 힘든 시간을 보낼 때 하나님이 그들과 함께 계시다고 이야기해 줄 수 있어요. 하나님이 저와 함께 계셨던 것처럼요."

2. 하나님에 대한 사랑이 전 단계의 사람들보다 훨씬 크다

설문 조사자는 도표의 막대에서 위로 툭 튀어 올라온 항목에 자주 초점을 맞추게 된다. 가장 많은 응답자들이 동의를 표했음을 뜻하는 그것은, 다른 단계의 사람들과의 진정한 차이를 가장 확연하게 보여 주는 측정기 역할을 해 주기 때문이다. 특히 이 표에서 위로 튀어나온 부분들은 그리스도 중심의 사람들의 영적 태도가 이전 단계들에 비해 얼마나 극적으로 성장했는지를 보여 준다. 이들이 하나님에 대한 사랑을 묘사한 진술에 '매우 강하게' 동의한 비율은 다른 단계 사람들의 응답에 비하여 엄청나게 증가했다[표 5-2]. 80퍼센트에 달하는 사람들이 그 무엇보다 하나님을 사랑한다는 진술에 매우 강한 동의를 표했으며, 이는 그리스도와 친밀한 단계의 사람들의 경우보다 약 두 배나 높은 비율이다.

자신의 믿음을 다른 사람들과 나누고 재정 자원을 기부하며, 영적 은사를 사용하는 등의 다른 영적 태도를 묻는 질문에 대해서도 이처럼 '매우 강한 동의'를 표한 비율이 다른 단계들보다 확실히 더 높은 것으로 나왔다.

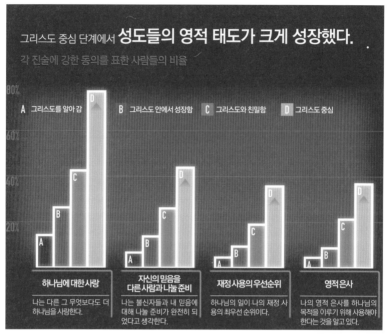

표 5-2 영적 태도에 대한 각 진술에 동의하는(매우 강한 동의) 비율이 그리스도 중심 단계에서 크게 높아졌다. 특히 왼쪽 제일 앞부분의 막대들에서 보듯 하나님을 사랑한다고 말하는 항목에 대한 응답 비율이 그리스도와 친밀한 단계의 사람들에 비해 크게 상승한 것이 눈에 띈다.

3. 말과 행동 사이에 커다란 영적 간극이 있는 두 부문이 있다

이처럼 그리스도 중심 단계에 속한 성도들은 바람직한 그리스도 중심적인 '태도'를 가지고 있다. 하지만 실제적인 '행동'까지 그 태도와 늘 일치하는 것은 아니다. 물론 이 단계의 성도들의 영적 행동이 다른 단계의 사람들에 비해 확실히 높은 수준이긴 하지만[표 5-1], 그것이 그들이 영적 태도를 묻는 질문들에서 보인 엄청난 성장률과 일정하게 비례하여 표출되지는 않고 있다는 말이다[표 5-2].

감정적 수치^{한 사람이 얼마만큼 하나님의 사역을 지원해야 한다고 믿고 있는지}를 그것과 관련된 실제적 행동십일조 실행 여부과 비교하기 위해, 우리는 모든 것을 공정하게 1.0이라는 수치를 기준으로 측정해 보았다. 이제부터 나올 표들은 영적 성장 단계별로 세 가지 특정한 영역들에서의 영적 태도가 영적 행동과 어떻게 다르게 나타나는지를 표시한 것이다.

청지기 정신에 있어서의 간극. 재정적인 청지기 정신에 대한 물음을 통해 표현된 '태도'와 실제 십일조를 하는 '행동' 사이에 커다란 간극이 발견되었다. 즉, 그리스도 중심의 사람들은 하나님의 일을 위해 자신의 돈을 쓰는 것이 재정 사용의 최우선 순위라는 데 대해서는 강한 동의를 드러냈지만, 실제로 십일조를 바치는 비율은 그것에 한참 못 미치고 있었다표 5-3.

그리스도의 제자들이 교회가 아닌 다른 기독교 기관에 기부하는 금액 때문에 이 같은 간극이 발생하는 것이라고 생각할 수도 있다. 교회에 바치는 돈과 이 기관들에 기부하는 돈을 다 합치면 각 사람의 소득의 10퍼센트 수준에 이를 거라고 가정할 수도 있다는 말이다. 그럴듯한 설명이다. 그러나 실제로 이 가설을 우리 교회에 적용해 보니 이 설명을 뒷받침해 주는 결과가 나오지 않았다. 그밖에도 여러 일화의 증거를 통해 볼 때, 이 같은 간극이 생기는 이유 중에는 개인의 재정적인 어려움이라는 요인이 있는 것 같다. 개인의 경제적 상황이 개선되면 양자 간의 격차가 줄어들 수도 있다. 예를 들어 이 장 서두에 언급한 대학 상담사 메건은 평생 거의 빠지지 않고 십일조를 바쳐 왔지만, 지금 당장은 상당한 액수의 빚이 있어 십일조를 드리지 못하고 있다고 말한다. 일부 타당성이 있는 설명이기는 하지만, 우리는 그리스도 중심 단계에 속한 성도들이 실제 십일조를 드리는 비율은 하나님의 일을 재정적으로 지원하고자 하는 이들의 열망에 크게 못 미치고 있다는 최종 결론을 내릴 수밖에 없었다.

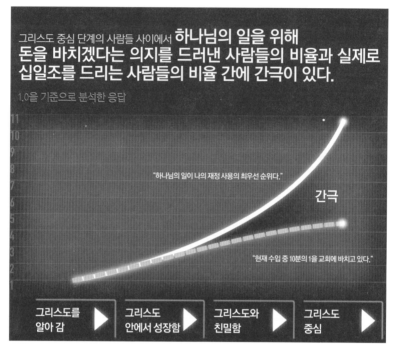

표 5-3 재정 사용과 관련하여 그리스도 중심 단계에 속한 성도들의 신념("하나님의 일이 나의 재정 사용의 최우선 순위다")과 실제 행동 사이에 불일치가 있다. 그리스도 중심 단계의 사람들 중 하나님의 일을 지원하고 싶다는 열망을 표현한 비율은 그리스도를 알아 가는 단계의 사람들 보다 11배가 더 높지만, 실제로 수입을 교회에 10분의 1 이상씩 바치는 비율은 네 배밖에 높지 않다.

봉사에 있어서의 간극. 영적 은사에 대한 태도와 실제로 이웃을 위해 그 은사들을 사용하기로 결단하는 것 사이에도 상당한 간극이 발견되었다. 그리스도 중심 단계에 속한 그리스도인들은 영적 은사를 하나님의 목적을 이루기 위해 사용해야 한다고 믿고 있었다. 그러나 이 믿음에 대해 긍정적인 태도를 보이는 성도 수가 증가했다고 해서 그것이 곧바로 어려운 처지에 있는 사람들을 실제로 섬기는 비율로 연결되지는 않았다. 교회가 주도하는 봉사 활동에 있어서도 그러했고, 개별적인 구제 활동에 있어서도 그러했다[표 5-4].

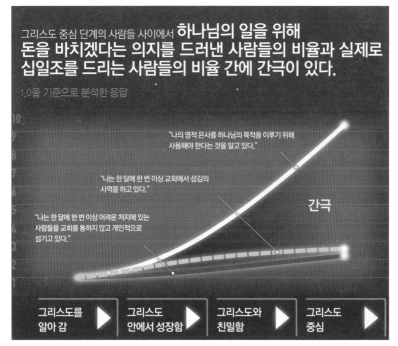

그리스도 중심 단계의 사람들 사이에서 **하나님의 일을 위해 돈을 바치겠다는 의지를 드러낸 사람들의 비율과 실제로 십일조를 드리는 사람들의 비율 간에 간극이 있다.**

1.0을 기준으로 분석한 응답

"나의 영적 은사를 하나님의 목적을 이루기 위해 사용해야 한다는 것을 알고 있다."

"나는 한 달에 한 번 이상 교회에서 섬김의 사역을 하고 있다."

"나는 한 달에 한 번 이상 어려운 처지에 있는 사람들을 교회를 통하지 않고 개인적으로 섬기고 있다."

간극

| 그리스도를 알아 감 | 그리스도 안에서 성장함 | 그리스도와 친밀함 | 그리스도 중심 |

표 5-4 봉사와 관련하여 그리스도 중심 단계에 속한 성도들의 신념("나의 영적 은사를 하나님의 목적을 이루기 위해 사용해야 한다는 것을 알고 있다")과 실제적인 섬김의 행동 사이에 불일치가 있다. 그리스도 중심 단계의 사람들 중 자신의 은사를 하나님을 위해 쓰고 싶다는 열망을 표현한 비율은 그리스도를 알아 가는 단계의 사람들보다 아홉 배가 더 높지만, 실제로 한 달에 한 번 이상 어려운 처지에 있는 사람들을 돕거나 교회 안에서 섬김의 사역을 하는 비율은 두 배밖에 높지 않다.

전도 부문에서는 큰 간극이 발견되지 않았다. 흥미롭게도 전도와 관련해서는 그리스도 중심 단계에서 별다른 간극이 발견되지 않았다. 복음 전도에 관한 한 행동과 태도가 일치했다는 말이다. 다른 사람들과 믿음을 나누는 일에 있어서는 그들의 **행동**과 **말**이 일치하고 있었다. 복음 전도 능력에 대한 개개인의 자신감과 실제적인 복음 전도 활동을 하는 비율은 모든 단계에서 비슷한 비율로 상승하고 있었다[표 5-5]. 4장에서도 이야기했듯이, 이 사실은 우리가 성도들에게 복음 전도를 위해 준비를 시키면, 그들이 열정적으로 반응할 것임을 말해 준다. 이는 모든 영적 성장 단계에서 일관되게 적용되고 있다.

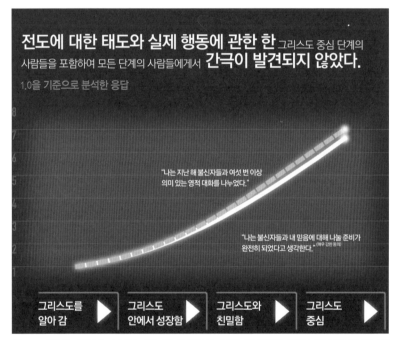

표 5-5 믿음에 대해 나눌 준비가 되었다고 생각한다는 사람들의 비율과 실제로 전도 행위를 하는(의미 있는 영적 대화를 나누는) 사람들의 비율을 비교해 보면 모든 단계의 사람들이 복음에 대한 자신감의 정도와 행동이 일치하고 있다. 그러니까 그리스도 중심 단계의 사람들 중 자신이 가진 믿음을 불신자들과 나누는 능력에 대한 자신감을 표현한 비율은 그리스도를 알아 가는 단계의 사람들보다 일곱 배 더 높으며, 실제로 한 해에 불신자들과 여섯 번 이상 의미 있는 영적 대화를 나눴다고 답한 비율 역시 일곱 배 더 높다.

리처드와 메건, 수는 모두 일상생활 속에서 자신들의 믿음을 다른 사람들과 나누고 있으며, 만나는 사람들이 영적 대화에 대하여 마음의 문을 열고 있는지 아닌지를 늘 확인하라는 의미가 담긴 '문을 두드려 보라'는 목사님들의 조언을 숙지하고 있다. 리처드는 말한다. "언제가 될지 몰라요. 저의 경우 성령님이 문을 두드려 보라고 쿡 찌르셔서 놀란 순간이 한두 번이 아니에요. 그러면 전 '농담하시는 거죠? 지금 상황에선 이 사람이 제 말에 반응할 리 만무해요'라고 말하죠. 그런데도 성령님은 계속 저의 마음을 자극하시고, 그럼 전 결국 하나님께 이렇게 말씀드려요. '알겠어요, 이게 가망 없는 일이었다는 걸 **보여 드릴게요**!' 그렇게 그 문을 다짜고짜 두드려 보면 이상하게 그 문이 열려요. 이런 일이 일어나고 있다는 게 믿기지가 않아요."

리처드가 말한 이런 대화는, 대화를 나누는 두 사람 모두에게 큰 의미가 있는 경우가 많다. 메건이 서른 살이었을 때, 그녀의 어머니가 뇌종양 진단을 받았다. 앞으로 두 달밖에 못 살 거라는 선고를 받을 정도로 암담한 상황이었다. 죽음을 몇 주 앞두고 병실에서 메건과 단둘이 남게 되었을 때, 어머니가 산소마스크를 떼어내더니 딸에게 말했다. "무서워." 메건이 무엇이 무섭냐고 묻자 어머니가 답했다. "거기 못 갈까 봐 무서워. 천국에 못 갈까 봐."

메건은 말한다. "저는 수년간 그 순간을 꿈꿔 왔어요. 제가 이 세상 누구보다도 사랑하는 어머니를 도와 하나님 앞으로 인도하여 마침 어머니도 하나님을 알게 되는 이 순간을 말이에요. 아무렇지 않게 말이 튀어나오더군요. 마치 제가 매일 해 온 말인 것처럼, 더할 나위 없이 자연스러웠어요. '엄마, 엄마는 예수 그리스도가 하나님의 아들이며, 엄마의 죄를 위해 돌아가셨다는 걸 믿어요? 온 마음을 다해 그분을 사랑해요?' 엄마는 '응'이라고 답하셨어요. 저는 이어서 말했어요. '그렇다면 엄만 이미 천국에 계신 거예요. 이 방은 지금 엄마가 예수님을 알게 되었다는 사실로 인해 기뻐하는 천사들로 가득해요. 그러니 이제 두려워하지 않으셔도 돼요. 그분이 엄마를 기다리고 계세요.'"

4. 그리스도 중심의 사람들에게 '간극'이 있다는 사실은 교회에 무엇을 시사하는가?

그리스도 중심 단계의 사람들의 영적 행태에서 발견된 간극은 두 가지 방향에서 이해할 수 있다. 그리고 이것은 결국 각자가 어떤 관점을 갖고 있는지에 따라 결정된다. 바깥의 하늘이 부분적으로 흐린가, 아니면 부분적으로 맑은가? 누군가는 이 단계의 성도들에게서 간극을 발견하고 매우 실망스러워할 수 있다. 이 단계 사람들의 전반적인 태도는 예수님에 대한 사랑을 반영하고 있는 듯 보인다. 그런데 '알맹이는 대체 어디 있는지'가 궁금하다. 그러니까, 그리스도 중심 단계의 사람들이 그리스도에 대한 그 사랑의 크기에 걸맞은 변화된 삶을 살아내고 있다는 실제적인 행동의 증거가 어디 있냐는 말이다.

한편 이 단계의 성도들은 영적 영향력을 발휘할 수 있는 엄청난 기회를 대변한다. 이들은 하나님의 진리와 그리스도의 복음을 열정적으로 믿는 신자들이다. 또한 매일 하나님의 인도하심과 명령에 초점을 맞추는 하나님의 말씀을 공부하는 학생들이다. 영적 태도와 실제 행동 사이의 간극은 단순히 특정한 영역에서 가르침이 부족하다는 의미일 수도 있고, 한편으로는 이들에 대한 도전이 충분하지 못했다고 볼 수도 있다. 아마 이들은 이 간극을 메우기 위해 정말로 필요한 지원을 충분히 받지 못하고 있을 것이다. 또한 교회들은 그 같은 지원을 제공하는 일을 교회 사역의 우선순위로 설정하지 않고 있을 것이다. 수천 교회를 대상으로 5년간 영적 성장 과정 설문조사를 하면서 우리는 교회의 지원 부족이 이 같은 간극을 일으킨 중대한 원인일 가능성이 높다고 생각했다. 하지만 이것은 동시에 교회에 좋은 기회가 남아 있다는 뜻이기도 하다.

이것은 이 단계의 사람들이 교회에 바라는 것들의 내용을 볼 때 더 분명하게 나타난다. 이들은 그리스도와 친밀한 단계의 사람들이 원했던 것과 똑같은 것을 원하고 있다표 5-6. 그 열망의 강도가 좀 더 강해졌을 뿐이다. 이 단계에 속한 성도들은 하나님을 갈망하며, 교회가 지속적인 영적 성장을 위해 지원해 주기를 바란다.

이들이 필요하다고 말하는 내용은 그리스도와 친밀한 단계의 사람들의 대답과 상당히 비슷하다. 강도의 차이가 있을 뿐이다. 그것은 이 두 단계가 매우 중요한 점에서 서로 구분된다고 판단한 우리의 관점을 뒷받침해 준다. 그리스도와 친밀한 사람들 역시 그리스도를 자신의 일상생활에서 필수적인 존재로 여기면서 그분께 의존하고 매일의 삶에서 하나님의 인도하심을 구한다. 이들에게 있어 예수님은 자신들을 돌보아주며 인생을 개척해 나갈 수 있도록 도와주는 친구와 같다. 반면 그리스도 중심의 사람들은 여기서 한 발 더 나가 예수님을 전혀 다른 눈으로 보기 시작한다. 이들은 이제 내 인생을 위해 나를 도와주기 위해서만 예수님이 그들 곁에 존재하기를 기대하기보다는, 반대로 그들 자신이 부르심에 응하여 예수님을 섬기기 위해 자기 삶을 희생하고 포기하며 이 세계에서 예수님의 사역을 이루어 나간다. 예수님이 우리의 개인적인 필요를 위해 존재하시는 게 아니라, 우리가 **예수님을** 위해 존재하는 것이다. 그분을 알고 사랑하며 순종하고 섬기며, 영원히 그분과 함께 있기 위해서 말이다.

그리스도 중심의 사람들이 교회와 지도자들에게 가장 바라는 다섯 가지	
교회에 바라는 것	**각 진술에 대해 '결정적으로 중요하다', 또는 '매우 중요하다'라고 답한 사람들의 비율**
1. 성경을 더 깊이 이해할 수 있도록 도와주세요.	90%
2. 그리스도와 인격적인 관계를 가질 수 있도록 도와주세요.	89%
3. 교회 지도자들이 영적 성장 방법의 본보기를 만들어 보여주고 이를 지속적으로 보강해 주세요.	87%
4. 다음 단계로 성장할 수 있도록 도전해 주세요.	84%
5. 개인의 영적 성장을 위해 스스로 책임 질 수 있도록 격려해 주세요.	84%

표 5-6 위는 그리스도 중심 단계의 사람들이 순위를 매긴 교회에 바라는 19가지 교회의 특징 중 가장 중요한 상위 다섯 가지 요소들이다. 그리스도와 친밀한 단계에서의 결과와 비슷하게, 90퍼센트에 가까운 사람들이 성경을 더 깊이 이해할 수 있도록 도와주고 그리스도와 인격적인 관계를 가질 수 있도록 도와주는 일이 교회가 해야 할 '결정적으로 중요한' 일 또는 '매우 중요한' 일이라고 답했다. 이 단계의 사람들은 개인의 영적 성장을 위한 책임을 스스로 질 수 있도록 격려받는 일도 매우 중요하게 생각한다.

마태복음 19장에 나오는 젊은 관원이 좋은 예다. 그는 율법에 나온 모든 것을 그대로 행한 사람이었다. 그는 그 모든 옳은 일을 다 행했다. 하지만 그에게는 한 가지가 부족했다. 그는 예수님을 따르기 위해 자신이 가진 모든 것을 버릴 수는 없었다. 그는 **예수님으로부터** 뭔가를 얻기 바랐지만 **예수님께** 자신에게 가장 중요한 한 가지, 곧 재산과 소유를 내어드릴 의지가 없었다. 그러나 그리스도 중심적인 마음을 가진 사람들은 자신의 인생과 자신에게 중요한 뭔가를 그리스도를 섬기기 위해 내려놓을 때 모든 것을 얻게 된다는 것을 안다. 이들은 십자가를 받아들이고 매일매일 자신의 이기적인 욕망을 부인하면서 예수님을 따른다. 마음과 영혼과 뜻과 힘을 다해 하나님을 사랑하려고 애쓰는 것이다.

이 장에서 설명한 특징이 드러나는 몇몇 교회들에서는 이 같은 종류의 성장을 일으키기 위해 적극적으로 애쓰고 있다. 그러나 조사 결과를 보면 대부분의 교회들이 여전히 영적 성장의 초기 단계의 사람들을 중점적으로 도전하고 지원하는 기반 시설만을 운영하고 있다. 영적 성장의 촉진 요소를 집중적으로 밝힌 2부에서는 주일 예배에 참석하고 소그룹 모임에 참여하며 교회 사역에 자원하여 봉사하는 것은, 영적 성장의 초기 단계에서만 중요한 성장 촉진 요소로 작용한다는 점을 지적할 것이다. 현재 많은 교회들이 이 활동들에 어마어마한 자원을 쏟아 붓고 있다. 그러나 영감을 받고 제대로 된 준비만 시켜 준다면 그 누구보다도 예수님을 위해 세상을 변화시킬 가능성이 높은 그리스도 중심 단계의 성도들에 대해서는 제대로 된 지원도, 자원 배분도, 도전도 하지 않고 있는 것이다.

우리는 이 단계의 사람들에 대한 도전이 충분히 이뤄지지 않고 있을 뿐이라고 본다. 이것은 어디까지나 '컵에 물이 반이나 차 있다' 혹은 '하늘이 부분적으로 맑다'고 보는 식의 긍정적인 관점이다. 교회 지도자들 역시 이 관점을 받아들여 특별한 방법들을 취해 그리스도의 이상을 더 널리 퍼뜨릴 수 있을 것이라 조심스럽게 낙관한다.

하나님에 대한 사랑:
모든 것을 잃을 위험을 감수하겠다

"예수 그리스도를 위해 당신의 인생에서 중요한 모든 것을 잃을 위험을 감수할 수 있겠는가?"라는 질문에 대하여 그리스도 중심 단계에 속한 성도들 가운데 50퍼센트가 긍정적인 답을 했다. 그것도 '매우 강

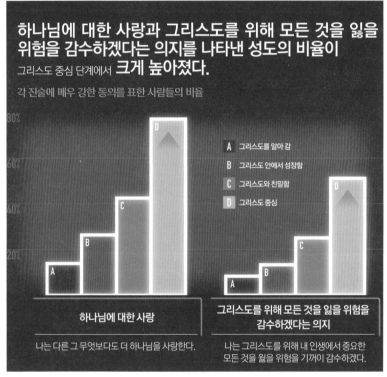

하나님에 대한 사랑과 그리스도를 위해 모든 것을 잃을 위험을 감수하겠다는 의지를 나타낸 성도의 비율이 그리스도 중심 단계에서 **크게 높아졌다.**

각 진술에 매우 강한 동의를 표한 사람들의 비율

- **A** 그리스도를 알아 감
- **B** 그리스도 안에서 성장함
- **C** 그리스도와 친밀함
- **D** 그리스도 중심

하나님에 대한 사랑
나는 다른 그 무엇보다도 더 하나님을 사랑한다.

그리스도를 위해 모든 것을 잃을 위험을 감수하겠다는 의지
나는 그리스도를 위해 내 인생에서 중요한 모든 것을 잃을 위험을 기꺼이 감수하겠다.

표 5-7 이 표는 하나님에 대한 사랑과 그리스도를 위해 자신의 인생에서 중요한 모든 것을 잃을 위험을 감수하겠다는 의지가 있는지를 묻는 진술에 동의하는 비율이 그리스도 중심 단계에서 크게 높아졌음을 보여 준다. 그리스도 중심 단계의 사람들이 두 진술에 대해 매우 강한 동의를 표한 비율이 다른 단계의 사람들보다 거의 두 배씩 높다.

한' 동의를 표했다. 이 항목에 대한 표에서 위로 튀어나온 막대 부분과 하나님에 대한 사랑을 묻는 질문에 대해 긍정적인 답을 성도들의 높은 비율에서 우리는 그리스도 중심 단계의 사람들과 다른 영적 성장 단계의 사람들 간의 확연한 차이를 확인할 수 있다표 5-7.

메건이 이 응답의 의미를 생생하게 보여 주는 예가 될 수 있다. 그녀는 이렇게 말한다. "제가 늘 일관성 있게 교회에 가고, 십일조를 내고, 교회 봉사를 한 것은 아니었어요. 변명의 여지가 없어요. 그게 사실이에

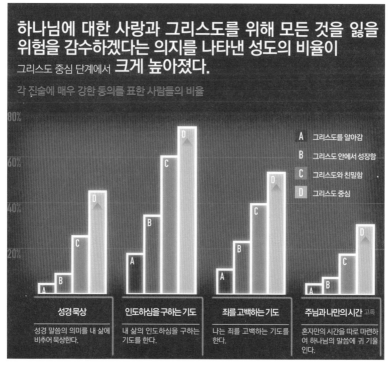

표 5-8 매일 신앙 훈련을 하는 사람들의 비율은 이미 그리스도와 친밀한 단계에서부터 크게 높아졌지만, 이 비율은 그리스도 중심 단계에서 한층 더 높은 수준으로 높아졌다. 이들 중 매일 이 네 가지 훈련을 모두 실행하고 있는 비율이 30퍼센트나 된다는 사실을 눈여겨보기 바란다.

요. 대신 저는 그리스도를 일관되게 사랑해 왔어요. 늘 그분께 다가가고, 그분께 기도했고, 할 수 있는 한 최선을 다해 그분과 진정한 관계를 맺으려 애썼어요. 규칙적으로 감사의 기도를 했고, 혼자 외딴 곳으로 가 하나님과 둘만의 시간을 보냈어요. 저는 하나님께 노래를 불러 드리고 그분과 토론해요. 그분을 향해 울고 울고 또 울어요. 그분께 편지도 쓰고 함께 웃으며, 사랑한다고 말해요."

그리스도 중심의 사람들이 가진 그리스도를 향한 헌신과 열정은 주로 매일 실행하는 개인적인 신앙 훈련으로 표출된다. 이들이 성경을 묵상하기 위해 매일 일정한 시간을 할애하는 비율은, 그리스도와 친밀한 단계보다 거의 두 배가 높다[표 5-8].

이웃에 대한 사랑: 영적으로 위대한 단계의 문턱에서

그리스도 중심 단계의 사람들은 스스로 하나님에 대한 사랑으로 인해 변화된 마음을 갖고 있다고 믿는다. 그러나 그들이 고백한 하나님에 대한 사랑과 이웃에 대한 사랑 간에 나타나는 간극은 우리를 혼란스럽게 한다. 이웃에 대한 사랑을 고백한 비율이 하나님에 대한 사랑을 고백한 비율보다 낮은 것은 모든 영적 성장 단계에서 발견되는 현상이지만, 가장 헌신된 그리스도의 제자라고 스스로 주장하는 사람들, 즉 그리스도 중심 단계의 사람들에게서 그 간극이 **가장 크게** 벌어져 있다[표 5-9].

실망스러운 사실이긴 하지만 이것은 앞에서 살펴본, 봉사나 십일조 같은 실제적인 영적 행동과 영적 태도 사이에서 발견된 현상과 일맥

상통한다. 이들은 하나님과의 인격적 관계나 그리스도를 섬기려는 의지에 대한 질문에 대해서는 아주 적극적으로 답하지만, 영적 행동에 대한 질문에 대해 긍정적인 응답을 한 비율은, 그리스도에 대하여 그토록 강한 헌신을 공언한 사람들에게 기대하는 수준에는 크게 못 미친다[이 역시

다른 단계의 사람들과 비교해서는 가장 높기는 하다.]

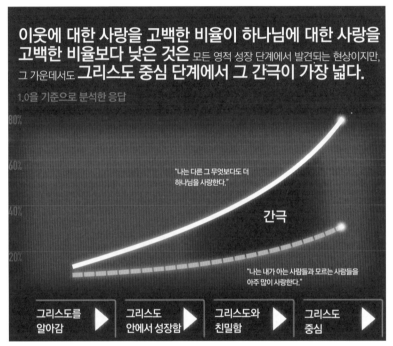

표 5-9 하나님을 사랑한다는 진술에 매우 강한 동의를 표한 사람들의 비율과 이웃을 사랑한다는 진술에 매우 강한 동의를 표한 사람들의 비율 간의 간극이 영적 성장 단계가 올라갈수록 꾸준히 넓어진다. 그 가운데서 그리스도 중심 단계에서 보이는 간극이 가장 넓다.

이 같은 차이가 발생하는 이유를 구체적으로 따져 보자. 불신자들과 의미 있는 영적 대화를 한 해에 여섯 번 이상 나누는 그리스도 중심

단계의 사람들의 비율은 다른 모든 단계의 사람들보다 높지만 그 역시 40퍼센트**밖에** 되지 않는다. 그리고 지난 한 해 여서 명 이상의 사람들을 교회에 초대한 사람은 20퍼센트밖에 안 된다. 그러니까 스스로 그리스도 중심 단계에 속해 있다고 느끼는 사람들 가운데서 절반 이상이 지난 한 해 불신자들과 영적 대화를 나눈 것이 여섯 번이 채 되지 않으며, 두 달에 한 명을 교회에 초대하지 않는 사람들도 80퍼센트에 달한다는 말이다.

다시 말하지만, 그리스도 중심 단계의 사람들은 충분한 도전을 받지 못하고 있다. 하나님에 대한 사랑에 대해서는 그렇지 않을지 모르나 이웃에 대한 사랑에 있어서는 분명 그런 양상을 띤다. 이들은 그리스도를 위해 진정 위대한 일을 할 수 있는 잠재력을 갖고 있다. 의지가 없는 것이 아니다. 그저 영감과 동기가 부족할 뿐이다. 영적 태도와 실제적인 영적 행동이라는 항목에서 이들이 다른 단계의 성도들에 비해 가장 좋은 성적을 보이고는 있다. 하지만 그 같은 높은 성적에도 불구하고 이들은 여전히 하나님이 주신 잠재력을 온전히 다 발휘하며 살지는 못하고 있다.

어쩌면 이것이 발견 프로젝트가 알아낸 사실들 중 가장 의미 있는 발견일 수 있다. 우리가 알아낸 것 중 이보다 더 하나님 나라를 위한 엄청난 기회가 되는 것은 없기 때문이다.

영적 리더십도 꾸준한 도전을 필요로 한다

앞에서 우리는 성경에 나온 젊은 부자 관원의 예를 들면서, 그가 다른 모든 것을 하겠다는 의지는 있었지만 다만 한 가지, 자기 자신을 그리스도께 항복하여 내어놓겠다는 결심을 하지 못했다는 이야기를 했다. 그리고 바로 그 한 가지가 진정한 변화를 만들어 낸다는 이야기도 했다. 그 젊은 부자 관원이 예수님의 말대로 하겠다고 답했다면 어떤 일이 일어났을까? 마찬가지로 부자였으나 예수님께 순종하고 모든 것을 재조정하여 예수님을 따랐던 마태나 삭개오처럼 그가 행동했더라면 말이다. 하나님은 이 청년의 인생을 통해 어떤 일을 하셨을까? 그리고 그가 자기 재산을 가난한 사람들과 나눔으로써 얼마나 많은 사람들이 복을 받았을까?

발견 프로젝트의 영적 성장 과정인 네 단계에 비춰 볼 때, 이 젊은 부자 관원은 뭔가에 막혀 자기 인생을 그리스도께 온전히 내어드릴 수 없는 상태에 있었다. 그는 그때까지 "사람이 자기 운명의 주인이 아니라"는 말씀을 제대로 이해하지 못하고 있었다렘 10:23, 표준새번역. 그러나 그에게는 마지막 발걸음을 내딛도록 실제적으로 도전해 줄 사람, 즉 예수님이 있었다. 그러나 대다수의 교회들에 그리스도 중심의 사람들에게 마지막 발걸음을 내딛도록 도전해 줄 사람이 없다는 것은 오늘날의 슬픈 현실이다. 우리는 이들이 그저 예수님과 친구로서의 편안한 관계 속에 머물면서 자기 의지대로 살도록 방치한 채, 예수님의 이끄심에 온전히 항복하는 법을 가르치지 못하고 있다. 교회 지도자들은 특별히 스스로 항복의 삶을 사는 본이 되는 모습을 교인들에게 보여 주어야 한다.

우리는 우리가 성령님의 이끄심과 복음의 부르심을 진지하게 받아들이고 있음을 사람들 앞에 드러내야 한다. 그리고 우리의 지도를 따라오도록 다른 사람들을 도전하면서, 예수님을 위하여 서로를 사랑하고 선한 행실을 해야 한다는 점을 상기시키는 자극제 역할을 해야 한다.

그리스도 중심의 사람들의 특징

* 그리스도의 가장 믿음직한 일꾼들이다.
*하나님과 깊은 사랑에 빠져 있다.
* 십일조와 봉사, 복음 전도에 있어 다른 누구보다 더 열심이다.
* 이들에 대한 교회의 도전이 부족하다.
* 영적으로 위대한 단계의 문턱에 서 있다.

안개 속에서 예수님 사랑하기:
그리스도 중심의 교회

노스캐롤라이나 북서부의 수목으로 뒤덮인 산에 둘러싸인 작은 도시에 영적 활력으로 환히 빛나는 어느 교회가 있다. 1977년에 개척된 이 초교파 교회는 어느 개척 멤버 가족의 집 지하에서 모임을 갖다가 이후 좀 더 큰 오래된 세탁소 건물로 이사했다. 현재 4만여 평 부지의 캠퍼스에서 모임을 갖고 있는 이 교회에는 700명의 성도들이 모이고 있다. 그런데 공식적인 통계를 통해 나온 이 도시 전체 인구가 1,400명이라는 사실을 알면 이 숫자가 더 대단하게 느껴질 것이다.

그런데 이 교회에는 대단이라는 단어를 써야 할 분야가 너무 많다. 이 교회에 대한 발견 프로젝트의 조사 자료는 위쪽을 향하고 있는 화살표로 가득하다. 이 교회 성도들의 영적 태도와 행동의 수치상의 증가가 엄청났다는 뜻이다. 이들은 하나님을 사랑하고 있으며, 교회는 허브 역할을 하여 교인들이 성령님의 이끄심에 따라 자신의 에너지를 마음껏 분출하여 봉사하도록 돕고 있다.

이 교회의 웹사이트에 올라온 사진들을 보면 성도들이 남녀노소 할 것 없이 서로 소통하고 서로를 통해 배우며 함께 머무는 것을 분명히 즐기고 있음을 알 수 있다. 그렇다면 이 교회의 지도자들은 이 같은 현실에 만족하여 안주하고 있을까? 전혀 그렇지 않다. 이 교회의 담임목사는 자신들의 성공에 대하여 겸손한 태도를 보이며, 설문조사에서 17퍼센트의 '불만'을 가진 성도들이 있다는 결과가 나왔다는 점을 지적한다. 사실 우리가 조사한 다른 대부분의 교회들에서도 이와 비슷한 수치가 나왔다. 그런데도 이 교회의 담임목사는 그 결과를 도전으로 여기면서 교회에 오래 다닌 몇몇 성도들을 교회가 추구하는 비전을 향해 나아가게 하기 위해 더 많은 노력을 기울일 것이라고 말한다.

우리는 그가 이 일을 잘해내길 바란다. 그러나 사실 이 교회는 이미 믿기 힘들 정도로 많은 영적 노력을 쏟아 붓고 있다. 이 교회 교인들 중 43퍼센트가 그리스도 중심 단계에 있으며, 그들의 영향력이 도시 이곳저곳에 미치고 있다. 성도들의 3분의 2가 십일조를 바치고 있으며, 거의 절반에 달하는 교인들이 매달 영적 멘토들을 만나고 있다. 그리고 3분의 2가 소그룹에 속해 있으며, 매일 성경을 묵상하는 성도는 3분의 1에 달한다. 교회를 통해 매달 어려운 처지에 있는 사람들을 돕는 성도들의 비율은 40퍼센트이고, 이와 똑같은 비율의 성도들이 지난 해 여섯 명 이상의 불신자들과 의미 있는 영적 대화를 나누었다. ^{이상의 비율은 대부분의 다른 교회들보다 50퍼센트 이상 높은 수치들이다.}

설문조사 결과와 현재 이 교회 성도들의 영적 활력을 보면, 이 교회의 구석구석에 그리스도 중심 단계에 속한 성도들의 신실한 항복의 태도와 활동, 대화가 자리 잡고 있음을 알 수 있다. 즉, 하나님이 자기들에게 지명하여 주신 것으로 느끼는 대의를 위해 스스로를 내어드리는 모습이 여기저기서 나타나고 있다.

가장 반가운 소식은, 이 교회에서만 이 같은 모습이 나타난 것이 아니라는 사실이다. 이 교회가 예외적인 사례가 아니었다는 말이다. 발견 프로젝트의 조사에 따르면 10개 교회 중 최소 한 개 교회가 이와 비슷하게 에너지 넘치는 결과를 나타내고 있었다. 이것은 이들이 간절한 마음으로 최선의 훈련을 서로가 함께 실행하고자 할 때에야 나올 수 있는 결과다. 3부에 가서 우리는 이 노스캐롤라이나 교회가 역할 모델이 되어 보여 준, 무슨 일을 하든지 하나님의 영으로 호흡하는 거처럼 보이는 이 아름다운 교회들의 특징에 대해 더 자세히 살펴볼 것이다. 계속해서 주목하기 바란다.

영적 성장을 위한 조언

그렇다면 구체적으로 우리는 어떻게 이 그리스도 중심 단계의 사람들을 지원하여 앞으로 나아가게 할 수 있을까? 어떻게 이들을 도전하면 그 엄청난 잠재력을 하나님 나라를 위해 쓰게 할 수 있을까?

먼저 다른 단계의 사람들에게 해 준 것처럼, 그들로 하여금 우리가 그들의 지속적인 성장을 중시하고 있으며 그 일을 이루기 위해 노력하고 있다는 점을 알려 주는 것이 중요하다. 윌로크릭에서는 주일 예배 시간에 정기적으로 그리스도와 친밀한 단계의 사람들과 그리스도께 완전히 항복한 사람들 간의 차이에 대해 이야기한다. 이두 가지 마음가짐 간의 차이를 설명하는 방법 가운데 하나는, 진정으로 하나님께 항복하고 살아가는 그리스도 중심 단계에 속한 교회 성도들에게서 직접 들은 이야기들을 나누는 것이다. 실제로 최근에는 생활방식을 극적으로 단순화시켜 훨씬 더 많은 시간과 자원으로 어려운 처지에 있는 사람들을 돕기로 한 어떤 부부의 이야기를 나눴다. 그들은 새 차를 사지 않고도 이 일을 해냈다. 이들은 가족이 늘고 있는데도 더 작은 집으로 이사를 했다. 남편은 교회 차원에서 진행되는 해비타트 모임의 리더로 섬겼고, 개인적으로도 100채가 넘는 집을 짓는 활동을 이끌었다. 이 모든 것의 동기는 그리스도에 대한 깊은 사랑과 '이 일은 하나님이 우리를 위해 마련해 주신 일'이라는 믿음이었다. 이 부부는 하나님이 이러한 생활방식으로 살라고 자신들을 부르셨다고 느꼈다. 그렇기 때문에 자기 삶을 하나님께 맡긴 다른 모든 사람들이 그러하듯, 이런 선택을 내리는 것이 전혀 어렵게 느껴지지 않았다.

이 사례를 나눔으로써 우리는 전체 교인들에게 이 정도 수준의 영적 성숙의 실체를 잠깐이나마 보여 주면서 그것이 현실적으로 달성 가능한 목표라는 점을 확인시켜 주었다. 그러나 이와 비슷하게 중요한 것은, 이로써 그리스도 중심 단계에 속한 모든 교회 성도들에게 그들이 중요한 존재들이며, 예수님을 향한 그들의 헌신에 우리가 감탄하고 있다는 점을 알려 주었다는 사실이다. 대부분의 사람들이 그들의 결정을 오해하고 심지어는 비웃기까지 하는 세상 속에서, 그리스도로 인하여 그 같은 반문화적인 헌신을 한 사람들을 지지해 줌으로써 그들은 용기를 얻고 또 자신감을 되찾을 수 있다.

두 번째로, 우리는 지속적으로 이 단계에 속한 성도들을 도전하여 항복의 과정을 '반복'할 수 있게 해 주어야 한다. 자기 삶을 통제하는 모든 것을 예수님께 맡기고 자신을 점점 더 하나님께 쓸모 있는 도구로 변환시키는 이 일은 매일의 훈련이 되어야 할 부분이다. 이 일은 "하나님, 오늘은 제가 무엇을 하기를 원하시나요? 오늘은 누구를 섬길까요? 누구를 사랑할까요?"와 같은 우선순위를 바꾸는 기도를 드릴 때 가능해진다. 그러기 위해 우리는 이 단계에 속한 성도들을 강력하게 격려하여 하나님의 자극에 따를 수 있게 해 주어야 한다. 교회 지도자인 우리는 이들이 하나님의 음성을 분별할 수 있도록 돕는 능력을 특별히 더 개발해야 한다. 하나님을 따르는 것이 그들의 가장 뿌리 깊은 열망이기 때문이다.

세 번째로, 우리는 이들이 교회의 공식적인 사역 바깥에서도 섬기는 일을 할 수 있도록 기꺼이 그들을 자유롭게 놓아 주어야 한다. 닫힌 세계관을 가진 목회자들이 너무 많다. 우리는 좋은 사역은 교회와 그 직원들이 공인한 뭔가를 통해서만 이뤄진다고 생각하는 경향이 있다. 그러나 그리스도 중심 단계에 속한 개개인은 항복과 성령의 자극에 따르는 훈련을 하기 때문에, 점점 더 공식적인 교회 사역이 아닌 교회 바같에서 섬기는 일이 많아지게 마련이다. 우리는 이러한 섬김을 격려해 줄 뿐만 아니라 이를 축하해 주어야 한다. 그리스도 중심 단계의 사람들 가운데 교회가 "이웃의 삶에 중대한 영향을 끼칠 수 있도록 성도가 혼자 나아갈 수 있도록 적절한 권한을 주어야 한다"저자 강조는 것이 '결정적으로 중요'하거나 '매우 중요'하다고 답한 사람은 74퍼센트에 이르렀다. 예수님은 제자들이 회당에만 머물러 있기를 원치 않으셨다. 그분은 제자들을 두 명씩 세상 속으로 보내 그 가운데에서 변화를 이끌어 내게 하셨다. 그리스도 중심 단계의 사람들이 각자 속한 교회 밖 공동체에서의 봉사를 시작하면서 교회 안에서의 봉사를 그만둘까 봐 걱정하지 말라.

휴가를 조정해 심방 사역자로 봉사하기로 했던 수를 기억하는가? 그 사역에 자원하기 몇 년 전에 그녀는 지역 병원의 원목으로 섬기라는 하나님의 부르심을 느꼈다고 한다. "하나님이 주신 열망이었어요. 지금도 저는 하나님이 왜 그러셨는지 궁금하고, 아직 그 답을 모르겠어요. 왜 하필 병원이었고, 왜 하필 아픈 사람들이었을까요?"

그러나 몇 가지 경험을 나누는 동안 그녀는 이 질문에 대한 답을 명확히 알 수 있었다. 병원 원목으로 봉사하게 된 후 두 번째 날, 그녀는 뇌 손상을 입은 한 청년을 방문했다고 한다. 그의 지나온 삶에 대한 이야기를 들은 후 수는 그에게 그를 위해 기도해 주기를 바라느냐고 물었다. 당시의 일을 기억하며 그녀는 이렇게 말한다. "그 청년은 그렇다고 답했고 저는 매우 긴장했죠. 그래도 손을 그 청년의 머리 위에 얹고 그가 낫기를 위해 기도했어요. 눈을 뜨니 그의 눈에서 눈물이 흐르고 있었어요. 그가 이렇게 말했어요. '지금까지 살아 오면서 저를 위해 기도해 준 사람이 아무도 없었어요.' 이 말을 들으니 마음이 정말 아팠어요. 저도 그와 함께 울기 시작했죠." 수가 교회의 기도 사역에 동참하고 있다고 이야기한 부분이 기억나는가? 그렇다면 이제 여러분도 그녀가 그 교회 사역을 시작하게 된 것이 지역 공동체에서 경험했던 봉사 때문이라는 것을 알게 되었을 것이다.

병원의 원목으로 일하던 시절, 매우 위독한 상태의 한 노부인과 대화하던 중 그 부인이 수에게 이렇게 말했다고 한다. "내가 천국에 가게 될지 모르겠어. 하지만 가고는 싶어." 수는 말한다. "제게는 좋은 기회였어요. 그래서 저는 창세기부터 계시록에 이르기까지 모든 성경 이야기를 그분께 들려 드렸어요. 그다음 제가 부인께 물었어요. '그리스도를 할머니의 구세주로 받아들이시겠어요?' 노부인은 그러겠다고 답하고 저를 따라 영접 기도를 하셨어요. 그때 엄청난 기쁨이 제 마음에 차올랐어요! 큰 힘을 받았지요! 그리고 빛을 보았어요. 그분의 얼굴이 밝게 빛나고 있었거든요. 노부인은 이제 이렇게 말씀하셨어요. '이제는 하나님을 만나고 싶어 못 견디겠어. 빨리 천국에 가고 싶어.'"

수가 지역에서 자원봉사를 하지 못하도록 교회가 막았다면 그 병원의 환자들은 얼마나 많은 것을 잃었을까? 한 가지 염려가 되는 것은, 우리 교회가 지난 몇 년간 이 가치를 점점 더 중요하게 여기자 성도들 중에는 자기 동네에서 행하는 섬김도 '계산'이 되는지를 묻는 이들이 생겨났다는 사실이다. 우리는 되묻지 않을 수 없다. "대체 무엇에 계산된다는 말인가?" 이 질문에 대하여 너무 많은 사람들이 "그것도 소속 교인으로서의 헌신적인 교회 봉사로 계산되냐고요"라고 답한다. 이런! 이것은 일부 사람들에게만 유익한 교회의 일처리 방식이 의도와는 달리 왜곡되어 어떤 악영향을 가져올 수 있는지를 보여 주는 단적인 예다. 교회들은 성도들이 하나님의 이끄심에 따라 이웃을 섬기는 것을 언제나 기쁘게 받아들여야 하며, 그리스도 중심 단계의 사람들에게는 이것이 특히 더 중요하다는 사실을 이해하지 않으면 안 된다.

PART 2

영적 변화
Spiritual Movement

6

영적 성장의 촉진 요소

여러분의 인생에서 가장 중요했던 전환점을 콕 집어 말할 수 있는 가? 아마 그것은 누구와 친구가 되고, 어떤 학교에 들어가고, 누구와 데이트를 할 것인지와 같은 청소년기의 어떤 선택이었을 것이다. 전환점이란 중대한 결정을 뜻한다. 혹은 당시에는 하찮아 보이지만 궁극적으로 각자의 미래에 극적인 영향을 끼치는 뭔가를 뜻하기도 한다.

나는^{캘리} 중학교 2학년 때 이런 전환점을 맞았다. 처음 들은 스페인어 수업이 너무 재미있어서 앞으로도 계속 외국어 수업을 듣기로 했다. 그 결정이 이후의 결정들에까지 영향을 미쳐, 대학을 선택하고 진로까지 정하게 되었다. 그리고 그 직장에서 남편을 만났고, 이 관계를 통해 거주지와 몇 명의 자녀를 둘 것인지를 정했다. 순간순간의 선택 또한 내 인생을 형성하는 데 큰 영향을 끼쳤지만, 어떻게 보면 이 모든 것이 중학교 시절 외국어를 배우는 것에 관심을 가진 데서 비롯되었다!

여러분의 인생 역시 일련의 선택으로 지금의 모습이 만들어졌다. 그 선택들은 어린 시절 시작된 열정으로 인해 결정된 것일 수도 있다. 아니면 어떤 행사에 참석할 것인지, 휴가지에 하루 더 머물 것인지, 지방 자선단체에 자원봉사를 할 것인지, 같은 그저 평범해 보이는 선택으로 인해 예전에는 미처 생각하지 못했던 가능성이 실현된 것일 수도 있다.

물론 언제나 긍정적이고 주도적인 결정만 있는 것은 아니다. 때로는 실직이나 건강의 위기처럼 우리가 통제할 수 없는 환경을 만나 어쩔 수 없는 반응을 보인 것이 우리 인생을 이끌어 가기도 한다. 그러나 주체적으로 미래를 그려 나가든, 예상치 못했거나 반갑지 않은 환경에 반응해 가든, 우리 인생은 분명히 우리가 매일, 매순간 반복하는 일련의 선택과 결정의 산물이다.

그리고 어떤 결정은 번복이 가능하지만^{대학생들이 얼마나 자주 전공을 바꾸는지 생} ^{각해 보라} 대부분은 번복이 불가능하다. 우리 인생은 필연적으로 예상치 못한 기회와 우리가 통제할 수 없는 도전으로 가득하다. 어떤 사람은 이 같은 변화의 순간을 즐기지만, 어떤 사람들은 그 순간 얼어붙고 만다. 그러나 그 의사결정의 순간을 즐기든 두려워하든, 그 순간을 피할 수는 없다는 점만큼은 분명하다. 인생에는 변화가 필요하다.

당연히 우리의 영적 성장도 우리가 내리는 결정의 영향을 받는다. 그렇다고 해서 우리의 영적 성장을 주도하고, 언제나 우리가 하나님과 더욱 친밀한 관계를 맺도록 이끄시는 성령님의 지속적인 임재와 사역의 필요성이 줄어드는 것은 아니다. 다만 영적 성장을 위해 우리의 마음을 준비시켜 나가는 과정에서 인간의 선택 역시 성령님의 사역과 더불어 중대한 역할을 한다는 사실을 지적하고 싶을 뿐이다. 어떤 결정은 영적인

'전환점'을 가져온다. 하나님이 세상을 구원하기 위해 예수 그리스도라는 인간의 형태로 세상에 오셨다는 복음을 믿기로 하는 결정이 그 예다.

이것은 영적 성장에 아주 필수적인 요소로 작용하는 결정이다. 따라서 이것이 한 사람의 신앙 여정에서 최후의 결정이 될 가능성은 별로 없다. 사실 우리는 매일, 매순간 우리의 영적 성장을 결정하는 수많은 선택을 한다. 기도를 할 것인지, 성경책을 펼 것인지, 위험을 무릅쓰고 이웃이나 직장동료들과 영적인 대화를 나눌 것인지 그렇지 않을 것인지를 매 순간 선택해야 한다는 말이다.

나는^{그래} 살아 오면서 대부분의 시간 동안 최선을 다해 성령님의 이끄심을 분별하고 그것에 따라 살려고 노력해 왔다. 글을 쓰기 위해 일찍 일어난 어느 날 아침의 일이 기억난다. 해야 할 일의 목록은 끝없이 늘어나기만 했고, 그 때문에 글을 쓰는 건 점점 힘들어지고 있었다. 그러나 글을 쓴다고 해서 가족들과 함께하는 시간을 희생하고 싶지는 않았다. 그래서 그렇게 아침 일찍 일어나 약간이라도 진도를 내 보려고 애를 썼다. 나는 한편으로는 수면 부족을 느끼면서 다른 한편으로는 다가오는 마감 날짜의 압박감과 싸웠다. 하지만 그 가운데 어떤 것도 생각을 맑게 해 주거나 창의력을 더해 주지는 못했다.

그러나 일에 집중하려 애쓰면 애쓸수록 내 생각은 솔로몬 왕의 이야기로 돌아갔다. 당시 나는 여덟 살 난 아들과 솔로몬의 생애에 대해 공부하고 있었기 때문에 그 이야기는 내 머릿속에 생생하게 남아 있었다. 그리고 솔로몬의 지혜가 그 자신의 분투의 결과가 아니라 하나님의 선물이었다는 사실이 머릿속에서 떠나지 않았다. 그렇게 앉아 생각하고, 마감 시간과 책임감이 주는 긴장과 스트레스가 고스란히 다가오는 것을 느끼고 있을 때, 성령님은 '분투'라는 단어를 계속 떠오르게 하셨다. 그제야 내가 지금까지 분투하고 있었음을 깨닫기 시작했다. 나는 내 모든 노력으로 그 일들을 달성하려 했고, 하나님의 인도하심을 구하기보다는 스스로를 의지하고 있었다. 마침내 컴퓨터를 끄고 하나님이 내게 말씀하시는 것에 온전히 집중하여 듣는 데 시간을 보내기로 결정했다. 그리고 그다음 40분간, 그동안 내가 하나님의 도움 없이 살려고 애써 온 내용들의 목록을 쭉 적었다. 나는 길을 잃었음을 인정하고, 내 삶의 모든 영역 속에서 스스로 분투하기를 멈추고 하나님의 도우심을 받아들이겠다고 고백했다.

매일 성령님의 음성에 반응하여 내리는 이런 일상적인 결정이 중요하다. 그런데 믿음에 기초한 결정들 가운데서 어떤 결정이 가장 중요할까? 발견 프로젝트 팀은 사람들을 그리스도께 온전히 헌신하도록 이끄는 길에 머물게 하는 데 특히 중요한 25가지 결정을 식별했다. 우리는 이런 결정들을 영적 성장의 '촉진 요소'라 부른다. 이 결정들을 통해 특정한 형태의 영적 변화가 일어나기 때문이다.

교회의 역할은, 사람들이 하나님께 마음을 여는 선택을 함으로써 그들이 온전히 헌신된 제자가 될 수 있도록 돕는 것이다. 발견 프로젝트 결과는 사실에 근거한 25가지 결정 사항에 대한 통찰을 교회 지도자들에게 제공한다. 그 결정 사항들은 성도들을 헌신된 제자들로 성장할 수 있도록 돕는 최고의 촉진 요소다.

영적 성장을 촉진하는 결정들

영적 성장이 일어날 때, 사람들은 어떤 단계에서 그다음 단계로 옮겨 간다. 지금까지 봐 왔듯이, 그리스도를 알아 가는 단계의 사람들처럼 아직 믿음이 아주 약한 사람들부터 그리스도 중심 단계의 사람들처럼 예수님께 완전히 헌신한 사람들에 이르기까지 각 단계에 속한 성도들은 각기 다른 특징을 갖고 있다. 이번 발견 프로젝트 설문 조사에 참여한 모든 교회에는 이 네 가지 단계의 사람들이 모두 포함되어 있었다. 다시 말해, 모든 교회는 영적으로 서로 다른 여러 종류의 성도들이 모인 곳이다. 이들이 서로 비슷한 성격을 가지고 있거나 같은 지역에 살고 있을 수는 있지만, 영적인 성숙 단계를 따져 보면 서로 매우 큰 차이점들이 있다.

그러나 한 사람이 **어떤** 단계에 속해 있는지를 아는 것보다 중요한 것이 있다. 그들이 다음 영적인 성장에서 다음 단계로 **변화하기** 위해서 필요한 것인 무엇인지를 이해하는 것이다. 바로 그것 때문에 영적 성장을 촉진하는 25가지 결정 사항이 발견 프로젝트에서 진정한 핵심이 되는 것이다. 또한 우리가 이 책의 제목을 『무브』라고 정한 것은, 성도들을 **변화시켜** 그들이 하나님을 향하도록 돕고 싶기 때문이다.

이 촉진 요소들에 대해 잘 이해할 수 있도록 이 요소들을 네 개의 카테고리로 나누어 보았다.

> ▶ **영적 신념과 태도:** 은혜로 얻는 구원과 성경의 권위와 같은 핵심적인 기독교 신념

▶ **조직적인 교회 활동**: 주일 예배나 교회 사역 봉사 같은 가장 일반적인
   교회 현장에서의 활동
▶ **개인적인 신앙 훈련**: 개인의 영적 성장과 관련된 기도와 성경 묵상 등
   의 훈련
▶ **다른 사람들과 함께 하는 영적 활동**: 주로 교회 조직 바깥에서 이뤄지는
   복음 전도나 구제 활동

우리는 영적 성장 과정 가운데 일어나는 세 가지 **변화**, 즉 성도들이
영적 성장의 한 단계에서 다음 단계로 넘어갈 때 일어나는 변화에 가장
크게 영향을 미치는 변수들을 강조함으로써 이 영적 촉진 요소의 영향
력을 평가해 보았다[표 6-1]. 이 세 차례의 전진 이동을 집중적으로 살펴봄
으로써 성도들에게 꼭 필요한 결정들이 무엇인지 더욱 잘 이해할 수 있
을 것이다.

그렇다면 이 세 차례의 변화는 영적 성장의 4단계와는 어떤 관계가
있을까?

1단계 변화: 영적 성장의 초기 단계. 그리스도를 알아 가는 단계에서
그리스도 안에서 성장하는 단계로 변화하는 사람들은 기독교 신앙에
대하여 초보적인 지식을 얻고 예수 그리스도가 유일한 구원의 길임을
받아들인다.
2단계 변화: 영적 성장의 중간 단계. 그리스도 안에서 성장하는 단계
에 속한 사람들이 개인적인 신앙 훈련과 경험에 대해 좀 더 적극성을 보

이기 시작하면서 그리스도와 더욱 친밀한 관계를 맺게 되고 그리스도와 점점 더 가까워진다.

3단계 변화: 영적 성장의 성숙한 단계. 이 변화 과정에서 성도들은 매일 하나님의 임재와 개입을 인식하는 것에서 ^{그리스도와의 친밀한 관계} 아예 예수님과의 관계에 근거하여 자신의 정체성을 재정립하는 수준으로 나아간다^{그리스도가 중심이 된 관계}.

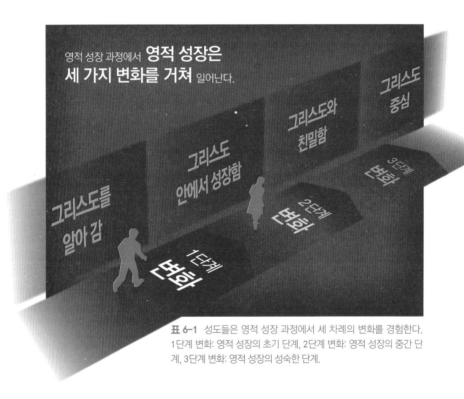

표 6-1 성도들은 영적 성장 과정에서 세 차례의 변화를 경험한다. 1단계 변화: 영적 성장의 초기 단계, 2단계 변화: 영적 성장의 중간 단계, 3단계 변화: 영적 성장의 성숙한 단계.

인간 사이의 관계가 어떻게 발전해 가는지를 생각해 보면, 한 사람이 그리스도와 관계를 맺어 나갈 때 이 세 차례의 변화가 각 발전 단계에서 어떤 모습으로 드러나는지를 더 분명하게 이해할 수 있다. 예를 들어 1단계 변화는 우정의 초기 성장 모습과 비슷하다. 즉, 두 사람이 서로 얼굴만 알던 단계에서 정기적으로 점심식사도 같이하는 관계로 발전해 가는 것처럼, 영적 성장의 초기 단계에서 그 성도는 교회 활동이라는 친근한 환경 속에서 예수님에 대해 점차 알아 간다.

2단계 변화는 직장이나 학교처럼 같은 공간에 머물기나 운동이나 취미 생활 같은 활동을 공유함으로써 형성된 경계 안에 갇혀 있던 기존의 가벼운 관계에서 좀 더 인격적인 우정 관계로 변화하는 것과 비슷하다. 여기서 말한 '인격적인 우정 관계'는 일상적인 삶의 쟁점을 두고 서로 자주 의사소통을 하는 관계라 할 수 있다. 이전에는 라켓볼 경기를 같이 할 때만 연락했던 친구가 인생의 위기가 닥칠 때 부르는 친구가 되는 과정에서 일어나는 관계의 변화를 의미한다. 이것은 개인적인 신앙 훈련을 통해 그리스도와 더 긴밀해지는 성도의 영적 성장 단계에 대한 적절한 비유다.

3단계 변화는 개인적인 관계에서 친밀한 관계로의 변화를 뜻한다. 즉, 위기의 순간에만 함께하면서 공감해 주던 친구에서 아예 인생을 함께 나누는 친구가 되는 것이다. 결혼처럼 나의 정체성을 완전히 그 상대와 맞출 때 이런 관계가 가능하다. 혹은 장기간의 사업에서 크고 작은 결정을 함께 내리는 동업자 관계를 이 우정과 비교할 수 있다. 이 같은 관계에 대한 약속은 매일의 삶과 전적으로 연결될 수밖에 없다. 그리스도라는 존재가 한 사람의 정체성을 규정짓게 되는 가장 발전된 영적 성장 단계에서도 이런 일이 일어난다.

인간적인 조건에서나 영적인 조건에서나, 관계는 본질적으로 일정한 성장 단계를 따라 공통의 관심에 기초한 관계에서 삶의 즐거움과 승리뿐만 아니라 마음이 무너지는 고통과 패배를 나누는 관계로 이동해 가기 마련이다. 영적인 측면에서 이런 이동은 그들이 자신과는 거의 무관한 것으로 여기던 그리스도와의 관계를 자신들이 행하는 모든 것의 중심으로 받아들이겠다고 결정하는 순간에 일어난다.

지금부터는 이 중대한 결정들을 구성하는 네 가지 카테고리, 즉 영적 신념과 태도, 조직적인 교회 활동, 개인적인 신앙 훈련, 다른 사람들과 함께하는 영적 활동을 하나씩 살펴볼 것이다.

카테고리 1: 영적 신념과 태도

신념과 태도라는 것은 우리가 무엇을 진실과 현실로 받아들이는지에 따라 결정된다. 신념을 갖기 위해서는 언제나 일정한 수준의 신뢰, 즉 어느 정도의 믿음이 필요하다. 예를 들어 우리는 우주 공간에 직접 가 보지 못했으면서도 세계가 둥글다고 믿는다. 기독교의 영적 신념 역시 이와 다르지 않다. 기독교 신앙의 신념을 뒷받침해 주는 상당한 양의 확실한 역사적, 고고학적 증거가 있긴 하지만, 이것은 반박할 수 없는 정보를 믿을 수 있는가의 문제라기보다는 예수 그리스도 안에서 하나님이 주신 이 관계를 맺는 것이 가능하고 바람직한 것이라고 받아들이는가의 문제라고 할 수 있다.

발견 프로젝트 팀은 다양한 핵심적인 영적 가치들에 동의하고 있는지를 사람들에게 물어 그들의 영적 신념과 태도를 측정했다[표 6-2].

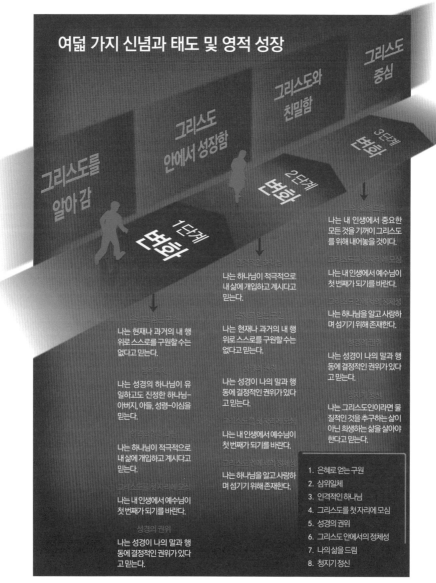

여덟 가지 신념과 태도 및 영적 성장

그리스도를 알아 감

1단계 변화

나는 현재나 과거의 내 행위로 스스로를 구원할 수는 없다고 믿는다.

나는 성경의 하나님이 유일하고도 진정한 하나님-아버지, 아들, 성령-이심을 믿는다.

나는 하나님이 적극적으로 내 삶에 개입하고 계시다고 믿는다.

나는 내 인생에서 예수님이 첫 번째가 되기를 바란다.

성경의 권위
나는 성경이 나의 말과 행동에 결정적인 권위가 있다고 믿는다.

그리스도 안에서 성장함

2단계 변화

나는 하나님이 적극적으로 내 삶에 개입하고 계시다고 믿는다.

나는 현재나 과거의 내 행위로 스스로를 구원할 수는 없다고 믿는다.

나는 성경이 나의 말과 행동에 결정적인 권위가 있다고 믿는다.

나는 내 인생에서 예수님이 첫 번째가 되기를 바란다.

나는 하나님을 알고 사랑하며 섬기기 위해 존재한다.

그리스도와 친밀함

3단계 변화

나는 내 인생에서 중요한 모든 것을 기꺼이 그리스도를 위해 내어놓을 것이다.

나는 내 인생에서 예수님이 첫 번째가 되기를 바란다.

나는 하나님을 알고 사랑하며 섬기기 위해 존재한다.

나는 성경이 나의 말과 행동에 결정적인 권위가 있다고 믿는다.

나는 그리스도인이라면 물질적인 것을 추구하는 삶이 아닌 희생하는 삶을 살아야 한다고 믿는다.

그리스도 중심

1. 은혜로 얻는 구원
2. 삼위일체
3. 인격적인 하나님
4. 그리스도를 첫자리에 모심
5. 성경의 권위
6. 그리스도 안에서의 정체성
7. 나의 삶을 드림
8. 청지기정신

표 6-2 영적 성장에 가장 큰 영향을 미치는 영적 신념과 태도를 중요도에 따라 각 변화 아래에 기록했다. 1단계 변화에서는 '은혜로 얻는 구원'에 대한 신념이 가장 파급력이 큰 촉진 요소였으나, 2단계 변화, 3단계 변화에 가서는 하나님과의 깊고 인격적인 관계에 대한 동의가 훨씬 중요해진 점을 주목해서 보라.

이 표에서는 각각의 변화 과정에서 어떤 신념에 강하게 동의할 때 성장을 촉진하는지를 그 아래에 순서대로 나열하였다. 예를 들어, '은혜로 얻는 구원'을 믿기로 결정하는 것은 그리스도를 알아 가는 단계에서 그리스도 안에서 성장하는 단계로 변화하기 위한 근본적인 촉진 요소다. 다음 질문들에 대한 답을 읽어 보면 이 과정이 어떻게 진행되는지를 더 쉽게 이해할 수 있다.

영적 신념과 태도가 영적 촉진 요소라는 말이 무슨 뜻인가?

앞에서도 지적했듯이 촉진 요소가 있어야 변화가 생긴다. 이런 촉진 요소가 있을 때 영적 신념의 카테고리에서 그 사람은 신앙 진술에 대하여 더 강한 긍정을 보인다. 예를 들어 1단계 변화에서는 은혜로 얻는 구원"나는 현재나 과거의 내 행위로 스스로를 구원할 수는 없다고 믿는다"에 대한 신념이 작용하고 있음이 거의 확실히 **예측**predictive된다. 두 번째 단계인 그리스도 안에서 성장하는 성도들 사이에서는 은혜로 얻는 구원을 믿는다는 진술에 '매우 강하게 동의'하는 사람들의 수가 그리스도를 알아 가는 첫 번째 단계에서보다 많다는 사실이 일관성 있게 나타났다. 그래서 이 신념을 받아들이기로 하는 결정이 그리스도를 **알아 가는 단계에서** 그리스도 안에서 **성장하는 단계로** 변화하는 과정에 매우 중요한 영향을 끼치는 촉진 요소라는 결론을 내릴 수 있다.

진술의 순서가 중요한가?

그렇다. 각 진술들은 변화에 영향을 주는 정도에 따라 위에서 아래로 나열한 것이다. 예를 들어 이 영적 신념과 태도의 카테고리 안에서 은혜로 얻는 구원에 대한 신념은 1단계 변화에서 무엇보다 중요한 촉진 요소로 작용한다. 성경의 권위에 대한 신념 역시 이 변화를 위한 중요한 촉진 요소이지만 그 앞에 위치한 네 진술보다는 중요하지 않다.

이 진술들은 어디서에서 비롯되는가?

표 6-2에 나온 이 여덟 가지 신념과 태도를 정리한 진술이 책에 각기 한 번 이상씩 등장했던들은 성경에서 반복적으로 나온 중요한 주제들에 근거한 것들이다. 이 밖에도 성경에는 영적 성장에 유용한 다른 잠재적 신념들과 태도들이 들어 있다. 그러나 이 진술들은 그 가운데서도 한 사람의 영적인 상태를 가장 잘 묘사하고 정의한다고 인정받은 것들이다. 그래서 지금까지 진행된 미국의 영적 문화에 대한 설문조사에서는 이런 진술들이 빠짐없이 들어 있었다.더 자세한 내용을 보고 싶다면 202-203쪽의 "영적 신념과 태도 진술이란 무엇이며, 그 출처는 어디인가?"라는 제목의 글을 참고하라.

영적 신념과 태도에 대한 이 같은 통찰은 교회 지도자들에게 분명한 사실을 암시한다. 우리가 이쪽에서 스위치를 올린다고 해서 한 사람이 불신앙에서 신앙으로 옮겨 가도록 만들 수는 없다는 것이다. 그러나 지역 교회를 이끄는 지도자들도 다음의 관찰 결과를 통해 영적 신념이라는 보이지 않고 정의하기 힘든 세계에서 어떤 일에 가장 신경을 써야 하는지를 더욱 제대로 인식하게 될 것이다.

관찰 1: 약한 신앙이 영적 성장을 저해한다

영적 신념에 대해서 설명했을 때 "네, 전 그걸 꽤 잘 받아들일 수 있을 것 같아요"와 같은 답을 한 사람이 교회에 있는가? 그 사람이 격려랍

시고 한 그 대답은 사실 오히려 지도자의 의욕을 **꺾어** 놓았을 것이다. 왜 냐면 누구든 이 여덟 가지 핵심 기독교 신념과 관련 진술을 **전적으로** 받아들이지 않는다면, 결코 그리스도의 제자로 성장할 수 없기 때문이다. 진정으로 성장하기 원하는 사람은 이 진술들이 진리임을 건성으로 받아들일 수 없다. 교인들의 신앙과 영적 태도가 약하다면, 그것은 십중팔구 그 사람과 하나님 간의 인격적인 관계 또한 약하다는 것을 의미한다.

관찰 2: 그 누구도 이 모든 신념들을 한꺼번에 받아들일 수는 없다

대개 신념들은 한 번에 하나씩 받아들이게 되어 있다. 점진적인 순서가 있다는 말이다. 이 사실을 이해해야 그리스도를 믿는 신앙이 어떤 식으로 진전되는지에 대한 강력한 이야기를 이해할 수 있고 설명할 수 있다. 첫 번째로 사람들은 은혜로 얻는 구원과 삼위일체라는 기본 진리를 믿게 된다[1단계 변화]. 다음은 '우리의 삶에 적극적으로 개입하시는' 인격적인 하나님을 믿게 된다[2단계 변화]. 그리고 하나님의 편재하심에 대한 이 신앙이 한 발 더 나아가 '예수님이 내 인생의 첫 번째'가 되기를 바라는 강렬한 열망과 "내 인생에서 중요한 모든 것을 기꺼이 그리스도를 위해 내어놓을 것이다"는 진심 어린 의지로 발전한다[3단계 변화]. 이 점진적 과정으로 영적 변화가 이뤄지는 과정을 이해할 수 있다. 우리는 수천 명의 하나님의 사람들이 내놓은 응답을 분석하는 동안 계속해서 이 사실을 확인했다.

무엇보다 먼저 신념과 태도라는 영적 촉진 요소에서 논의를 시작한다. 그것은 신념과 태도야말로 영적 여정이 시작되는 지점이기 때문이다. 우리 삶의 다른 인간관계들이 신뢰성을 입증하면서 점점 발전해 가듯이, 그리스도와의 관계 역시 그분의 약속과 성품을 신뢰하기로 결정하는 것에서부터 관계가 발전하기 시작한다. 그런데 어떻게 해서 이런 결정을 내릴 수 있을까? 물론 성령님이 우리 삶에서 초자연적인 사역을 행하시기 때문이지만, 그뿐만 아니라 그리스도의 몸인 교회 역시 핵심적인 역할을 한다. 교회는 우리에게 이 신앙에 대한 첫인상을 형성해 주고 핵심적인 기독교 신앙을 소개해 준다. 그것이 다음 카테고리인 '조직적인 교회 활동'의 핵심이다.

카테고리 2: 조직적인 교회 활동

교회는 영적 성장에 가장 중요한 조직적인 영향을 미치기 때문에 교회 활동에 참여하게 되면 자연스럽게 중요한 촉진 요소로 기능하게 된다. 교회의 역할에 대한 최근의 발견 내용을 보면서, 예전에 몇 개의 교회들을 대상으로 한 조사를 통해 내렸던 결론이 옳았음을 다시 한 번 확인했다. 그 결론은 "영적 성장을 촉진시키는 교회의 능력은 주로 영적 성장에서 초기 두 차례의 변화 과정에서만 유효하다"라는 것이다[표 6-3]. 게다가 주일 예배처럼 교회의 자원을 대부분 가져가고 있는 활동들은 1단계 변화에서만 어느 정도의 중요성을 보이는 것으로 나타났다.[1]

인간관계를 이 발견 사실들에 적용시켜 보면, 성장 단계가 높아갈수록 이 조직적인 활동들의 중요성은 낮아진다는 사실이 완벽하게 이

---

1 조사 결과, 꽤 높은 비율의 교회들이(43퍼센트) 그들의 교회 사역이 구도자 위주로 맞추어져 있지 않다고 생각한다는 점을 매우 주목할 필요가 있다.

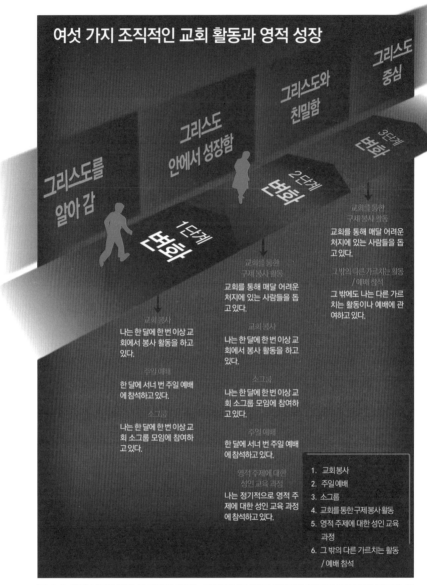

여섯 가지 조직적인 교회 활동과 영적 성장

그리스도
중심

그리스도와
친밀함

그리스도
안에서 성장함

그리스도를
알아 감

3단계 변화

교회를 통한
구제 봉사 활동
교회를 통해 매달 어려운
처지에 있는 사람들을 돕
고 있다.

그 밖의 다른 가르치는 활동
/ 예배 참석
그 밖에도 나는 다른 가르
치는 활동이나 예배에 관
여하고 있다.

2단계 변화

교회를 통한
구제 봉사 활동
교회를 통해 매달 어려운
처지에 있는 사람들을 돕
고 있다.

교회 봉사
나는 한 달에 한 번 이상 교
회에서 봉사 활동을 하고
있다.

소그룹
나는 한 달에 한 번 이상 교
회 소그룹 모임에 참여하
고 있다.

주일 예배
한 달에 서너 번 주일 예배
에 참석하고 있다.

영적 주제에 대한
성인 교육 과정
나는 정기적으로 영적 주
제에 대한 성인 교육 과정
에 참석하고 있다.

1단계 변화

교회 봉사
나는 한 달에 한 번 이상 교
회에서 봉사 활동을 하고
있다.

주일 예배
한 달에 서너 번 주일 예배
에 참석하고 있다.

소그룹
나는 한 달에 한 번 이상 교
회 소그룹 모임에 참여하
고 있다.

1. 교회봉사
2. 주일예배
3. 소그룹
4. 교회를 통한 구제봉사 활동
5. 영적 주제에 대한 성인 교육
   과정
6. 그 밖의 다른 가르치는 활동
   / 예배 참석

표 6-3 영적 성장에 가장 큰 영향을 미치는 교회 활동을 중요도에 따라 각 변화 아래 적어 두었다. 교
회 안팎에서 어려운 처지에 있는 사람들을 섬기는 봉사 활동이 모든 변화 과정의 영적 성장에 가장 큰
영향을 끼치고 있다는 점을 주목하여 보라.

해된다. 우리가 누군가와 친해지면 친해질수록, 즉 그들에게 더 많이 의존해 자기 인생의 중요한 사안을 함께 처리해 나갈수록, 조직적인 환경은 덜 중요해진다. 직장이나 반상회 같은 조직적인 환경에서 관계가 형성되었다 해도, 그 장소는 주로 관계를 위한 출발점일 뿐 그 관계를 유지하기 위한 필수요소는 아니다. 조직이 있으면 공통된 관심사를 가진 사람들이 자연스럽게 서로 가까워질 수 있지만, 인격적인 관계를 맺어 갈수록 사람들은 자기들만의 환경을 새로 만들어 내, 서로 만나고 소통하게 된다. 조직의 중심적 역할이 축소되는 것이다.

많은 사람들이 교회는 좀 다르다고 주장한다. 그리스도의 몸이 물리적 공간에서 만나는 이 거대한 모임은 영적인 성숙도와 관계없이 영적 성장을 위한 기초 토대라고 말한다. 역할에서 교회의 중요성에 대한 성경적 가르침에 비추어^{엡 3:10; 히 10:24-25} 이 발견 내용을 분별하는 것이 중요하다는 주장에는 동의한다. 하지만 우리가 중요성이 줄어든다고 말하고 있는^{사라진다고 표현한 것도 아니다} 대상은 교회의 **조직적인**^{organized} 활동이다. 영적 발전 과정에서 교회의 **유기적인**^{organic} 기여는 모든 변화 과정에 일관성 있고 강력하게 작용한다.

유기적이라는 것은 자연적으로 일어나는 성장을 일컫는다. 예를 들어 유기농 채소들은 인공적인 환경이나 제조된 영양소의 도움 없이 자란다. 그 밭의 작물들은 인간의 큰 도움을 필요로 하지 않는다. 교회도 이와 마찬가지로 영적인 밭을 일구고 조직적인 환경을 만들어 자연스럽게 성장이 일어나게 한다. 교회는 예배 환경을 만들어 주고 주일 예배를 통해 영적인 비옥화 작업을 할 뿐만 아니라, 영적인 관계와 기술이 발전할 수 있는 환경도 제공한다. 예를 들어 영적인 우정과 멘토와의 관계는 소그룹이나 봉사 경험의 결과로 더욱 풍요로워진다. 또한 각 참여자들이 다른 활동으로 옮겨 간 뒤에도 그런 관계는 오래도록 중요한 영적인 생명줄로 남는다. 이와 비슷하게 성경에 접근하는 방식과 이를 해석하는 법을 배우는 교회의 성경 강의에 참여하게 되면, 그 교육은 일정이 끝난 후에도 몇 년 동안이나 그 사람의 개인적인 신앙 훈련을 더 심화시켜 주는 무대가 된다.

발견 프로젝트의 결과는 교회 지도자들이 성도들의 조직적인 성장과 유기적인 성장을 모두 도우려 할 때 적용할 수 있는 다음의 세 가지 주요 함의를 밝히 드러낸다.

함의 1: '주일 예배'는 성장의 초기 단계에 속한 사람들에게 가장 큰 도움이 된다

성도들이 영적으로 성숙해질수록 주일 예배 참석 여부나 주일 예배에 대한 만족도는 **떨어지지 않지만**, 그저 안정적인 상태에 머문다. 무슨 뜻일까? 골프 비유를 들자면 영적 성장의 초기 단계에서는 주일 예배가 성장을 위한 '드라이버' 역할을 하지만, 영적 성장 단계의 마지막 단계에 가까이 와서는 '퍼터'의 역할만 하고 만다고 설명할 수 있다. 드라이버는 공을 가장 멀리에까지 보내는 역할을 하는 반면, 퍼터는 공을 구멍에 넣는 마지막 순간에만 매우 유용하게 사용된다. 이와 마찬가지로 주일 예배는 영적 성장의 초기 단계에서는 커다란 드라이버의 역할을 하지만, 영적 여정을 오랫동안 걸어온 이들에게는 주일 예배가 눈에 띄는 심오한 영적 통찰을 이끌어 낼 확률이 낮다.

가끔씩은 이 전반적인 경향에서 예외적인 경우가 나오기도 한다.

예를 들어 영적으로 부흥하고 있는 버지니아 주의 댄빌에 소재한 한 작은 교회는 모든 영적 성장 단계를 통틀어 전체 교인들 중 80퍼센트가 교회의 예배에 만족하고 있었다. 이것은 우연의 결과가 아니었다. 이 교회의 담임목사는 초신자들과 성숙한 그리스도의 제자 모두에게 큰 영향을 끼치는 예배를 제공하기 위한 두 가지 중요한 전략을 고수해 왔다. 이런 노력의 직접적인 결과로 이 같은 상황이 펼쳐진 것이다.

이 목사가 사용한 첫 번째 전략은 가장 성숙한 성도들을 포함한 모든 교인들의 관심을 예배에 끌어들이기 위한 새로운 노력을 기울이는 한편, 계속해서 기본으로 돌아간 것이다. 그는 기도와 묵상을 통해 의도적으로 하나님과 직접 소통하는 시간을 가짐으로써 이 일을 했는데, 그 영향은 예배 전반에 드러났다. 그가 사용한 두 번째 전략은, 성령님이 회중들에게 특별히 필요한 것이 있다고 알려 주실 때, 일반적이지 않은 특별한 행동을 한다는 것이다. 그는 주일 예배 강대상에서 특이한 일을 벌이는 것을 불편하게 생각하지 않았다.

최근에는 회중들이 겪고 있는 영적 전쟁이 점점 심각해지고 있다는 것을 훨씬 강하게 느꼈다. 그래서 그는 이 신학적 주제에 대한 심화 과정을 주중에 특별히 개설했다. 그 결과가 어땠을까? 등록 교인들 가운데 3분의 1이 여기에 참석했다. 많은 성도들이 이 문제로 분투하고 있으며 혼란스러워하고 있다고 여긴 그의 판단이 옳았음을 확인해 주는 결과였다. 이 목사는 일반적이고 규칙적인 교회 활동을 벗어나 사역하는 방법의 훌륭한 예를 우리 모두에게 보여 주었다. 그리고 이 예는 우리가 알아낸 두 번째 관찰과도 직접적으로 연결된다.

함의 2: '그 밖의 다른 교회 활동'들이 각기 다른 목적을 이루는 데 도움이 된다

사실상 우리가 조사한 모든 교회들은 성도들을 위해 주일 예배와 소그룹혹은 제한된 수의 사람들이 모이는 다른 형태의 친목 모임, 봉사 활동이라는 세 가지 활동을 시행하고 있었다. 또한 많은 교회들이 좀 더 성숙한 성도들에게 영적 촉진 요소가 될 만한 다른 예배와 교육 프로그램을 운영하고 있었다. 당연히 '영적 주제를 다루는 성인 교육 프로그램'이 2단계 변화에서 중요한 촉진 요소로 자리하고 있었다. 그리고 주로 주중에 진행되는 '기타 성경공부와 예배'는 3단계 변화에서 주요한 촉진을 일으키는 교회 활동으로 등장했다조사 대상 교회들 중 약 40퍼센트가 '기타 성경공부와 예배'를 운영하고 있었다.

앞에서 언급한 버지니아 교회의 성공 예에서 보듯이 이 조사의 결과들은, 주일 예배와 소그룹에만 엄격하게 교회 자원을 집중시켜 사용하는 것보다는 더 광범위한 형태의 프로그램을 운영할수록 영적 성장이라는 교회의 임무를 훨씬 효과적으로 완수할 수 있음을 보여 준다. 그리고 열린 마음으로 성도들의 필요를 예민하게 알아채고 이질적이거나 특이하게 느껴지는 일을 할 수 있다. 그렇게 유연성을 발휘하는 영적인 자발성은 교회의 성숙한 그리스도인들을 섬기는 데 더 도움이 된다.

함의 3: 성도들의 영적 성장을 촉진시키기 위해 교회가 할 수 최선의 일은 '봉사' 경험을 제공하는 것이다

표 6-3에서 세 번의 변화 과정에서 가장 상위에 **봉사**라는 단어가 들어 있다는 사실도 눈여겨보기 바란다. 이것은 모든 조사에서 일관되게 발견되고 있다. 그러나 그 사실을 새삼스럽게 받아들여서는 안 된다.

신앙생활에서 성장한다는 말은 곧 예수 그리스도를 닮아 간다는 말이 기 때문이다.인자가 온 것은 섬김을 받으려 함이 아니라 도리어 섬기려 하고", 마 20:28. 교회 안팎에서 예수님의 손과 발이 되어 봉사할 때에야 비로소 우리는 예수님을 닮아 갈 수 있다. 재미있는 사실은, 처음의 두 번의 변화에서 소그룹에 참여 하는 것이 촉진 요소로 나타나고 있음에도 불구하고, 봉사 경험은 조직 적인 소그룹에 참여할 때보다 영적 성장에 훨씬 더 중요한 의미를 갖는 다. 또 하나 주목해야 할 사실은, 교회 사역을 위한 봉사가 아닌 어려운 처지에 있는 사람들을 섬기는 것이 2단계 변화와 3단계 변화의 과정에서 중요한 촉 진 요소로 기록되어 있다는 점이다.

이 사실은 성도들에게 다른 사람을 섬기는 봉사 활동을 독려해야 만 한다는 사실을 일깨워 준다. 다시 말해, 성도가 **어떤** 능력을 가지고 있든지, **어떤** 기회가 있든지 간에 그들이 은사와 관심을 활용할 수 있도 록 해야 한다. 봉사는 교회들의 최우선 순위가 되어야 한다. 이 경험이 블록버스터급 주일 예배보다 더 큰 영적인 성장을 이끌어 내는 것으로 드러났기 때문이다.

카테고리 3: 개인적인 신앙 훈련

개인적인 신앙 훈련은 매우 강력한 촉진 요소다. 발견 프로젝트의 결과는 개인적인 신앙 훈련이 영적 성장을 가속하는 데 지대한 영향을 끼친다는 성경의 가르침과 교회의 영적 실재의 전통을 다시 확인해 주 었다. 어째서 개인적인 신앙 훈련이 그토록 중요한 것일까? 인간의 감각으로는 하나님을 볼 수도 없고, 그분의 음성도 들을 수 없는 상황 속에서 하나님은 기본적으로 개인의 신앙 훈련을 통해 그분의 사랑을 알려 주시고 길을 인도해 주시기 때문이다. 우리는 성경 묵상과 기도, 고독의 훈련들을 통해 하나님께 가까이 다가가고 그분과 대화한다. 이 같은 개인적인 신앙 훈련이 없다면 하나님의 음성을 듣는 우리의 능력은 상당히 제한될 수밖에 없다. 그렇다면 주일 예배 설교를 하는 목사님이나 기독교 서적의 저자와 같은 중개자를 통해서만 하나님의 말씀을 선택적으로 받아들일 수 있을 것이다.

인간관계에서와 마찬가지로 그리스도와의 관계 역시 상대와 더 자주, 더 친밀하게 소통할 때 관계가 훨씬 더 깊어진다. 주차장에서 만나 가볍게 악수하는 것으로 특징지어지는 관계와 상대의 말을 다 듣기도 전에 그 의미를 다 알 수 있는 사람들 간의 상호 작용의 차이를 생각해 보라. 수동적으로 주일 예배에 참석하는 것으로 특징지어지는 그리스도와의 관계와 그분의 거룩한 이끄심에 기민하게 반응하는 관계 간의 차이가 바로 그와 같다.

더 많은 교회들이 발견 프로젝트에 참여하면서 더 포괄적이고 풍성한 데이터와 분석이 나왔다. 조사 결과, "온전히 헌신한 그리스도 중심의 성도들이 가진 비밀은 바로 개인적인 신앙 훈련"이라는 패턴이 점점 더 분명하게 드러났다. 사람들에게 영적 성장을 위한 지름길을 딱 한 가지 추천해야 한다면, 우리는 주저하지 않고 개인적인 신앙 훈련을 추천할 것이다. 그리스도와 더 긴밀한 관계를 맺기 위해 필요한 이 특별한 촉진 요소의 중요한 특성을 기억하면서 다음의 두 가지 주요 함의를 소개한다. 성도들에게 이 훈련들을 받아들이도록 격려하고 준비시키기 위한 최선의 방법을 알고 싶어 하는 교회 지도자들에게는 이 함의들이 도움이 될 것이다.

함의1: 모든 단계의 사람들에게 가장 강력한 영향을 끼치는 신앙 훈련은 '성경 묵상'이다

이 진술을 전국 각지에서 열리는 모든 교회 리더십 훈련에서 모든 프로그램 안내문의 맨 위에 제목으로 달아 놓으면 좋겠다. 성경 묵상은 단연코 가장 효과적인 개인의 신앙 훈련이다. 모든 영적 성장 단계는 물론, **세 번의 모든 변화 과정에서 그렇다**표 6-4.

하지만 더 중요한 이야기가 남아 있다. 발견 프로젝트에서 나온 응답을 통계적으로 비교해 볼 때, 모든 개인적인 신앙 훈련 중에서도 '성경 묵상'이 다른 어떤 신앙 훈련보다도 영적 성장에 훨씬 큰 영향을 미친다는 사실이다. 구체적으로 살펴보면 가장 성숙한 그룹인 그리스도와 친밀한 단계와 그리스도 중심 단계에 있는 성도들의 경우, 성경 묵상이 그들의 영적 성장을 촉진시킨다고 답한 비율이 목록에 있는 다른 요소들보다 **두 배** 이상 높았다. 이는 영적으로 성숙한 성도들의 성장 속도를 더 빠르게 하려 할 때 다른 어떤 신앙 훈련보다 이 요소가 **두 배**의 영향력을 발휘한다는 뜻이다.

이 모든 사실이 교회 지도자들에게는 어떤 의미가 있을까? 분명 성도들에게 규칙적으로 성경을 읽으라고 조언하는 것만으로는 충분치 않다. 우리는 이것을 **당위의 문제로** 가르쳐야 한다. 그것을 고집스럽게 요구하라. 그리고 계속해서 그 과정을 주시하라. 매주 성경을 묵상할 것을 성도들에게 도전하라.

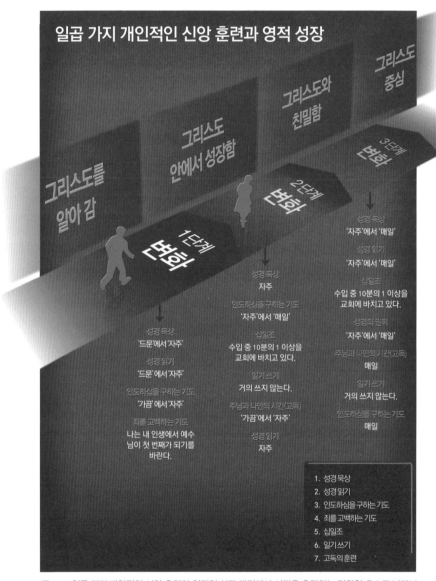

일곱 가지 개인적인 신앙 훈련과 영적 성장

그리스도 중심

그리스도와 친밀함

그리스도 안에서 성장함

그리스도를 알아 감

1단계 변화

성경 묵상
'드문'에서 '자주'

성경 읽기
'드문'에서 '자주'

인도하심을 구하는 기도
'가끔'에서 '자주'

죄를 고백하는 기도
나는 내 인생에서 예수
님이 첫 번째가 되기를
바란다.

2단계 변화

성경 묵상
자주

인도하심을 구하는 기도
'자주'에서 '매일'

십일조
수입 중 10분의 1 이상을
교회에 바치고 있다.

일기 쓰기
거의 쓰지 않는다.

주님과 나만의 시간(고독)
'가끔'에서 '자주'

성경 읽기
자주

3단계 변화

성경 묵상
'자주'에서 '매일'

성경 읽기
'자주'에서 '매일'

십일조
수입 중 10분의 1 이상을
교회에 바치고 있다.

성경의 권위
'자주'에서 '매일'

주님과 나만의 시간(고독)
매일

일기 쓰기
거의 쓰지 않는다.

인도하심을 구하는 기도
매일

1. 성경묵상
2. 성경읽기
3. 인도하심을 구하는 기도
4. 죄를 고백하는 기도
5. 십일조
6. 일기쓰기
7. 고독의 훈련

표 6-4 일곱 가지 개인적인 신앙 훈련이 영적인 성장 과정에서 성장을 촉진하는 강력한 요소로 나타났
다. 이 여러 가지 신앙 훈련 중에서도 '내 삶의 의미를 찾기 위한' 성경 묵상이 세 변화 모든 과정에서 가
장 큰 영향을 미치고 있다는 점은 특히 주목할 만하다.

그러나 가끔은 그 같은 노력의 결과가 불만스럽게 느껴질 수도 있다. 개인적인 신앙 훈련은 주로 눈에 띄는 교회 활동의 영역 바깥에서 이뤄지기 때문에 교회 지도자들이 그 현황을 파악하고 감독하는 일이 쉽지 않다. 그러나 성경에 몰입하는 사람들이 가진 능력은 아무리 해도 부인할 수 없게 드러나게 마련이다. 우리는 성경 읽기와 성경 묵상이 영적 성장에 중요하다는 것을 알고 있으며, 발견 프로젝트 팀의 조사 결과 역시 이 훈련을 할 수 있도록 우리의 시간과 노력을 사용하여 성도들을 격려하고 준비시키는 것이 무엇보다 중요한 일임을 다시 한 번 확인시켜 준다.

함의 2: 모든 성도들이 매일 하나님과 소통할 수 있도록 꾸준하고 의도적으로 그들을 격려해 주어야 한다

발견 프로젝트의 결과를 받아 본 수백 개의 교회 지도자들을 만났을 때, 그들이 가장 많은 관심을 보인 것이 바로 이 사역 분야였다. 이 조사에 참여한 많은 교회들은, 이유는 제각각 다를지 모르지만 하나님과 매일 꾸준하게 소통하는 이 문제가 그들의 교회에서 영적으로 결핍된 영역 가운데 하나라는 사실을 깨달았다. 그러나 다행히 이 교회들은 다양한 방법을 고안하여 이 문제에 대응하고 있었다. 예를 들어 어떤 교회들은 매주 읽어야 할 성경 분량을 목록으로 만들어 배포하여 성도들이 다음 주일 예배를 미리 준비할 수 있도록 했다. 그리고 예배 중에 좀 더 긴 시간을 할애하여 기도와 고독의 훈련을 위한 응답 시간을 갖는 등, 여러 가지 실험을 하는 교회도 많았다.

물론 바쁜 일정을 보내고 있거나 인터넷 서핑이나 텔레비전 시청

등으로 여가를 보내는 중에 매일 규칙적으로 신앙 훈련을 위한 시간을 비워 두는 것은 결코 쉬운 일이 아니다. 그리고 불행히도 우리는 실패할 수밖에 없는 연약한 존재다. 모든 사람이 어느 시점에 이르면 신앙 훈련을 지속하는 일에 실패하고 만다. 그렇기 때문에 이 필수적인 신앙 훈련 습관에 있어서 교회 지도자들은 방심하지 않는 선생이자 역할 모델이 되어 주어야 한다. 우리의 창조주는 우리가 그분과 소통하고 대화하기를 바라시며 우리를 초대하신다. 그리하여 그분의 임재로 우리가 변화할 수 있게 하신다. 교회는 그 사실을 성도들이 깨닫게 하고 꾸준히 상기시켜 주어야 한다. 발견 프로젝트의 결과는 이 같은 초대보다 더 멋지고 놀라운 것은 없다는 사실을 상기시켜 준다.

카테고리 4 : 다른 사람들과 함께하는 영적 활동

우리는 모두 '연습이 완벽을 만든다'Practice makes perfect라는 말을 들어 보거나 써 본 적이 있을 것이다. 나는캘리 '완벽'에 대해서는 많은 말을 할 능력이 없지만, '연습'의 의미가 무엇인지에 대해서는 아주 잘 알고 있다. 어렸을 때 나는 댄스 대회 무대에 오르기 전이나 테니스 경기에 나가기 전에 무수한 시간을 들여 연습했다. 나이가 들어 경쟁 시장에 나와서는 프레젠테이션 전에 중요한 포인트를 암기하거나 확실한 의사 전달을 연습하는 등, 준비를 철저히 하려 했다. 긴장하여 결과를 망치는 일이 없도록 하기 위해서였다.

영적 성장이라는 영역에 있어서도 마찬가지다. 우리는 연습을 통해 '완벽'을 준비해 갈 수 있다. 개인적인 신앙 훈련을 통해 우리의 마음과 정신은 마지막 카테고리에 속한 공개적인 신앙을 경험할 준비를 한다. 그 준비가 끝나면 주로 교회 밖에서 일어나는 다른 사람들과 함께하는 영적 활동을 시작하는 것이다. 이것은 영적 우정이나 절친한 친구처럼 비공식적인 네트워크를 통해 일어날 수도 있다. 또한 여기에는 복음 전파 같은 요소가 포함되거나 해비타트 같은 기관을 통한 봉사 활동이 포함될 수 있고 위기를 겪고 있는 이웃을 돕는 등 어려운 처지에 있는 사람들을 '개별적으로' 섬기는 일이 될 수도 있다 ^{표 6-5}.

이 카테고리에 속한 촉진 요소들의 능력은 인간관계의 역동성에서 발현된다. 이 일들은 다른 사람들과 관계를 맺고 좀 더 공개적으로 자신의 신앙을 드러내는 것이기 때문에, 대부분의 사람들에게 이 요소는 어느 정도 위험을 감수해야 하는 일이 된다. 공개적으로 복음에 대한 신앙을 가지고 사람들 앞에 나선다거나 멘토에게 자신의 영적인 단점을 드러낸다고 생각해 보라. 개인적인 신앙 훈련이나 교회라는 한정된 공간 안에서 개별적으로 신앙을 쌓아 나가는 것은, 이 촉진 요소를 통해 신앙을 외부적으로 드러내는 것과 비교해 볼 때 많은 사람들에게 상대적으로 안전한 방법이다. 그러나 위험을 감수하지 않고는 충분한 영적 성장을 이룰 수가 없다. 그리고 우리는 세 차례의 변화 과정 속에서 작용하는 촉진 요소들을 통해 이 같은 위험을 감수하고자 하는 성도들의 의지가 점점 커지는 것을 관찰할 수 있었다.

다음은 영적 성장을 위한 좀 더 '공개적인' 촉진 요소들의 중요성을 강조하는, 교회 지도자들을 위한 세 가지 주요 함의들이다.

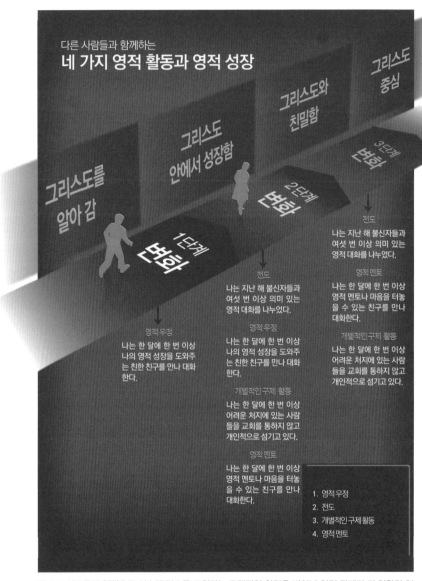

다른 사람들과 함께하는
네 가지 영적 활동과 영적 성장

그리스도
중심

그리스도와
친밀함

그리스도
안에서 성장함

그리스도를
알아 감

3단계
변화

2단계
변화

1단계
변화

전도
나는 지난 해 불신자들과
여섯 번 이상 의미 있는
영적 대화를 나누었다.

영적 멘토
나는 한 달에 한 번 이상
영적 멘토나 마음을 터놓
을 수 있는 친구를 만나
대화한다.

개별적인 구제 활동
나는 한 달에 한 번 이상
어려운 처지에 있는 사람
들을 교회를 통하지 않고
개인적으로 섬기고 있다.

전도
나는 지난 해 불신자들과
여섯 번 이상 의미 있는
영적 대화를 나누었다.

영적 우정
나는 한 달에 한 번 이상
나의 영적 성장을 도와주
는 친한 친구를 만나 대화
한다.

개별적인 구제 활동
나는 한 달에 한 번 이상
어려운 처지에 있는 사람
들을 교회를 통하지 않고
개인적으로 섬기고 있다.

영적 멘토
나는 한 달에 한 번 이상
영적 멘토나 마음을 터놓
을 수 있는 친구를 만나
대화한다.

영적 우정
나는 한 달에 한 번 이상
나의 영적 성장을 도와주
는 친한 친구를 만나 대화
한다.

1. 영적 우정
2. 전도
3. 개별적인 구제 활동
4. 영적 멘토

표 6-5 성도들이 영적으로 성숙해 갈수록 교회라는 조직적인 환경을 벗어난 영적 관계가 더 영향력 있는 촉진 요소가 되어 간다. 특히 불신자들과의 의미 있는 신앙적 대화를 통한 복음 전도가 2단계 변화와 3단계 변화 과정을 지나는 성숙한 그리스도인들의 영적 성장에 큰 영향을 끼친다.

함의 1: '영적 공동체'가 중대한 영적 성장 촉진 요소로 작용한다

영적 공동체가 세 번의 변화 과정에서 반복적으로 성장을 위한 촉진 요소로 등장했다. 그 공동체의 구체적인 형태는 신앙의 성숙도에 따라 가벼운 우정에서 멘토 관계, 즉 더 큰 책임과 친밀감이 있는 관계로 약간씩 변화한다. 촉진 요소로서 영적 우정의 중요성은 당연히 소그룹에 참여함과 동시에 일어난다 [표 6-3]. 논리적으로 생각해 볼 때, 많은 경우 영적 우정이 교회 조직을 통한 각종 활동 안에서부터 시작한다고 간주할 수 있다.

함의 2: 2단계 변화와 3단계 변화에서는 '전도'가 가장 강력한 공개적 촉진 요소의 역할을 한다

사람은 누구나 어떤 관계가 아주 공고해지기 전까지는 새로운 인간관계를 친구나 가족들에게 공개적으로 소개하는 일을 뒤로 미루려 한다. 그리스도의 제자들 역시 불신자들에게 자기들의 신앙에 대해 말하는 일에 대해 이처럼 불편해하는 모습을 보인다. 이것은 왜 덜 성숙한 단계의 사람들 사이에서 전도 활동이 지지부진한지를 설명해 준다.

그러나 좀 더 성숙한 신앙을 가진 성도들에게는 분명히 전도가 강력한 촉진 요소가 된다. 다시 말하지만 이것은 놀랄 만한 일이 아니다. 또 한 번 인간관계를 비유로 들자면, 내가 좋아하는 누군가를 소개할 때처럼 그리스도를 다른 사람들에게 소개할 때도 우리는 데이트 상대나 친구에 대한 내 선택을 친구나 가족들에게 인정 받으러 갈 때의 느낌을 받는다. 그리고 일단 그 같은 인정을 받고 난 다음에는 가족이나 친구들이 그 사람을 그들만의 대화나 모임, 행사에 참여시키는 등 여러 가지 측면에서 그 사람과의 관계가 한층 강화된다.

전도는 영적 성장의 '원인'이자 '결과'라고 이야기할 수 있다. 전도는 분명 그리스도를 향한 마음이 점점 커져 가는 사람들이 보이는 자연스러운 결과다. 그러나 동시에 "나는 지난 해 불신자들과 여섯 번 이상 의미 있는 영적 대화를 나누었다"라는 진술로 정의되는 전도의 훈련이 영적 성장의 **원인**이라고 주장할 수도 있다. 다시 말해, 전도는 그 자체로 그리스도의 제자들의 마음을 키우는 경험이 되는 것이다.

함의 3: 신앙을 공개적으로 드러내는 것에 대한 두려움은 그것이 영적 성장에서 '최후의 결전지'임을 알려 준다

당신은 무엇 때문에 긴장하는가? 무엇을 두려워하는가? 이 질문을 할 때마다 예외 없이 등장하는 사람들의 대답이 있다. 바로 대중연설에 대한 두려움이다. 약 95퍼센트의 사람들이 대중 앞에 나설 때 불안을 느낀다고 답하는데, 이는 죽음을 두려워하는 사람들의 비율보다 더 높은 수치다! 코미디언 제리 사인펠트Jerry Seinfeld의 말처럼 "장례식에서 추도사를 읊느니 차라리 관에 들어가 있겠다"는 것이다.

사람들은 대개 그리스도에 대해 '공개적으로' 이야기하기를 주저한다. "이 사람들이 어떻게 생각할까? 이들이 어떤 반응을 보일까?" 이 같은 두려움을 이해하면 왜 그리스도 중심 단계에 있는 성도들조차 전도 활동을 그토록 어렵게 느끼는지를 이해할 수 있다.5장에서 이에 대해 자세히 다루었다. 그 내용을 다시 짧게 설명하자면, 가장 성숙한 이 단계에서조차 그 가운데 20퍼센트만이 지난 한 해 동안 여섯 명 이상을 교회에 초대했고, 40퍼센트만이 불신자들과 여섯 차례 이상의 의미 있는 대화를 나눴다고 답했다. 이 활동들은 성숙한 관계에 있어 '최후의 결전지', 즉 신앙이 크게 진일보한 것을 나타내는 표지라고 할 수 있다.

사람들은 목사나 교회 지도자들이 교회와는 전혀 상관없는 자리에서도 신앙과 관련된 이야기를 꺼낼 거라고 예상한다. 그러나 대부분의 다른 성도들이 그리스도에 대해 이야기하기 위해서는 엄청난 용기가 필요하다. 상대가 공감 능력이 뛰어난 신뢰할 수 있는 친구든, 의심 많은 배우자나 직장동료든 신앙 이야기를 꺼내기는 쉽지 않다. 교회 지도자들은 이런 두려움의 힘이 얼마나 강력한지 결코 과소평가하지 않도록 주의해야 한다. 전도는 사람들에게 강요하고 억지로 밀어붙일 수 있는 성질의 것이 아니다. 거절이나 반감, 비웃음 같은 것으로 인해 연약한 믿음의 씨앗의 성장이 가로막힐 수도 있는 노릇이다. 우리는 영적 성장 초기를 지나는 사람들이 교회를 통해 영적 친구와 대화를 나누거나 어려운 처지에 있는 사람을 도와주는 경험을 할 때, 그와 같은 작은 승리를 마음껏 축하해 주어야 한다. 그리고 그들과 그리스도 간의 관계의 뿌리가 단단해졌을 때는 더 열심히 복음 전도의 노력을 기울일 수 있도록 그들을 격려하고 준비시켜 주어야 한다.

그런데 지금 너무 앞서 나가는 것 같다. 우리는 영적 성장은 우리가 내리는 많은 결정들의 영향을 크게 받는다는 조사 결과를 소개하는 것으로 이번 장을 시작했다. 또한 발견 프로젝트의 결과에 기초하여 사람들이 하나님과 친밀해지고 그들이 성령님의 역사에 동참할 수 있도록 도와주는 중요한 영적 촉진 요소 25가지를 확인했다[표 6-6].

하지만 25가지는 수는 너무 큰 숫자다. 이 모든 요소들이 제각기 다른 측면에서 중요하고 필요한 것임에는 틀림없지만, 그 가운데 어떤 결정이 **가장** 중요한지를 알면 좋지 않을까? 더 쉽게 관리할 수 있고 핵심

25가지 영적 성장 촉진 요소

여덟 가지 영적 신념과 태도

1. 은혜로 얻는 구원
2. 삼위일체
3. 인격적인 하나님
4. 그리스도를 첫 자리에 모심
5. 성경의 권위
6. 그리스도 안에서의 정체성
7. 나의 삶을 드림
8. 청지기 정신

여섯 가지 교회 활동

1. 교회 봉사
2. 주일 예배
3. 소그룹
4. 교회를 통한 구제 봉사 활동
5. 영적 주제에 대한 성인 교육 과정
6. 그 밖의 다른 가르치는 활동 / 예배 참석

일곱 가지 개인적인 신앙 훈련

1. 성경 묵상
2. 성경 읽기
3. 인도하심을 구하는 기도
4. 죄를 고백하는 기도
5. 십일조
6. 일기 쓰기
7. 고독의 훈련

다른 사람들과 함께하는 네 가지 영적 활동

1. 영적 우정
2. 전도
3. 개별적인 구제 활동
4. 영적 멘토

표 6-6 이 25가지 요소들이 영적 성장에 가장 큰 영향을 미치는 촉진 요소들이다.

적인 몇 가지 소수의 영적 촉진 요소에 집중하는 게 더 낫지 않을까? 바로 다음 장에서 세 단계의 각 변화 과정에서 가장 중요하게 작용하는 촉진 요소를 다섯 개씩 살펴봄으로써 이 작업을 하려 한다. 그리고 후보를 더 좁혀 나가 단 한 가지 영적 촉진 요소, 즉 성도들을 '그리스도 중심'의 제자들로 성장시키도록 도우려 할 때 다른 나머지 촉진 요소들보다 훨씬 중요하게 작용하는 한 가지 결정을 집중적으로 살펴볼 생각이다.

영적 신념과 태도 진술이란 무엇이며, 그 출처는 어디인가?

우리 조사의 목적은 영적 성장을 진전시키는 요소가 무엇이며, 그것을 방해하는 요소는 또 무엇인지에 대한 통찰을 얻는 것이다. 우리는 하나님을 사랑하고 이웃을 사랑하라는 가장 큰 계명을 내리신 그리스도의 가르침[마 22:36-40]에 근거하여 '영적 성장'이라는 단어에 대한 작업적 정의를 내렸다. 사람들이 어디서 영적으로 성장하는지를 평가하기 위해 우리는 영적 신념과 태도를 나타낸 진술을 가지고 그들이 각 진술에 얼마나 강하게 동의하는지를 묘사해 보라고 했다. 우리가 사용한 진술들은 다음과 같다.

은혜로 얻는 구원: 나는 현재나 과거의 내 행위로 스스로를 구원할 수는 없다고 믿는다[엡 2:8-9].

삼위일체: 나는 성경의 하나님이 유일하고도 진정한 하나님—아버지, 아들, 성령—이심을 믿는다[고후 13:13].

인격적인 하나님: 나는 하나님이 적극적으로 내 삶에 개입하고 계시다고 믿는다[시 121].

그리스도를 첫 자리에 모심: 나는 내 인생에서 예수님이 첫 번째가 되기를 바란다[마 6:33].

성경의 권위: 나는 성경이 나의 말과 행동에 결정적인 권위가 있다고 믿는다[딤후 3:16-17].

그리스도 안에서의 정체성: 나는 하나님을 알고 사랑하며 섬기기 위해 존재한다 요 1:12-13.

청지기 정신: 나는 그리스도인이라면 물질적인 것을 추구하는 삶이 아닌 희생하는 삶을 살아야 한다고 믿는다 딤전 6:17-18.

삶의 희생: 나는 예수 그리스도를 위해 기꺼이 내 인생에서 중요한 모든 것을 잃을 위험을 감수할 수 있다 롬 12:1-2.

신앙의 희생: 나는 불신자들이 예수 그리스도를 자신들의 주님이자 구세주로 받아들이기를 기도한다 엡 6:19-20.

시간의 희생: 나는 내 공동체에 속한 다른 사람들을 섬기고 돕기 위해 내 시간을 내어놓는다 골 3:17.

돈의 희생: 하나님의 일이 나의 재정 사용의 최우선 순위다 고후 8:7.

이 진술들은 성경에 그 기반을 둔 것으로서 텍사스 주 샌안토니오의 오크힐스 교회의 담임목사인 랜디 프레이지Randy Frazee가 쓴 『그리스도인의 생활개요 평가도구』The Christian Life Profile Assessment Tool에 나온 내용들이다. 수십 명의 교회 지도자들과 신학자들이 그리스도의 제자들에게서 반복적으로 발견되는 핵심적인 특징을 발견하기 위해 철저하게 성경을 연구하였고, 그런 다음 펜실베이니아 대학과 리서치 전문업체 갤럽이 후원하는, 지속적으로 미국의 '영적 온도'의 기준점이 되는 "영적 연두교서"The Spiritual State of the Union를 포함한 다양한 포럼에서 이를 검증하고 개정하였다. 이 같은 포괄적인 노력에는 달라스 윌라드Dallas Willard나 J. I. 패커J. I. Packer, 래리 크랩Larry Crabb 같은 전문가들이 참여하였다. 이 과정에 참여한 사람들이 이처럼 우수했을 뿐만 아니라 그 접근법이 무척이나 철저하였기에 우리는 이 진술들을 우리의 조사에 활용하기로 했다.

1단계 변화:
'그리스도를 알아 감'에서 '그리스도 안에서 성장함'으로

"그리스도와 인격적인 관계를 가질 수 있도록 도와주세요."

이것은 발견 프로젝트에 참여한 25만 명 이상의 교인들이 공통적으로 표현한 그들의 바람을 담은 진술이다. 우리가 질문한 교회에 바라는 속성 18가지 중에서 "그리스도와 인격적인 관계를 가질 수 있도록 도와주세요"라는 요구가 일관되게 목록의 상위에 올라와 있다. 그뿐만 아니라 교인들이 각자의 교회에 최우선적으로 바라는 다섯 가지 목록에도 이 진술은 거의 빠지지 않고 등장했다. 대부분의 교인들이 그리스도와의 인격적인 관계를 발전시키기 위해 교회가 뭔가를 **더 해** 주기를 바라고 있다는 말이다. 이 같은 현상은 루터교와 성공회, 장로교, 감리교, 침례교, 개혁파는 물론 초교파와 복음주의 교파와 교회 규모를 막론하여 일관되게 나타났다.

발견 프로젝트에 참여한 교회들 가운데 콜로라도 주 덴버 외곽에 위치한 출석교인이 850명 정도인 어느 교회는 이 조사를 통해 소속 교인들이 교회를 사랑하고 담임목사를 존경하고 있다는 사실을 깨달았다. 그러나 이들이 예수님과의 관계가 발전할 수 있도록 교회가 도와주기를 바라고 있다는 점도 분명히 드러났다. 교회의 리더십 팀과 이 발견 결과에 대해 이야기하던 중에 한 목사님이 아주 자연스럽게 다음과 같은 질문을 던졌다.

"제가 어떻게 이 일을 하면 될까요? 교인들이 도움을 바라고 있다는 건 알겠어요. 그렇다면 대체 저는 무엇을 어떻게 해야 하죠?"

이 질문이 떨어지자 일동은 순간 침묵에 잠겼다. 이 질문을 한 목사님은 베테랑 교회 지도자였고, 그때 우리는 그 교회의 영적 성장 속도가 빠르다는 것을 확인해 주는 45페이지짜리 발견 프로젝트 결과를 보고 있었기 때문이다. 그것은 아주 기본적인 질문이었는데도 그 말을 들은 우리 모두의 마음에는 순간 궁금증이 일었다. 그러니까 그 모든 통계학적 데이터를 정리한 우리가 정작 목회자들이 가장 잘 알아야 할 내용을 보지 못하게 만든 게 아닌가 하는 의문이 생긴 것이다. 사실상 그들은 다른 어떤 것보다 성도들의 영적 성장을 돕는 것은 기본적으로 **그들과 예수님 사이에 인격적인 관계를 강화할 수 있도록** 어떤 조치를 취하느냐에 달려 있다는 사실을 확실히 알고 있어야 했다.

성도들의 영적 성장을 돕기 위한 그 첫 번째 조치가 바로 여기, 1단계 변화에서 시작된다. 그리스도를 알아 가는 단계에서 그리스도 안에서 성장하는 단계로 성도들을 성장시키려 할 때 가장 유용한 것이 무엇인지 구체적으로 살펴보기 전에 먼저 우리가 지금 성취하고자 하는 기본적인 목표가 무엇인지를 다시 한 번 확인하고 넘어가자.

영적 성장에 대한 한 가지 근본적 사실

우리가 발견한 모든 결과들은 한 가지 근본적인 사실에서 비롯되었다. '영적 성장'은 하나님과 이웃에 대한 사랑이 커지는 것으로 정의 내릴 수 있는데, 그것은 교회 활동에 더 많이 참여함으로써 성취하는 것이 아니라는 것이다. 또한 생활방식의 변화나, 나이를 먹어 가면서 자연적으로 일어나는 결과도 아니다. '영적 성장'은 **그리스도와의 인격적인 관계가 자라나는** 속도와 정확히 똑같은 속도로 일어난다. 영적인 구조의 목표는 영적 성숙, 즉 "그리스도의 장성한 분량이 충만한 데까지 이르"고^{엡 4:13}, 그리스도의 형상을 본받는 자가 되는 것^{롬 8:29}이다.

콜로라도 교회의 목사님처럼 여러분도 "그렇다면 어떻게 해야 하지? 우리 성도들을 어떻게 도와야 그들이 그리스도와의 관계에서 성장할 수 있을까?" 하는 점이 궁금할 것이다. 그 목사님과 여러분에게 나는 똑같은 답을 주려 한다. 우리 작업의 핵심을 담고 있기도 한 그 답은 "상황에 따라 다르다"라는 것이다. 그리스도와 친밀한 단계로 성장시키려 하는 성도에게 필요한 것은, **그가 지금** 그리스도와의 관계에서 어떤 지점에 **위치해 있느냐**에 달려 있다. 이 장에 뒤이어 나올 세 장에서는, 각 성장 단계별로 "상황에 따라 다르다"는 이 답이 구체적으로 어떤 의미가 있는지를 정의하고 설명할 것이다. 우리는 영적 성장 과정 단계별로 성도들이 필요로 하는 것이 각기 어떻게 달라지는지 확인해 볼 것이다.

그리스도를 영접하도록 이끄는 13가지 촉진 요소

이미 6장에서 영적 성장에 가장 큰 영향을 끼치는 25가지 촉진 요소를 살펴보았다. 이번 논의를 진행하기 위한 적절한 기초는 닦아 놓은 셈이다. 1단계 변화에서는 그 가운데에서도 13가지 요소가 특히 중요한 역할을 하는 것으로 밝혀졌다. 1단계 변화에 가장 큰 영향을 미치는 13가지 촉진 요소들에[표 7-1] 6장에서 다룬 네 가지 카테고리의 요소들이 모두 포함되어 있다는 사실을 특히 눈여겨보아야 한다. 이는 영적 발전의 가장 초기 단계에서부터 개인적인 신앙 훈련이라든지 영적 우정 같은 요소들이 성도들에게 도움이 된다는 뜻이다.

그러나 누군가에게 그리스도가 하나님의 아들이시며, 그리스도가 주시는 구원을 반드시 받아야 한다는 점을 설득하는 것이 목적인 경우, 이 목적을 이루는 데 직접적으로 영향을 미치는 '영적 신념과 태도'라는 카테고리의 항목들이 이 목록에 가장 많이 포함되는 것은 당연한 일이다. 그러나 이 13가지 요소는 모두 사람들이 회의적인 상태에서 신자로 변화해 갈 때 반드시 내려야 할 결정 사항들임에는 변함이 없다.

초기에 나는[캘리] 윌로크릭의 커뮤니케이션 담당자로서 교회 내 여론에 영향을 주고 행동을 이끌어 내기 위해 만들어진 공보자료를 작성하고 배포하는 것을 감독하는 업무를 맡았다. 비즈니스 세계에서 이 같은 미디어 '선전'은 재정적 결과나 제품 출시, 혹은 예정된 행사에 대한 것들이 대부분이다. 하지만 윌로크릭에서의 커뮤니케이션은 주로 특별 강의나 행사, 혹은 지역의 캠퍼스에서 새로 예배를 드리게 되는 것과 같은 교회의 획기적인 사건들과 관련되어 있었다.

'그리스도를 알아 감'에서 '그리스도 안에서 성장함'으로 움직이는

1단계 변화에 가장 큰 영향을 미치는 촉진 요소

영적 신념과 태도

은혜로 얻는 구원
삼위일체
인격적인 하나님
그리스도를 첫 자리에 모심
성경의 권위

교회 활동

교회 봉사
주일 예배
소그룹

개인적인 신앙 훈련

성경 묵상 '드문'에서 '자주'
성경 읽기 '드문'에서 '자주'
인도하심을 구하는 기도 '가끔'에서 '자주'
죄를 고백하는 기도

다른 사람들과 함께하는 영적 활동

영적 우정

표 7-1 가장 효과적인 25가지 영적 성장 촉진 요소 가운데 13가지가 처음 신자가 되는 과정인 1단계 변화에서 특히 중요한 것으로 나타났다. 이 목록에 주요한 영적 신념이 특히 많이 포함된 것은 기독교 신앙의 교리를 받아들이는 것이 이 과정에서 아주 중요하기 때문이다.

그 주제가 무엇이든 간에 언제나 우리가 그 문서의 배포를 통해 노리는 이중의 목표를 기억했다. 그 가운데 한 가지는 성도들이 교회를 긍정적인 시선으로 보도록 **영향**을 끼치는 것이었고, 다른 하나는 그들에

게 **동기를 부여해** 예배와 사역을 통해 윌로크릭을 제대로 경험하게 하는 것이었다.

이 책에서 우리는 **촉진 요소**와 **결정**이라는 단어들을 섞어 사용하면서 영적 성장에 **영향**을 미치는 요소들을 설명하고 있다. 과거에 내가 썼던 공보자료들처럼, 이 촉진 요소들 역시 사람들의 생각 변화에 영향을 끼칠 수 있으며, 동기를 부여해 행동을 이끌어 낼 수도 있다. 이 요소들이 사람의 태도^{그들의 생각과 느낌}와 영적 태도^{그들의 실제 행동}에 영향을 미친다. 촉진 요소^{혹은 결정}들은 사람들에게 영향을 주어 하나님과 이웃에 대한 사랑을 성장시키고, 그 같은 마음의 변화에 따라 행동하게 하게 한다. 물론 이 요소들이 공보자료가 그것을 읽는 사람들의 의견과 행동을 통제하는 것만큼의 변화를 **만들어 내지는** 않을 것이다. 대신 그것은 사람들의 정신과 마음과 행동을 자극하고 영감을 주어 예수님과 더 친밀해지도록 한다.

따라서 이 촉진 요소들이 의미하는 바를 명확히 이해하고 단순화시키는 데 도움이 된다면, 여러분들은 이것을 영적 공보자료라 여기면 될 것이다. 그것은 사람들의 마음을 무엇보다 강하게 휘젓고, 신앙이 성장함에 따라 이에 반응하여 달리 행동하고 생각하게 만드는 것들이기 때문이다. 먼저 1단계 변화에 대한 촉진 요소의 목록을 연구해 보면 그것이 교회 지도자들에게 아주 중요한 통찰 두 가지를 던지고 있음을 알 수 있다.

통찰 1: 교회가 꼭 필요하다. 1단계 변화에서 교회는 성장의 장을 마련해주는 중대한 요소다.

통찰 2: 교회가 해야 할 가장 중요한 역할은 그리스도에 대한 신뢰를 형성시키

는 것이다. 1단계 변화에서 교회가 가장 중요하게 여겨야 하는 목표는 하나님으로부터 멀리 떨어진 사람들에게 핵심적인 기독교 신념들이 믿을 만하다는 점을 설득하는 것이다.

통찰 1: 교회가 꼭 필요하다

우리가 정리한 첫 번째 통찰은 "이 모든 것은 그리스도와의 인격적 관계의 성장을 위한 것이다"라는 영적 성장에 대한 한 가지 기본적인 사실과 직접적으로 연결되어 있다. 사람 사이의 일을 비유로 들어 말하자면 인격적인 관계란 우리가 누군가를 만날 때 시작된다. 그 장소는 학교나 사무실, 사교 모임 같은 우리가 공유하는 공간일 가능성이 높다. 이와 마찬가지로 우리가 그리스도를 처음으로 만나는 장소는 주로 교회이며, 관계가 형성되기 시작하는 초기의 이 경험이 가진 의미가 기초가 되어 이후의 모든 일들을 이끌어내게 된다.

영적 모임 장소가 된다는 분명할 역할 외에도, 교회는 영적 의심을 가진 사람이 그리스도를 믿는 신앙으로 옮겨가도록 13가지의 촉진 요소가 그에게 영향을 미칠 때 그 요소들이 가장 효과적으로 기능할 수 있게 하는 기본적인 근원이기도 하다. 예를 들어 신앙 성장 초기에는 주로 교회의 소그룹 모임에서 꼭 필요한 영적 우정 같은 관계가 시작된다. 또한 기도를 하고 성경을 읽는 경험을 처음으로 하는 일도 중요하다. 신앙에 대해 알아 가는 사람들이 그런 훈련을 시작하기 위한 영감을 받고 실제로 훈련할 수 있는 장소 역시 교회다. 교회가 없다면 달리 기도를 하거나 성경을 펼 수 있는 장소를 찾기가 매우 힘들 것이다.

교회가 아닌 다른 환경에서는 초기의 영적 성장에 반드시 필요한 요소들을 그처럼 많이 얻을 수가 없다. 반면 교회는 핵심적인 기독교 신앙을 가르치는 선생이자 격려자, 설득자의 역할을 하면서 1단계 변화에 크나큰 기여를 한다. 이처럼 중대한 교회의 역할에서 누군가가 그리스도를 믿기로 결정하는 데 있어 근본적으로 중요한 것은 **기독교 신앙의 핵심적 가르침과 가치에 대한 신뢰가 커 가는 것**이라는 두 번째 통찰을 발견한다.

통찰 2: 교회가 해야 할 가장 중요한 역할은 그리스도에 대한 신뢰를 형성하는 것이다

신뢰는 모든 관계에서 빠져서는 안 될 핵심적 요소다. 그런데 눈에 보이지 않고 소리도 들을 수 없는 추상적인 하나님을 신뢰하지 못하는 회의주의자를 설득하는 것은 결코 쉬운 일이 아니다. 사실 하나님의 은혜가 없다면, 이것은 완전히 불가능한 일이다! 그러나 그렇다고 해서 하나님에 대한 진리를 선포하고 하나님을 사랑하는 본이 되는 교회의 목적과 사명에서 벗어날 수 있는 것은 아니다. 교회는 사람들과 하나님의 **사이를 가깝게 하여** 그들로 하여금 예수님의 복음을 듣고 경험하게 해 주어야 한다.

본질적으로 오늘날의 교회는 영적 중매자라 할 수 있다. 다시 말해, 교회는 만남의 장소와 '다음 단계'라는 개념을 제시한다. 또한 사람들이 궁극적으로 핵심적인 기독교 신앙을 신뢰하는 단계에 이르도록 만드는 기초적인 가르침을 준다. 교회의 노력이 없다면 그리스도를 알아 가는 단계에 속한 대다수의 사람들은 원래 그들이 있던 자리, 곧 지금은 물론 영원토록 하나님과 분리된 자리에 그냥 머물러 있을 수밖에 없을 것이다.

1단계 변화에서 교회가 고유한 역할을 감당한다는 사실은, 이 시기에 교회 활동에 참여하는 비율이 높아진다는 사실을 통해 가장 분명히 드러난다. 실제로 그리스도를 알아 가는 단계에서 그리스도 안에서 성장하는 단계로 변화하는 시기에, 주일 예배와 소그룹, 봉사에 참여하는 비율이 상승하는 양상은 다른 시기의 변화들보다 더 높다[표7-2].

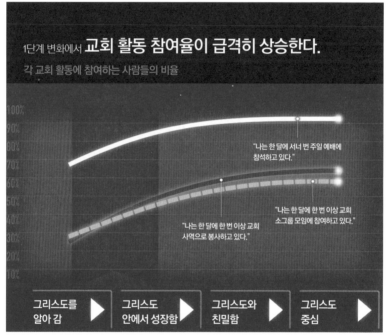

1단계 변화에서 **교회 활동 참여율이 급격히 상승한다.**

각 교회 활동에 참여하는 사람들의 비율

"나는 한 달에 서너 번 주일 예배에 참석하고 있다."

"나는 한 달에 한 번 이상 교회 소그룹 모임에 참여하고 있다."

"나는 한 달에 한 번 이상 교회 사역으로 봉사하고 있다."

| 그리스도를 알아 감 ▶ | 그리스도 안에서 성장함 ▶ | 그리스도와 친밀함 ▶ | 그리스도 중심 ▶ |

표 7-2 불신자에서 새신자로 변화할 때, 사람들이 주일 예배나 소그룹 같은 교회 활동에 참여하는 비율이 크게 늘어난다.

교회 활동의 참여율이 증가하는 현상은, 아직 예수님을 신뢰하지 못하는 사람들에게 교회가 그분을 더 알 수 있는 기회를 준 것으로 이해할 수 있다. 또한 그들이 핵심적인 기독교 신념들에 동의하는 비율이 교회 활동의 참여율 증가와 비슷한 양상으로 증가하는 것을 볼 때, 교회가 부여한 이 기회가 성도들의 태도와 신앙에까지 영향을 끼친다고 해석할 수 있다[표7-3].

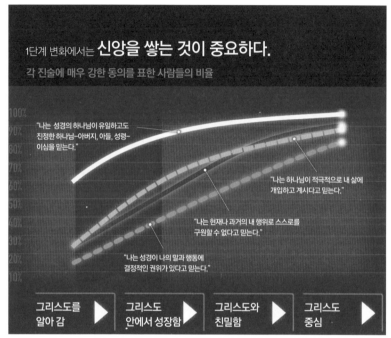

1단계 변화에서는 **신앙을 쌓는 것이 중요하다.**

각 진술에 매우 강한 동의를 표한 사람들의 비율

"나는 성경의 하나님이 유일하고도 진정한 하나님-아버지, 아들, 성령-이심을 믿는다."

"나는 하나님이 적극적으로 내 삶에 개입하고 계시다고 믿는다."

"나는 현재나 과거의 내 행위로 스스로를 구원할 수 없다고 믿는다."

"나는 성경이 나의 말과 행동에 결정적인 권위가 있다고 믿는다."

| 그리스도를 알아 감 | 그리스도 안에서 성장함 | 그리스도와 친밀함 | 그리스도 중심 |

표 7-3 핵심적인 기독교 신념에 강한 동의를 표하는 사람들의 비율은 영적 성장 초기 단계에서 가장 크게 증가한다. 기독교 신념의 교리적 토대가 굳건히 세워지는 것은 그리스도를 알아 가는 단계에서 그리스도 안에서 성장하는 단계로 변화하는 과정에서 일어나는 일이다.

은혜로 얻는 구원이나 삼위일체 같은 신념들에 동의하는 비율이 1단계 변화에서 극적으로 증가하고, 이 일이 교회 참여율의 증가와 동시에 일어난다는 사실을 통해 우리는 두 가지 중요한 결론을 얻을 수 있다. 첫 번째 결론은 이 초기의 변화 과정 속에서 그리스도를 믿는 전반적 신뢰가 커지며 그분과의 관계를 심화시키기 위한 토대가 굳건히 세워진다는 것이다. 두 번째 결론은 교회가 이 신뢰를 커지게 할 수 있도록 돕는 중요한 자원이라는 사실이다.

이 두 가지 결론은 교회에서 지도자로 섬기는 이들에게 특별한 격려가 된다. 그렇다. 사람들이 그리스도를 신뢰하도록 이끌고, 영적 성장을 위한 첫 번째 걸음을 걷도록 하는 점에서 교회는 중대한 역할을 감당한다. 그러나 콜로라도의 그 목사님이 제기했던 질문을 떠올려 보자면, 방금 정리한 우리의 결론에 오해의 소지가 있음을 깨닫는다. 예를 들어 이 결론이 의미하는 바가, 교회가 그리스도를 알아 가는 단계의 사람들에게 다른 요소는 **배제하고** 1단계 변화에서 가장 효과적인 촉진 요소인 다섯 가지 신념을 이해시키고 동의하게 만드는 일에만 전적으로 역량을 투입해야 한다는 것일까?

그렇지 않다. 표 7-1에 쓴 13가지 촉진 요소들은 초기의 영적 성장 과정에서 하나하나가 다 중요한 결정들이다. 그 목록은 어느 결정이 가장 중요한지를 지정하기 위해서 쓴 것이 아니다. 우리 교회가 그 가운데 겨우 몇 가지에만 집중할 여력이 없다면, 그 13가지 촉진 요소 목록을 통해서는 그 가운데 어떤 것이 인생을 변화시키는 데 가장 큰 잠재력을 가졌는지는 알 수 없을 것이다.

1단계 변화에 가장 큰 영향을 미치는 촉진 요소 다섯 가지

그러니 바로 여기서 1단계 변화를 경험하는 사람들의 영적 성장을 돕는 가장 중요한 촉진 요소가 무엇인지 그 순위를 매겨 보자. 이렇게 가장 중요한 다섯 가지 촉진 요소의 순위를 매겨 볼 때, 어느 한 가지 요소가 다른 요소들에 비해 얼마나 **더 중요한지도** 알 수 있다. 여기서 우리의 목표는 신앙생활에서 가장 큰 변화의 증거를 가져오는 촉진 요소 몇 가지를 구분해 내는 것이다. 다시 말해, 아직도 그리스도와의 인격적 관계를 맺지 않고 살아 가는 교회 성도들을 위해 특별히 중요한 촉진 요소를 알아내는 것이다.

특정 기초 식품군을 너무 많이 먹거나 적게 먹는 것은 건강에 좋지 않으니 균형 잡힌 식사를 하라는 조언을 들어보지 못한 사람은 없을 것이다. 1단계 변화에서 가장 큰 영향력을 가진 다섯 가지 촉진 요소에 대해서도 우리는 **균형 잡힌 영적 식사**를 해야 한다. 그리스도를 알아 가는 단계의 사람들에게 가장 중요한 다섯 가지 촉진 요소는 다음과 같다.

- ▶ 은혜로 얻는 구원에 대한 신념 나는 현재나 과거의 내 행위로 스스로를 구원할 수는 없다고 믿는다

- ▶ 삼위일체에 대한 신념 나는 성경의 하나님이 유일하고도 진정한 하나님-아버지, 아들, 성령-이심을 믿는다

- ▶ 교회 봉사 나는 한 달에 한 번 이상 교회 사역으로 봉사하고 있다

- ▶ 인도하심을 구하는 기도 나는 일주일에 서너 번 이상 기도를 드린다

- ▶ 성경의 의미를 자주 묵상하는 것 그것이 내 생활에 어떤 영향을 끼치는가?

그리스도를 알아 가는 단계의 사람들을 위한 '균형 잡힌 식사'에 포함된 촉진 요소들은 서로 다른 세 가지 종류의 영적인 경험의 카테고리

에 들어 있다[표7-4]. 흥미로운 사실은, 핵심적인 기독교 신념이 영적인 여정을 이제 막 시작한 이들에게 중요함에도 불구하고 그 신념들 가운데 두 가지, 즉 은혜로 얻는 구원과 삼위일체에 대한 신념만이 이 다섯 가지 가장 중요한 촉진 요소 목록에 올라와 있다는 것이다. 다른 카테고리에 속한 촉진 요소들이 성경의 권위를 믿는 것에 대한 동의보다 1단계 변화를 지나는 이들에게 더 큰 영적인 영향력을 미치고 있다는 말이다. 이 목록의 나머지 세 가지는 규칙적으로 교회 봉사를 하는 것과 인도하심을 구하는 기도와 성경 묵상이라는 두 가지 신앙 훈련이 차지한다.

중요도에 따라 나열된, 1단계 변화에 가장 큰 영향을 미치며 가장 중요한 이 다섯 가지 영적 성장 촉진 요소들은 신앙의 방관자로 머물러 있던 사람을 예수 그리스도와의 관계 속으로 이끌 때 가장 자주 등장하는 결정들이다.

그 순서에도 중요한 의미가 담겨 있다. 이 순서를 보면 대부분의 경우 은혜로 얻는 구원에 대한 신념이 1단계 변화의 영적 성장에 가장 큰 영향을 비치는 촉진 요소로 작용한다. 그것은 교회 지도자들이 1단계 변화에서 효과를 발휘하는 촉진 요소들 가운데 꼭 하나만을 강조해야 하는 여건이라면, 그 대상은 은혜로 얻는 구원이 되어야 한다는 뜻이다.

물론 은혜로 얻는 구원에 대한 신념이 이 변화 과정에서 가장 중요한 촉진 요소라고 순위를 매겼지만, 그것 하나만으로는 영적 변화를 일으키는 데 확실한 효과를 발휘하지는 못한다는 사실을 기억해야만 한다. 두 번째 촉진 요소인 삼위일체에 대한 신념이 미치는 영향력은 은혜로 얻는 구원에 대한 신념보다 약 10퍼센트 정도 약한 것으로 나타났다. 그 뒤를 이은 촉진 요소들은 순서에 따라 10퍼센트 정도씩 영향력이 적

1단계 변화에서 가장 중요한 영적인 촉진 요소

그리스도 중심

그리스도와 친밀함

그리스도 안에서 성장함

그리스도를 알아 감

3단계 변화

2단계 변화

1단계 변화

은혜로 얻는 구원	영적 신념
나는 현재나 과거의 내 행위로 스스로를 구원할 수는 없다고 믿는다.	
삼위일체	영적 신념
나는 성경의 하나님이 유일하고도 진정한 하나님-아버지, 아들, 성령-이심을 믿는다.	
교회 봉사	교회 활동
나는 한 달에 한 번 이상 교회에서 섬김의 사역을 하고 있다.	
인도하심을 구하는 기도	신앙 훈련
내 삶의 인도하심을 구하는 기도를 한다 ('가끔'에서 '자주')	
성경 묵상	신앙 훈련
성경 말씀의 의미를 내 삶에 비추어 묵상한다('드문'에서 '자주')	

표 7-4 이 표는 1단계 변화의 영적 성장에 가장 큰 영향을 미치는 다섯 가지 촉진 요소를 중요도에 따라 나열한 것이다. 이 다섯 가지 요소는 그리스도를 알아 가는 단계에서 그리스도 안에서 성장하는 단계로의 변화를 가장 확실히 이끌어 내는 촉진 요소의 조합이다.

어져 목록 가운데 제일 마지막인 다섯 번째 '성경 묵상'이라는 촉진 요소는 영향력 1위인 '은혜로 얻는 구원에 대한 신념'에 비해 40퍼센트 이상 영향력이 감소하는 것으로 드러났다. 이렇게 첫 번째 요소와 다섯 번째 요소 간의 차이가 상대적으로 적다는 것은 이 다섯 가지 촉진 요소가 서로 비슷한 수준의 영적 영향력을 가지고 있음을 의미한다. 한 가지 요소가 특출하게 큰 영향력을 가져 다른 나머지 촉진 요소들을 압도하는 형세가 아닌 것이다.

이 촉진 요소들을 한 사람이 그리스도를 알아 가는 단계에서 그리스도 안에서 성장하는 단계로 옮겨 가는 영적 지도 위에 그려진 경유지라고 생각하면 도움이 될 것이다. 샌프란시스코에서 보스턴으로 자동차 여행을 계획하고 있다고 가정하자. 자동차로 하루 만에 샌프란시스코에서 보스턴으로 이동하는 것은 불가능하다. 그래서 중간중간에 멈춰 쉬어 갈 경유지에 대한 계획을 세워야 한다. 지도를 꺼내 보면 그 길을 따라 위치한 도시들의 이름을 확인할 수 있다. 그 도시들은 대부분 목적지를 향해 가는 도로 가까이에 위치해 있지만, 정확한 거리를 알려 주는 표지 없이는 가장 효과적인 경로를 정하기가 쉽지 않다.

그리스도를 알아 가는 단계에서 그리스도 안에서 성장하는 단계로 이동하는 사람들의 여정도 이와 같다. 처음에 언급한 13가지 촉진 요소들도 모두 우리가 가고자 하는 길 위에 놓여 있다. 하지만 그 가운데 여행 중에 멈춰 서기에 가장 적절한 경유지는 어디일까? 어떤 경유지를 지나가면 가장 효과적으로 목적지에 도착할 수 있을까? 샌프란시스코에서 보스턴으로 갈 때 우리는 피닉스나 댈러스, 워싱턴 DC를 지나갈 수도 있지만 덴버나 시카고, 버펄로를 지나는 것이 좀 더 효율적이다. 우리 같은 중서부 사람들은 1월에 이 두 번째 경로를 지나는 데 대해서는 한 번 더 생각해 볼 것을 권하겠지만.

이와 마찬가지로 다섯 가지 가장 중요한 촉진 요소들이 영적 성장으로 가는 **유일한** 길인 것도 아니다. 다만 조사를 통해 알아낸 바에 따르면, 이 요소들이 그리스도를 알아 가는 단계에서 그리스도 안에서 성장하는 단계로 성장하는 성도들이 지나는 가장 일반적이고 효과적인 영적 경로였다.

이 지점에서 이런 의문이 생길 수 있다. '성경이 부여한 중요도의 순서에 따라 가르치고 거기에서부터 하나님이 일을 진행해 나가시도록 해야 하지 않을까?' 우리는 결코 하나님 말씀의 중요성을 무시하거나 축소할 것을 교회 지도자나 목회자들에게 권하는 것이 아니다. 교회 지도자들에게 이 설문조사 결과를 절대적으로 받아들여 그것을 기준으로 본질적인 기독교 신념 교리를 가르칠 때 각기 얼마만큼의 중요성을 부여해야 할지를 결정해야 한다고 권하는 것도 아니다. 우리는 다만 발견 프로젝트의 조사 결과가 보여 주는 교리적 진실의 실제적이고 검증된 영적 영향력을 더 잘 이해할수록, 교회들은 영감과 유용한 정보를 갖춘 가르침을 성도들에게 줄 수 있다고 말하는 것이다.

은혜로 얻는 구원에 대한 신념이 이 목록에서 가장 상위에 있다고 해서, 다른 신념들이 **덜** 중요하다는 것은 아니다. 이것은 단지 이 특정한 촉진 요소가 그리스도를 알아 가는 단계에 속한 성도들이 그리스도 안에서 성장하는 단계라는 목적지를 향해 갈 때 가장 넓은 보폭으로 걸을 수 있게 해 주며, 이 단계에서의 영적 성장에 가장 큰 영적 영향력을 미친다는 의미다. 그러나 이 요소만 가지고 목적지에 도착할 수는 없다. 이를 위해서는 삼위일체에 대한 신념이나 교회 봉사 같은 그 밖의 다른 많은 경유지들도 만들어야 한다. 은혜로 얻는 구원에 대한 신념만큼 강력한 영향력은 발휘하지 않는 것이 보통이지만, 이 촉진 요소들이 은혜로 얻는 구원에 대한 신념과 결합할 때 1단계 변화를 가로지르는 데 필요한 영적 동력이 창출될 가능성이 훨씬 더 높다.

교회는 이들을 어떻게 도와야 하는가?

1단계 변화에 가장 큰 영향을 미치는 다섯 가지 영적 촉진 요소를 이해했으니, 이제 우리는 이 장 초반에 덴버의 한 교회 목사님이 제기한 질문에 좀 더 제대로 답할 수 있다. 먼저 그는 그리스도와의 관계를 발전시키기 원하는 성도들에게 필요한 것이 무엇인지 알고 싶어 했다. 이제는 여러분도 1단계 변화에 속한 성도들이 성장하기 위해서는 어떤 촉진 요소에 집중하는 것이 가장 큰 도움이 되는지 이해했을 것이다. 그러나 그 목사님이 제기한 질문의 뒷부분인 **"어떻게** 그들을 도와야 하는가?"에 대해서는 아직 이야기하지 않았다.

우리는 3부에 가서 발견 프로젝트로 최상위 교회로 드러난 교회, 즉 성도들의 영적 성장을 가장 효과적으로 이끌어 내고 있는 교회들이 이 주제에 대해 무엇을 행하고 있는지를 살펴봄으로써 이 질문에 집중적으로 답할 것이다. 그러나 3부에서 본격적으로 여러 가지 통찰들을 제시하기에 앞서, 특별히 1단계 변화 과정을 지나는 "사람들을 어떻게 도와야 하는가?"라는 질문에 대하여 이 프로젝트에 참여한 수백 교회들의 경험으로부터 알아낸 몇 가지 방법을 제안하며 이 장을 끝내려 한다.

초신자들에게 신앙을 소개하는 일에 관해서는,『목적이 이끄는 교회』Purpose-Driven Church, 디모데의 모델이 경이적이고 성공적인 성과를 보여 주었다. 우리가 여기서 이 모델을 강조하는 것은 그것이 큰 인기를 끌었기 때문이 아니라, 그 모델이 깜짝 놀랄 정도로 일관되게 발휘한 영적 영향력 때문이다. 특히 이 모델은 그리스도를 알아 가는 단계에서 그리스도 안에서 성장하는 단계로 변화를 촉진시키는 부문에서 큰 두각을 나타냈다. 발견 프로젝트에 참여한 교회들 가운데 가장 건강한 교회들을 접하면서 우리는 그 가운데 대다수가 릭 워렌Rick Warren이『목적이 이끄는 교회』에서 가르친, 야구의 '내야 사각형'이라는 사역 틀을 따라 오리엔테이션 프로그램과 성경공부 시리즈의 패턴을 만들어 운영하고 있다는 사실을 발견했다.224쪽 "1단계 변화를 위한 목적이 이끄는 접근법" 참고.

텍사스 주와 멕시코의 경계에 위치한, 빠르게 성장하고 있는 한 대형 교회를 좋은 예로 들 수 있다. 이 교회의 담임목사는 이 '목적이 이끄는 모델'을 높게 평가하면서 그 모델로 인해, 교회 리더십들이 복잡하게 생각했던 것들이 아주 기본적인 것으로 단순해졌다고 말한다. 그는 이것을 '멍청이들을 위해 교회 하기'doing church for dummies라는 말로 즐겨 표현한다. 그는 수많은 시간을 들여 '목적이 이끄는 모델'의 고유한 틀을 연구하여 자신이 시무하는 다문화 교회에 맞게 수정했다. 그러나 책에서 제시한 기본 단계, 즉 제일 먼저 교회의 비전과 신념을 가르치고 그다음 단계로 다른 사람과 관계를 맺고 교회를 섬기는 기회를 제공하며, 마지막으로 개인적인 신앙 훈련의 기초를 소개하는 순서는 변경하지 않고 그대로 따랐다. 이것은 우리와 대화를 나눈 다른 대부분의 목회자들도 마찬가지였다. 교인 수가 빠르게 늘어나 3,000명에 이르자, 교인들이 담임목사에게 요구하는 바는 말할 수 없을 정도로 많아졌다. 그러나 그는 계속해서 교회 비전을 가르치는 첫 번째 수업을 직접 진행해 나갔다. 그는 이 일이 무엇보다 중요한 기초라고 생각했기 때문이다.

'목적이 이끄는 모델'은 1단계 변화에서 가장 중요한 영적 성장의 다섯 가지 촉진 요소와 논리적이고 조직적인 교회 프로그램 사이를 긴밀하게 연결시켜 주는 흔치 않은 도구다. 교회에 이와 비슷한 도구가 없다면, 특히 그리스도를 알아 가는 단계의 사람들을 주 대상으로 삼고 있는 교회라면 더더욱 그 사람들이 적극적으로 그리스도를 알아 가고 있는지, 혹은 자기 만족을 위해 그냥 교회에 참석만 하고 있는지를 생각해볼 필요가 있다. 그러나 그들이 어떤 경우에 속해 있든지, 1단계 변화를 지나는 사람들의 필요를 채워 주는 '비전/신념 + 봉사와 공동체적 교제의 기회 + 기본적인 신앙 훈련'이라는 이 간단한 공식만 적용한다면, 영적 성장의 가속성이 붙을 수 있는 잠재력이 그들 안에 싹튼다.

이 구조가 일단 자리를 잡고 나면 영적 여정의 초기 과정에 있는 사람들은 이제 다음 단계를 위한 계획과 구체적인 절차를 스스로 세울 수 있다. 한 번에 한 명씩^{하나님이 은혜를 베푸신다면 수십 명씩} 한때 그리스도를 알아 가는 단계에 속했던 이들이 진정으로 복음을 접하고 부르심을 받아 예수님과 인격적인 관계를 맺는 훈련을 받기 시작할 것이다.

그렇다면 이제 다섯 가지의 가장 중요한 촉진 요소를 공유했으니 이제 할 일은 완전히 끝났다고 생각해도 될까? 절대 그럴 수 없다. 그리스도를 알아 가는 단계에서 경험하는 이 첫 번째 변화에 이어 그다음 과정인 그리스도 안에서 성장하는 단계에서 그리스도와 더욱 가까워져 그리스도와 친밀한 단계로 나아가는 2단계 변화가 시작되기 때문이다.

이 두 번째 변화 과정은 교회에 엄청난 도전거리와 기회를 던져 준다. 대부분의 교회들에는 "그리스도 안에서 성장하는 단계"에 속한 성도들의 수가 가장 많기 때문이다.

지금까지 초신자들이 영적 지도에서 길을 찾아 나가는 동안 중간에 들르는 영적 경유지 가운데 가장 큰 영향력을 가진 요소가 무엇인지 알아보았으니, 이제 교회 지도자들은 어떻게 하면 자신의 시간과 자원을 좀 더 명확하고 집중적으로 할당할 수 있을지를 좀 더 잘 판단할 수 있을 것이다. 그렇다면 이제 교회에서 가장 다수를 차지하고 있는 이 단계의 사람들이 그리스도와 더욱 친밀해지려 할 때 가장 큰 영향을 미치는 다섯 가지 촉진 요소가 무엇인지 살펴보도록 하자.

1단계 변화를 위한 목적이 이끄는 접근법

　　모든 교회 지도자들은 노소를 불문하고 캘리포니아 주 레이크포레스트에 위치한 새들백교회의 릭 워렌 목사가 쓴 베스트셀러 『목적이 이끄는 삶』 The Purpose-Driven Life, 디모데를 잘 알고 있다. 2002년 출간한 이후 300만 부 이상 팔린 이 책은 "이것은 우리에 관한 것이 아니다"라는 첫 번째 진술을 통해 엄청난 영향력을 발휘한 이 운동의 주제 정신을 포착해 놓았다. 모든 사람들은 그들의 삶에 대한 하나님의 목적을 찾으라는 의미로 이 메시지를 이해할 것이고, 목회자들은 각자의 교회에 대한 하나님의 목적을 찾고 이를 성취하라는 의미로 이를 받아들일 것이다.

　　발견 프로젝트에 참여한 교회들 가운데 가장 영적으로 생동감 넘치는 다수의 교회들은 『목적이 이끄는 삶』보다 7년 앞선 1995년에 발간된 『목적이 이끄는 교회』에서 비롯된 사역 모델을 활용하고 있었다. 이 책은 야구의 '내야 사각형'의 이미지를 활용하여 성도들의 삶을 '그리스도 중심'의 삶으로 이끄는 데 도움이 되는 네 가지 주요 목적과 순차적인 네 과정을 알려 준다. 그 네 가지 과정의 내용은 다음과 같다.

　　▶101 과정: 등록 교인이 되게 함으로써 기독교적 신념과 세례나 성찬 같은 성사는 물론 교회의 비전과 목적, 소속감을 공유한다.

　　▶201 과정: 기독교의 기초가 되는 네 가지 습관을 통해 개인적인 신앙 훈련을

하게 함으로써 성숙의 과정이 시작되게 한다. 네 가지 습관이란 하나님의 말씀과 기도, 십일조, 교제를 위해 시간을 쓰는 것을 가리킨다.

▶301 과정: 각 사역 부서에 속하게 하여 각자의 영적 은사를 발견하고 섬김의 기회를 갖게 한다.

▶401 과정: 복음 전도 훈련을 통해 자신의 신앙을 다른 사람들과 나누게 하고 그들을 격려하여 "각자의 삶에 대한 하나님의 사명"을 발견하게 한다.

발견 프로젝트에 참여한 교회들 중에는 이 순서를 그대로 따르는 교회도 있고 변형하는 교회도 있었지만 어떤 경우든 이 '목적이 이끄는' 개념이 그들의 사역에서 확실한 효과를 발휘했다는 점만은 분명했다. 교회가 등록교인 오리엔테이션을 세 차례씩 진행하거나 초신자들에게 성경을 이해시키는 수업을 15번씩 제공해 줄 수도 있지만, 부흥하는 교회들은 무엇보다 처음 교회를 방문한 사람들에게 그다음 단계를 위한 장을 분명히 마련해 준다는 공통점을 갖고 있었다. 이러한 경로는 목적이 이끄는 모델과 무척 비슷하다.

여기서 특별한 것은 그 각각의 과정 자체가 아니라, 성도들이 영적으로 성장하는 데 있어서 가장 큰 도움이 되는 단편적인 사역 활동들을 효율적으로 연결짓고 있다는 점이다. 또한 101부터 401에 이르는 디딤돌들의 논리적 진행 과정이 1단계 변화에서 가장 효과적인 다섯 가지 영적 촉진 요소와 절묘하게 어울린다는 점을 따로 언급하지 않을 수 없다[215쪽, 표 7-4]

8

2단계 변화:
'그리스도 안에서 성장함'에서 '그리스도와 친밀함'으로

대부분의 기준으로 볼 때 이 주류 교파 교회는 성공한 교회에 속한다. 이 교회는 주일 예배를 3부에 나눠 드리는데 두 번은 전통 형식의 예배, 한 번은 현대 형식의 예배, 평균적으로 800명 이상의 성도들이 모인다. 그 밖에도 인터넷 생방송이나 매주 방영되는 텔레비전과 라디오 방송을 통해 이 교회의 지도자들은 효과적으로 그 교회에 속한 대중과 폭넓게 소통하고 있었다. 이 교회에 속한 부유하고 좋은 교육을 받은 교인들은 성실하게 교회를 지원했으며 주일 예배 참석율도 높고 교회 지도자들에 대한 교인들의 존경심도 컸다. 교회에는 교인들이 마음껏 활용할 수 있는 개인 기도 공간에서부터 매주 농구 경기를 할 수 있는 공간 등 다양한 활동을 위한 특별한 공간을 갖춘 멋진 건물도 있었다. 교인들은 그 교회에서 30년 이상 시무하다가 6년 전부터 그 교회를 담임해 온 대표 목사님도 크게 존경하고 있었다. 그는 자주 미국 전역을 다니며 교회들을 위한 컨설턴트

로 섬기기도 했다.

그런데 근래 들어 이 목사님에게 신경 쓰이고 걱정스러운 일이 한 가지 생겼다. 그의 교회에 대한 발견 프로젝트의 조사 결과가 적힌 영적 보고서를 전달 받고 나서부터였다. 그 보고서는 자신의 교회가 영적으로 '평균' 수준에 머무르고 있다는 다소 실망스러운 사실을 전했다.

교인들 중 60퍼센트가 10년 이상 교회에 출석하고 있는데도_{자주, 즉 평} ^{균적으로 매달 서너 번씩}, 그들 중 절반에 가까운 사람들이 그리스도 안에서 성장하는 단계에 머물러 있었던 것이다. 신념과 신앙 훈련 부문의 결과는 다른 교회와 비교해 볼 때 평균적인 수준이었으나, 가끔씩 교회가 주최하는 특별한 전도 활동을 제외하고 교인들이 따로 복음 전도 활동을 하고 있다는 증거는 어디에서도 찾아볼 수 없었다. 전도 부문의 결과는 발견 프로젝트의 데이터베이스의 표준[1]에 한참 못 미쳤고, 영적 공동체의 수준[2] 역시 마찬가지였다.

좌절의 순간에 그는 소리 내어 되뇌었다. "때로는 제가 신앙 공동체가 아니라 사교클럽을 이끌고 있는 게 아닐까 하는 생각이 들어요." 설문조사 결과는 그의 이 같은 염려의 타당성을 뒷받침해 주는 듯했다. 교인들은 교회 관련 활동들에 시간과 돈을 바치는 것에 대하여 불편해하는 모습을 노골적으로 보이며 하나님과 이웃 사랑을 표현하는 것에 대해 미온적인 태도를 보였다. 주일 예배가 아닌 다른 사역 활동들에 대한 참여율은 불규칙한 양상이 눈에 띄었다. 발견 프로젝트의 결과 보고서

---

1 이 교회 교인들 중 13퍼센트만이 지난 해 불신자들과 여섯 차례 이상 영적 대화를 나눴다. 평균 은 22퍼센트였다.
2 소그룹에 참여하는 교인들의 비율은 30퍼센트였다. 평균은 50퍼센트였다.

를 한 페이지씩 넘길 때마다 교인들이 자신의 삶 속에서 그리스도와의 인격적 관계가 자라는 것을 절실하게 열망하지 **않는다**는 사실이 확실해졌다.

그러나 이 목사님은 금세 의기소침한 상태를 이겨냈다. 그는 그 설문조사 결과를 받아들이면서, 단순히 예수 그리스도를 하나님의 아들로 인식하고 있는 교인들을 변화시켜 그들로 하여금 구세주와 더 친밀하고 성장해 나가는 인격적 관계를 맺도록 해야겠다는 열망을 품었다. 자리에 앉아 설문조사 결과를 들여다보던 그의 마음속에서 들끓던 질문은 간단했다. "어떻게 하면 성도들이 그것을 **원하게** 만들 수 있을까?"

이것은 모든 교회 지도자들이 언젠가는 한 번씩 묻게 되는 질문일 것이다.

여기서 말하고 있는 도전은 우리가 교회들과 일하면서 맞닥뜨리는 가장 어려운 문제 가운데 하나다. 어떻게 하면 다년간 피상적인 영적 태도와 행동만 하는 사람들을 감동시켜 겨우 주일 예배에 참석하고 교인 명부에 이름을 올리는 수준을 뛰어넘는 신앙생활을 하고 싶은 열망을 품게 만들 수 있을까? 많은 교회 지도자들이 이 딜레마에 빠져 고민하고 있다. 어떻게 하면 지금의 상태에 만족하여 움직이려 하지 않는, 그리스도 안에서 성장하는 단계의 이 성도들을 일으켜 세우고, 동시에 '그리스도와 친밀한' 인격적 관계를 갈망하도록 동기를 부여할 수 있을까?

바로 이런 이유로 우리는 그리스도를 지적으로 받아들이는 태도에서 상호소통과 친밀감을 특징으로 하는 관계로 이동하는 2단계 변화를 영적 성장 과정에서 가장 극적인 변환의 과정이라 인식했다. 이 변화 과정에서 신앙은 머리에서 가슴으로 옮겨 가며, **인격적**이라는 단어가 각 사람이 일상생활 속에서 그리스도와 맺는 관계를 가리키는 말이 되기 시작한다. 이때부터 그리스도는 더 이상 추상적이거나 우리와 멀리 떨어진 이론적인 존재가 아니라 진짜 사람이 된다. 다시 말해서, 우리가 대면하는 일상적인 사건 속에서 그리스도는 의지할 수 있고 인도하심과 지혜와 용기를 간구할 수 있는 존재가 되는 것이다.

2단계 변화의 과정을 지나는 신자들의 모습은, 주일 예배를 마친 후 약간은 어색해하면서 예수님과 함께 걸으며 바로 전 예배에서 시작한 두 인격 사이의 대화를 계속 이어 나가면서 교회를 떠나는 모습과도 비슷하다. 교회 주차장을 빠져나가는 자동차의 조수석에는 예수님이 타고 계시고, 이렇게 시작된 예수님과의 대화가 한 주 내내 시시때때로 이어지다가 그다음 주일에도 예수님과 **함께** 교회로 걸어 들어온다. 이같은 변화가 만들어 내는 중요한 역학은 이들과 그리스도와의 관계가 조직적인 교회 활동과 무관하게 이루어진다는 것이다. 그뿐만 아니라 그 관계가 교회를 대신하여 그 성도의 인생의 선택과 방향에 영향을 미치는 중심적인 힘이 된다는 것이다.

이 변화 과정에서 일어나는 마음의 영적 변화는 "예수님이 건물을 나가셨다"라는 문구로 요약할 수 있다. 물론 언제든 예수님은 건물 안에만 갇혀 계시는 분이 아니지만, 여기서 중요한 개념은 예수님이 그 성도와 함께 어디든 다니신다는 것이다. 그리스도 안에서 성장하는 단계에 있을 때는 지식을 통해 예수님과 다소 어색하게 만나 왔다면, 그리스도와 친밀한 단계에서는 더욱 예수님께 의존하고 그분을 신뢰하는 일대 일의 관계를 맺는 생활방식을 갖는 것이다.

2단계 변화는 성도가 성숙해질 때 경험하는 극적이고 중요한 변환의 과정인데도, 많은 교회들이 이 과정을 무의식적으로 간과한다. 왜 그런 것일까? 이 2단계 변화 과정이, 형제들이 많은 집에서 중간에 낀 아이가 느끼는 가족 역동성^{family dynamics}과 유사하다는 점에서 그 답을 일부 찾을 수 있다.

태어나는 순서가 한 인간의 심리적 발달과 이후 삶에서 성취에 미치는 영향에 관해서는 수많은 책이 나와 있다. 그 가운데 많은 이론이 '첫째'가 된다는 것은 처음으로 유치원에 입학하게 되는 등 본질적으로 새로운 책임을 떠안고 새로운 발걸음을 내딛는다는 뜻이기 때문에 첫 번째로 태어난 아이들은 좀 더 적극적이고 자신감을 갖게 된다고 주장한다. 그리고 '막내'들은 부모는 물론 다른 형제자매들의 사랑과 보살핌을 받는 혜택을 누리기 때문에 보통 좀 더 자기 중심적이고 위험을 감수하지 않으려는 경향이 많다고 한다.

그러나 '중간' 아이들의 존재는 자주 잊혀진다. 때로는 아예 무시되기도 한다. 첫째들의 존재가 그들 앞에 있기 때문에 새로운 개척지를 가장 먼저 차지할 수 있는 기회는 없다. 그리고 막내들이 부모님들의 관심을 거의 독점하기 때문에 중간에 낀 이 아이들은 더 어린 형제자매들이 받는 것과 같은 특별한 관심을 받는 일 없이 자주 잊혀지고 무시된다.

태어난 순서의 역동성이 실제로 가족들 안에 존재하든 존재하지 않든, 이와 비슷한 상황이 대부분의 교회에서 벌어지고 있다고 믿는다. 2단계 변화를 지나는 성도들은 '중간 아이' 증후군과 유사한 경험으로 인해 어느 정도 고통을 겪고 있다. 역사적으로 볼 때 교회 지도자들은 대부분의 교회 역량을 영적 스펙트럼의 양 극단, 즉 그리스도를 믿기 위해 분투하고 있는 사람들[1단계 변화]과 자기들의 신앙을 적극적으로 포용하고 헌신적으로 교회를 섬기는 사람들[3단계 변화]에 집중적으로 쏟아 왔다. 2단계 변화에 속한 성도들은, 그들보다 덜 성숙하거나 더 성숙한 성도들이 교회 지도자들에게 자신들이 속한 영적 성장 단계에서 필요한 관심을 요구하며 독차지하는 바람에 중간에 끼여서 [무시되거나 아예 잊혀진 채] 갈 곳을 잃은 것처럼 보인다. 다시 한 번 기억해 주기 바란다. 대부분 교회의 교인들 가운데 약 40퍼센트가 그리스도 안에서 성장하는 단계에 속해 있다! 왜 더 많은 성도들이 더 빨리 성장해 영적 발달의 다음 단계로 신앙이 성숙해지지 않는 걸까?

모든 교회에 다 적용되는 이야기는 아니겠지만, 그래도 교회 지도자들은 이 '중간 아이 증후군'이 자신의 교회에서도 작용하고 있는지 그 여부를 조심스럽게 검토해 봐야 할 것이다. 만약 그렇다는 결론이 나온다면 더 많은 시간과 자원을 들여 이 중간에 끼여 있는 사람들을 돕는 데 써야 한다. 다시 말해, 그리스도를 받아들였지만 여전히 그분과 거리를 유지한 채 자신의 일상적인 삶에서 주님이 영향력을 끼치고 그들을 빚어 가도록 허락하지 않는 그들을 도와야 한다.

초신자들을 2단계 변화에서 가장 영향력 있는 촉진 요소로 이끌어 가는 목회자들과 교회 지도자들의 노력은 다른 어떤 노력보다도 생산적인 결과를 가져올 것이라 확신한다.

그리스도와의 인격적 관계로 이끄는 20가지 촉진 요소

7장에서 살펴본 25가지 촉진 요소 가운데 20가지가 2단계 변화와 구체적인 관련이 있는 것으로 나타났다[표 8-1]. 그리스도와의 관계를 진정으로 인격적인 관계로 발전시키기 위해 필요한 촉진 요소의 목록이 20가지라고 하면, 너무 많다고 느낄 것이다. 그러나 그 목록이 길다는 사실 자체가, 이 중대한 영적 전환이 본질적으로 매우 복잡하고 힘겨운 과정이라는 걸 알려 준다. 이 과정에 영향을 미치는 촉진 요소들은 대부분 사람과 그리스도와의 개별적인 관계가 관념적인 것_{신앙을 지적으로 받아들이는 것}에서 한 발 나아가 매일 그분과 소통하며 만나는 깊은 인격적 관계로 발전하는 데 있어 그들이 내려야 할 결정들이다.

앞장에서 1단계 변화의 촉진 요소 가운데 가장 효과적인 것이 무엇이었는지 떠올려 보라. 한 사람을 그리스도에 대한 믿음으로 인도할 때 가장 결정적인 촉진 요소와, 그리스도와의 관계를 그 사람에게 가장 핵심적인 중심 가치로 받아들이도록 돕는 촉진 요소는 서로 어떻게 다를까? 1단계 변화 과정과 2단계 변화 과정에서 각기 영향을 미치는 촉진 요소 목록을 비교한 결과, 다음과 같은 세 가지 중요한 통찰을 얻었다.

통찰 1: 확신이 중요하다. 1단계 변화가 핵심적인 신학적 신념을 받아들이는 과정이라면, 2단계 변화는 그 신념을 토대로 인격적인 하나님의 존재에 대해 확신을 쌓아 나가 그분을 '적극적으로 내 삶에 개입'하시는 분으로 인식해 가는 과정이다.

통찰 2: 개인적인 신앙 훈련이 핵심이다. 2단계 변화에서는 신앙 훈련을

2단계 변화에 가장 큰 영향을 미치는 촉진 요소

영적 신념과 태도

인격적인 하나님

은혜로 얻는 구원

성경의 권위

그리스도를 첫 자리에 모심

그리스도 안에서의 정체성

교회 활동

교회를 통한 구제 봉사 활동

교회 봉사

소그룹

주일예배

영적 주제에 대한 성인 교육 과정

개인적인 신앙 훈련

성경 묵상^{자주}

인도하심을 구하는 기도^{'자주'에서 '매일'}

십일조

일기 쓰기^{거의 하지 않음}

고독의 훈련^{'가끔'에서 '자주'}

성경 읽기^{자주}

다른 사람들과 함께하는 영적 활동

전도

영적 우정

개별적인 구제 활동

영적 멘토

표 8-1 가장 효과적인 25가지 영적 성장 촉진 요소 가운데 20가지가 구조화된 교회 환경 바깥에서 그리스도와의 관계를 위해 자신의 뭔가를 투자하기 시작하는 과정인 2단계 변화에서 가장 중요한 것으로 나타났다. 당연히 그 가운데에서도 개인적인 신앙 훈련 카테고리에 포함된 여러 요소들은 이 과정에서 특히 중요하게 작용한다.

실행하는 빈도수 증가를 통해 그리스도와의 인격적 관계의 문이 열린다.

통찰 3: 공개적인 자리로 나가는 것이 영적 성장을 촉진한다. 2단계 변화에서는 사람들의 신앙이 좀 더 담대해지면서 '공개적인 자리에 나가고' 아웃리치 경험을 시작하면서 성장이 한층 더 촉진된다.

그렇다면 이제 잠시 이 통찰들의 구체적인 내용과 그것이 2단계 변화와 구체적으로 어떤 관련이 있는지를 살펴보자.

통찰1: 확신이 중요하다

1단계 변화에서는 사람들이 삼위일체나 은혜로 얻는 구원 같은 핵심적인 신학 개념을 두고 고심하는 경우가 가장 많다. 앞에서 본 것처럼 이 두 가지 신념이 전체 촉진 요소 25가지 중에서 1단계 변화에 가장 큰 영향을 끼치는 요소들이었다. 다시 말해, 영적 성장의 초기에는 이 두 요소가 먼저 해결되어야 나머지 요소들이 도미노처럼 연이어 진행될 수 있다.

2단계 변화에서는 그런 식으로 선행되어야 할 핵심 신념들의 범위가 넓어진다. 여기서는 영적 신념의 카테고리에서 최상위에 위치한 '인격적인 하나님'에 대한 신념이라는 요소가 영적 성장을 이루어 내는 데 가장 큰 역할을 한다. 그리고 '삼위일체'에 대한 신념이라는 요소가 사라지고 그 대신 '그리스도 안에서의 정체성'이라는 영적 태도가 등장한다
"나는 하나님을 알고 사랑하며 섬기기 위해 존재한다" 표 8-2.

이 같은 차이는 그 사람의 마음이 영적으로 성숙하여 변화했음을 의미한다. 2단계 변화를 지나는 성도들은 이미 위에서 언급한 '삼위일체'에 대한 신념을 비롯한 기본적인 기독교 신학을 받아들인 상태이기

'인격적인 하나님'에 대한 신념이 2단계 변화에서
마음의 변화를 결정한다.

그리스도
중심

그리스도와
친밀함

그리스도
안에서 성장함

그리스도를
알아 감

2단계
변화

1단계
변화

2단계
변화

인격적인 하나님

은혜로 얻는 구원
심의일체
인격적인 하나님
은혜로 얻는 구원
성경의 권위
그리스도를 첫 자리에 모심
그리스도를 첫 자리에 모심
성경의 권위
그리스도 안에서의 정체성

표 8-2   인격적인 하나님에 대한 신념("나는 하나님이 적극적으로 내 삶에 개입하고 계시다고 믿는
다")이 세 번째로 중요한 것으로 나타났던 1단계 변화와 달리, 2단계 변화에서는 이 항목이 영적 신념
카테고리에서 가장 중요한 촉진 요소로 올라섰다.

때문에 이제는 더욱 심오하고 진심 어린 수준에서 이 신앙을 받아들이
기 시작한다. 하나님을 아는 지식이 이제는 진심 어린 사랑으로 바뀌고
한 주 내내 그리스도와 함께 대화하고 함께 걷고자 하는 열망 또한 커져
간다. 이 같은 변화를 무엇보다 잘 보여 주는 것은 이 변화 과정의 촉진
요소로 '그리스도 안에서의 정체성'이라는 항목이 등장한다는 사실이

다. 이들은 예수님과의 관계로 자신의 정체성을 규정하는 것을 받아들이기 시작한다. 이는 단순히 그리스도를 하나님의 아들로 믿던 상태에서 크게 진일보한 태도다.

1단계 변화와 2단계 변화에서 공통적으로 가장 영향력 있는 촉진 요소로 이름을 올린 것은, '은혜로 얻는 구원'과 '성경의 권위'에 대한 신념 및 '그리스도를 첫 자리에 모심'"나는 내 인생에서 예수님이 첫 번째가 되기를 바란다"등으로, 영적 신념 카테고리에 속한 것이 두 개, 영적 태도 카테고리에 속한 것이 하나다. 이 요소들이 두 변화 과정에 모두 등장한다는 사실은, 이 촉진 요소들이 1단계 변화에서부터 영향력을 발휘하기 **시작했다는** 뜻이다. 그러나 이 요소들을 대표하는 진술들에 **동의하는 강도가 강해짐으로써** 이들은 지속적으로 그리스도의 제자로 자라고 성숙해 가는 데 이 요소들의 영향을 크게 받았다.

기독교의 특정한 기본 신념과 태도에 대하여 더 깊은 확신을 가지고 더 강하게 동의하기 위해서는, 받아들이기가 더욱 힘든 영적 개념들을 두고 고민하는 과정이 필요하다. 당연히 은혜로 얻는 구원에 대한 깊은 확신과 성경의 권위에 대한 확고한 신념을 갖는 것이 '그리스도와 친밀한' 관계를 위한 필수 전제조건이다. 그 점에는 모두가 동의할 것이다. 마치 기본적인 음계를 익히는 것이 쇼팽을 연주하기 위한 전제조건인 것처럼 말이다. 그렇다면 왜 이 2단계 변화에 대한 촉진 요소 목록에서는 삼위일체에 대한 신념이 빠져 있는 것일까? 그것이 중요하지 않거나 대수롭지 않아서가 아니라 삼위일체[3]에 대한 확신은 1단계 변화에서

---

3   여기서 말하는 '삼위일체'란 "나는 성경의 하나님이 유일하고도 진정한 하나님-아버지, 아들, 성령-이심을 믿는다"라는 진술에 대한 사람들의 동의를 짧게 줄여 표현한 것이다.

이미 최고점을 찍었기 때문이다. 따라서 그에 대한 확신이 더 이상 증가할 가능성이 별로 없다. 달리 말해 삼위일체에 대한 의심은 1단계 변화에서 근본적으로 없어지는 데 반해, 그 밖의 다른 핵심적 신념에 대한 의심은 어느 정도 남아 있다. 그러나 사람들의 신앙이 좀 더 성숙해지면 이 의심들 역시 사그라질 확률이 매우 높다. 어쩌면 한꺼번에 완전히 사라질 수도 있다.

이처럼 영적 신념들에 대한 확신이 강해지고 의심이 줄어드는 것은, 우리가 얻은 두 번째 통찰이 직접적으로 증명된 결과라고 할 수 있다. 다시 말해, 2단계 변화에서는 개인적인 신앙 훈련의 횟수가 늘어남에 따라 그리스도와 좀 더 친밀한 관계를 향한 문이 열린다. 사람들 간의 관계에서도 소통의 횟수가 늘어날수록 상대의 성품과 가치에 대한 신뢰가 쌓여 가듯, 그리스도와의 소통의 횟수가 늘어나면 우리의 믿음 역시 점점 굳건해지는 것이다.

통찰 2: 개인적인 신앙 훈련이 핵심이다

2단계 변화에서는 하나님과 소통하는 횟수와 강도가 크게 상승한다[표 8-3]. 하지만 우리는 행동 그 자체의 의미뿐 아니라, 그 같은 행동이 시사하는 개인의 가치 체계에서의 근본적인 변화를 살펴보아야 한다. 행동양식을 바꾸려 할 때는 거의 언제나 그에 상응하는 대가를 치러야 한다. 그 대가는 개인적인 시간이나 기존의 관심 대상 같은 것이 될 수 있다. 우리가 열여덟 살이든 여든 살이든 하루는 변함없이 24시간이고, 이 시간은 눈 깜빡할 새에 흘러가듯 지나가 버린다. 달리 할 수 있는 일이 차고 넘침에도 불구하고 이 한정된 시간 가운데 일부를 기도나 성경공부, 일기 쓰기 같은 영적 묵상에 바치겠다고 선택하는 것은 신앙의 성숙을 보여 주는 확실한 표지다.

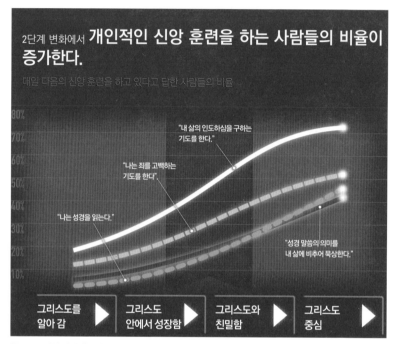

표 8-3 매일 신앙 훈련을 하고 있다고 답한 사람들의 비율이 급격히 상승하고 있다는 것은, 규칙적으로 신앙 훈련의 습관을 들여 실천하는 것이 그리스도 안에서 성장하는 단계에서 그리스도와 친밀한 단계로 변화하는 데 중대한 영향을 끼친다는 사실을 보여 준다.

1단계 변화가 주로 기초적인 신념들을 받아들임으로써 그리스도에 대한 신뢰를 쌓아 가는 과정이라면, 2단계 변화는 더 자주 그리스도와 소통하면서 그분과의 인격적 관계를 발전시켜 가는 과정이다. 그리고 그 소통은 개인적인 신앙 훈련을 통해 이뤄진다.

지금까지는 관계 발전을 위한 이 두 가지의 디딤돌통찰을 밟았다. 이

제 마지막 세 번째 통찰로 자연스럽게 옮겨 갈 수 있다. 세 번째 통찰이 란 아웃리치 경험을 통해 '공개적인 자리로 나가는 것'이 영적 성장을 촉진한다는 것이다. 사람들은 보통 다양한 인간관계에서 어떤 관계에 대해 상당한 확신을 갖고 있지 않는 이상, 상대방을 가까운 친구나 가족 들에게 소개시켜 주지 않는다. 그리스도와의 관계에서도 마찬가지다. 어떤 형태로든 아웃리치 활동을 통해 공개적인 자리로 나가기 위해서 는, 그가 영적으로 2단계 변화의 초기에 걸맞은 수준으로 성숙해 있어 야 한다.

통찰3: 공개적인 자리로 나가는 것이 영적 성장을 촉진한다

2단계 변화는 기독교 신념에 대한 용기를 얻어 공개적인 자리에서 자신의 신앙을 삶으로 구현해 내는 것으로 시작된다. 그 결과, 구제 활 동과 불신자들과의 영적 대화를 나누는 활동 등 아웃리치 부문에서 확 실한 진전이 나타난다[표 8-4].

이 영역에서는 교회의 역할이 아주 분명하게 정해져 있다. 교회를 통한 구제 활동이 2단계 변화를 위한 20가지 핵심 촉진 요소들 중 **가장 영향력 있는 교회 활동**이다. 두 번째로 영향력 있는 교회 활동은 교회 봉 사다. 2단계 변화에서 복음에 대한 확신이 싹트기 시작한다는 측면에서 이 두 요소를 생각해 보면, 교회의 역할이 기독교 신념을 가르치는 선 생[1단계 변화]에서 영적 활동의 준비자[2단계 변화]로 전환됨을 알 수 있다.

앞에서 언급한 "예수님이 건물을 떠나셨다"라는 문구로 설명해 보 자면, 2단계 변화에서 교회의 역할은 그리스도 안에서 성장하는 단계의 사람들에게 교회 밖에서도 각자의 신앙을 품은 채 지낼 수 있도록 영적 기술과 확신을 주는 것이다. 결국 그들은 교회 건물을 떠난 후에야 개인적인 신앙 훈련을 시작하여 각자의 신앙에 대한 확신을 쌓아 나갈 수 있다. 다시 말해, 교회 문밖 역시 자발적인 섬김의 활동을 하고 친구들이나 가족들과 의미 있는 영적 대화를 나눌 수 있는 공간이 되어야 하는 것이다.

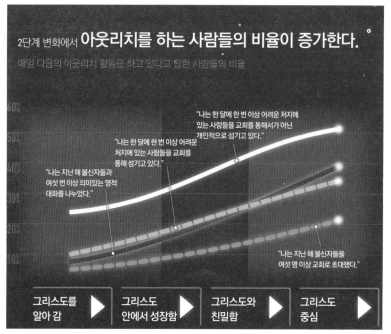

표 8-4 새신자의 상태(그리스도 안에서 성장하는 단계)에서 그리스도와 친밀한 단계로 옮겨가 예수님과 좀 더 인격적인 관계를 맺기 시작한 사람들은 다른 사람들을 교회로 초대하거나 어려운 처지에 있는 사람들을 섬기는 등의 규칙적인 아웃리치 활동을 더욱 자주 행하게 된다.

본질적으로 모든 교회는 어린 자녀들이 유치원에서의 첫날을 즐겁게 맞이하도록 격려해 주는 부모들처럼, 교인들에게 교회 밖으로 나가 가장 논리적인 신앙의 첫걸음을 내디딜 수 있도록 격려해 주어야 한다. 세상은 넓어서 가족이라는 둥지를 벗어나야만 많은 것을 얻을 수 있다. 마찬가지로 예배당이나 교회 관련 활동이라는 안전지대에만 머무르면 결과적으로는 그리스도와의 인격적 관계는 제대로 성장하지 못한다. 성숙의 과정에 있는 그리스도인들이 앞으로도 지속적으로 성장하기 위해서는 교회 벽 너머에서 그 신앙을 삶으로 구현해 내지 않으면 안 된다. 교회 지도자들인 우리는 그들이 그렇게 할 수 있도록 도와주어야 한다.

'아웃리치 활동에 대한 헌신의 증가'는 2단계 변화에 영향을 미치는 20가지 촉진 요소에 대한 검토 결과 전체를 집약한다. 그것은 아웃리치 활동의 경험이 그리스도와의 관계가 전 방위적으로 완전히 자리 잡았음을 보여 주는 증거이기 때문이다. 2단계 변화의 과정을 지나는 사람들은 더욱 굳건한 신념에 기초하여 그리스도의 성품에 대한 신뢰를 쌓아 간다. 이들은 개인적인 신앙 훈련을 통해 그리스도와의 소통망을 상시적으로 열어 둔다. 신앙 훈련이 그들의 규칙적인 생활 리듬의 일부가 되는 것이다. 또한 공개적인 자리에서 신앙을 거리낌 없이 드러내며 더 많은 아웃리치 활동을 함으로써 그 신앙을 삶으로 살아낸다.

이것은 우리에게 모범이 되는 성경 속 제자들의 예를 따를 때 마땅히 일어나야 할 일들이다. 제자들은 처음에는 믿음의 한걸음, 즉 그리스도를 신뢰하고 그분의 말씀을 있는 그대로 믿는 것으로 제자로서의 여정을 시작했다^{막 1:17}. 이후에는 그들의 랍비이자 선생이신 예수님의 말씀을 듣고 배우며 그분과 함께 개인적인 시간을 보냄으로써 성장해 갔다^{막 4:10-11, 34}. 그리고 마지막으로는 각자의 신앙을 공개적인 자리로 가지고 나가 그때까지 그리스도의 제자로서 배우고 경험한 바를 실천할 기회를 부여받아 다른 사람들을 섬기고 예수님의 메시지를 그들과 나누었다$^{막\ 6:7,\ 12}$.

우리가 계속해서 성장하는 건강한 교회에서 보고 싶은 것이 바로 이런 모습이다. 하지만 자신의 교회가 사교클럽처럼 느껴져 좌절했던 목사님의 이야기로 다시 돌아가 보자. 오랫동안 교회에 출석해 온 그 교회의 성도들은 **다년간** 그리스도 안에서 성장하는 단계에 머물러 있었다. 이 목사님이 20가지 촉진 요소를 동시에 실행하여 모든 요소에서 똑같은 효과를 보는 것은 불가능한 일이다. 그러나 그 가운데 몇 가지를 집중적으로 강조하는 것은 가능하다.

그렇다면 그 가운데 이 목사님과 그의 교회는 물론이고 비슷한 환경에 놓인 수많은 다른 교회들을 도와줄 촉진 요소는 무엇일까? 침체의 출구를 빠져 나와 전진할 수 있게 해 줄, 수차례의 검증을 거친 촉진 요소 다섯 가지는 무엇일까?

2단계 변화에 가장 큰 영향을 미치는 촉진 요소 다섯 가지

2단계 변화에서 성도들의 영적 성장을 돕는 가장 중요한 촉진 요소 다섯 가지는 삼위일체와 은혜로 얻는 구원 같은 핵심 신념을 받아들이고 신앙 훈련과 교회 봉사의 첫걸음을 떼기 시작하는 등 신앙의 **기본** 요소에 집중했던 1단계 변화의 촉진 요소들과는 완전히 다르다$^{표\ 8-5}$. 2단계 변화에 가장 큰 영향을 미치는 다섯 가지 촉진 요소들은 이 기본 요소들을 더 강화한 것들로서, 그것을 **실천**으로 옮기는 것의 중요성을 강조한다. 그 구체적인 다섯 가지 촉진 요소는 다음과 같다.

▶ 인격적인 하나님에 대한 신념^{나는 하나님이 적극적으로 내 삶에 개입하고 계시다고 믿는다}

▶ 인도하심을 구하는 기도^{자주가 아닌 매일}

▶ 성경 묵상^{자주}

▶ 불신자들과의 의미 있는 영적인 대화, 한 해에 여섯 번 이상^{두 달에 한 번꼴}

▶ 십일조^{수입 중 10분의 1을 교회에 바치기}

2단계 변화에 가장 큰 영향을 미치는 이 다섯 가지 영적 성장 촉진 요소들은^{표 8-5}. 그리스도와의 인격적 관계 속에서 성장해 가면서 그리스도와 친밀해지는 단계에 진입하려는 성도들이 가장 일반적으로 하는 결정과 행동들을 가리킨다.

'인도하심을 구하는 기도'와 '성경 묵상' 등 1단계 변화와 2단계 변화의 과정에서 가장 큰 영향력을 미치는 다섯 가지 영적 성장 촉진 요소들 중에는 서로 겹치는 것도 있지만, 각 훈련을 실행하는 **빈도수**에서 확실한 차이가 나타난다. 즉, 2단계 변화에서는 이 신앙 훈련들이 훨씬 더 자주 행해진다.

해외여행을 위한 계획을 짜는 경우를 비유로 들어 이 다섯 가지 촉진 요소의 역할과 각 요소들 사이의 관계를 생각해 보면 도움이 된다. 나의^{캘리} 남편은 직업 상 전 세계를 자주 여행하는데, 유럽이나 중동으로 갈 때 그는 보통 런던이나 암스테르담, 프랑크푸르트 등 세 도시 가운데 한 도시를 경유한다.

남편이 최종 목적지로 향할 때 유럽의 이 세 도시를 가장 자주 경유

2단계 변화의 **영적 성장에 가장 큰 영향을 미치는 다섯 가지 촉진 요소**

그리스도 중심

그리스도와 친밀함

그리스도 안에서 성장함

그리스도를 알아 감

3단계 변화

2단계 변화

1단계 변화

인격적인 하나님	영적 신념
나는 하나님이 적극적으로 내 삶에 개입하고 계시다고 믿는다.	
인도하심을 구하는 기도	신앙 훈련
내 삶의 인도하심을 구하는 기도를 한다. ('자주'에서 '매일')	
성경 묵상	신앙 훈련
성경 말씀의 의미를 내 삶에 비추어 묵상한다. ('드문'에서 '자주')	
전도	다른 사람들과 함께 하는 영적 활동
나는 지난 해 불신자들을 여섯 명 이상 교회로 초대했다.	
십일조	신앙 훈련
수입 중 10분의 1을 교회에 바치고 있다.	

표 8–5   위는 2단계 변화의 영적 성장에 가장 큰 영향을 미치는 다섯 가지 촉진 요소를 중요도에 따라 나열한 것이다. 이 다섯 가지 요소는 그리스도 안에서 성장하는 단계에서 그리스도와 친밀한 단계로의 변화를 가장 확실히 이끌어 내는 촉진 요소의 조합이다.

하는 것처럼, 위 표에서 제일 위에 있는 세 가지 촉진 요소도 2단계 변화의 영적 성장으로 가는 가장 효과적인 관문이 된다. 이 세 도시 가운데 하나를 통하면 남편이 좀 더 효율적으로 최종 목적지에 도착할 수 있는 것처럼, 그리스도 안에서 성장하는 단계의 사람들이 영적으로 성장하는 데 있어서도 이 세 가지 촉진 요소가 **다른 촉진 요소들보다** 더 중요한 영향을 끼친다는 말이다.

그리고 이 세 도시들이 지리적으로 서로 가까이에 밀집해 있는 것처럼, 가장 영향력을 크게 발휘하는 세 가지 촉진 요소들이 2단계 변화에 미치는 영향력 정도도 서로 엇비슷하다. 해외여행을 계획할 때 런던이 가장 효과적인 경유지로 손꼽힌다면, 2단계 변화에서는 '인격적인 하나님에 대한 신념'이 가장 일반적이고 큰 영향력을 가진 촉진 요소라고 할 수 있다. 그러나 이 요소는 '인도하심을 구하는 기도'에 비해 단 10퍼센트 정도 더 많을 뿐이며, '성경 묵상'의 영향력과는 10퍼센트 정도밖에 차이가 나지 않는다. 이 세 가지 촉진 요소에서 어느 것을 택해 '여행'한다 해도 모두가 현명한 영적 성장 계획이며, 효율성에서는 그리 큰 차이가 나지 않는다. 어디를 거쳐 목적지로 가기 원하는지 구체적인 사항에 대한 각자의 선택에 따라 조금씩 차이가 날 뿐이다.

해외여행 비유를 조금 더 발전시켜 보자. 출발지가 미국이라고 가정했을 때 이 세 유럽 도시 가운데 한 도시에 도착하면 최종 목적지에 거의 다다랐다고 볼 수 있는 것처럼, 이 최고의 세 가지 촉진 요소 가운데 하나를 경험하게 되면 네 번째나 다섯 번째 촉진 요소보다 훨씬 더 '먼 거리'를 이동할 수 있다. 평균적으로 볼 때 전도네 번째와 십일조다섯 번째는 그보다 상위에 있는 세 가지 촉진 요소들이 발휘하는 영향력의 절반 정도만 영향을 끼친다. 물론 표 8-1에 나오는 나머지 15가지 촉진 요소들보다는 이 두 요소가 2단계 변화의 영적 성장에 더 많은 영향을 끼치지만, 최상위 세 개 촉진 요소들에 비해서는 그 영향력이 현저하게 낮다.

이 지점에서 '그런 게 왜 중요하지?'라고 묻고 싶을지도 모르겠다. 하지만 최근 우리가 샌디에이고에서 한 개척 교회의 제자훈련을 담당하는 어느 목사님과 대화했을 때, 그녀는 성경 읽는 일에 무관심한 교인들 때문에 고민하고 있었다. 그녀는 이렇게 말했다. "새신자들이 스스로 성경을 읽기 시작하는 것이 얼마나 중요한 일인지 잘 알고 있지만, 어떻게 동기를 부여해야 할지를 모르겠어요."

그녀는 영적 성장에서 성경을 가까이하는 일이 얼마나 중요한지 이미 잘 아는 목회자였다. 다만 **어떻게** 하면 성도들이 스스로 책임감 있게 신앙 훈련을 하며 성장할 수 있도록 도울 수 있을지 그 최선의 방법을 모르고 있었다. 우리는 발견 프로젝트의 결과에 기초하여, 이 변화 과정에 있는 사람들에게 가장 중요한 촉진 요소 목록 중 최상위에 "인격적 하나님에 대한 신념"이 자리하고 있음을 그들에게 알려 주라고 답했다. 상대가 자신의 말을 듣거나 대답해 줄 수 있다는 것을 확신하지 못하는 사람에게 그 상대와 의사소통을 하기 위해 시간을 쓰라고 설득하기는 어렵다. 하나님의 존재에 대한 진실성과 구원에 대한 그리스도의 약속을 받아들였다고 해서, 그 사람이 꼭 그리스도가 자신의 삶 속에 살아서 활동하고 계시다는 것을 완전히 이해하고 있다고 볼 수는 없다.

그렇다면 어떻게 해야 교회의 성도들이 하나님의 음성을 듣고 인식하는 법을 배울 수 있도록 도와줄 수 있을까? 교회 지도자들은 사람들이 소음으로부터 주의를 돌려 하나님의 음성에 주파수를 완전히 맞추도록 도와주어야 한다. 물론 이것은 쉬운 일이 아니다. 교인들에게 그 방법을 가르칠 수 있도록 도와줄 유용한 자료들이 있다 해도 말이다. 그

러나 이것은 2단계 변화, 즉 그리스도와의 인격적 관계를 성장시켜 나
가는 과정에서 빠져서는 안 될 핵심적인 사안이다.

하나님과의 관계가 인격적일 수 있다는 사실이 이 변화 과정 전체
를 감싸고 있는 진실의 중심축이다. 그리고 이것이 가능하다는 것을 믿
을 때에만 그들은 그것을 원할 것이다.

교회는 이들을 어떻게 도와야 하는가?

이 장 초반에 어떻게 해야 교인들이 그리스도와의 인격적인 관계
를 **원하게** 만들 수 있는지 방법을 물었던 목사님의 고민을 들어보았다.
어떤 면에서는 사람들이 이것을 원하게 만드는 것은 불가능하다고 고
백할 수밖에 없다. 성령님만이 사람의 마음을 변화시키고 새롭게 하여
그 마음을 진정한 사랑과 하나님을 향한 열망으로 가득 차게 만들 수 있
기 때문이다. 하지만 그렇다고 해서 목회자들과 교회의 목자들이 성도
들의 영적 변화에 대해 맡은 **매우** 중대한 책임이 적어지는 것은 아니다.
우리가 이 장 초반에 소개한 목사님은 이 책임을 제대로 인식하고 있었
다. 그는 그냥 어깨만 으쓱한 채 상황이 달라지기만 기다리는 것에 만족
할 수 없었다. 자신이 가진 질문에 대한 답을 그는 직접 찾아 나섰다. 그
과정에서 교단에 속한 다른 지도자들을 모두 불러 모았는데, 그 가운데
몇 명은 교회에 대해 그와 비슷한 고민을 하고 있었다. 이들은 꼬박 하
루를 들여 여러 주를 함께 다니면서 전략과 희망하는 결과가 무엇인지
에 대해 논의하고 구체적인 계획을 세우며 같이 기도했다.

이제 이 목사님들은 물론이고, 이들과 비슷한 상황에 처한 교회 지도자들에게 용기를 북돋워 주기 위해 위스콘신 주 워케샤에 있는 폭스 리버Fox River Christian Church 교회의 이야기를 하면서 이 장을 마무리하려 한다. 처음에 이 교회의 교인들은 대다수가 그리스도 안에서 성장하는 단계에 머물러 있었으나 교회의 도움을 통해 현저히 높은 비율의 사람들이 그리스도와 친밀한 단계로 올라섰다. 발견 프로젝트 결과에 따르면 이 교회는 2단계 변화를 활성화시키는 데 성공한 것이다.

이 교회에 출석하는 교인들의 수는 지난 10년 동안 수백 명에서 2,000명으로 증가했다. 이 교회는 2008년 가을 새로 시작된 발견 프로젝트 조사에 처음으로 참여한 교회들 가운데 하나였다. 그로부터 1년 후 두 번째 설문조사를 시작할 때도 이 교회는 가장 먼저 조사에 참여했다. 이 **두 번째** 조사 결과를 통해 우리는 큰 힘을 얻었다. 단 12개월 만에 이 교회는 다음과 같이 통계적으로 의미 있는 변화들을 만들어 냈다.

▸ 소그룹에 참여하는 교인의 비율이 3분의 1에서 2분의 1로 증가했다.
▸ 매일 성경을 읽는 교인의 비율이 총 4단계의 영적 성장 과정에서 모두 증가하여 전체적으로는 16퍼센트에서 30퍼센트로 증가했다.
▸ 매일 성경을 묵상하는 교인의 비율이 전체적으로 18퍼센트에서 24퍼센트로 증가했다.
▸ 자신들의 영적 성장에 대한 교회의 역할에 만족하는 교인의 비율이 현저하게 늘어났는데, 그중에서도 특히 그리스도와 친밀한 단계의 사람들 사이에서의 비율이 49퍼센트에서 67퍼센트로 높아졌다.
▸ 그리스도 안에서 성장하는 단계에서 더 이상 성장하지 않던 교인의

비율이 16퍼센트에서 7퍼센트로 낮아졌다. 이 단계에 속한 교인들 중에서 교회에 불만을 가진 교인의 비율 역시 15퍼센트에서 10퍼센트로 낮아졌다.

▸ 그리스도와 친밀한 단계의 사람들의 비율은 교회 전체 구성원 가운데 21퍼센트에서 24퍼센트로 증가했다.

이처럼 긍정적인 변화의 패턴이 일관되게 나타나는 것을 보고 우리는 이 교회의 교인들 사이에서 뭔가 극적인 일이 일어났을 거라고 확신했다. 알아보니 실제로 이 교회를 담임하고 있는 가이 콘Guy Conn 목사와 그 리더십 팀은 첫 번째 설문조사의 결과를 받아 본 후 결연한 조치를 취했다.

첫 번째 결과를 받은 콘 목사는 "실망했지만 놀라지는 않았다"고 한다. 그때까지 그의 교회는 적극적으로 그리스도를 알아 가는 단계의 교인들이 높은 비율을 차지하고 있었다. 그리스도를 알아 가는 단계와 그리스도 안에서 성장하는 단계에 속한 교인을 합한 비율이 60퍼센트 이상이었던 이 교회 교인들의 신앙은 당연히 상대적으로 미성숙할 수밖에 없었다. 자신들의 교회가 영적으로 미성숙하고 성도들의 경험이 부족하다는 것을 처음부터 알고 있었음에도 불구하고 그 지도자들은 개인적인 신앙 훈련, 그 가운데서도 특히 성경과 관련된 훈련을 하는 교인들의 비율이 심하게 낮다는 사실에 큰 충격을 받았다.

그래서 그들은 주일 예배와 소그룹 시스템, 교회 건물 등을 활용한 통합적 전략을 통해 교인들에게 성경을 가까이 할 것을 독려하고 실제적인 준비를 시킴으로써 이 도전에 적극적으로 맞서기 시작했다. 먼저 그들은 주중에 초신자를 위한 성경공부 시리즈를 진행하기 시작했는데, 이 수업은 거의 담임목사가 전담하여 가르쳤다. 또한 교인들이 성경공부 시간에 배운 내용을 소그룹 시간에 활용하게 했으며, 교회 건물을 평일에도 계속 열어 두어 편리하게 모일 수 있도록 소그룹 장소로 제공했다. 심지어 일주일에 여러 번씩 아이 돌봄 서비스를 저렴한 가격으로 제공하여 어린아이를 둔 부모들이 모임에 참여할 수 있게 하였다.

성경공부는 큰 인기를 끌었고, 소그룹에 참여하는 비율도 급증했다. 콘 목사는 주일 예배 시간에 시리즈 설교를 통해 전 교인들에게 72일 동안 신약 성경을 완독할 것을 독려하였다. 또한 교회는 그 시리즈 설교를 보완해 주는 커리큘럼을 소그룹을 통해 제공했다.

이러한 움직임은 단발성 행사로 그치지 않았다. 이 교회는 지금까지도 교인들이 각종 성경공부와 소그룹 활동을 연계한 신앙 훈련을 경험할 수 있도록 헌신하고 있다. 주일 설교 내용을 분석한 자료를 성경공부 시간과 소그룹 활동 시간에 살펴봄으로써 주일 예배를 보완하고 있으며, 교회 건물을 평일에도 개방하여 여러 사람들이 쉽게 모일 수 있고 가정 친화적인 장소가 되도록 했다.

그 결과 영적 성장이 일어났다. 이 기간 동안 출석 교인 수는 줄어들기는커녕 12퍼센트나 증가했다. 그러나 더 중요한 변화는 출석 교인 수가 아니라 리더십 팀의 전략 변화에 있었다. 그들은 교회가 가진 유무형의 모든 자산을 집중시켜 한 가지 목표에 집중했다. 성경을 읽고 묵상하는 능력을 향상시켜 영적으로 미성숙한 성도들의 역량과 자신감을 키우겠다는 목표를 달성하겠다는 쉽지 않은 결단을 내린 것이다.

지금까지 한 설명이 이 교회의 영적 성장을 **이끌어 낸 것**이 성경공부와 각종 프로그램들이었다는 말처럼 들리는가? 다시 한 번 분명히 말하겠다. "그렇지 않다." 그러나 하나님의 영으로만 할 수 있는 일을 성령님이 하실 수 있도록 이런 변화가 문을 열어 주는 역할을 했다고 확신한다. 우리가 조사한 교회들 가운데 가장 영적으로 생동감 있는 교회를 이끄는 한 목사님은 이런 말을 했다. "인간의 의지가 성령님의 능력과 합쳐질 때 변화가 일어난다." 우리도 이 말에 동의한다. 제자를 성장시키기 위한 의지와 집중, 제자도, 헌신이 결합하여 폭스리버 교회에서 성령님이 일하실 수 있는 문이 열린 결과로 영적 성장이 일어난 것이다.

그러나 이 교회가 제자들을 성장시켜야 한다는 도전을 완벽하게 완수한 것은 아니다. 어쩌면 가장 큰 도전이 앞에 남아 있는 것일 수도 있다. 이 열정적인 새신자들이 자신의 영적 성장에 대한 책임을 지고 스스로 나아가는 길을 걷게 된다면 어떤 일이 일어날까? 일단 개인적인 신앙 훈련의 습관이 자리를 잡고, 이웃을 섬기고 자신의 신앙에 대해 다른 사람들에게 이야기하려는 초기의 노력이 일정한 결실을 맺고 난 다음에는 어떤 일이 일어날까?

그는 3단계 변화로 통한 문을 두드리게 될 것이다. 3단계 변화는 단순히 그리스도께 충실했던 사람이 자신의 삶을 온전히 그분께 항복하여 내어드리는 사람으로 변화하는 과정이다. 그리스도와 친밀한 단계에서 그리스도 중심 단계 사이에는 영적인 변화 과정 중에서도 가장 넓은 틈이 나 있다. 폭스리버 같은 교회는 어떻게 성도들이 그 틈을 넘을 수 있도록 도울까? 아니 그보다, 당신은 어떻게 할 것인가?

3단계 변화:
'그리스도와 친밀함'에서 '그리스도 중심'으로

"그게 사랑이랑 무슨 상관이야?"What's love got to do with it?

티나 터너Tina Turner, 미국의 팝 가수로 이 문구는 그녀의 유명한 노래 제목-옮긴이가 던졌던 이 유명한 질문을 3단계 변화를 지나는 이들에게 던져 보라. 그러면 그들 모두가 하나같이 '모든 것'이라고 답할 것이다. 사랑은 모든 것과 관련 이 있다. 적어도 '그것'이, 절반은 독립적 존재로 지냈던 그리스도와 친 밀한 단계에서 모든 것을 그리스도께 내어드리는 그리스도 중심의 삶 으로 옮겨 가는 것을 가리킬 때는.

예수님은 "너희가 서로 사랑하면 이로써 모든 사람이 너희가 내 제 자인 줄 알리라"고 말씀하셨다요 13:35. 성경은 사랑이 제자로서의 핵심적 인 특징임을 분명히 말한다. 그리고 이 사랑이라는 개념의 범위는 "네 마음을 다하고 목숨을 다하고 뜻을 다하여 주 너의 하나님을 사랑하라 하셨으니 이것이 크고 첫째 되는 계명이요 둘째도 그와 같으니 네 이웃을 네 자신같이 사랑하라 하셨으니"라는 예수님의 말씀을 통해 한층 더 확장된다^{마 22:37-39}.

예수님이 분명히 말씀하셨듯이 하나님과 이웃을 사랑하는 것은 기독교 신앙의 핵심이다. 우리 또한 유사 이래 모든 그리스도인들이 그랬던 것처럼 영적 성장을 '하나님과 이웃에 대한 사랑이 커져 가는 과정'이라고 정의해 왔다. 우리가 예수님을 더욱 닮아 가는 것을 보여 주는 가장 확실한 증거는 사랑이 커지고, 그로 인해 사랑의 행동이 많아지는 것이다. 자신을 의지하면서 "내가 모든 것의 책임자"라고 말하는 최초 단계인 그리스도를 알아 가는 단계에서 시작하여, "예수님은 보조석에, 운전은 여전히 내가"로 정의되는 그리스도와 인격적인 관계를 맺었지만 여전히 조심스러운 관계인 그리스도와 친밀한 단계를 지나, 이 여정의 마지막 단계인 3단계 변화 과정에서 그리스도인들은 분투하게 된다. 3단계 변화는 강한 믿음을 가지긴 했으나 여전히 그리스도와 일정한 거리를 두고 사는 그리스도와 친밀한 단계와 자신의 모든 것을 온전히 내어드린 풍성한 믿음을 나타내는 단계, 즉 사랑으로 특징지어지는 삶인 그리스도 중심의 단계 사이를 가로지르는 정점의 기능을 한다.

이 마지막 변화 과정의 핵심은 발견 프로젝트에 포함된 수백 가지 진술 가운데 하나인 "나는 그리스도를 위해 내 삶에서 중요한 모든 것을 잃을 위험을 기꺼이 감수하겠다"는 진술 속에 들어 있다. 조사 결과, 이 진술에 '매우 강하게 동의'하는 성도의 비율이 높으면 높을수록 교회의 영적 성장 속도가 빠르게 진행되는 가시적인 증거를 발견할 가능성이 높아졌다. 실제로 이 진술에 긍정적인 답을 한 성도의 비율이 높은 교회는 기독교 신념에 동의하는 비율과 개인적인 신앙 훈련을 하는 비율, 아웃리치의 비율도 높은 것으로 드러났다. 이런 교회가 영적으로 성숙한 '그리스도 중심'의 교회임을 증명하는 현재 진행형의 통계적 증거들도 많이 발견되었다.

이 하나의 진술에 대한 긍정적인 태도가 성숙한 그리스도 중심의 교인들을 가리키는 표지라고 한다면, 누군가를 그 진술에 '매우 강하게 동의'하도록 고무시키려면 어떻게 해야 할까? 무엇으로 '모든 것을 잃을 위험을 감수'하고 자기 삶의 통제권을 예수님께 양도하게 하는 동기를 이 사람들에게 부여할 수 있을까?

이 질문에 대한 답을 찾던 중 영국의 한 교회 목사님이 '모든 위험을 기꺼이 감수'하겠다는 말이 그것을 읽는 사람들에게 어떻게 느껴질지를 다시 생각해 보라면서 흥미로운 관점을 제시했다. 그는 우리에게 이렇게 말했다. "여러분이 이해할 수 있을 것 같진 않습니다만, 영국 사람들이 이 진술을 읽었다면 그들은 순교를 떠올렸을 겁니다. 참수형에 처해지고 있는 누군가를 떠올렸을 거라는 말입니다." 분명 유럽의 역사는 미국보다 훨씬 길며, 그 안에는 박해의 역사가 많이 포함되어 있다. 예를 들어 로마의 콜로세움에 가 본 적이 있는 사람이라면 하루 종일 굶긴 사자들을 기독교인들에게 풀어 놓았다고 한 여행 가이드의 설명을 잊기 힘들 것이다. 우리는 그에게 그의 교회 성도들이 이 질문에 긍정적인 답을 한 비율이 낮은 이유는 이런 문화적 선입견이 반영되었기 때문이며, 그것은 국제적인 기준에서 비교되어야 한다고 말했다. 그런데 한편으로는 그가 한 말이 우리의 궁금증에 불을 지피고 말았다. 무엇 때문에 이 진술에 대한 답이 살아 있는 교회를 나타내는 독보적인 표지가 되었을까?

이 모든 것은 성경에서 면면히 흐르고 있는 한 가지 개념으로 수렴

된다는 결론을 얻었다. 그 개념이란 바로 희생의 개념이었다. 성경에 묘사되어 있듯이 사랑을 가장 명확하게 특징짓는 속성은 **희생적 사랑**이다. 예수님은 제자들에게 "사람이 친구를 위하여 자기 목숨을 버리면 이보다 더 큰 사랑이 없나니"라고 말씀하셨고요 15:13, 사도 요한은 교회들에 보낸 첫 번째 편지에서 "그가 우리를 위하여 목숨을 버리셨으니 우리가 이로써 사랑을 알고 우리도 형제들을 위하여 목숨을 버리는 것이 마땅하니라"라고 썼다요1 3:16. 하나님과 이웃에 대한 사랑은 기꺼이 희생하려는 마음'모든 것을 잃을 위험을 감수'과 비례해서 커진다는 사실을 당연하게 받아들여야 한다. 이것이 바로 예수님의 가르침이기 때문이다. 발견 프로젝트의 결과를 검토하면서 우리가 발견한 것은, 사람들의 신앙이 성장해 갈수록 일종의 교환을 하게 된다는 것이다. 그들은 '사랑'으로 정의되는 그리스도와의 관계에서 성장하기 위해 기꺼이 뭔가를 더 많이 희생하고자 했다.

이렇게 그리스도 중심의 삶의 정수인 사랑은 희생하려는 의지와 함께 자라난다. 예수님은 우리를 위해 자신을 희생하셨다. 3단계 변화를 지나는 사람들 역시 그리스도를 위해 스스로를 희생하겠다는 결정을 내린다. 적어도 그렇게 하고자 한다는 진술에 '매우 강한 동의'를 표한다. 그런데 영국의 그 목사님이 지적한 것처럼 이것은 순교나 신앙을 위해 죽음을 택한다는 것을 의미할까? 답하기 어려운 물음이다. 그러나 질문을 조금 쉽게 변형해 '모든 위험을 기꺼이 감수'하겠냐는 진술에 더 많은 사람들이 긍정적인 답변을 하기를 원하느냐고 묻자, 그는 '그렇다'고 답했다.

그렇다면 이제 이 목사님과 우리 자신을 위해, '모든 것을 잃을 위험을 감수'하는 식의 희생을 독려하려면 무엇이 필요한지를 알아보자. 먼저 그리스도와 친밀한 단계의 성도들이 자신들의 삶을 온전히 그리스도께 항복하여 내어드리는 성도로 변화시키는 영적 촉진 요소의 목록을 살펴보자.

온전한 항복으로 이끄는 17가지 촉진 요소

그리스도를 위해 모든 것을 기꺼이 희생하고자 하는 마음을 갖는 것을 궁극적인 목표로 삼는 3단계 변화에 특히 큰 영향을 끼치고 있는 촉진 요소는 17가지였다. 그렇기 때문에 이 촉진 요소들은 그리스도와의 관계를 단순히 인격적이며 매일 소통하고 연락하는 관계에서 그 관계 자체가 그 사람의 뚜렷한 정체성이 된다. 이 요소들은 그리스도를 섬기는 것이 인생의 방향의 중심적 근원이자 매일 하는 결정의 동기가 되는 관계로 진전시키려 할 때 성도들이 내려야 할 결정들이다표9-1.

3단계 변화의 뚜렷한 특징을 좀 더 잘 이해하기 위해서는, 앞선 1단계 변화와 2단계 변화에 영향을 미쳤던 촉진 요소들의 목록과 3단계 변화에서 성장을 촉진시켰던 요소들을 비교하고 대조해 보면 도움을 얻을 수 있다. 예를 들어 2단계 변화와 3단계 변화에서는 공통적으로 개인적인 신앙 훈련이라는 촉진 요소가 중요하게 등장한다. 그러나 이 훈련들을 실행하는 빈도수는 3단계 변화에서 훨씬 더 많다. 실제로 3단계 변화를 경험하는 사람들은 이 목록에 적힌 일곱 가지 훈련 사항 가운데 다섯 가지를 일상생활에서 **매일** 실행하고 있다.

3단계 변화에 가장 큰 영향을 미치는 촉진 요소

영적 신념과 태도
삶을 내어드림
그리스도를 첫 자리에 모심
그리스도 안에서의 정체성
성경의 권위
청지기 정신

교회 활동
교회를 통한 구제 봉사 활동
그 밖의 다른 가르침/예배 봉사

개인적인 신앙 훈련
성경 묵상 '자주'에서 '매일'
성경 읽기 '자주'에서 '매일'
십일조
고독의 훈련 '자주'에서 '매일'
죄를 고백하는 기도 매일
일기 쓰기
인도하심을 구하는 기도 매일

다른 사람들과 함께하는 영적 활동
전도
영적 멘토
개별적인 구제 활동

표 9-1 가장 효과적인 25가지 영적 성장 촉진 요소 중 17가지가 사람들이 자신의 삶을 예수님께 내어 드리는 3단계 변화에서 특히 중요한 것으로 드러났다. 다른 카테고리들과 비교할 때 조직적인 교회 활동과 관련된 촉진 요소의 수가 적다는 점을 특히 주목하기 바란다.

3단계 변화에 가장 큰 영향을 끼치는 촉진 요소들을 앞선 두 변화 과정과 비교해 볼 때 개인적인 신앙 훈련의 규칙성이 이렇게 증가한다는 사실은 다음 두 가지 통찰과 직접적으로 연결된다.

통찰 1: 이 모든 것은 마음의 변화다. 3단계 변화에서 좀 더 성숙한 성도들의 신앙은 1단계 변화와 2단계 변화를 통해 구축된 핵심적 기독교 신앙과 신앙 훈련에 대한 지적 신뢰 위에 그 감정적인 깊이가 한층 더 깊어진다는 특징을 보인다.

통찰 2: 거의 모든 일이 교회 바깥에서 일어난다. 애초에 3단계 변화는 교회와 무관한 독자적인 활동에 많은 에너지를 쓰면서 예수님과의 관계를 발전시켜 나가는 그리스도와 친밀한 단계에서 시작되는 것이기 때문에, 이 변화 과정에 대한 교회의 직접적인 영향은 당연히 매우 제한적일 수밖에 없다. 대신 매일 헌신적으로 수행하는 개인적인 신앙 훈련을 통해 이 과정에 속한 성도들은 더 광범위한 아웃리치 활동을 위한 길을 닦아 나간다.

이제 이 두 가지 통찰을 더 면밀히 살펴봄으로써, 목회자들과 교회 지도자들이 어떻게 하면 그리스도와 친밀한 성도들이 좀 더 위험을 감수하고 희생적인 생활방식을 취할 수 있도록 격려하고 동기를 부여할 수 있을지 생각해 보자.

통찰1: 이 모든 것은 마음의 변화다

3단계 변화에서는 영적 신념보다는 하나님에 대한 사랑을 겉으로 표현하는 태도가 훨씬 더 중요한 촉진 요소로 작용한다. 이후에 좀 더 자세히 보게 되겠지만 3단계 변화에 가장 중요한 영향을 끼치는 촉진 요소들 가운데 '영적 신념과 태도' 카테고리에 속한 다섯 개의 요소들 중 핵심적 기독교 신념에 해당되는 것은 "성경의 권위를 인정한다"는 단 하나의 진술밖에 없다. 하지만 앞장들에서도 설명했듯이 그렇다고 해서 이것이 3단계 변화에 들어오면 신념이 덜 중요해진다는 뜻은 아니다. 단지 3단계 변화를 지나는 성도들에게는 지적인 신앙이 더 이상 예전만큼 의미 있는 영적 성장의 동력으로 작동하지 않을 뿐이다. 마음속 깊은 곳에 심긴 씨앗처럼 이제 신념은 예수 그리스도의 성품을 반영한 태도와 감정이라는 열매를 맺기 시작한다.

앞에서 사랑과 희생이 서로 병행하여 같이 움직인다는 사실을 특별히 언급하였다. 하지만 3단계 변화에서 처음으로 이 두 요소가 병행하는 모습이 나타나기 시작하는 것은 아니다. 다만 영적 성장 과정 가운데 가장 성숙한 사람들이 경험하는 변화 과정에서 그 경향이 **가장 극적으로 강하게** 나타나, 이것이 그들의 결정적인 특징으로 작용하는 것이다. 실제로 하나님에 대한 사랑을 표현하는 태도를 살펴보면 그와 관련된 진술에 '매우 강한 동의'를 표한 사람들의 비율이 3단계 변화에서 40퍼센트에서 거의 80퍼센트까지 늘어난다[표 9-2].

이와 비슷하게 희생의 의지를 드러내는 태도에 대한 문항에서도 3단계 변화에서 궤도가 급격하게 상승하는 것을 볼 수 있다[표 9-3]. 구체적으로는 '모든 것을 잃을 위험을 감수'하겠다는 의지를 드러낸 성도의 비율이 50퍼센트 이상 많아졌으며, 자신의 신앙을 나누고 하나님의 일을 위해 물질적으로 지원하며 공동체를 섬기기 위한 시간을 내는 등의 태도 부문에서도 이와 비슷한 상승세가 이어졌다.

5장에서도 말했듯이 영적 성장의 경험은, 중독 환자가 약물 중독에

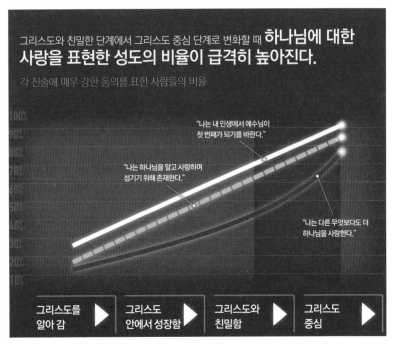

그리스도와 친밀한 단계에서 그리스도 중심 단계로 변화할 때 **하나님에 대한 사랑을 표현한 성도의 비율이 급격히 높아진다.**

각 진술에 매우 강한 동의를 표한 사람들의 비율

"나는 내 인생에서 예수님이 첫 번째가 되기를 바란다."

"나는 하나님을 알고 사랑하며 섬기기 위해 존재한다."

"나는 다른 무엇보다도 더 하나님을 사랑한다."

| 그리스도를 알아 감 | 그리스도 안에서 성장함 | 그리스도와 친밀함 | 그리스도 중심 |

표 9-2 그리스도와의 인격적인 관계를 맺는 상태(그리스도와 친밀함)에서 전적으로 예수님께 항복한 상태(그리스도 중심)로 성장해 갈 때 사람들은 "내 인생에서 예수님이 첫 번째가 되기를 바란다"와 같은 감정적 헌신을 드러내는 진술들에 훨씬 더 높은 수준의 동의를 표했다.

서 빠져 나오는 고통스러운 과정이라기보다는 한 사람이 인간 조건의 어두운 단면에서 점차 해방되어 가는 과정에 더 가깝다. 3단계 변화에서 사랑과 희생에 대한 태도와 관련된 진술들에 대하여 '매우 강하게 동의'하는 사람들의 비율이 급격히 상승했다는 말은, 곧 세상이 중시하는 권력이나 명예, 행운 같은 것들을 이들이 전심으로 거부하고 있음을 뜻한다. 이 같은 태도는 그리스도의 깊고 변치 않는 사랑을 솔직하고 전심으로 **받아들이는 것**을 통해서도 한층 더 견고해질 수 있다. 다시 말해, 예수님이 자신을 따르는 모든 제자 한 사람 한 사람과 맺고자 하시는 친

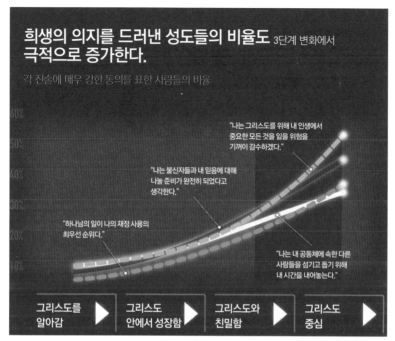

희생의 의지를 드러낸 성도들의 비율도 3단계 변화에서
극적으로 증가한다.
각 진술에 매우 강한 동의를 표한 사람들의 비율

"나는 그리스도를 위해 내 인생에서
중요한 모든 것을 잃을 위험을
기꺼이 감수하겠다."

"나는 불신자들과 내 믿음에 대해
나눌 준비가 완전히 되었다고
생각한다."

"하나님의 일이 나의 재정 사용의
최우선 순위다."

"나는 내 공동체에 속한 다른
사람들을 섬기고 돕기 위해
내 시간을 내어놓는다."

| 그리스도를 알아감 | 그리스도 안에서 성장함 | 그리스도와 친밀함 | 그리스도 중심 |

표 9-3 그리스도와 친밀한 단계의 사람들이 그리스도 중심 단계로 갈 때, 삶에서 가장 중요한 부분들을 하나님께 내어드리는 것과 관련된 진술들에 기꺼이 동의한 성도들의 비율이 급격히 늘어났다. 이는 자기 중심적인 정체성을 갖고 있던 그들이 그리스도와의 관계로 자신의 정체성을 정의하는 영적 변화를 경험하였음을 입증하는 증거다.

밀하고 인격적인 관계를 아주 극적으로 이해하게 될 때 이런 변화가 일어날 수 있다.

이러한 수준의 그리스도 중심의 사랑과 친밀함과 비교할 수 있는 인간적인 경험은 아주 드물다. 아마 세상에서 가장 친밀한 인간관계 가운데 하나는 엄마와 갓 태어난 아기 사이의 관계일 것이다. 내캘리 딸아이가 그 조그만 폐로 큰 울음을 내뱉으며 이 세상 밖으로 나오던 때가 기억난다. 그녀의 존재는 우리 모두에게 충격을 안겨 주었다. 무엇보다 주치의를 비롯한 모든 사람들은 우리 가족에게 두 번째 아들이 태어날 거라고 확신하고 있었기 때문이다!

그런 상황에서 내 딸아이는 자궁이라는 안전한 세계에서 예상치도 못한 소란스러운 곳으로 나와 격노하며 울고 있었다. 해맑은 붉은 얼굴을 한 채 너무나 작은 두 손을 마구 흔들던 그 아이는 자신에게 일어나고 있는 그 모든 일을 납득하지 못하고 있는 것이 확실했다.

달리 무얼 해야 할지 알 수 없어 나는 터무니없는 자장가 한 곡을 부르기 시작했다. "쉿 아가야 조용히 자렴, 엄마가 흉내지빠귀를 사다 줄게. "대체 누가 이런 말도 안 되는 가사를 쓴 걸까? 대체 흉내지빠귀를 어디서 살 수 있단 말인가?

하지만 그로부터 23년도 더 지난 지금 나는 자장가를 불렀던 그 순간을 오늘 점심에 먹은 메뉴만큼이나 또렷이 기억한다. 노래를 불러 주자 아기는 즉시 조용해지면서 눈을 반짝 떴다. 잠잠해진 아이의 얼굴은 두 개의 커다란 푸른 눈동자 때문에 완전히 다른 얼굴이 되어 버렸다. 아이는 내 얼굴을 똑바로 쳐다보았다. 그 표정은 "난 당신을 알아요"라는 말이라는 것을 알 수 있었다. 그것은 "나는 당신을 사랑해요"도, "나는 당신을 믿어요"도 아니었다. 아이의 눈은 "나는 당신을 알아요. 당신의 목소리를 들었어요. 당신의 존재를 느꼈어요"라고 말하고 있었다. 그 표정에는 순간적인 깨달음이 담겨 있었다. 마치 "**이제는** 알겠어요"라고 생각이라도 했듯이 말이다.

아이의 눈이 "나는 당신을 알아요"라고 말한 이 순간은 '그리스도와 친밀'했던 성도가 '그리스도 중심'의 삶으로 이행하는 순간에 대한 은유가 될 수 있다. 마찬가지로 3단계 변화에서는 사랑과 희생의 태도에서 극적인 변화가 나타난다. 깨달음의 순간은 사랑과 희생에 대한 의지의 날카로운 상승 궤도에 불을 붙인다. 영적으로 "나는 당신을 알아요"의 순간이 오기 전까지 우리는 그저 멀리서 들려오는 어떤 희미한 목소리와 존재만을 감지할 뿐이다. 우리는 그것이 나라는 존재와는 상대적으로 무관하다고 잘못 생각해 버린다. 그러다가 어느 순간 갑자기 "깨닫는다." 그리스도 중심의 단계에 속한 성도들과 인터뷰하면서 우리는 예수님을 삶의 중심으로 모시기 위해 각자가 어떤 희생을 했는지를 그들이 구체적으로 말할 수 있다는 사실을 발견했다. 물론 영적인 항복은 이런 식의 결정적인 순간이 없이도 일어날 수 있다. 우리의 인생을 향한 하나님의 돌보심과 공급하심에 대해 점진적으로 더 깊이 이해하게 되면서 그 결과로 이런 일이 일어날 수도 있다는 말이다. 영적인 성장으로 가는 길은 프리 사이즈 옷처럼 단 하나만 존재하는 게 아니다. 점진적인 영적 성장의 길과 섬광과 같은 성령의 역사를 통한 길 중 어떤 방법으로 그곳에 도달했든, 그리스도의 성숙한 제자들은 누구나 다 자신들이 옛 세상의 일을 정리하고 새로운 세상으로 나아갈 준비가 되었다는 점을 이해한다.

이것을 영적 성장 과정 초기에 일어나는 '거듭남'의 경험에 대한 설명이라고 생각하고 싶은 독자도 있을 것이다. 실제로 어떤 사람들은 여러 가지 점에서 거듭남과 3단계 변화의 경험을 동시에 하기도 한다. 그러나 3단계 변화에서 나타나는 사랑과 희생에 대한 태도가 급격히 성장한 것을 보면, 그리스도께 항복하여 자신의 모든 것을 내어드리는 그 순간에 뭔가 매우 특별한 일, 곧 사람의 마음속에 아주 깊은 수준의 사랑과 헌신을 촉발시키는 특별한 일이 일어난다는 것을 알 수 있다.

3단계 변화를 지나는 사람들은 점차적으로 어두움을 내버리고 그리스도의 빛을 온몸으로 끌어안는다. 우리의 조사 결과는 '희망이 있다'라고 말한다. 그리스도가 다시 오실 때까지는 세상이 방종이라는 축을 따라 공전할 수밖에 없을 거라 생각하며 두려워하고 있을 좌절한 교회 지도자들에게 이것은 매우 중요한 메시지다.

3단계 변화의 성공 여부는 **태도에** 달려 있기에 우리는 이 표들과 숫자에서 그 희망을 발견한다. 하나님의 은혜를 통해 태도는 충분히 변화할 수 있다. 바로 앞장에서 우리는 "인간의 의지가 성령님의 능력과 합쳐질 때 변화가 일어난다"고 말한 목사님의 말을 인용했다. 이 말은 정확히 무슨 뜻일까? 우리 교회 지도자들은 어떻게 해야 사람들의 마음을 움직여 그들이 그리스도를 더욱 사랑하도록 만들 수 있을까? 어떻게 해야 그들이 '모든 것을 잃을 위험을 감수'하기까지 그분을 사랑하게 할 수 있을까? 이에 대해서는 3단계 변화에서 가장 영향력을 미치는 촉진 요소들로부터 유추한 두 번째 통찰에서 그 답을 일부 얻을 수 있다. 그것은 이 시기의 변화는 대부분 교회 바깥에서 일어나는 경험으로부터 촉발된다는 것이다.

통찰 2: 거의 모든 일이 교회 바깥에서 일어난다

먼저 설문조사 데이터가 말하지 **않고** 있는 내용부터 살펴보자. 일단 인생의 위기가 영적 성장에 큰 영향을 끼칠 거라고 추측해 볼 수 있다. 실제로 많은 사람들이 사생활이나 직업적인 면에서 큰 어려움을 만나는 것이 가장 효과적인 성장의 촉진 요소라고 생각한다. 내가 내 인생을 통제하고 있다는 환상과 정면으로 맞부딪히는 기회가 바로 영적 성장을 위한 촉진 요소가 된다는 것이다. 이 내용을 변형하여 그리스도께 모든 것을 내어드리기 위해서는 감정적인 '벽'에 부딪혀야만 한다고 주장하는 이들도 있다. 이 두 가지의 설명의 뿌리에는 한 가지 동일한 전제가 깔려 있다. 즉, 우리가 인생을 스스로 통제할 수 없다는 것을 인식하게 만드는 어떤 강력한 사건을 만남으로써 스스로 통제할 수 있다고 생각한 모든 것을 예수님께 내어드리는 경험이 꼭 필요하다는 것이다.

그러나 우리의 조사 결과들은 이 추측을 뒷받침해 주지 **않았다.** 우리는 일 대 일 인터뷰에서 이 쟁점과 관련이 깊은 질문을 하고 각종 데이터베이스를 들여다보면서 어떤 위기나 시련이 영적 항복의 경험을 촉진시킨다는 것을 뒷받침하는 증거가 있는지 찾아보았다. 그러나 대단히 충격적인 경험이나 감정적 벽을 무너뜨리는 일회적인 사건이 그리스도 중심적인 삶을 살기 위한 전제 조건이라는 결론을 뒷받침하는 증거는 찾아볼 수 없었다.

그 대신 조사 결과는 3단계 변화를 지나는 사람들이 그리스도를 향한 사랑을 심화시키는 또 다른 경험을 **하고 있음**을 알려 준다. 그 경험은 주로 다음과 같은 두 가지 교회 외부 활동의 결과로 일어났다. 그 두 가지 교회 외부 활동이란 ①매일 개인적인 신앙 훈련에 몰두하는 것과 ②자신의 안전지대를 벗어나 더 많은 아웃리치를 위한 노력을 기울이는 것이었다.

그러나 신앙 훈련과 관련하여 3단계 변화의 데이터에서 가장 눈길을 끄는 대목은 빈도수의 비약적인 증가가 아니라, 사람들이 이런 훈련을 실행하는 '이유'의 중대한 변화였다. 다시 말하면, 그 태도에 극적인 변화가 있었던 것이다[표 9-4].

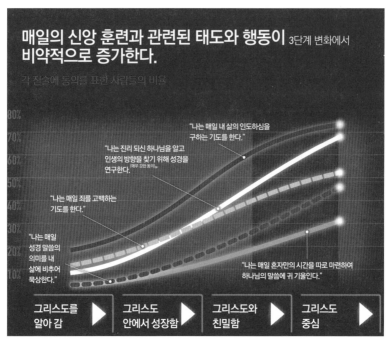

매일의 신앙 훈련과 관련된 태도와 행동이 3단계 변화에서
비약적으로 증가한다.

각 진술에 동의를 표한 사람들의 비율

"나는 매일 내 삶의 인도하심을
구하는 기도를 한다."

"나는 진리 되신 하나님을 알고
인생의 방향을 찾기 위해 성경을
연구한다." (매우 강한 동의)

"나는 매일 죄를 고백하는
기도를 한다."

"나는 매일
성경 말씀의
의미를 내
삶에 비추어
묵상한다."

"나는 매일 혼자만의 시간을 따로 마련하여
하나님의 말씀에 귀 기울인다."

그리스도를
알아 감

그리스도
안에서 성장함

그리스도와
친밀함

그리스도
중심

표 9-4 3단계 변화에서 성경을 연구하는 이유에 대한 진술('하나님을 알기 위해')에 동의하는 사람들의 비율이 크게 증가했다. 매일 성경을 묵상하고 기도하고 고독 훈련을 한다고 답한 사람들의 비율도 급격히 증가했다.

예를 들어 "나는 진리 되신 하나님을 알고 인생의 방향을 찾기 위해 성경을 연구한다"라는 진술에 대해 '매우 강한 동의'를 한 사람들의 비율이 얼마나 상승했는지 보라. 70퍼센트 가까이 상승했다! 이는 영적으로 성숙해지는 변화를 경험하는 이들이 성경 연구라는 신앙 훈련을 하는 이유가 단순히 지식을 쌓고 정보를 축적하는 차원이 아니라 하나님을 알기 위한 것이라고 한 우리의 발견과도 정확히 맞아떨어진다. 영적인 여정 가운데 이 지점에 도달한 사람들에게 성경 읽기란 더 이상 지적인 연습이 아니다. 그것은 하나님의 마음을 이해하고 그 마음과 연결되기 위한 노력이다.

이것 외에도 그리스도 중심의 성도들이 좀 더 깊은 확신과 훨씬 전인적인 태도로 개인적인 신앙 훈련에 접근하고 있다는 결론을 뒷받침해 주는 두 가지 요소가 더 있다. 첫 번째 증거는 고독의 훈련을 위한 시간을 따로 마련하는 사람들이 늘어난다는 것이다. 3단계 변화를 지나는 사람들 가운데 3분의 1이 특별히 **매일** 시간을 따로 떼어 "하나님의 말씀에 귀 기울"이고 있었다. 두 번째 증거는 죄를 고백하는 기도 부문에서의 성장으로, 이 시기를 지나는 성도 가운데 절반이 넘는 사람들이 매일 이 훈련을 하고 있었다.

아웃리치 활동에서도 이와 비슷한 패턴이 발견되었다. 3단계 변화에 속한 성도들은 이전 변화 과정의 사람들보다 더 많은 아웃리치 활동을 했다. 그뿐만이 아니라 그들이 하고 있는 '일'과 그 일을 하는 '이유'를 훨씬 자연스럽게 연결했다[표 9-5].

이 변화 과정에서는 특히 마음의 태도와 실제적인 아웃리치 활동이 서로 자연스럽게 연결되고 있음을 보여 주는 두 가지 증거가 나타난다. 첫 번째는 하나님은 가난하고 고통당하는 사람들의 삶 속으로 들어가라고 나를 부르셨다"라는 진술에 '매우 강한 동의'를 표한 사람들의 비율이 "어려운 처지에 있는 사람들을 개인적으로 섬기고 있다"고 답한 사람들의 비율과 거의 유사해질 정도로 증가했다는 것이다. 마찬가지로, 전도 활동에 참여하는 성도들의 수와 "나의 영적 은사는 하나님의 목적을 이루기 위한 것임을 알고 있으며 그렇게 활용하고 있다"라는 진술에 '매우 강한 동의'를 표한 사람들의 수가 증가하여 서로 비슷한 지점에서 접점을 이루고 있다. 이러한 경향은 모두 3단계 변화를 지

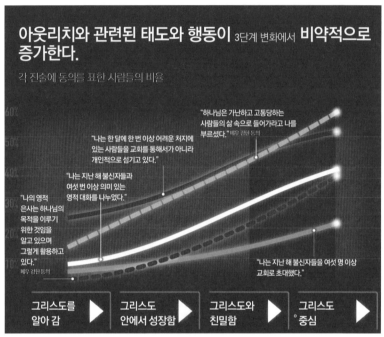

아웃리치와 관련된 태도와 행동이 3단계 변화에서 **비약적으로 증가한다.**

각 진술에 동의를 표한 사람들의 비율

"하나님은 가난하고 고통당하는 사람들의 삶 속으로 들어가라고 나를 부르셨다." 매우 강한 동의

"나는 한 달에 한 번 이상 어려운 처지에 있는 사람들을 교회를 통해서가 아니라 개인적으로 섬기고 있다."

"나는 지난해 불신자들과 여섯 번 이상 의미 있는 영적 대화를 나누었다."

"나의 영적 은사는 하나님의 목적을 이루기 위한 것임을 알고 있으며 그렇게 활용하고 있다." 매우 강한 동의

"나는 지난해 불신자들을 여섯 명 이상 교회로 초대했다."

| 그리스도를 알아 감 ▶ | 그리스도 안에서 성장함 ▶ | 그리스도와 친밀함 ▶ | 그리스도 중심 ▶ |

표 9-5 3단계 변화에서 각자의 은사를 사용해 가난하고 어려운 처지에 있는 사람들을 섬기라는 하나님의 부르심에 대한 진술에 동의하는 사람들의 비율이 증가했다. 불신자들과의 영적인 대화 등 규칙적으로 아웃리치 활동에 참여한다고 답한 비율도 급격히 증가했다.

나는 성도들의 확신이 강해져 하나님이 자신들에게 무엇을 원하시는지 알고 그 지식에 기초하여 행동하게 되었음을 뜻한다.

마지막으로 살펴볼 흥미로운 사실이 있다. 17개의 촉진 요소들 가운데 교회 활동과 관련된 요소는 두 개밖에 없다는 점이다. 놀랄 것 없다. 새롭게 아웃리치에 대한 열정을 가지게 된 그리스도 중심의 단계의 성도들이 가장 먼저 추구하는 교회 관련 촉진 요소는 당연히 "교회를 통해 매달 어려운 처지에 있는 사람들을 돕는" 것이다. 그렇다면 교회는 더 많은 봉사와 아웃리치 기회를 제공해 이들의 필요에 부응

해야 할까? 아마 그럴 것이다. 그러나 그 단계를 위한 조언을 하기 전에 먼저 이 17가지 촉진 요소를 3단계 변화를 지나는 성도들에게 가장 큰 영향을 미치는 다섯 가지 요소로 정리해 볼 것이다. 성도들을 감동시켜 그리스도를 위해 모든 것을 잃을 위험도 감수하게 하려면 어떤 활동이 이들에게 가장 큰 영향을 끼치는지를 교회 지도자들에게 알려주려 한다.

3단계 변화에 가장 큰 영향을 미치는 촉진 요소 다섯 가지

3단계 변화에서 가장 큰 영향력을 발휘하는 다섯 가지 촉진 요소는 1단계 변화나 2단계 변화에 영향을 끼치는 촉진 요소들과는 크게 다르다. 가장 성숙한 그리스도의 제자가 되어 가는 이 세 번째 변화 과정에 가장 큰 영향을 끼치는 다섯 가지 촉진 요소에서 앞선 두 변화 과정과 중복되는 촉진 요소는 '성경 묵상' 요소 하나밖에 없다. 나머지 네 가지 요소들은 전체 관찰 결과에서 감탄사와 같은 역할을 하면서, 이 영적 성장의 마지막 과정을 거의 전적으로 이끌어 가는 것은 내적인 마음의 변화임을 암시한다. 이 과정을 지나는 사람들은 마음 깊숙한 곳에서 비롯된 확신으로 변화가 일어나며, 그 확신은 신앙 훈련을 통해 실제적인 삶으로 표현되었다. 또한 그 훈련은 생활의 나머지 부분과도 완전히 통합되어 있었다. 예수님과의 관계에 있어서 3단계 변화를 지나는 성도들은 인격적이긴 하지만 표현에는 다소 서툴렀던 그리스도와 친밀한 단계를

벗어나 모든 것을 예수님께 항복하여 내어드리는 그리스도 중심의 단
계 속으로 들어간다. 이 같은 변화를 촉진시키는 요소로는 다음과 같은
것들이 있다.

- ▶ 삶을 내어드린다^{나는 그리스도를 위해 내 인생에서 중요한 모든 것을 잃을 위험을 기꺼이 감수하겠다}.
- ▶ 그리스도를 첫 자리에 모시기로 결심한다^{나는 내 인생에서 예수님이 첫 번째가 되기}
  ^{를 바란다}.
- ▶ 그리스도 안에서의 정체성을 받아들인다^{나는 하나님을 알고 사랑하며 섬기기 위해 존}
  ^{재한다}.
- ▶ 성경의 권위를 믿는다^{나는 성경이 나의 말과 행동에 결정적인 권위가 있다고 믿는다}.
- ▶ 매일 성경을 묵상한다^{자주가 아닌 매일}.

이상이 3단계 변화에서 가장 큰 영향력을 발휘하는 중요한 다섯 가
지 촉진 요소들이다. 이것들은 여전히 자기 기준에 따라 많은 것을 결정
하던 사람들과는 달리 매일 자기 삶의 주도권을 전적으로 그리스도께
내어드리는 성도들을 규정하는 결정들과 행동들을 가리킨다^{표 9-6}.

이 촉진 요소들을 하나씩 살펴볼 때 각 요소가 마음의 변화에 어떻
게 서로 다른 영향을 끼치는지를 주목해야 한다. 이 가운데 마음과 관련
된 세 개의 촉진 요소들이 나머지 네 번째와 다섯 번째 촉진 요소들보다
훨씬 더 큰 영향력을 지니고 있다. 구체적으로 이 가운데 최상위에 위치
한 "모든 것을 잃을 위험을 감수"하겠다는 촉진 요소는 하위에 위치한
두 가지 요소들^{성경의 권위에 대한 신념과 성경 묵상}보다 **세 배나** 더 큰 영향력을 발휘
한다.

각 요소들이 지닌 영향력의 차이를 좀 더 생동감 있게 느낄 수 있도록 다시 한 번 내퀠리 남편의 해외여행을 예로 들어보겠다. 이 촉진 요소들을 아주 먼 이국으로 가는 여정에서 잠시 들르는 경유지라 생각해 보자.

3단계 변화의 **영적 성장에 가장 큰 영향을 미치는 다섯 가지 촉진 요소**

그리스도 중심

그리스도와 친밀함

그리스도 안에서 성장함

3단계 변화

그리스도를 알아 감

2단계 변화

1단계 변화

삶을 내어드림 | 영적 신봉 / 태도
나는 그리스도를 위해 내 인생에서 중요한 모든 것을 잃을 위험을 기꺼이 감수하겠다.

그리스도를 첫 자리에 모심 | 영적 신념 / 태도
나는 내 인생에서 예수님이 첫 번째가 되기를 바란다.

그리스도 안에서의 정체성 | 영적 신념 / 태도
나는 하나님을 알고 사랑하며 섬기기 위해 존재한다.

성경의 권위 | 영적 신념 / 태도
나는 성경이 나의 말과 행동에 결정적인 권위가 있다고 믿는다.

성경 묵상 | 신앙 훈련
성경 말씀의 의미를 내 삶에 비추어 묵상한다 '자주'에서 '매일'

표 9-6 이 표는 3단계 변화의 영적 성장에 가장 큰 영향을 미치는 다섯 가지 촉진 요소를 중요도에 따라 나열한 것이다. 이 다섯 가지 요소는 그리스도와 친밀한 단계에서 그리스도 중심 단계로의 변화를 가장 확실히 이끌어 내는 촉진 요소의 조합이다.

하지만 이번 경로는 앞의 예와는 완전히 다르다. 이번에는 타이 만의 석유 굴착 장치로 여행을 떠난다. 시카고의 오헤어 공항에서 출발한 우리는 열세 시간 후 첫 번째 경유지인 도쿄에 도착한다. 그리고 거기서 일곱 시간을 더 비행해 방콕에 이른다. 거기서 또 한 번 더 헬리콥터를 타고 나서야 우리는 마침내 석유 굴착 장치가 있는 플랫폼에 도착한다.

이 시나리오 상에서 도쿄는 나의 삶을 모두 내려놓고 "모든 것을 잃을 위험을 감수"하겠다는 의지를 가리킨다. 이 첫 번째 경유지까지 가는 데는 열세 시간이 소요되며, 여기까지만 가도 목적지까지 가는 총 거리 가운데 가장 긴 구간을 이동한 셈이 된다. 이와 마찬가지로 "모든 것을 잃을 위험을 감수"하겠다는 의지 역시 그리스도 중심의 단계를 목적지로 삼아 전진하는 3단계 변화의 여정에서 가장 큰 영향력을 발휘한다.

방콕까지 가는 길은 두 번째로 중요한 여행 구간으로, 이는 두 번째와 세 번째 촉진 요소를 가리킨다. 이 구간 역시 중요하긴 하지만 3단계 변화에 대한 영적 영향력으로 말하자면 어디까지나 2부 리그에 해당한다고 할 수 있다. 따라서 도쿄가 가장 영향력 있는 첫 번째 경유지라고 한다면즉 "모든 것을 잃을 위험을 감수"하겠다는 의지가 가장 영향력 있는 촉진 요소라면, 마음과 관련된 두 번째와 세 번째 촉진 요소들이 3단계 변화에서 중요한 영적 '경유지'인 것처럼, 방콕은 나름의 의미 있는 방식으로 우리를 석유 굴착 장치라는 목적지에 더 가까이 다가가게 해 준다.

나머지 두 개의 촉진 요소에 대해 말해 보자. 이것들은 3단계 변화에 가장 큰 영향을 미치는 5대 촉진 요소에 포함되어 있기는 하지만, 처음 세 개 요소에 비해서는 잠재된 영향력이 매우 미미하다. 이 두 요소는 석유 굴착 장치로 가는 여정의 마지막 경유지로, 분명 나름의 중요성을 갖고 있다 그 헬리콥터 없이는 목적지에 도착하기가 어렵다!. 그러나 처음 세 개의 촉진 요소로 이동한 엄청난 거리와 비교해 보면, 이 요소는 다소 짧은 영적 구간일 뿐이라고 말할 수 있다.

이제 여행 비유를 통해 3단계 변화의 여정을 전체적으로 둘러보았으니, "모든 것을 잃을 위험을 감수"하겠다는 의지를 묻는 진술에 대한 영국 목사님의 문제제기로 다시 돌아가 보자. 성도들을 그리스도 중심의 단계로 나아가게 할 때 이 개념에 동의하는 것은 필수적이다. 하지만 '어떻게'의 문제가 남아 있다. 앞에서 아웃리치의 횟수를 늘려 주는 것이 그 같은 희생적 삶을 진작시키기 위한 정답일지를 물었다. 이런저런 모양으로 섬김의 기회를 많이 제공해 주면 그리스도와 친밀한 단계의 사람들이 자신의 삶을 예수님께 내어드리도록 영향을 끼칠 수 있을까? 사실 설문조사의 결과도 더 많은 섬김의 기회를 제공하면 그것이 성숙한 그리스도의 제자들로 성도들을 성장시키는 잠재적인 촉진 요소로 작용할 수 있다고 말한다. 그러나 섬김이 **핵심적인** 촉진 요소는 아니었다. 물론 그것도 중요하다. 하지만 그것인 가장 중요한 문제는 아니었다는 말이다.

교회는 이들을 어떻게 도와야 하는가?

인생의 많은 것이 그렇듯, 이 질문에 대한 답은 쉬우면서도 어렵다. 다시 말해, 무엇을 해야 하는지를 알고 그것을 말로 옮기는 것은 쉽지만, 그것을 실행하기는 매우 어렵다.

쉬운 부분을 먼저 말해 보자. 교회 지도자들은 교인들을 위한 교회의 가장 중요한 목표가 그들을 도와 예수 그리스도의 제자로 자라게 하는 것이라는 사실을 아주 분명하게 인식하고 있어야 한다.

말하기는 쉽다. 하지만 행하는 것이 너무 어렵다. 그것은 교회 성도들 모두가 "제 이름도 거기 써 주세요. 저도 참여할게요!"라고 말한다 할지라도 마찬가지다. 영적 성장이라는 장거리 여행은 숱한 도전의 길이다. 우리가 매일같이 인내하며 세상의 모든 유혹을 뿌리치고 그리스도의 제자로서 살아 가며 꾸준히 걸어간다는 것은 매우 어려운 일이다. 교회 역시 이들을 끝까지 책임지고 붙들기가 쉽지 않다. 의사들처럼 교회 지도자들도 어떻게 해야 더 건강하게 살 수 있을지에 대해 말할 수 있으며, 나아가 그리스도를 닮은 생활방식을 실천하는 역할모델의 역할을 할 수도 있다. 그러나 사람들로 하여금 그 같은 새로운 삶의 가치들을 받아들여 그것을 삶으로 구현해 내도록 만들 수는 없다.

불행하게도 오늘날 교회들은 수많은 활동들을 복잡하게 모아 놓음으로써 오히려 '그리스도 닮아가기'라는 우리의 목적을 모호하게 만들어 상황을 악화시키는 때도 적지 않다. 이 교회들이 교인들에게 권하고 있는 활동의 예로는 다음과 같은 것들이 있다.

▸ 매주일 예배와 교사 활동으로 참여하시오.
▸ 소그룹과 성경공부 모임을 자주 가지시오.모든 모임 후에 계속해서 서로 소통하고 숙제할 것을 요구하는 경우도 많다.
▸ 교회 봉사를 한 달에 여러 번씩 하시오.
▸ 정기적으로 어려운 처지에 있는 사람들을 섬기시오.

▶ 예배나 교회의 특별 행사, 후원 모임에 친구들과 직장 동료, 가족들을 초대하시오.

교회가 사람들에게 끊임없이 이 모든 일들을 **하라고**^{do} 말하게 되면, 사람들은 어떤 특정한 모습의 존재가 **되어야**^{become} 한다는 애초의 진정한 목적을 잊어버리기가 쉽다. 물론 이들이 추구해야 할 존재의 모습을 구체적으로 묘사하다 보면, "자기 중심성에서 **벗어나** 그리스도 중심을 **향해** 가야 한다"고 하는 이 방정식에서 상대적으로 쉬운 부분으로 돌아가게 된다.

교회가 '그리스도 중심'이라는 목적지를 향한 도전적인 여정을 걷는 성도들을 도울 때 가장 효율적인 방법은, 교회의 모든 에너지와 자원을 이 일을 위해 사용하는 것이다. 곧 이 사람들의 영적 성장의 길을 인도하고 지원하는 것이 교회가 맡은 최고의 사명이며, 그 밖의 다른 목적들은 이 목적의 발치에도 따라오지 못한다는 것을 확실히 하라는 말이다. 다시 말하지만, 말하기는 쉽다. 하지만 주일 예배와 당회 모임, 직원 채용의 문제, 자원 배분 결정처럼 매일 해결해야 할 일들이 산적한 속에서 항상 이 목적을 향해 나아가기란 무척 어려운 일이다.

여기서 이 전략을 잘 사용한 역할모델로 올랜도의 제일 침례교회의 예를 들어보자. 이 교회를 담임목사를 맡고 있는 데이비드 유스^{David} ^{Uth} 목사는 그 비결을 6,000명의 교인들에게 정기적으로 환기시키는 다음의 진술로 설명했다. "우리가 여기 있는 것은 여러분을 침례교도로 만들기 위함이 아니라 그리스도의 제자로 만들기 위함입니다." 그저 달변가의 말처럼 들릴지도 모르겠지만 이 진술에는 그 교회의 목적이 성도들로 하여금 교회나 교회의 활동과 사랑에 빠지게 하는 것이 아니라, 예수님과 사랑에 빠지게 하고 그분께 자기의 삶을 내어드리게 만드는 것이라는 생각이 아주 잘 드러나 있다.

이 교회는 무엇을 가르치고 무엇을 이야기하든, 그 사역의 목표가 제자를 만드는 것임을 모호하지 않게 직접적으로 전한다. 그러나 이 교회의 진짜 특징은 다른 데 있다. 이 교회를 포함하여 부흥하는 교회들을 잘 살펴보면, 그들이 이 목적을 대단히 중시하여 꾸준한 헌신을 반복하고 있음을 알 수 있다. 이들이 어떤 식으로 이런 헌신을 매일 사역 가운데 실제적으로 드러내고 있는지는 3부에 가서 이 최고의 모범 교회들에서 나온 여러 사연들과 세세한 특징들을 살펴보면서 알아볼 것이다. 지금 우리가 가장 핵심적으로 살펴보아야 할 사항은 "교회의 **모든 것은** 단순히 활동을 만드는 것이 아니라, 삶을 변화시키는 제자도의 목표를 이루기 위해 바쳐져야 하며, 그것을 모든 사역의 최우선 순위로 삼는 것에서 시작되어야 한다"는 것이다. 모범적인 교회들은 이 목적을 달성하겠다는 결의를 일관되게 유지하기 때문에, 때로는 그리스도의 제자가 되는 것에 헌신하지 않은 성도들을 교회 문밖으로 쫓아 보내는 위험을 감수해야 하는 결과를 가져오기도 한다. 사실 이들은 그러한 성도들에게 교회를 떠날 것을 **권한다.**

불가능해 보이는 과업을 달성한 다른 분야의 지도자들에게서도 우리는 이와 같은 결의를 발견한다. 존 F. 케네디^{John F. Kennedy}는 사람을 달로 보냈고, 빈스 롬바르디^{Vince Lombardi, 미국의 전설적인 미식축구 감독-옮긴이}는 위스콘신 북부의 외딴 도시에 프로 미식축구 왕조를 일구었으며, 마틴 루터 킹 ^{Martin Luther King Jr.} 목사는 편견에 단단히 사로잡힌 나라 전체를 감동시켜 가치에 대해 다시 생각하게 만들고 모든 인종이 동등하다는 인식을 갖게 했다. 이보다는 덜 극적이지만 만만치 않은 엄청난 문화적 영향력을 남긴 CEO인 스티브 잡스Steve Jobs는 매킨토시 컴퓨터나 아이패드 같은 엄청나게 성공적인 기술 혁신으로 「포춘」 지의 '가장 존경 받는 기업' 목록의 상위권에 매번 애플의 이름을 올렸다.

이 각각의 어려운 성과는 모호하지 않은 분명한 목표를 갖는 것에서 시작되었다. 케네디는 "우리는 10년 안에 사람을 달에 보내겠다"고 공언했고, 롬바르디는 "승리가 전부는 아니다. 오직 유일할 뿐이다"라고 말했다. 킹 목사는 "나에게는 꿈이 있습니다"로 시작되는 연설에서 모든 아프리카계 미국인들의 열망을 토로하면서 자신의 아이들이 피부색이 아닌 인격을 기준으로 평가받기를 원한다는 목표를 구체적으로 표현했다. 스티브 잡스는 필요한 제품을 '제때에' 내놓는 것이 혁신과 디자인만큼이나 중요하다는 의미가 담긴 '진정한 예술가 정신'을 끊임없이 직원들에게 상기시켰다. 여기서 중요한 것은 이 지도자들이 모두 달성하기 어려운 목표를 단순한 말로 분명하게 표현했다는 점이다.

교회의 목사와 지도자들인 여러분에게는 이들과의 비교가 정말 의미가 있는 것인지 궁금하게 느껴질 수도 있다. 사람을 달에 보내는 것이 어려운 일이긴 하지만 결국 그 목적을 성취했는지를 평가하는 것은 전혀 어렵지 않다. 비즈니스에서도 측정 가능한 판매량과 주가 현황을 통해 성공 여부를 쉽게 판단할 수 있다. 킹 목사의 경우에서도 1964년의 인권법안의 통과를 중대한 기점으로 삼았고, 그것을 목표 달성의 표지로 이해할 수 있다. 그러나 그리스도를 향한 사람의 마음의 성장을 측정하기 위해서는 이와는 다른 노력이 필요할 것이다. 우리는 그 일이 일어나는 현장을 목격할 수 없고, 설사 그 진행 상황을 측정할 수 있다 해도 불완전할 수밖에 없다.

그러나 이 일을 하는 것이 이 책의 목적이다. 우리는 교회 지도자들에게 "모든 것을 잃을 위험을 감수"하고자 하는 사람의 의지에 대한 태도를 보여 주는 진술처럼 측정할 수 있는 기준들을 제시하여, 성도들이 영적 성장이라는 무형의 추상적인 영역에서 성장하고 있는지를 알아볼 수 있게 도우려고 애쓰고 있다. 그러나 이 모든 것의 바탕에는 이 측정 방법들이 본질적으로는, 하나님으로부터 멀리 떨어져 살던 사람이 전심으로 그리스도 중심의 제자로 변화해 가는 신비롭고 기적적인 과정을 묘사하고 사람들을 안내하는 도구에 불과하다는 이해가 깔려 있다.

예수님에 대한 사랑이 커져서 성도들이 기꺼이 "모든 것을 잃을 위험을 감수"하는 단계에 이르게 하는지 성도들을 도울 방법을 알고자 했던 영국 목사님의 이야기로 돌아가 보자. 우리는 그에게 이렇게 말해 주고 싶다. "지난 5년간 나온 조사 결과를 통해 우리는 단 한 가지의 결론을 얻었습니다. 교회 지도자가 내려야 할 가장 중요한 본질적인 결정은 어떤 종류의 예배를 드리고 어떤 종류의 소그룹 체계를 만드느냐가 아니라는 것입니다. 중요한 것은 말하기는 쉽지만 달성하기는 어려운 한 가지 목표에 꿋꿋하고 분명하게 헌신하면서 교회를 이끌어 나가기로 결정하는 것입니다. 그 한 가지 목표란 사람들의 마음을 그리스도께로 향하도록 하기 위해 인간이 할 수 있는 모든 일을 하는 것입니다."

그 목사님이 이런 헌신을 하면서 하나님께 지혜와 인도의 손길을 구하며 이 목표를 이루기 위해 필요한 결정을 내릴 수 있도록 도와달라고 기도한다면, "모든 것을 잃을 위험을 감수하겠다는 그 교회 성도들의 의지" 역시 강해질 것이다.

바닐라 맛 아이스크림과 영적 성장

동네 아이스크림 가게에 딱 한 가지 맛의 아이스크림밖에 없다면, 아마 그것은 바닐라 맛 아이스크림일 것이다. 바닐라 맛이 제일 유명하기 때문이 아니다. 그것도 물론 사실이지만, 좀 더 정확한 이유는 바닐라 아이스크림이 어마어마하게 유명하기 때문이다. 이 맛은 두 번째로 유명한 맛인 초콜릿 맛보다 두 배는 더 유명하다. 그리고 초콜릿 맛은 다른 여타 아이스크림 맛보다 또다시 두 배 정도 더 유명하다. 그러니 동네 아이스크림 가게는 바닐라 맛을 택할 수밖에 없다. 이건 너무 쉬운 결정이다. 경쟁이 안 된다.

교회의 목회자들에게도 이처럼 강력한 선택지가 있다. 각기 다른 영적 성장 단계에 있는 모든 성도들이 그리스도와의 관계에서 성장할 수 있도록 돕기 위해 이들이 할 수 있는 일이 단 하나밖에 없다면, 그 답은 언제나 아주 분명하다. 성경을 읽으라고 격려하고 고무시키며 실제적인 준비를 시키는 것이다. 그 가운데에서도 특히 성경 말씀의 의미를 각자의 삶에 비추어 묵상하게 하는 것이 중요하다.

성경 묵상은 영적인 바닐라 맛 아이스크림이다. 그것이 영적 성장에 미치는 영향력은 다른 촉진 요소들의 잠재적인 영향력을 훌쩍 뛰어넘는다. 세 차례의 변화 과정에서 가장 큰 영향력을 미치는 최상위 다섯 개의 촉진 요소들의 면면을 슬쩍 들여다보기만 해도 이 말의 진위 여부가 확인된다. 성경 묵상만이 이 세 변화 과정의 촉진 요소 목록에 유일하게 모두 이름을 올려놓고 있기 때문이다.표 9-7 참고.

이는 모든 영적 성장 과정을 꿰뚫는 영적 성장 촉진 요소 가운데 가장 중요한 것이 무엇인지 생각할 때 성경의 영향력이 다른 모든 촉진 요소들의 영향력을 뛰어넘는 다는 뜻이다. 바닐라 맛 아이스크림의 유명세가 다른 모든 맛의 그것을 가볍게 눌러 버리듯이 말이다.

이건 너무 쉬운 결정이다. 경쟁이 안 된다. 영적 성장에 있어 성경만큼 중요한 것은 어디에도 없다.

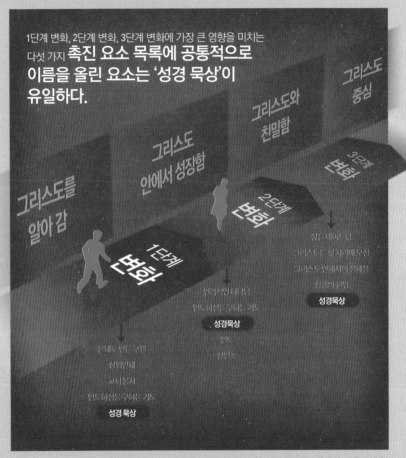

1단계 변화, 2단계 변화, 3단계 변화에 가장 큰 영향을 미치는 다섯 가지 **촉진 요소 목록에 공통적으로 이름을 올린 요소는 '성경 묵상'이 유일하다.**

그리스도를 알아 감

그리스도 안에서 성장함

그리스도와 친밀함

그리스도 중심

1단계 변화

2단계 변화

3단계 변화

은혜로 인한 구원
삶의 일체
교회 봉사
인도하심을 구하는 기도
성경 묵상

인격적인 헌신
인도하심을 구하는 기도
성경묵상
전도
십일조

삶을 내어 드림
그리스도를 첫 자리에 모심
그리스도 안에서의 정체성
성경의 권위
성경묵상

표 9-7 가장 영향력 있는 촉진 요소 25가지 중에서 세 차례의 변화 과정에 가장 큰 영향력을 미치는 최상위 다섯 개의 촉진 요소들에서 공통적으로 이름을 올린 요소는 '성경 묵상'이 유일했다.

영적 성장의 장애물:
침체된 사람들과 불만을 가진 사람들

외국 여행이든, 어린아이가 어른으로 자라는 것이든, 한 가지 분야에서 전문성을 쌓는 것이든, 모든 여정에서 진전은 ^{적어도 부분적으로} 그 길에 놓인 다양한 장애물을 극복해 가는 것에 달려 있다. 그것이 모든 여정의 전제 조건이다. 영적 성장도 예외가 아니다.

발견 프로젝트에 참여한 사람들이 각자의 영적 성장 여정 속에서 어떻게 그 장애물과 싸워 왔는지에 대한 이야기를 들으면서 몇 가지 중요한 통찰을 얻었다. 그들의 이 이야기에 나오는 장애물의 침체를 구체적으로 확인하는 한편, 그들이 이 장애물을 어떻게 극복했는지도 살펴보았다. 하지만 우리가 발견한 사실들을 살펴보기 전에, 자신들의 개인적인 고민들을 자세히 써서 우리에게 보내 준 몇몇 사람들의 이야기를 직접 들어보는 것이 도움이 될 것 같다.

한 사람은 이런 글을 써 보냈다. "저는 기독교인인데도 영적으로 몇 년째 침체되어 있어요. 이런 상황에 대한 책임은 제게도 약간 있어요. 그동안 점점 바빠졌기 때문에 경건의 시간을 매일 지키기가 힘들었죠. 간단히 말해 저는 지금 예수님과의 관계가 예전처럼 돌아가기를 간절히 바라고 있어요. 이런 식으로 의기소침해 있긴 싫은데 예전으로 돌아갈 수 있을 것 같지가 않아요."

또 한 명은 이렇게 말했다. "저는 교회에서 지도자와 멘토로 섬기고 있어요. 오랫동안 해 온 일이죠. 하지만 늘 홀로 지내며 교회 안의 인간관계에서 소외되어 있어요. 도움이 필요한 사람들에게 저 자신을 내어주고 있지만, 의미 있고 인간적인 방식으로 저를 채워 주는 사람은 단 한 명도 없어요."

세 번째 사람은 아주 짧은 몇 마디만을 써 보냈지만 그 속에 많은 것이 담겨 있었다. "저는 흔들리고 있어요. 그런데 아무도 그걸 몰라요."

영적 성장을 가로막는 두 개의 장애물

이 연구의 초반부터 우리는 이미 모든 교회 성도들의 길을 방해하고 영적 성장을 가로막는 두 가지 장애물을 발견했다. 그것은 바로 **침체**와 **불만족**이었다.

장애물 1: 침체. 어느 교회를 가도 각자의 신앙 속도를 묻는 문항에 대한 보기 중 "빠르다", "보통이다", "느리지만 꾸준하다", "지금의 영적 성장도에 만족한다"라는 보기가 아닌 "침체되었다"라는 보기를 선택하는 교인들이 있다. 스스로에 대해 침체되어 있다고 말하는 성도들의 비율은 교회에 따라 낮은 한 자리 수에서부터 20퍼센트 중반에까지 이른다. 발견 프로젝트의 데이터베이스의 평균으로는 13퍼센트 정도가 여기에 해당되며, 거의 **대부분이라고 할 수 있는 92퍼센트의 사람들이** 신앙 여정 중에 침체를 경험한 적이 있다고 답했다.

장애물 2: 불만족. 또한 모든 교회에는 "자신의 영적 성장에서 교회의 역할"에 대해 어느 정도씩 불만을 표하는 성도들이 포함되어 있었다. 평균적으로는 전체 교인들 가운데 18퍼센트가 이 그룹에 속했으나, 낮은 한 자리 수에서 50퍼센트 이상에 이르기까지 교회마다 이 수치는 천차만별이었다.

이런 성도들이 존재하고 있다는 것이 교회 지도자들에게 새삼스러운 이야기는 아닐 것이다. 그러나 설사 이런 현실을 호전시키기 위한 전략을 세운다 할지라도, 교회마다 침체되거나 불만을 가진 교인들이 상당수 있다는 사실에 낙담하지 않기란 쉽지 않은 일이다. 어떻게 보면 이것은 정기검진을 위해 치과에 들렀다가 충치가 여러 개 발견되어 보철치료를 받아야 한다는 사실을 알게 된 경우와 비슷하다. 치료해야 할 문제가 있다는 걸 안다 할지라도 그 손상된 부위의 통증은 사라지지 않는 것처럼!

우리는 치아의 문제를 확인하는 걸 뒤로 미루기 쉽다. 적어도 잠시 동안은 그렇게 할 수 있다. 상한 부분은 아주 깊은 곳에 위치하고 있어 눈에 잘 보이지 않기 때문이다. 교회의 지도자들도 이처럼 사실을 외면하고 이 문제를 회피하고 싶다는 유혹을 느낄 것이다. 그들의 문제인 아주 깊은 곳에 난 영적 상처 역시 눈에 잘 띄지 않기 때문이다. 그렇게 되면 그들은 예배 참석자 수나 헌금 인원 같은 표면적인 문제에만 집중한 채, 불만을 토로하는 이메일 같은 그 밖의 다른 영적 성장과 관련된 문제들의 징후는 무시하기 십상이다.

혹 이 장을 읽지 않고 건너뛰겠다고 생각하고 있었는가?^{미국인들 중 3분의 1이 매년 치과에 가는 것을 피하는 것처럼} 하지만 이 장을 끝까지 읽어 나갈 것을 권한다. "두려워 말라!"고 격려하신 예수님의 말씀을 기억하라. 우리는 침체되어 있거나 불만을 가진 교인들에 대하여 발견 프로젝트가 알아낸 사실들이 실제로는 여러분을 낙담시키기보다는 **용기를 불어넣어 줄 것**이라 믿는다. 이를 위해 먼저 영적으로 표류 중인 성도들을 정상 궤도로 복귀시키는 데 열심인 교회 지도자들의 기운을 확실히 북돋워 줄 두 가지 발견 사실들부터 살펴보자.

발견1: 침체된 성도들과 불만을 가진 교인들 간에는 교집합이 있다

침체된 성도들과 불만을 가진 교인들은 서로 완전히 따로 존재하고 있지 않다^{표 10-1}. 이것은 매우 당연한 일이다. 영적으로 침체된 누군가가 교회에 대해서도 불만을 표시하는 것은 얼마든지 가능한 일이다. 어려운 과목을 배우느라 힘들어하는 학생이 선생의 능력을 비판하는 것처럼 말이다.

혹 위의 통계를 읽으면서 침체된 사람들을 13퍼센트로, 불만을 가진 사람들을 18퍼센트로 계산하여 평균적으로 모든 교회의 교인들 가운데 30퍼센트 이상이 이 카테고리에 속한다는 결론을 내렸는가? 그랬다면 사실은 상황이 그렇게까지 나쁘지는 않다고 말해 주고 싶다. 그것은 너무 높게 잡은 수치다. 그 두 그룹 모두에 속한 사람들이 5퍼센트나 되기 때문이다. 다시 말해, 평균적으로 각 교회마다 5퍼센트의 사람들

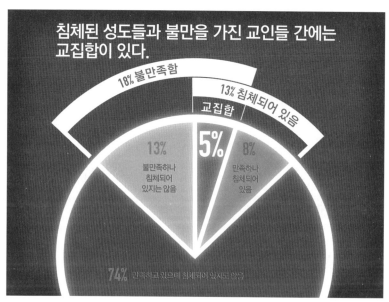

표 10-1 불만을 가진 18퍼센트의 교인들과 침체된 13퍼센트의 교인들 사이에 교집합이 있다. 전체 교인들 가운데 침체된 동시에 불만을 품은 사람은 5퍼센트였으며, 원 안에서 강조 표시된 부분의 비율을 모두 합치면 전체 교인들 가운데 26퍼센트가 침체되어 있거나(혹은 침체된 동시에) 불만을 가지고 있음을 알 수 있다.

은 영적으로 침체된 **동시에** 자신들의 영적 성장에 미치는 교회의 역할에 대해서도 불만을 느끼고 있었다. 그러니까 대부분의 침체된 사람들, 즉 13퍼센트 가운데 나머지 8퍼센트에 해당되는 사람들은 각자가 처한 곤경에 대하여 교회가 아닌 자기 자신을 탓하고 있다는 말이다.

위의 표에서 강조된 부분^{13퍼센트 + 5퍼센트 + 8퍼센트}의 수치를 모두 더하면 침체되거나 불만을 가진 교인들의 비율이 평균적으로 26퍼센트라는 결론이 나온다. 이 말은 평균적으로 26퍼센트, 즉 각 교회의 교인 네 명 가운데 한 명이 침체되어 있거나 불만을 갖고 있든지, 혹은 침체된 동시에 불만을 느끼고 있다는 뜻이다. 그러나 이보다 더 중요한 것은 강조 표시가 되어 있지 않은 아래쪽의 더 넓은 부분이다. 무려 74퍼센트에 달하는 다수의 성도들이 영적으로 성장하고 있으며 자신들의 영적 성장을 돕기 위해 교회가 하고 있는 일들에 만족하고 있다. 이는 교회 지도자들에게 반가운 소식임에 틀림없다.

발견 2: 이들은 계속 교회 안에 머물러 있을 계획이다

그리고 그보다 더 좋은 소식이 있다. 침체되어 있거나 불만을 가진 교인들이 다른 교회에 가려고 탐색 중이거나 아예 교회를 떠날 생각을 품고 있는 것처럼 결론내리기 쉽다. 그러나 사실상 그들은 그럴 생각이 별로 없다.

물론 전체 교인들 가운데 조만간 교회를 떠나는 일에 대해 "불확실하다"나 "아마도 그럴 것이다", "확실히 떠날 것이다"라고 답한 사람이 10퍼센트에 달하긴 했다. 그러나 이 가운데 대다수인 80퍼센트의 사람들이 "불확실하다"고 답했다. 그리고 이 10퍼센트 안에는 불만을 가진 그룹이 포함되어 있었다. 그런데 불만을 느끼는 이 사람들 중에서도 교회를 떠나고 싶다는 의사를 표하지 않는 사람들이 절대 다수를 이루었다. 실제로 불만을 가진 교인들 가운데 63퍼센트와 침체된 성도들 가운데 79퍼센트가 교회에 머물 작정이라고 답했다. 그런데 기억할 사실이 있다. 교회를 떠날 생각을 하고 있다고 답한 10퍼센트의 사람들 중에서도 대부분^{80퍼센트}이 "불확실하다"고 답한 것이다.

침체되거나 불만을 가진 교인들 가운데 대다수가 교회를 떠날 계획이 없다는 사실은 교회 지도자들에게 큰 힘이 된다. 이는 고민하고 불만스러워하는 사람들에 대해 교회가 시간과 노력과 자원을 할애할 가치가 있다는 뜻이다. 설사 이 일에 투입해야 할 투자의 양이 상당히 많다 할지라도 말이다. 교회에 있는 것이 마냥 행복하지 않은 사람이 있다 해도 아직은 이들이 교회를 완전히 포기한 것은 아니다. 또 앞으로 전진해 가는 영적 견인력을 충분히 갖지 못한 이가 있다 할지라도 그 역시 아직 예수님을 완전히 포기한 것은 아니다. 이 결과는 주저하거나 다루기 힘든 성도들이라 할지라도 모든 이들을 예수님의 제자로 이끌라는 소명을 받은 모든 교회 지도자들에게 있어, 성도들의 독특한 특징을 이해하려는 노력이 정말로 가치 있는 일이라는 깨달음을 준다.

침체된 사람들은 어떤 사람들인가?

평균적으로 모든 교회의 교인 여덟 명 가운데 한 명[13퍼센트] 정도가 영적으로 침체되어 있다는 사실도 유용한 정보이긴 했지만, 이 그룹에 속한 사람들의 영적 특징을 연구하는 일은 훨씬 더 흥미로웠다. 이들은 네 단계의 영적 성장 과정에 고루 포진해 있었으나 대부분이 비교적 미숙한 단계에 집중되어 있었다[표 10-2].

침체된 성도들의 비율을 영적 성장 단계별로 하나씩 배열하여 그것을 전체 교인들을 대상으로 한 단계별 성도 비율과 비교해 보면 그들의 영적 특징을 좀 더 분명하게 확인할 수 있다. 표에서 보는 것처럼 그리스도 안에서 성장하는 단계에서 침체된 성도의 비율이 압도적으로 높다[표 10-3].

영적 침체를 경험하는 이들은 모든 단계에 포함되어 있으나, 그리

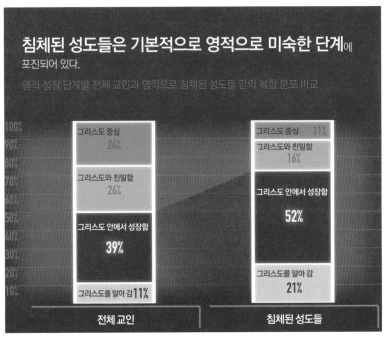

침체된 성도들은 기본적으로 영적으로 미숙한 단계에 포진되어 있다.

영적 성장 단계별 전체 교인과 영적으로 침체된 성도들 간의 복합 분포 비교

그리스도 중심 24%	그리스도 중심 11%
그리스도와 친밀함 26%	그리스도와 친밀함 16%
그리스도 안에서 성장함 39%	그리스도 안에서 성장함 52%
그리스도를 알아 감 11%	그리스도를 알아 감 21%
전체 교인	침체된 성도들

표 10-2 발견 프로젝트의 데이터베이스에 들어 있는 전체 교인들 중에서는 미숙한 단계의 사람들의 비율이 50퍼센트(그리스도를 알아 감-11퍼센트, 그리스도 안에서 성장함-39퍼센트)에 불과했으나, 영적으로 침체된 이들 중에서는 이 두 단계의 사람들이 73퍼센트(그리스도를 알아 감-21퍼센트, 그리스도 안에서 성장함-52퍼센트)나 차지하고 있었다. 침체된 사람들 대부분이 미숙한 단계에 속해 있다는 말이다.

스도 안에서 성장하는 단계의 비율이 나머지 단계들에 비해 현저하게 높다. 이 사실에 주목하는 것이 중요한 이유는, 그래야만 **영적 침체와 영적 성장**이 각기 어떻게 다른 것인지 그 차이를 분명하게 구분할 수 있기 때문이다. 침체 상태의 의미와 그 특징을 가장 명징하게 파악하기 위해, 그리스도 안에서 성장하는 단계에 속하면서 침체된 사람들의 특징을 중점적으로 살펴볼 것이다.

이 단계에 속해 있으면서 영적 침체를 경험하고 있는 이들에게는

세 가지 결정적인 특징이 나타난다.

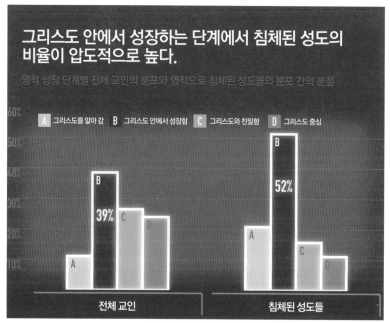

그리스도 안에서 성장하는 단계에서 침체된 성도의
비율이 압도적으로 높다.

영적 성장 단계별 전체 교인의 분포와 영적으로 침체된 성도들의 분포 간의 분절

A 그리스도를 알아 감 **B** 그리스도 안에서 성장함 **C** 그리스도와 친밀함 **D** 그리스도 중심

전체 교인 · 침체된 성도들

표 10-3 왼쪽의 막대들을 보면 네 단계의 영적 성장 과정 중 그리스도 안에서 성장하는 단계의 사람들 수가 가장 많다. 그러나 오른쪽의 막대들을 보면 이 단계에서 영적 침체를 경험하는 사람들의 비율이 압도적으로 높아 상대적으로 나머지 다른 단계들의 존재감이 눈에 띄게 낮다.

　　특징 1: 신앙을 위해 거의 아무런 투자도 하지 않는다. 이들이 영적으로 충분히 성장하지 못했다는 점을 감안하더라도, 침체되지 않는 이들과 비교할 때 훨씬 적은 시간과 노력을 신앙에 투자한다.

　　특징 2: 교회와의 결속력이 약하고 교회에 대하여 더 많은 실망감을 느낀다. 이들은 교회와의 결속력이 그리 끈끈하지 않다. 전반적으로 이들은 다른 사람들만큼 교회 활동에 참여하지 않고 있으며, 교회 경험에 대한 만족도도 훨씬 낮다.

특징 3: 자신이 너무 바쁘다고 말한다. 이들이 신앙에 많은 투자를 하지 않고 교회와의 결속력도 약한 것에는 아주 간단한 근본적인 이유가 있다. 스스로 너무 바쁘다고 느끼는 것이다. 무엇 때문에 그리 바쁠까? 대개는 평범하고 판에 박힌 매일의 단조로운 일과 때문이다.

이제 각각의 특징을 자세히 살펴보고, 이 특징들이 우리가 조사한 교회들에서 각기 어떤 역할을 하고 있었는지 이야기해 보자.

특징 1: 영적 침체를 경험하고 있는 이들은 신앙을 위해 거의 아무런 투자를 하지 않는다

그리스도 안에서 성장하는 단계에 속해 있으면서 성장이 침체된 이들과 그렇지 않은 이들이 어떻게 개인적인 신앙 훈련을 하고 있는지를 비교한 결과, 한 가지 가장 두드러진 영적 성장의 장애물이 드러났다. 영적 침체를 경험하는 이들은 규칙적으로 하나님과 소통하기 위한 노력을 거의 기울이지 않고 있었다.표 10-4.

침체된 이들과 그렇지 않은 이들의 행동은 성경 관련 훈련에서부터 기도와 고독의 훈련에 이르기까지 **모든** 신앙 훈련 항목에서 차이를 보였다. 물론 이 표는 그리스도 안에서 성장하는 단계에 속한 성도들의 경우를 표시한 것이지만, 모든 단계에서 침체를 경험하는 사람들과 그렇지 않은 사람들을 비교했을 때도 똑같은 결론이 나왔다.

다시 말하지만 '투자가 없으면 성장도 없다'는 이 같은 발견은 전혀 새삼스러운 사실이 아니다. 성경에서도 영적 성장은 자동적으로나 수동적으로 일어나는 일이 아니라고 끊임없이 말한다. 때로 그것은 매우

많은 노력을 기울여야만 얻을 수 있는 것이다. 고린도전서 9장에서 바울은 달리기와 권투라는 두 가지 운동 경기를 비유로 들면서 그리스도인의 삶에서 꾸준한 노력과 인내가 중요함을 강조했다. 예수님도 누가복음 8장 15절에서 제자들에게 하나님의 말씀을 들어도 건성으로 응답하는 것만으로는 충분하지 않다고 가르치셨다. 끝까지 남아 열매 맺는 씨는 좋은 땅에 떨어져 "착하고 좋은 마음으로 말씀을 듣고 지키어 **인내로 결실하는 자**"다[저자 강조].

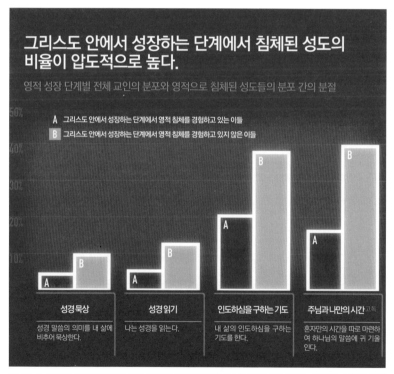

그리스도 안에서 성장하는 단계에서 침체된 성도의 비율이 압도적으로 높다.

영적 성장 단계별 전체 교인의 분포와 영적으로 침체된 성도들의 분포 간의 분절

A 그리스도 안에서 성장하는 단계에서 영적 침체를 경험하고 있는 이들
B 그리스도 안에서 성장하는 단계에서 영적 침체를 경험하고 있지 않은 이들

성경묵상	성경읽기	인도하심을 구하는 기도	주님과 나만의 시간[고독]
성경 말씀의 의미를 내 삶에 비추어 묵상한다.	나는 성경을 읽는다.	내 삶의 인도하심을 구하는 기도를 한다.	혼자만의 시간을 따로 마련하여 하나님의 말씀에 귀 기울인다.

표 10-4 침체를 경험하고 있지 않은 이들과 비교할 때 그리스도 안에서 성장하는 단계에서 영적 침체를 경험하고 있는 이들 가운데 개인적인 신앙 훈련을 하는 비율이 훨씬 낮았다.

어떤 분야에서든 노력을 기울여 목표에 도달하려 할 때 인내가 필요하다는 점은 모두가 아는 사실이다. 그 점을 알기 때문에 나는 캘리 딸아이가 열두 살이었을 때 피아노 레슨을 받다가 특히 어려운 부분을 배운 뒤에 "나 이거 그만둘래!"라고 선언하듯이 말했을 때 전혀 놀라지 않았다. 얼마 전까지만 해도 딸아이는 피아노 치는 걸 무척 좋아했는데, 최근 들어서는 그것이 그 아이 인생에서 걱정의 근원이 되어 버렸다. 딸애는 피아노와 그 밖의 다른 대상들을 두고 자신의 시간과 관심을 어디에 쏟아야 할지 고민하고 있었다. 그 애는 규칙적으로 하던 피아노 연습을 그만두고 피아노와 선생님, 연습을 꼬박꼬박 부추기는 내 말에 대해 점점 화를 내면서 불만을 드러냈다. 하지만 무엇보다 그 아이는 스스로에 대하여 화를 내고 실망하고 있었다. 그것은 침체기였다. 이런 때는 어떻게 하면 다시 시작할 수 있을지를 알아내기보다는 그냥 그만두는 것이 훨씬 쉬운 것처럼 여겨지기 마련이다.

솔직히 말해 나는 딸아이가 피아노를 그만둘 것인지 여부보다는 왜 그만두려 하는지 동기에 더 신경이 쓰였다. 나는 그 아이가 그저 단순한 불만 때문에 피아노를 그만두지 않기를 바랐다. 그래서 훌륭한 양육 방식대로 나는 바로 그 자리에서 그 애의 말을 받아들이는 대신 한 가지 조건을 덧붙였다. 딸아이에게 다음 주에 매일 20분씩만 피아노를 연습하라고 요청한 것이다. 그렇게 한 주 더 열심히 연습을 했는데도 여전히 피아노를 그만두고 싶다면 그때는 정말로 그 결정을 지지해 주겠다고 말했다.

딸아이는 동의했다. 그리고 피아노를 그만두지 않았다. 오히려 그로부터 6년 후 대학에 갈 때까지 계속해서 피아노 레슨을 받았다. 물론 그 후에도 피아노를 치는 동안 여러 차례 좌절의 시간을 겪었다. 그러나 그럴 때마다 다시 마음을 다잡아 매일 연습에 매진했고 결국 다시 제자리로 돌아왔다.

이것이 어떻게 가능했을까? 그 아이가 음악을 사랑했기 때문이었다. 음악을 사랑했기 때문에 그 아이는 **인내하며**, 음악을 즐기기 위해 꼭 필요한 연습에 다시 돌입할 수 있었다. 열정은 매일의 연습이라는 훈련으로 새로워졌고, 그 열정으로 딸아이는 계속해서 피아노를 칠 수 있었다.

영적으로 침체된 마음을 성장시키는 개인적인 신앙 훈련의 능력에 같은 역학 관계가 작용한다. 하나님의 은혜를 기꺼이 받아들여 우리의 노력에 대한 동기를 부여 받을 때, 매일의 신앙 훈련은 우리의 마음을 새롭게 하고 조금씩 생각과 태도와 행동을 변화시킨다. 개인적인 신앙 훈련을 열심히 하면 그리스도를 향한 사랑이 한층 **강화되고**, 우리를 향한 그분의 사랑에 대한 믿음에도 **새로운 불이 붙는다**. 삶에 대한 부담과 스트레스가 몰려올 때 우리를 강하게 지켜주는 것은 그 사랑과 하나님의 신실하심에 대한 우리의 신념이다.

이제 조금 더 지속하는 노력이야말로 영적 성장에 가장 유익한 요소라는 것을 배웠으니, 영적으로 침체된 이들이여, 기운을 내어 좀 더 열심히 애써 보지 않겠는가? 데이터를 좀 더 심도 깊게 들여다보면, 이들이 영적 성장에 대해 그토록 무관심한 직접적인 원인이 인격적인 하나님에 대한 믿음이 약하기 때문이라는 것을 알 수 있다^{표 10-5}. '삼위일체'의 신념에 대해서는 침체된 이들이 침체되지 않은 이들만큼 확고한 믿음을 갖고 있었지만^{심지어 '은혜로 얻는 구원'에 대해서는 침체되지 않은 이들보다 더 확고한 믿음을 갖고 있었다}, 하나님이 실제로 개인의 삶 가운데 존재하며 그 속에서 활동하고 계시다는 것에 대한 확신은 침체되지 않은 이들보다 적었기 때문이다.

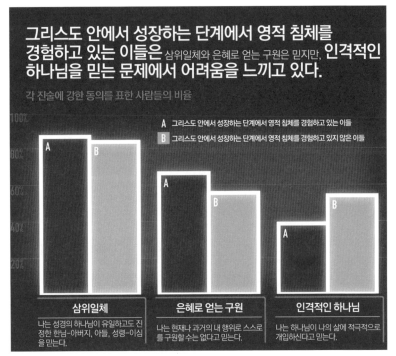

그리스도 안에서 성장하는 단계에서 영적 침체를 경험하고 있는 이들은 삼위일체와 은혜로 얻는 구원은 믿지만, 인격적인 하나님을 믿는 문제에서 어려움을 느끼고 있다.

각 진술에 강한 동의를 표한 사람들의 비율

A 그리스도 안에서 성장하는 단계에서 영적 침체를 경험하고 있는 이들
B 그리스도 안에서 성장하는 단계에서 영적 침체를 경험하고 있지 않은 이들

삼위일체
나는 성경의 하나님이 유일하고도 진정한 한님-아버지, 아들, 성령-이심을 믿는다.

은혜로 얻는 구원
나는 현재나 과거의 내 행위로 스스로를 구원할 수는 없다고 믿는다.

인격적인 하나님
나는 하나님이 나의 삶에 적극적으로 개입하신다고 믿는다.

표 10-5 그리스도 안에서 성장하는 단계에 속한 성도들은 침체 여부와 상관없이 모두가 삼위일체와 은혜로 얻는 구원에 대한 신념을 표현하는 데 대해서는 그다지 어려움을 보이지 않았다. 그러나 하나님이 각자의 삶에서 적극적으로 활동하고 계시다는 것을 믿는 일에 있어서, 영적 침체를 경험하고 있는 이들이 상대적으로 더 큰 어려움을 느꼈다.

정말로 일리 있는 설명이다. 하나님이 나의 일상생활에 존재하시며 그 속에서 적극적으로 활동하고 계시다는 것을 의심하는 사람이 기도나 성경 읽기를 통해 그분과 관계를 맺으려 할 리가 없기 때문이다. 그러나 침체된 성도들이 가진 이 관계의 문제는 비단 신앙 훈련만의 문제가 아니었다.

특징 2: 영적 침체를 경험하고 있는 이들은 교회와의 결속력이 약한 반면, 교회에 대하여 더 많은 실망감을 느낀다

영적 침체를 겪는 이들은 또한 침체되어 있지 않은 이들에 비해 교회 활동에 저조한 참여율을 보이는 경향이 있다. 그리고 신앙 훈련이 부족한 것만큼이나 다양한 교회 활동에 참여하는 이들과 교회와의 전반적인 결속력도 낮은 수준에 머물러 있다표 10-6.

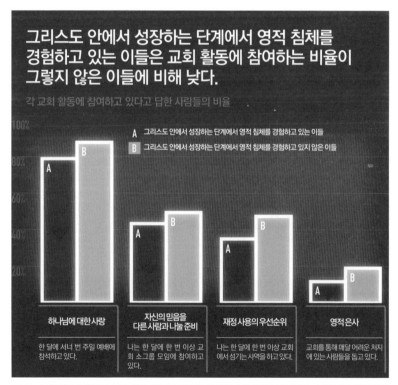

그리스도 안에서 성장하는 단계에서 영적 침체를 경험하고 있는 이들은 교회 활동에 참여하는 비율이 그렇지 않은 이들에 비해 낮다.

각 교회 활동에 참여하고 있다고 답한 사람들의 비율

A 그리스도 안에서 성장하는 단계에서 영적 침체를 경험하고 있는 이들
B 그리스도 안에서 성장하는 단계에서 영적 침체를 경험하고 있지 않은 이들

하나님에 대한 사랑	자신의 믿음을 다른 사람과 나눌 준비	재정 사용의 우선순위	영적 은사
한 달에 서너 번 주일 예배에 참석하고 있다.	나는 한 달에 한 번 이상 교회 소그룹 모임에 참여하고 있다.	나는 한 달에 한 번 이상 교회에서 섬기는 사역을 하고 있다.	교회를 통해 매달 어려운 처지에 있는 사람들을 돕고 있다.

표 10-6 침체를 경험하고 있지 않은 이들과 비교할 때 그리스도 안에서 성장하는 단계에서 영적 침체를 경험하고 있는 이들 가운데 주일 예배에 참석하거나 봉사, 소그룹 모임 참석 등 교회 활동에 참여하는 성도들의 비율이 낮은 것으로 나왔다.

그러나 그 가운데서도 침체된 사람들과 그렇지 않은 사람들 간에 표면적으로 가장 큰 차이가 나는 것은 소그룹 참석 부문이었다. 영적 성장 과정에서 그리스도 안에서 성장하는 단계의 사람들에게 소그룹은 특히 중요한 요소다. 이 단계의 사람들은 소그룹을 주된 정보처로 삼아 친구나 멘토링 관계를 만들어 영적 성장에 필요한 도움을 받기 때문이다. 침체되지 않은 사람들 중에서는 절반이 소그룹에 참여하고 있는 반면, 침체된 사람들 가운데 3분의 1이 조금 넘는 사람들만이 소그룹에 참여한다는 사실은, 사람들이 신앙의 침체기에 접어들 때 이 중요한 초기 관계의 연결망이 제대로 작동하지 않는다는 걸 뜻한다. 그리고 이 요소의 부재는 영적 성장에 지대한 영향을 미친다.

나아가 영적 침체를 겪으면서 교회 활동에는 계속 **참여하는** 사람들 은 소그룹에 참여하는 사람들 중 3분의 1이 여기에 포함 침체되지 않은 사람들에 비해 교회 활동 경험에 대한 **만족도**가 명백히 낮았다[표 10-7]. 다시 말하지만 이 같은 불만족은 소그룹 이외의 다른 모든 교회 활동 분야에서 일관되게 나타났다. 그리고 이들의 만족도와 영적으로 성장하는 이들이 느끼는 만족도 간에는 30-40퍼센트에 달하는 상당한 차이가 나타난다.

지금까지 교회에 실망하고, 또 아마도 하나님께 대하여도 환멸을 느껴 아무런 투자를 하지 않고 참여도 하지 않는 사람들의 대략적인 특징들을 살펴보았다.

그렇다면 이 침체된 사람들은 어떤 사람들일까? 우리는 이들이 실직이라든지 중대한 관계에서 파경 같은 인생의 굴곡을 겪어 궤도에서 벗어나 버린 사람들일 거라고 생각하기 쉽다. 실제로도 많은 교회 지도자들은 교회의 갱생 프로그램에 나타나거나 따로 목회자에게 전화를 해서 상담 약속을 잡는 사람들을 침체된 사람들이라고 확신하는 것 같다. 그러나 조사 결과로는 전혀 다른 상황이 나타났다.

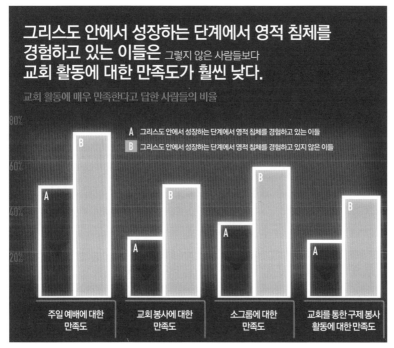

그리스도 안에서 성장하는 단계에서 영적 침체를 경험하고 있는 이들은 그렇지 않은 사람들보다 **교회 활동에 대한 만족도가 훨씬 낮다.**

교회 활동에 매우 만족한다고 답한 사람들의 비율

A 그리스도 안에서 성장하는 단계에서 영적 침체를 경험하고 있는 이들
B 그리스도 안에서 성장하는 단계에서 영적 침체를 경험하고 있지 않은 이들

| 주일 예배에 대한 만족도 | 교회 봉사에 대한 만족도 | 소그룹에 대한 만족도 | 교회를 통한 구제 봉사 활동에 대한 만족도 |

표 10-7 침체를 경험하지 않은 이들과 비교할 때 그리스도 안에서 성장하는 단계에서 영적 침체를 경험하는 이들은 교회 활동 경험에 대한 만족도가 그렇지 않은 사람들보다 크게 낮았다.

물론 인생의 위기로 고생하는 사람들은 사실 그러한 어려움 속에서 선한 하나님이 존재하는지 의문을 품으며 그 문제와 싸울 가능성이 높다. 그러나 외부에 도움을 구하고 교회 지도자들에게 불평을 토로하는 이 사람들은, 속담에 나오는 '삐걱거리는 바퀴'와 같다["삐걱거리는 바퀴가 기름을 얻는다"라는 속담에서 인용한 표현으로, 우리나라의 "우는 아이 젖 준다"와 비슷한 속담이다-옮긴이]. 다시 말해, 이들의 큰 목소리만 듣고 판단한다면 그들의 정확한 수를 제대로 파

악하지 못할 수 있다. 심각한 인생의 도전을 받은 이들이 목회자들과 교회에 대하여 지원을 요청하는 소리만 듣는다면 그들 외에도 물 속에서 발버둥치는 이들이 있다는 사실을 간과할 수도 있다는 것이다.

그렇다. 어려운 시절을 보내고 있는 사람들이 침체된 성도들의 무리에 포함될 수도 있다. 그러나 조사 결과를 통해 침체된 사람을 식별하는 좀 더 간단한 방법을 알아냈다. 바쁘다는 것이 바로 그 표지였다.

특징 3: 영적 침체를 경험하고 있는 이들은 자신이 너무 바쁘다고 말한다

자신이 영적으로 침체되어 있다고 표시한 응답자들은, 침체 상태에 빠지는 데 가장 큰 영향을 끼친 요소가 "신앙 훈련의 부족"이라고 답한다[표 10-8]. 그러나 빠른 속도로 흘러가는 생활과 부딪히는 책임 문제 같은 요소도 이 목록 가운데 상위를 차지하고 있다. 이 같은 결과는 이들이 **어째서** "신앙 훈련 부족"이라는 문제를 안게 되었는지를 알려 준다.

이러한 발견을 통해 우리는 영적으로 침체된 이들 가운데 다수가 그저 단순히 **평범한** 일상생활에 압도되어 있음을 알 수 있다. 생활 자체를 완전히 뒤바꿔 놓을 만한 슬픔이나 우울 같은 커다란 사건이 아니라, 통근 문제나 까다로운 상사, 더러운 기저귀, 금전적 어려움 같은 일상적인 필요로 인해 그 같은 일이 벌어지는 것이다.

이것은 침체에서 회복된 사람들에게 '침체를 벗어나기 위해' 어떤 행동을 했는지를 물었을 때 그들이 제시한 답들을 살펴보면 좀 더 설득력을 갖는다[표 10-9]. 우리 모두가 예상했듯이 이 목록의 상위권에는 "신앙 훈련을 통해 하나님과 관계 맺기"가 포함되어 있었다. 그러나 그 뒤를 바짝 따르고 있는 두 번째 항목에는 "나 자신의 문제들과 맞붙어 싸

영적 침체의 이유

영적 침체의 이유로 가장 많이 지목된 요소

신앙 훈련의 부족	
다른 활동을 우선시하느라	
관계의 문제	
책임의 상충	
교회 공동체의 부족	
책임감의 부족	
비효율적인 교회 리더십	
감정적 문제	
신앙에 대한 회의	
트라우마	
기타 9가지	

10%   20%   30%

표 10-8 대부분의 사람들이 영적으로 성장하던 중 어느 특정한 시점부터 침체되었다고 말하는데, 많은 이들이 그 주된 이유로 "신앙 훈련의 부족"을 들었다. 그러나 "다른 활동을 우선시하느라"를 비롯한 여러 가지 다른 이유들을 통해 유추해 볼 때 일상생활에서 분주한 태도가 신앙생활의 침체에 큰 원인이 되었다는 것을 알 수 있다.

우기"라는 것이 들어 있다. 이것은 단조로운 일과와 관련된 문제들에 함몰된 희생자들의 경우와 상당히 잘 어울리는 답이다.

'단조로운 일과'에 대해 이야기해 보자. 사실 시카고에 사는 사람치고 평일 오후 5시 교외와 시내의 도로교통 상황을 '**급하게 가다**'rush는 단어로 표현할 사람은 없을 것이다. 오히려 빨간색 브레이크 등의 환한 빛과 아주 조금 더 빨리 가겠다고 성급하게 차선을 바꾸어 가는 차들 때문

'침체에서 벗어나기 위해' 사람들이 행한 노력

영적 '침체에서 벗어나려' 할 때 가장 효율적인 것으로 선택한 활동

신앙 훈련을 통해 하나님과 관계 맺기	
나 자신의 문제들과 맞붙어 싸우기	
교회 옮기기	
규칙적으로 주일 예배 참석하기	
생활환경에 변화 주기	
소그룹에 참여하기	
친구나 멘토와 고민 상담	
감동적인 영적 경험	
개인적인 위기의 경험	
타인으로부터 감명 받기	
기타 다수	

10%　　　20%

표 10-9 신앙생활의 '침체에서 벗어나기 위해' 무엇을 했는지 물었을 때 많은 이들이 신앙 훈련을 통해 하나님과 관계를 맺기 시작했다거나 그때까지 자신의 영적 성장을 가로막아 온 자신의 다른 문제와 맞붙어 싸우기 시작했다고 답했다.

에 운전자들은 당혹감을 느끼면서 달팽이처럼 천천히 도로 위를 기어 다닌다. 조금이라도 더 빨리 목적지를 향해 움직이기 위해 스스로 할 수 있는 일이 없다는 것을 아는 우리는, 꼼짝 없이 갇혔다는 무력감에 빠진다. 기다리면서 침체가 풀리기를 바라는 수밖에 할 수 있는 일은 없다. 그리고 다음 번에는 옆에서 쌩 하고 지나가는 저 통근 열차를 놓치지 말아야겠다는 생각을 할 수도 있다.

　이것이 바로 침체된 이들이 느끼는 감정이다. 그들 역시 다른 스케

줄과 약속들에 사로잡혀 갇혀 있다는 느낌을 받고 있다. 그 같은 생활의 침체를 타개하여 영적 성장을 이끌어 줄 다른 실제적인 선택지를 볼 능력이 이들에게는 없다. 그렇기 때문에 이들은 마냥 기다리면서 생활의 요구들이 언젠가는 가벼워지거나 좀 더 능률적인 다른 방법이 마술처럼 나타나 주기를 바란다.

교회가 직면해야 할 도전이 바로 이것이다. 통근 열차에 해당되는 영적 요소를 만들어 주는 것이다. 침체된 이들이 인생의 '러시아워'를 피할 수 있는 길을 알려 주고, 그리하여 그들의 길을 가로막기로 작정한 것처럼 보이는 환경 대신 영적 성장을 이룰 수 있는 위치에 그들을 데려가 줘야 한다는 말이다.

"저는 지금 완전히 한계에 부딪혔어요. 하루 종일 일하고 통근에만 매일같이 네 시간을 쏟아 붓는 데다 나이 드신 부모님들까지 보살피고 있어요"라는 내용의 편지를 보내 온 설문 응답자에게 놀랄 만한 선택권을 주면 어떨까? 또 세 명의 아이를 둔 싱글맘이 직면한 장애물을 뛰어넘도록 도와주려면 어떻게 해야 할까? 조사에 참여한 한 싱글맘은 우리에게 이런 질문을 했다. "주일에만 교회에 올 수 있는 다른 성도들과 연계할 수 있는 방법은 없을까요? 전 평일에는 교회에 갈 수 없는 형편이거든요. 그래서 전 교회에 가면 늘 외로움을 느껴요." 이 사람에게 우리는 어떤 답을 줄 수 있을까?

침체되었다는 것은 곧 환멸을 느끼고 있다는 뜻이다. 그러나 침체된 이들 중 대부분이 교회나 하나님에 대해서보다는 자신의 삶에 대해 더 많은 환멸을 느끼는 것처럼 보인다. 이들 가운데 대부분이 자기 삶의 조건과 영적 견인력의 부족이 서로 직결되어 있음을 인식한다. 그들은 다만 그 같은 상황에서 어떻게 행동해야 할지를 모르고 있을 뿐이다. 그렇다면 우리는 그들에게 어떤 답을 줄 수 있을까? 이들을 고무시켜 영적 성장을 위해 필요한 교회 활동과 연결하고 훈련을 하도록 이끄는 혁신적인 교회 전략으로는 어떤 것이 있을까?

좋은 소식은 그런 전략이 존재한다는 사실이다. 그러나 침체된 이들에 대하여 어떻게 답할 것인지를 다루기 전에 각 사람의 영적 성장에서 교회가 감당해야 할 역할에 대하여 불만을 가진 교인들에 대해 좀 더 자세히 살펴보자. 앞으로 보겠지만 교회 안에 있는 침체된 무리와 불만을 가진 무리들 가운데 일부가 서로 겹치기 때문에 이들의 문제와 필요에 대응하는 최선의 방법 역시 서로 겹치는 부분이 있다. 그러니 왜 그 '불만분자'들이 그토록 불만을 갖게 되었는지를 먼저 분석해 보자. 그리고 난 다음에 장애물을 허물어 그 두 무리의 사람들을 영적으로 성장시켜 줄 몇 가지 전략을 제시하는 걸로 이 장의 결론을 내릴 것이다.

불만을 가진 사람들은 어떤 사람들인가?

침체된 사람들과 마찬가지로 불만을 가진 사람들 역시 모든 신앙 과정 단계에 포진하고 있다. 그러나 침체된 이들의 경우와는 달리 이들이 압도적으로 많이 포함된 단계는 없다[표 10-10]. 다른 말로 하자면, 교회에 대하여 만족하거나 불만을 가진 사람들의 비율은 모든 단계에서 다 엇비슷하다는 것이다.

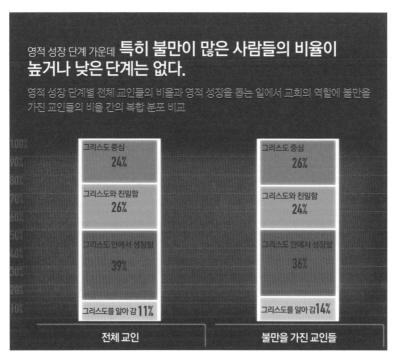

영적 성장 단계 가운데 **특히 불만이 많은 사람들의 비율이**
높거나 낮은 단계는 없다.

영적 성장 단계별 전체 교인들의 비율과 영적 성장을 돕는 일에서 교회의 역할에 불만을
가진 교인들의 비율 간의 복합 분포 비교

그리스도 중심	그리스도 중심
24%	26%
그리스도와 친밀함	그리스도와 친밀함
26%	24%
그리스도 안에서 성장함	그리스도 안에서 성장함
39%	36%
그리스도를 알아 감 11%	그리스도를 알아 감 14%
전체 교인	**불만을 가진 교인들**

표 10-10 영적 단계별로 불만을 가진 교인들의 비율은 발견 프로젝트의 데이터베이스에 포함된 영적 단계별 전체 교인들의 비율과 대략적으로 일치한다.

이 숫자들의 이면에도 재미있는 이야기가 숨어 있다. 윌로크릭을 대상으로 했던 첫 번째 설문조사 결과를 분석했을 때 우리는 가장 성숙한 교인들 사이에 만족도가 상당히 낮다는 것을 발견하고 놀랐다. 그런데 이 조사를 윌로크릭이 아닌 다른 교회들에까지 확장시켰을 때도, 이불만족의 패턴이 모든 영적 성장 단계 전반에 걸쳐 그대로 나타나고 있었다. 결론적으로 이것은 우리 교회만의 특별한 문제가 아니었던 것이다. 우리가 조사한 모든 교회들의 가장 성숙한 교인들도 새신자들이나 그리스도 안에서 신앙을 알아 가는 사람들과 거의 비슷한 정도의 불만을 갖고 있었다.

성숙한 교인들 사이에 불만이 있다는 것을 발견한 우리가 그렇게 놀란 것은 무엇 때문이었을까? 전통적인 시장조사 경험에 근거하여 보자면, 성도들이 영적인 일에 좀 더 적극적으로 참여할수록 교회에 대한 만족도가 **상승**^{불만족도는 감소}하는 것이 맞다. 시장에서는 특정 브랜드나 서비스에 대하여 가장 큰 충성도를 가진 고객일수록 만족도가 상승하기 때문이다. 예를 들어 카푸치노를 좋아하는 사람은 스타벅스나 동네 길가의 커피숍 등 자신이 가는 가게의 충실한 고객이자 만족을 느끼는 고객일 가능성이 높다. 논리적으로 보자면 한 사람과 그리스도와의 관계가 성장하고 성숙해질 때, 그가 택한 교회에 대한 만족도 역시 높아지는 게 당연하다.

그런데 우리가 발견한 바에 따르면 현실은 그와 달랐다. 이미 얘기한 것처럼 만족도는 신앙 성숙도와 상관없이 거의 일정하게 나왔다. 오히려 가장 성숙한 그리스도 중심 단계의 사람들 사이에서 그 비율이 약간 더 **높아지기까지** 했다.

이 불만족도가 교회 지도자나 교회 활동에 대한 사람들의 감정을 측정한 것이 **아니라는** 점을 유념하기 바란다. 아주 구체적으로 말해 이것은 영적 성장을 돕는 일에서 교회의 역할에 대한 그들의 감정을 측정한 것이다. 이 사실을 염두에 두고 있었다면 앞에서 말한 우리의 설문 조사 결과에 전혀 놀라지 않았을 것이다. 대부분의 교회들은 프리 사이즈 옷처럼 단 하나의 전략만으로 모든 성도들의 영적 필요를 채워 주려고 애쓰고 있다. 교회들이 어느 특정 그룹의 필요에 대해서 **부분적으로만** 대응하고 있기 때문에 교회에 만족하는 사람의 비율이나 불만을 가진 사람들의 비율이 모든 영적 성장 단계에서 거의 비슷하게 나타나는 것이다. 간단히 말해, 각자의 영적 성장을 발전시켜 주는 교회의 역할에 관한 한 그 누구도 전적으로 만족스러워하지도, 전적으로 불만족스러워하지도 않고 있다. 교회가 모든 단계의 사람들을 똑같은 수준에서 섬기고 있거나, 섬기지 않고 있기 때문이다.

불만을 가진 교인들의 가장 고유한 특징은 그들이 가장 불만을 품은 대상과 **관련되어** 나타난다. 불만을 가진 사람들이 교회에 구체적인 업무 내용을 알려 준다면, 그 목록의 상위에는 다음과 같은 다섯 가지 요구사항이 올라올 것이다표 10-11. 이것은 중요도와 만족도의 영역에서 모든 설문 대상자들이 평가한 19개 목록에서 뽑은 요구사항들이다19개 진술을 모두 보고 싶다면 315쪽의 "사람들은 교회가 어떤 일을 지금보다 더 잘해 주기를 바라는가?"를 참고하라.

이 다섯 가지 우선적 요구사항들을 통해, 사람들이 교회에 바라는 가장 중요한 것이 무엇인지 알 수 있다. 이것은 불만을 가진 교인들이 교회에 대하여 가장 시급하게 향상시켜야 한다고 생각하는 다섯 가지

불만을 가진 교인들이 교회에 가장 바라는 다섯 가지

* 성경을 깊이 있게 이해하도록 도와주세요.
* 그리스도와의 인격적인 관계를 발전시키도록 도와주세요.
* 성장할 수 있도록 도전해 주세요.
* 교회 지도자들이 성장의 모범이 되어 주세요.
* 소속감을 느낄 수 있게 도와주세요.

표 10-11 불만을 가진 교인들은 교회가 위의 다섯 가지를 해줄 것을 가장 간절히 원하고 있다. 그 가운데서도 성경을 깊이 있게 이해하도록 도와달라는 요구가 목록에서 가장 상위에 올라와 있다.

영역을 가리킨다. 그러나 이 목록이 보여 주는 건 불만을 가진 교인들이 가장 원하고 필요로 하는 것에 대한 정보뿐만이 아니다. 이것을 통해 우리는 교회 지도자들이 주의를 기울여야 할 특히 중요한 두 가지 통찰도 얻을 수 있다.

통찰 1: 만족한 교인들과 불만을 가진 교인들 모두가 공통적으로 교회에 바라는 두 가지 최우선적 요구사항이 있다

불만을 가진 교인들에 한정되어 있던 이번 논의의 범위를 넓혀 25만 명에 달하는 전체 설문 응답자를 살펴보자. 이 목록에서 가장 상위에 위치한 두 가지 요소의 중요성을 한층 더 확실히 인식할 수 있다[표 10-12]. 불만을 가진 교인들과 만족한 교인들이 가장 중요하다고 생각한 그 두 가지 요소는 내용이 같을 뿐만 아니라, 순서까지 **똑같다.** 불만을 가진 교인들과 **다른 교인들 모두가** "성경을 깊이 있게 이해하도록 도와주세요"를 장 중요한 요소라고 꼽았다. 두 번째 요구사항은 "그리스도와의 인격적인 관계를 발전시키도록 도와주세요"였다.

이 설문조사의 데이터베이스에 포함된 모든 사람들이 교회에 대하여 최우선적으로 바라는 항목 가운데 두 가지가 불만을 가진 교인들의 대답과 일치했다. 이는 곧 교회 지도자들이 이 요소들과 관련된 가르침과 지원을 늘리면 대부분의 성도들의 필요가 채워진다는 뜻이다.

이는 곧 불만을 가진 교인들이 다른 나머지 성도들과는 전혀 별개의 요구를 내놓는 만성적인 불평분자가 아니라는 뜻이기도 하다. 오히려 그들이 가장 강렬하게 느끼는 필요를 나머지 교회 교인들도 **똑같이** 느끼고 있다. 물론 불만을 가진 이들은, 이 우선적 필요들을 충족시켜 주는 일에 있어서 교회의 성과에 대해 다른 일반적인 교인들보다 훨씬 **더 큰 불만을** 느끼고 있다. 이들의 불만 지수는 다른 성도들보다 보통 두 배씩 더 높다. 그러나 불만을 가진 교인들이 최우선적으로 바라는 요구사항들은 결코 교회에 대한 그들만의 유리되고 독자적인 불만이 아니다. 사실상 이들은 교회 전체의 관심사를 보여 주는 전조의 역할을 한다.

불만을 가진 교인들과 나머지 교인들이 교회에 대하여
최우선적으로 바라는 항목 중 두 가지가 일치한다.

교회에 최우선적으로 바라는 항목: 전체 교인

성경을 깊이 있게 이해하도록 도와주세요.

그리스도와 인격적인 관계를 발전시키도록 도와주세요.

기도 생활을 발전시킬 수 있게 도와주세요.

정서적으로 어려울 때 도와주세요.

성장할 수 있도록 분명한 방법을 알려 주세요.

교회에 최우선적으로 바라는 항목: 불만을 가진 그룹

성경을 깊이 있게 이해하도록 도와주세요.

그리스도와의 인격적인 관계를 발전시키도록 도와주세요.

다음 단계로 성장할 수 있도록 도전해 주세요

교회 지도자들이 영적 성장의 본보기가 되어 주세요.

소속감을 느낄 수 있도록 도와주세요.

표 10-12 *이 목록은 1부(49, 84, 108, 152쪽)에서 소개한, 각 영적 성장 단계별로 교회에 대하여 최우선적으로 바라는 항목의 목록과 다르다. 그것은 1부에서 소개한 목록은 중요도에 따라 정리한 것인 반면, 이번 목록은 중요도에다 만족도라는 요소를 더해 총 두 가지 변수를 적용하여 정리한 것이기 때문이다. 다시 말해, 이 목록에서는 가장 만족도가 낮은 이들이 가장 중요하게 여기는 요구사항이 목록의 상위권에 위치해 있다.

수백 개 교회들의 보고서를 살펴보면서 우리는 이 결과들 사이에서 모순되는 점이 있다는 사실을 알아냈다. 불만을 가진 교인들이 최우선적으로 바라는 바와 전체 교인들이 우선적으로 바라는 것이 서로 일치하는 것을 여러 번 목격했다. 어떤 점에서 이것은 교회 지도자들에게 힘이 되는 소식이다. 어느 한 사람이 가장 우선적으로 요청하는 바를 들어주는 것이 실제로는 모든 사람의 관심사를 해결해 주는 일이 될 수 있기 때문이다.

통찰 2: 모든 영적 성장 단계의 사람들이 공통적으로 두 가지 항목을 우선적으로 해결해 주기를 바라고 있다

조사 결과에 의하면, 불만을 가진 교인들과 만족한 교인들이 교회에 바라는 최우선적인 요구사항에 유사점이 있을 뿐만 아니라, 영적 성장 단계별로 불만을 가진 교인들이 최우선적으로 바라는 사항들 역시 서로 비슷하다[표 10-13]. 그리스도를 알아 가는 단계에 속해 있든 아니면 좀 더 성숙한 그리스도 중심 단계에 속해 있든, 불만을 가진 교인들은 모두가 그리스도와 인격적인 관계를 발전시킬 수 있도록 도와줄 것을 교회에 가장 크게 원하고 있었다. 그리고 성경을 좀 더 깊게 이해할 수 있도록 도와달라는 것 또한 모든 영적 성장 단계에서 불만을 가진 교인들이 교회에 **최우선적으로 바라는 항목** 가운데 하나였다.

그렇다면 이제 이 통찰들에 기초하여 교회들은 어떤 대응책을 마련해야 할까? 우리의 조사 결과는 교인들이 그리스도와 인격적인 관계를 발전시켜 나갈 수 있도록 돕고, 성경을 깊이 이해할 수 있도록 돕는 일, 이 두 가지 목표에만 집중해도, 교회에 불만을 가진 교인들의 중요한 문제를 해결해 준다는 점을 보여 준다. 그뿐만 아니라 영적 성장의 네 단계에 속한 모든 성도들의 필요를 다 채워 줄 수 있을 것임을 암시한다.

영적 성장 단계에서 불만을 가진 교인들이 교회에 우선적으로 바라는 항목들도 서로 중복되고 있다.			
상대적으로 미성숙한 단계		상대적으로 성숙한 단계	
그리스도를 알아 가는 단계에서 불만을 가진 교인들	그리스도 안에서 성장하는 단계에서 불만을 가진 교인들	그리스도와 친밀한 단계에서 불만을 가진 교인들	그리스도 중심 단계에서 불만을 가진 교인들
소속감을 느낄 수 있도록 도와주세요.	그리스도와 인격적인 관계를 맺을 수 있도록 도와주세요.	성경을 더 깊이 이해할 수 있도록 도와주세요.	성경을 더 깊이 이해할 수 있도록 도와주세요.
그리스도와 인격적인 관계를 맺을 수 있도록 도와주세요.	성경을 더 깊이 이해할 수 있도록 도와주세요.	교회 지도자들이 영적 성장의 모범이 되어 주세요.	교회 지도자들이 영적 성장의 모범이 되어 주세요.
정서적으로 어려울 때 도와주세요.	성장할 수 있도록 도전해 주세요.	성장할 수 있도록 도전해 주세요.	성장할 수 있도록 도전해 주세요.
성장할 수 있는 분명한 방법을 알려 주세요.	교회 지도자들이 영적 성장의 모범이 되어 주세요.	그리스도와 인격적인 관계를 맺을 수 있도록 도와주세요.	그리스도와 인격적인 관계를 맺을 수 있도록 도와주세요.
기도 생활을 발전시킬 수 있도록 도와주세요.	소속감을 느낄 수 있도록 도와주세요.	성장할 수 있는 분명한 방법을 알려 주세요.	성장할 수 있는 분명한 방법을 알려 주세요.

표 10-13 성숙도와 상관없이 불만을 가진 교인들은 모두가 그리스도와의 관계를 발전시키기 위한 교회의 지원을 더 많이 받고 싶어 한다. 그리고 이미 그리스도인이 된 성도들, 즉 그리스도 안에서 성장하는 단계와 그리스도와 친밀한 단계, 그리스도 중심 단계에 속한 성도들은 공통적으로 성경 이해와 관련하여 더 많은 도움을 받기를 원한다.

물론 더 큰 문제는 '어떻게' 이 일을 하느냐다. 교회 지도자들은 어떻게 이 일을 실제로 해낼 수 있을까? 어떻게 하면 침체된 성도들을 다시금 움직이게 만들고 불만을 가진 교인들을 만족시킬 수 있을까? 우리는 그 답이 '성경'이라는 한 단어로 요약된다고 생각한다.

교회는 이들을 어떻게 도와야 하는가?

전혀 새삼스럽지 않은 사실이긴 하지만, 우리의 조사 결과는 교회 지도자들이 수세기 동안 알고 있었던 한 가지 사실을 다시 한 번 확증해 주었다. 그것은 바로 성경이야말로 침체되거나 불만을 가진 교인들의 성장을 가로막고 있는 장애물을 허무는 열쇠라는 사실이다. 침체된 성도들에게는 성경이 **필요하고**, 불만을 가진 교인들은 성경을 원한다. 이 두 영적 성장의 장애물에 대한 타개책의 뿌리가 똑같이 '하나님의 말씀이라는 간단한 능력'이라는 사실은 교회 지도자들인 우리에게 용기를 북돋워 준다. 3부에서는 최고의 모범 교회들의 고무적인 사례들을 구체적으로 살펴볼 것이다. 그들이 어떻게 성경을 성도들의 삶과 접합시킴으로써 침체되거나 불만을 가진 교인들의 영적 성장을 오랫동안 방해해 온 장애물을 뛰어넘게 만들었는지 알아볼 것이다. 그 사례들로부터 우리는 그들이 주로 두 가지 단순한 전략을 사용하여 성도들로 하여금 새롭게 영적 성장의 길을 걸을 수 있도록 만들었다는 사실을 발견했다. 그 두 가지 전략은 모두 교회를 벗어나 바깥에서 성경을 읽는 일과 관련되어 있었다.

첫 번째 전략은 소그룹 커리큘럼을 만들어 주일 예배 설교를 보완하고 확장하여 주중에도 좀 더 깊은 묵상의 경험을 할 수 있게 하는 것이다. 어떤 교회들은 어린이와 청년들을 위한 커리큘럼까지 만들어 온 가족이 이번 주와 다음 주일 예배 사이의 평일에도 생생한 영적 주제를 두고 서로 대화할 수 있도록 돕고 있다. 이 훈련을 통해 우리는 두 가지 성과를 얻을 수 있다. 첫 번째는 그 무엇과도 연결점이 없었던 침체된 성도들이 주일 예배 설교 내용을 연속적으로 공부할 수 있게 해 주는 소그룹에 참여하는 것의 가치를 높이 평가하게 된다는 점이다. 두 번째 성과는 불만을 가진 이들이 바랐던, 훨씬 포괄적인 성경공부가 가능해진다는 점이다. 발견 프로젝트에 참여한 교회들에 이 방법을 추천한 후 재조사를 해 본 결과, 침체되거나 불만을 가진 교인의 비율이 줄어드는 등 여러 방면에서 진전이 일어나고 있음을 보여 주는 증거가 일관되게 드러났다. 8장에서 이야기한 폭스리버 교회의 예를 떠올려 보라.

최고의 모범 교회들이 쓰고 있는 두 번째 전략은 웹상의 플랫폼과 장소에 구애받지 않고 활용할 수 있는 인터넷을 통해 제공되고 있는 다양하고 혁신적인 성경공부 방법들을 활용하는 것이다. 여기 올라온 자료들은 겉으로만 번지르르한 소프트웨어 패키지가 아니다. 예를 들어 사우스캐롤라이나 머틀비치의 한 감리교회의 지도자들이 녹화하여 올리는 간단한 묵상 비디오를 생각해 보자. 그 교회의 웹사이트에 매일 하나씩 올라오는 그 비디오는 900명의 성도들 사이에서 큰 인기를 끌고 있는데, 매일 그 비디오들을 보는 사람들은 결국 한 해에 성경 전체를 다 보는 셈이 된다. 이런 일이 정말 가능할까? 직접적인 인과관계를 증명하기는 어렵지만 우리는 그 질문에 대한 답이 '그렇다'일 거라 생각한다. 이 교회의 설문조사 결과를 보면 이 교회 성도들의 개인적인 신앙 훈련 비율이 특히 높은 것으로 나온다. 그 가운데 매일 하나님과 함께하는 개인적인 고독의 시간을 갖는다고 답한 사람은 58퍼센트에 이르렀다.

웹을 활용하는 경우에는 약간의 창의력과 혁신적인 방법을 사용해 간단하고 저렴한 전략을 세울 수 있다. 교회들이 전용으로 사용할 수 있도록 포괄적이면서 전문적으로 디자인한 기술적 플랫폼도 몇 가지 더 있다. 이것들을 통해 각 성도들은 개별적인 상황에 맞춘 맞춤형 추천을 받아 다음 단계로 성장하기 위한 영적 성장 계획을 스스로 세울 수 있다. 이러한 플랫폼의 예로는 웹과 휴대용 장비를 기본으로 한 교회용 대화형 체계인 '인게이지'Engage가 있다. 이 프로그램의 핵심에는 각 이용자가 개별적으로 발견 프로젝트 연구의 결과의 일부를 적용할 수 있게 한 인게이지 생활 조사Engage Life Survey라는 요소가 있다. 이 프로그램에 참여한 성도는 각자의 영적 성장을 위한 최선의 다음 단계가 무엇인지를 알아내기 위해 짧은 설문조사에 답한 후 개별적인 영적 성장 계획서를 받는다. 여기서 말하는 다음 단계의 구체적인 내용은 개인별 상황에 맞춘 성경 읽기 계획에서부터 교육 프로그램에 참여한다든가 교회 봉사 등 각자가 출석하는 교회가 제공하는 구체적인 성장 기회에 이르기까지 다양하다. 인게이지 프로그램을 이용하면 이처럼 개별적으로 영적 성장을 위한 도움을 얻을 수 있다. 뿐만 아니라 이 프로그램은 소셜네트워킹의 기회를 제공하고 그룹별 활동에 대해 전폭적으로 지지해 주는 등, 온라인 상에서 교회 공동체의 소통을 쉽게 만드는 효과도 있다.

이처럼 간단한 웹 기반의 묵상 프로그램이나 좀 더 포괄적인 플랫폼으로 개인의 영적 성장 계획을 용이하게 해 주는 장치를 사용하면, 너무나 바쁘게 살아가는 침체된 사람들과 좌절하여 불만을 가진 사람들을 위한 진정한 돌파구를 여는 열쇠가 되어 줄 것이다. 물론 이 가운데 어떤 전략을 사용하든지 교회 지도자들은 자신의 교회 성도들이 주일 오전에만 신앙생활을 하는 상태에서 벗어나도록 도와주는 일을 더 강조해야 한다. 불만을 가진 교인들에게 주일 오전 한 시간의 설교 이외에는 그의 영적 성장을 도와줄 대상이 없다면, 그들은 언제까지나 불만족한 상태에 머물러 있을 것이다. 영적 침체를 경험하고 있는 이들 역시 신앙 공동체와 유리되어 각자의 생활방식과 더 잘 어우러지는 영적 성장 방법을 대안으로 제시 받지 못한다면, 계속해서 침체된 상태에 머물러 있을 수밖에 없다. 그러나 오늘날의 교회들은 이 두 그룹의 성도들의 필요를 채워 줄 방법을 찾는 일에 있어서 예전의 교회들보다 훨씬 더 좋은 조건을 갖고 있다.

그렇다면 침체되고 불만을 가진 교인들이 교회에서 완전히 사라질 수도 있을까? 그렇지는 않다. 그러나 우리는 교회들이 이 두 그룹의 성도들의 마음을 사로잡기 위해 노력하여 그 수가 상당히 줄어들기를 바란다. 그 같은 현상은 교회 지도자들에게는 물론, 하나님 나라를 위해서도 좋은 소식임에 틀림없다.

사람들은 교회가 어떤 일을 지금보다 더 잘해 주기를 바라는가?

교회들은 주일 예배와 소그룹, 봉사 경험, 선교 여행, 성경공부 등 아주 다양한 기회들을 교인들에게 제공한다. 이 모든 활동들에 담긴 단 하나의 궁극적인 목적은 바로 성도들의 영적 성장을 돕는 것이다.

발견 프로젝트 조사는 교회가 이 목표를 이루려 할 때 도움이 되는 다양한 방법들을 19가지 진술들로 정리했다. 이 설문조사에 참여한 사람들은 영적 성장에 미치는 각 요소의 중요도와 구체적인 영역에 있어서 교회의 역할에 대한 만족도에 따라 각 진술을 평가하였다. 우리는 그 평가 결과에 따라 그 19가지 진술을 다음과 같은 순서로 정리하였다. 이것은 조사 참여자들이 보기에 교회에 가장 부족하다고 느끼는 것_{동시에 가장 큰 기회인 것}부터 순차적으로 정리한 것이다.

▶ 성경을 더 깊이 이해할 수 있도록 도와주세요.

▶ 그리스도와 인격적인 관계를 맺을 수 있도록 도와주세요.

▶ 기도 생활을 발전시킬 수 있도록 도와주세요.

▶ 정서적으로 어려울 때 도와주세요.

▶ 성장할 수 있는 분명한 방법을 알려 주세요.

▶ 다음 단계로 성장할 수 있도록 도전해 주세요.

▶ 아이들을 위한 훌륭한 프로그램을 제공해 주세요.

▶ 영적 성장의 모범이 되어 주세요.

▶ 책임감을 키워 주세요.

▶ 다른 사람들과 함께 성장할 수 있는 기회를 주세요.

▶ 나 자신의 성장에 대해 스스로 책임질 수 있도록 격려해 주세요.

▶ 자율권을 주어 '혼자' 밖으로 나갈 수 있게 해 주세요.

▶ 교회에 대한 주인의식을 불어넣어 주세요.

▶ 강력한 예배를 제공해 주세요.

▶ 분명한 기대치를 설정해 주세요.

▶ 성찬식을 예배에 포함시켜 주세요.

▶ 강력한 섬김의 문화를 고취시켜 주세요.

▶ 도움이 필요한 사람들을 섬길 수 있는 기회를 제공해 주세요.

PART 3

영적 리더십
Spiritual Leadership

11

영적 활력 지수

"드디어 그들을 찾아냈어."

한자리에 서서 사람들을 맞이하면서 악수를 하고 우리가 알고 있던 이름과 얼굴을 하나씩 확인하고 서로를 소개하는 시간이 길어질수록 이 세 구절이 마음속에서 더 크게 울려 퍼졌다. 5년이라는 긴 시간을 보내고 우리는 윌로크릭에 모여 있었다. 그 자리는 발견 프로젝트에 참여한 500개 교회 가운데 가장 생동감 넘치고 영적으로 살아 있는 교회들의 목사님이 모인 자리였다.

우리가 이들을 한데 모은 것은 발견 프로젝트의 분석 결과, 특별한 뭔가가 이들의 교회에서 일어나고 있었기 때문이었다. 수치로 말하자면 이들의 교회는 교인들의 영적 성장 수준으로 볼 때 모든 교회들 중 최상위 5퍼센트에 속했다. 이들의 교회에 관한 사실에 입각한 결과들은 확실했고, 굉장히 특별한 어떤 이유로 그 교회들은 우리 교회를 포함한 모든 조사 대상들을 압도하는 결과를 얻었다. 그 점은 우리가 모두 알고 있는 사실이었다. 그런데 이 교회들의 지도자들에 관한 의문이 남아 있었다. '이 사람들도 이들의 교회에 대한 조사 결과만큼이나 특별할까?'

이 질문에 대한 답을 찾는 유일한 방법은 그 사람들을 직접 만나 보는 것이었다. 그래서 우리는 2008년 노동절 다음 수요일 저녁에 만나 식사를 하는 것으로 시작되는 하루 동안의 모임을 기획했다. 나는^{그레} 손님들을 맞이하는 동안 가만히 서 있기 힘들 정도로 긴장했다. 우리의 초대에 응한 사람들이 한 사람씩 문 안으로 걸어 들어왔다. 결과적으로는 발견 프로젝트에서 확인한 25개 최상위 교회 중 절반이 넘는 13명의 담임 목사들이 그들의 사역 팀원들과 함께 그 자리에 참석했다.

다음 날 아침 첫 번째 휴식 시간이 되었을 때쯤, 우리는 이들이 바로 우리가 찾고 있던 사람들임을 완전히 확신할 수 있었다. 우리의 이런저런 의심이 무색할 정도로, 그들 교회가 얻은 인상적인 설문 통계 숫자들 뒤에는 그와 똑같이 인상적인 지도자들이 있었다는 점이 분명해졌다. 성도들을 도와 그리스도와의 관계를 성장시키는 방법에 대해서라면 그들은 얼마든지 이야기할 자세가 되어 있었다.

무엇을 보고 그런 확신을 갖게 되었을까? 첫째, 우리는 서로 크기와 위치, 문화가 각기 너무나 다른 교회들에서 온 이 지도자들의 마음 중심에 하나같이 그리스도가 자리하고 있음을 느꼈다. 그들은 대화할 때 교회 성장 전략에 대해 토론하지 않았다. "이런 사역을 시작했더니 교회가 X퍼센트 성장했어요" 같은 식의 대화는 전무했다. 대신 그들은 성경을 교인들의 마음에 새기는 일의 중요성을 논의했다. 또한 그저 예수님을 아는 상태에서 인생을 온전히 그리스도께 항복하여 내어드리는 상태로 변화시키려면 어떻게 교인들을 도와야 하는지에 대해 이야기했다. 이 일을 위한 모든 지도자들의 개인적인 헌신은 그야말로 대단한 것이었다. 바로 그 점이, 우리가 지난 20여 년간 참여해 온 수백 개의 목회자 모임과 그 모임이 결정적으로 다른 부분이었다. 정말이지 그들과 함께 있다는 사실 하나만으로 그 목요일은 내 인생 최고의 날이 되었다.

그런데 이 교회 지도자들은 서로 비슷한 전략을 따르고 있었다. 이것은 사실 우리에게 다소 놀라운 발견이었다. 어떤 교회는 굉장히 창의적인 소그룹 전략을 통해, 또 어떤 교회는 광범위한 규모의 지역 및 전 세계 봉사 프로그램, 혹은 역동적인 교육을 통해 그 같은 결과를 일궈냈다고 말할 거라고 우리는 예상하고 있었다. 그런데 정작 뚜껑을 열고 보니 이 지도자들은 놀라울 정도로 서로 유사한 전략을 따르면서 성도들의 영적 성장을 이뤄내고 있었다. 이들은 또한 모두 한 가지 같은 열정을 품고, 한결같은 마음으로 그리스도의 제자를 만드는 일에 집중하고 있었다. 우리는 이들을 통해 "네 마음을 다하고 목숨을 다하고 뜻을 다하여 주 너의 하나님을 사랑하라"는 말씀이 생생하게 살아나 움직이는 것을 보았다[마 22:37].

이 때문에 그 모임이 우리에게 그토록 중요했던 것이다. 발견 프로젝트라는 작업은 이미 5년 전부터 시작되었고, 조사가 발전해 가면서 우리는 사실에 기초한 증거들을 통해 영적으로 부흥하는 교회를 발견하기를 꿈꾸기 시작했다. 우리는 그들을 찾을 수만 있다면 그들에게서 배울 수 있을 거라 믿었고, 그러면 그 배운 바를 다른 사람들과도 나눌 수 있을 거라 생각했다. 그렇게 5년을 애써 오던 차에 마침내 그들을 만난 것이다. 그 하루 사이에 우리는 뭔가 엄청난 일이 일어나는 현장의 한가운데 섰다. 우리가 정말로 그들을 **찾아낸** 것이다.

3부의 각 장은 발견 프로젝트가 선사해야 한다고 생각하는 최고의 선물들을 풀어 놓는 데 온전히 할애될 것이다. 여기서 말하는 최고의 선물이란 이 최고로 모범적인 교회들이 어떻게 그토록 효과적으로 영적 성장을 이끌어 냈는지에 대한 전략과 구체적인 사연들을 가리킨다.

최고 모범 교회의 숨겨진 이야기

모든 신문방송학과 학생들은 무엇보다 먼저 사실을 밝히기 위한 유효성 증명tried-and-true 점검 목록에 대해 배운다. '다섯 개의 W와 한 개의 H', 즉 누가who, 무엇을what, 어디서where, 언제when, 왜why, 어떻게how가 바로 그것이다. 흥미롭게도 이 공식은 100년도 더 전에 러디어드 키플링Rudyard Kipling이라는 사람이 쓴 글에서 유래했다.

나는 여섯 명의 충직한 하인을 데리고 있지.

그들이 지금 내가 알고 있는 모든 것을 가르쳐 주었지.

그들의 이름은 무엇을What, 왜Why, 언제When,

어떻게How, 어디서Where 그리고 누가Who라네.[1]

언론의 판도를 바꾼 이 구절은 최고의 모범 교회들의 영적 활력에

---

1 러디어드 키플링, 『그냥 그런 이야기들』(*Just So Stories*), "코끼리의 아이"(The Elephant's Child) 중에서 (Garden City, NY: Doubleday, 1902), 62-84.

대한 발견 프로젝트의 평가를 명쾌하게 설명하는 데도 유익하다. 우리는 '다섯 개의 W와 한 개의 H' 공식을 통해 발견 프로젝트가 이 교회들을 최고의 모범 교회들로 손꼽게 된 구체적인 요소들을 설명할 수 있다. 이 작업이 중요한 것은 다음과 같은 두 가지 이유 때문이다.

첫째, 발견 프로젝트만의 고유한 장점은 그 양적 토대에 있다. 이 데이터들은 인위적으로 만들어 낸 게 아니라는 말을 멋스럽게 표현한 것이다. 우리는 단순한 의견이 아니라 사실에 기초하여, 마침내 최고의 모범 교회를 알아내는 이 단계에까지 도달했다. 따라서 우리는 여러분이 이 교회들의 이야기를 읽고 연구할 때, 그 결과와 결론에 객관적인 근거를 가진 의학이나 과학 분야의 획기적인 발견을 다룬 보고서를 대할 때처럼 존중의 마음으로 대해 주기 바란다.

뿐만 아니라 발견 프로젝트는 사실 관계를 계속해서 점검함으로써, 이 작업의 핵심을 강화시켜 나갔다. 그 핵심이란 사실, 교회 자체와는 그다지 큰 관련이 없다. **교회에 다니는 사람들**에 대한 것이란 표현이 좀더 정확할 것이다. 발견 프로젝트는 통계학적 현미경을 통해 각 교회들의 영적 활력을 평가했다. 교인들을 그리스도의 제자로 성장시키는 일을 가장 잘 해내고 있는 교회들을 알아낸 것 역시 바로 이 렌즈를 통해서였다. 교회 크기나 자원의 양, 혹은 악명 같은 렌즈가 아니었다. 이같은 절차를 대략적으로 살펴봄으로써 이 뛰어난 발견 프로젝트 교회들이 추구하는 최고의 전략이 지닌 가치와 지혜에 대해 더 굳건한 확신을 갖기를 바란다.

물론 확신은 가정할 수 있는 대상이 아니다. 사람들은 정보나 조언을 받아들이기 전에 그 실현 가능성을 타진해 보려 한다. 그것이 자신에게 큰 도전이 되는 문제일 경우에는 더더욱 그러하다. 내^{캘리} 친구 한 명이 최근에 일반적인 건강검진을 받다가 자신이 맹장암에 걸렸다는 사실을 알게 되었을 때의 일이 생각난다. 친구는 먼저 가족들과 친구에게로 가서 위로를 받은 후, 인터넷으로 자신과 비슷한 환경에 있는 사람들의 조언과 관련 사실들을 찾아보았다. 그러다 보니 이제부터 무엇을 해야 하는지 조언해 주고 실제로 의료 처치를 해 줄 의료 전문가를 찾아 나설 마음이 생겼다. 이 같은 검토 과정, 즉 사실과 조언과 전문가의 말을 모으는 과정을 통해 내 친구는 구체적인 행동 방침을 정하기 위해 필요한 확신을 얻을 수 있었다. 앞으로 일어날 일에 대한 두려움을 최소한으로 줄여 준 것은 하나님에 대한 그녀의 신앙이었지만, 행동을 시작하기 위한 용기를 불어넣어 준 것은 세심한 검토에 기초한 그녀의 확신이었다.

이처럼 여러분도 그 비밀을 알아내기 위한 노력이 엄격하고 철저했다는 점에 근거하여 이 교회들이 보여 주는 모범적 선례를 신뢰해 주기 바란다. 이를 위해 우리는 '다섯 개의 W와 한 개의 H' 공식을 통해 사실의 개요를 정리함으로써, 그 전체 그림을 여러분에게 확실히 전달해 주겠다. 먼저 '무엇을?'^{what?}이라는 질문으로 이야기를 시작해 보자.

'무엇'으로 최고의 모범 교회를 규정하는가?

무엇보다 영적 활력 평가에 포함되는 요소가 무엇인지, 또 왜 그것들이 거기 포함되는지를 이해할 필요가 있다. 그 자질이 바로 어떤 교회가 '최고'인지를 결정하는 척도가 되기 때문이다. 영적 생활 조사 발견에 참여한 모든 교회들에 대한 종합적인 결과를 요약한 보고서에는 영적 활력 지수^{Spiritual Vitality Index, SVI}가 각기 매겨져 있다^{표 11-1}.

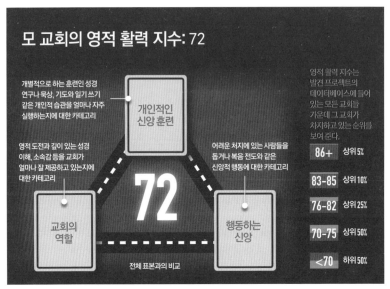

모 교회의 영적 활력 지수: 72

개별적으로 하는 훈련인 성경 연구나 묵상, 기도와 일기쓰기 같은 개인적 습관을 얼마나 자주 실행하는지에 대한 카테고리

영적 도전과 깊이 있는 성경 이해, 소속감 등을 교회가 얼마나 잘 제공하고 있는지에 대한 카테고리

어려운 처지에 있는 사람들을 돕거나 복음 전도와 같은 신앙적 행동에 대한 카테고리

개인적인 신앙 훈련

72

교회의 역할

행동하는 신앙

전체 표본과의 비교

영적 활력 지수는 발견 프로젝트의 데이터베이스에 들어 있는 모든 교회들 가운데 그 교회가 차지하고 있는 순위를 보여 준다.

86+	상위 5%
83-85	상위 10%
76-82	상위 25%
70-75	상위 50%
<70	하위 50%

표 11-1 표의 한가운데 적힌 숫자는 어느 교회의 영적 활력 지수를 가리키는 것으로, 전체 데이터베이스와 비교하여 이 교회의 영적 성장과 관련된 주요 수치가 어느 정도인지를 표시한 값이다. 이 값은 표에서 삼각형으로 표시된 세 가지 카테고리인 개인적인 신앙 훈련과 행동하는 신앙, 교회의 역할 등을 기준으로 매겨진다. 영적 활력 지수의 등급은 학교 성적의 등급과 유사하다. 따라서 72라는 숫자는 평균적인 영적 활력 점수에 해당된다.

영적 활력 지수는 삼각형의 정중앙에 적힌 숫자다. 이것은 1에서 100까지의 숫자 중 하나로, 어떤 교회의 교인들이 발견 프로젝트의 데이터베이스에 속한 나머지 교회 교인들과 비교할 때 어느 정도의 위치에 있는지를 나타낸다. 이때 비교의 대상이 되는 것은 교회의 역할과 개인적인 신앙 훈련, 행동하는 신앙 등 영적 성장에 필수적인 세 가지 카테고리의 태도와 행동이다.

▶ **교회의 역할.** 영적 성장에 가장 큰 촉진 요소가 되는 교회의 몇 가지 핵심적 자질에 대한 교인들의 만족도를 평가하는 카테고리다. 그

리스도와 관계에서의 성장과 좀 더 성경을 깊이 이해할 수 있도록 교회가 교인들을 어떻게 돕고 있는지 등이 여기 포함된다.

▶ **개인적인 신앙 훈련.** 1단계, 2단계, 3단계 변화 과정에서 영적 성장에 가장 중대한 역할을 하는 신앙 훈련을 교인들이 어떻게 행하고 있는지를 평가하는 카테고리다. 성경 묵상, 인도하심을 구하는 기도 등이 여기 포함된다.

▶ **행동하는 신앙.** 영적 성장 과정에 있어 가장 성숙한 단계에서의 변화, 즉 3단계 변화에서 중요하게 작용하는 요소들을 교인들이 어떻게 행하고 있는지를 평가하는 카테고리다. 복음 전도와 구제 활동, 그리스도를 위해 모든 것을 잃을 위험을 감수하겠다는 성도들의 의지 등이 여기 포함된다.

여기서 왜, 어떻게 이 세 가지 카테고리에 속한 요소들이 특별히 선택된 것인지 궁금해하는 사람이 있을 것이다. 이 책이 밝히고 있는 모든 사실과 발견의 기원인 마태복음 22장 37-39절을 보면 이에 대한 답을 얻을 수 있다. 다시 말해, 영적 성장이란 하나님과 이웃에 대한 사랑이 커질 때 일어난다고 한 예수님의 말씀에 기초한 영적 성장의 정의로 되돌아가면 그 답을 알 수 있다. 우리의 조사에 따르면, 방금 이야기한 세 가지 영적 활력 지수 결정 요소들이 하나님과 이웃 사랑에 대한 태도를 성장시킬 수 있는 가장 효과적인 촉진 요소로 드러났다.

이 촉진 요소들을 가지고 조사에 참여한 각 교회들의 응답을 발견 프로젝트 데이터베이스에 들어 있는 1,000여 개 교회들의 응답들과 비교하였다. 그렇기 때문에 어떤 교회가 '최고'의 교회인지를 판단할 때 우리가 사용하는 척도인 영적 활력 지수는, 데이터베이스에 들어 있는 모든 교회들에 대한 판단 기준인 가장 영향력 있는 영적 성장 촉진 요소를 묻는 질문들에 대한 교회의 응답에 기초하는 셈이다. 어떤 교회의 영적 활력 지수의 점수가 100점 만점에 86 이상인 경우, 그 교회는 발견 프로젝트 데이터베이스에서 최상위 5퍼센트 안에 드는 '최고의 모범 교회'가 된다. 영적 활력 지수의 점수를 해석하는 방법에 대해서는 바로 다음 부분에서 설명하겠다.

'어떻게' 영적 활력 지수를 활용하면 되는가?

고등학교 때 받았던 성적표를 생각해 보면 영적 활력 지수를 더 잘 이해할 수 있을 것이다. 수학 과목의 평균 점수가 80점이었다면, 그 점수에는 수업 출석과 숙제, 특별 프로젝트, 시험 성적 같은 다양한 요소들에 대한 평가가 모두 들어 있다. 이와 마찬가지로 표 11-1에 나온 72라는 영적 활력 지수 점수에도 영적 성장과 관련된 다양한 요소들에 대한 평가가 모두 반영되어 있다. 우리는 의도적으로 영적 활력 지수의 점수를 학교 성적 기준과 비슷하게 설정하였다. 따라서 어떤 교회가 상위 5퍼센트에 해당하는 80점 대 후반과 90점 대의 점수를 받았다면, 그 정도 성적을 받은 학생이 반에서 우수한 편에 속하는 것처럼, 그것은 그 교회의 영적 성장의 추진력 또한 매우 강하다는 의미다. 이와 비슷하게 75점에서 85점 사이는 평균 이상, 대부분의 교회들이 받은 65점에서 75점 사이의 점수는 평균 점수에 해당된다.

사실, 발견 프로젝트의 전체적인 문맥 속에서 숫자로 무언가를 이야기하는 것이 불편하게 느껴지는 때가 있다. 충분한 근거를 지닌 신뢰할 만한 연구 조사를 할 때 '통계'가 핵심 요소가 된다는 것을 알고 있음에도 불구하고, 나는캘리 어떻게 하면 영적 성장의 주체인 '마음'에 집중하는 동시에 이 '숫자'들을 사람들과 나눠야 한다는 필요성에 대처할 수 있을지 고민해 왔다347쪽, "망설임의 이유" 참고. 하지만 나는 최근 키가 186센티미터에 달해 다른 대부분의 사람들보다 머리 하나는 더 큰 우리 아들을 통해, 마음과 숫자라는 이 두 요소 간의 조화가 중요한 역할을 해내는 것을 보았다. 그런데 사실 여기서 문제는 아들의 키가 아니라 몸무게였다.

대학에 들어갈 무렵부터 아들의 몸무게는 거의 100킬로그램에 달했지만, 그래도 키가 크고 껑충했던 까닭에 그는 전혀 뚱뚱해 보이지 않았다. 그런데 대학 생활을 하는 동안 체중이 점점 늘었고, 그로부터 6년이 지나 결혼할 무렵에는 약 109킬로그램이 되었고, 결혼 후 8개월이 지나고 나서는 127킬로그램이 되어 있었다.

이런 식으로 엄청나게 몸무게가 늘어난 것을 볼 때, 아들의 문제는 외부가 아닌 **내부**에 있었다. 그것은 체중계 숫자상의 문제가 아니라 패스트푸드를 너무 많이 먹는다든가 운동을 규칙적으로 하지 않는다든가 하는 잘못된 선택이 만들어 낸 새로운 생활상의 문제였다. 아들은 이에 대한 해법으로 체중계 숫자에만 변화를 가져오는 속성 다이어트에 돌입하는 것을 택하지 않았다. 그는 매주 상담과 격려를 해 주는 의미 있는 지원 시스템을 갖춘 체중 관리 프로그램에 가입했다.

현재 아들의 몸무게는 다시 100킬로그램으로 돌아왔다. 하지만 숫자상의 변화 자체는 그의 태도와 행동에 일어난 변화에 비하면 아무것도 아니다. 아들의 몸무게가 바뀐 것은 마음이 바뀌었기 때문이다.

영적 활력 지수는 각 교회 교인들의 영적 마음의 '무게'를 재는 데 도움이 되는 체중계 역할을 해 준다. 물론 결과로 나온 숫자를 통해 우리는 각 교회의 문제점과 기회를 확인할 수 있다. 얼마만큼의 진전이 이루어지고 있는지도 확인할 수 있다. 그러나 그 숫자 자체로 상황을 진전시킬 수는 없다. 발견 프로젝트의 목표는 교인 숫자를 늘릴 수 있도록 교회 지도자들을 돕는 것이 아니다. 우리의 목표는 그들을 도와 사람들의 마음을 변화시키는 것이다. 물론 마음이 변화하면 반드시 숫자상의 변화가 따른다고 믿을 이유는 충분하지만 말이다.

영적 활력 지수의 장점과 가장 독특한 점은, 그것이 교회에 출석하는 사람들의 **마음**을 측정하는 것만큼 교회의 **건강**을 측정하지는 않는다는 데 있다. 그리고 다음과 같은 두 가지 관찰 결과가 이 중대한 사실을 뒷받침해 준다.

▸ **전통적인 교회 사역과 활동은 영적 활력 지수와 무관하다.** 교회 재정이나 직원, 기반 시설 같은 교회의 조직적인 요소는 영적 활력 지수 측정에 별다른 영향을 끼치지 않는다. 예배 참석률이나 주일 예배나 소그룹 같은 조직적인 교회 활동에 대한 교인들의 만족도 역시 영적 활력 지수에 아무런 영향을 미치지 않는다. 영적 활력 지수에서는 오히려 교회 건물 안이 아닌 바깥에서 일어나는 일이 더 중요하게 작용한다. 개인적인 신앙 훈련이라든가 전도와 구제 활동 같은 신앙을 행동으로 옮기는 일이 더 중요하다는 말이다. 이 활동들에 대한 참여 여부는 주로 교회 생활과는 거의 무관한 가족사항이나 직업 조건 등에 의해 결정된다.

▶ **영적 활력 지수는 현재 출석하는 교회와는 거의 무관한 개인의 영적 태도와 습관에 의해 정해진다.** 영적 활력 지수는 교회 바깥에서 일어나는 사람들의 태도와 행동에 큰 무게를 두기 때문에, 그가 현재 다니는 교회가 어딘지와는 거의 무관한 개인사에서 파생된 개인적인 영적 태도와 습관의 영향을 많이 받는다. 예를 들어 교회 참석을 핵심적 가치가 아닌 그저 한 주에 한 번 하는 습관 정도로만 여기는 가정에서 자라난 교인들의 경우, 개인적인 신앙 훈련이 일상의 한 부분이 될 확률이 낮다. 반면 강한 기독교적 가치를 가르치는 공동체 안에서 자란 사람들은 인생 초기부터 핵심적 기독교 신념을 공고하게 이해하고 있을 가능성이 높다.

여기서 핵심적인 사실은 교회 지도자들이 영적 활력 지수를 통해 교인들의 교회 관련 경험에 대한 측정치를 넘어선, 훨씬 더 광범위한 현재의 영적 건강 정보를 알 수 있다는 점이다. 그렇다면 교회는 어떤 식으로 이 그림 안에 들어가게 될까? 앞서 이야기한 수학 성적의 예를 한 번 더 들어보자. 수학을 공부할 때 수학 담당 교사의 전문성과 학교 환경은 분명히 학생이 그 과목을 익히는 데 도움을 준다. 그러나 그 학생이 숙제를 하지도 않고 수업에서 얻은 지식을 교실 밖에서 사용하지 않는다면, 나중에 생활 속에서 그 수학 원리를 구사하고 유용하게 적용하는 능력은 아주 제한적일 수밖에 없다.

영적 성장에서도 마찬가지다. 한 개인의 영적 성장에 있어서, 지역 교회가 주된 동기 부여자이자 선생이자 역할 모델이라는 매우 중요한 역할을 하는 것은 사실이지만, 그 사람의 영적 성숙을 결정하는 데 있어서 그만큼^{혹은 그보다 더} 중요한 것은 교회 건물 안이 아닌 일상생활에서 그들이 하는 행동이다.

'누가' 영적 활력 지수라는 체중계에서 가장 상위에 있는 교회들인가?
(그리고 우리는 언제 어디서 그들을 찾았는가?)

이 장 서두에 2008년 가을, 발견 프로젝트의 최상위 5퍼센트 교회들의 목회자들과 지도자들을 만났을 때 우리가 느꼈던 흥분을 묘사했다. 그들은 교회 안에서 가장 효과적으로 영적 성장을 일궈낸 25개 교회들을 전체적으로 골고루 대표하고 있었다. 그들은 이제부터 다섯 장에 걸쳐서 제시할 정보들의 토대를 제공한 교회들이다. 하지만 지금과 같은 결론을 얻기까지 필요한 정보들을 제공해 준 것은 이 교회들만이 아니었다. 2008년 이후에도 다른 많은 교회들이 '최고의 모범 교회'라는 명칭을 얻었다. 이 교회들의 목회자와 지도자들과의 대화를 통해 우리는 발견 프로젝트의 통찰 목록을 좀 더 풍부하게 만들 수 있었으며, 이 조사의 전체적인 발견들의 타당성을 강화시킬 수 있었다.

이 교회들에서 발견한 가장 놀라운 특징은 그 교회들이 믿기 힘들 정도로 다양하다는 점이었다^{452쪽의 부록 4: "최고의 모범 교회들에는 어떤 교회들이 속해 있는가?"} ^{참고}. 이 최고의 모범 교회들은 디트로이트에서 극빈 지역에 위치해 있으면서 매주 220명의 성인 성도가 모이는 교회에서부터 미국 전역에서 가장 높은 십일조 참여율을 기록한 매주 9,000명이 모이는 댈러스 교회에 이르기까지 매우 다양했다. 그 가운데 두 교회는 아프리카계 미국인들의 교회였고, 일곱 교회는 다문화 교회였다. 또한 대다수 교회들이 초교파 교회였으나 하나님의 성회에 속한 교회 두 곳과 침례교회 두 곳도 이 목록에 포함되어 있었다. 교회 위치 역시 몬태나 주의 시골에서부터 뉴욕의 파 락어웨이의 역동적인 거리에 이르기까지 다양했다. 기독교인 비율이 높아 많은 사람들이 교회에 다니는 지역에 속한 교회도 있었지만, 규칙적으로 교회에 다니는 인구 비율이 4퍼센트밖에 안 되는 지역에 위치한 교회도 있었다. 400명 정도의 교인이 출석하고 있는 시카고 교외의 한 교회의 뒤쪽으로는 미국 전역에서 가장 위험한 거리가 자리하고 있다. 이 교회는 유급 직원 한 명 없이 완전히 자원봉사로 꾸려지고 있는데, 담임목사의 직업은 치과의사다.

이제 곧 여러분도 그들이 여과 없이 들려준 이야기와 전략을 통해 이 교회들과 목사님들을 만나게 될 것이다. 하지만 그들이 어떻게 해서 이렇게 훌륭한 영적 성장을 이뤄냈는지를 살펴보기 전에 먼저 잠시만 이 교회들이 보이는 놀라운 지리학적, 교파적, 문화적 다양성에 대해 생각해 보자. 우리는 모범 교회들의 특징이 이토록 다양하게 나올 것을 의도하지도 않았고 예상하지도 못했었다. 이것은 철저하게 조사 결과 알아낸 사실이다. 이는 위대한 하나님이 가장 어둡고 가난한 구석에서도 가장 부유하고 특권을 가진 소수집단 안에서와 똑같이 실질적으로 역사하신다는 것을 보여 주는 실례다. 이토록 다양한 환경 속에서 사역하고 있는 목회자들에게는 하나같이 어떻게 하면 하나님의 영이 가장 활발하게 일하시게 할 수 있는지에 대해 나눌 내용이 차고 넘쳤다. 이것은 교회가 어떤 환경에 처해 있든지 예외가 없었다.

하지만 그 내용을 본격적으로 다루기 전에 '다섯 개의 W와 한 개의 H' 중 마지막 가지 요소인 '왜'why 부분을 먼저 살펴보자.

'왜' 영적 활력을 측정하는가?

여러분은 일주일에 한 번씩 몸무게를 재어 보는가? 혈압을 재어 보는가? 혹 주식 시장도 들여다보는가? 아마 주식 시장을 들여다보기 전에 혈압을 재 보는 것이 좋을 것이다.

여행 기간을 계산하든 자녀의 대학 적성을 평가하든, 우리가 사용하는 측정 방법에는 한 가지 공통점이 있다. '임의적'이라는 것이 바로 그 공통된 특징이다. 그것은 누군가가 만들어 낸 것이라는 말이다. 역사가 흐르는 동안 인류는 발달 상황을 파악하고 효율성을 판단하며 건강과 부, 크기와 거리 등 수치화가 가능한 수많은 관심사들에 대한 기준이 되는 척도를 만들어 왔다.

영적 활력 지수에 포함된 모든 요소들은, 그것이 가장 큰 계명이라는 성경적 근거에서 나왔다. 증명할 수 있는 사실들에 기초하는 것은 사실이지만, 영적 활력 지수 자체는 인간이 만들어 낸 것이다. 이것은 한 교회의 교인들의 영적 건강을 측정한다는 목표로 깊은 사고와 시행착오 과정을 거쳐 의도적으로 만들어 낸 것이다. 왜 이것을 발명했을까? 세 가지 이유가 있다.

▶ **목회자들의 피드백에 응답하기 위해.** 초기에 발견 프로젝트에 참여한 많은 선구적인 교회들은 40쪽이 넘는 보고서를 읽어야 한다는 사실에 당혹감을 표시했다. 구체적으로 이들은 자신들에 대한 발견 사항을 요약하고 다른 교회 교인들과 비교하여 자기 교회 교인들이 어떤 상태에 있는지를 보여 주는 뭔가를 원했다. 그 결과 지금과 같이 영적 활력 지수가 모든 발견 프로젝트 보고서 앞부분에 기록된

것이다.

▶ **최고의 모범 교회를 알아내기 위해.** 초기에 실시한 대부분의 발견 프로
젝트 작업들은 영적 성장 부문에서 뚜렷한 탁월성을 보이는 교회
들의 목회자가 누구인지를 알아내기 위해 시작되었다. 우리는 그
들로부터 배우고, 또 어쩌면 교회들을 좀 더 효율적인 그리스도의
대사로 변모시키는 데 유익한 한두 가지의 '묘책'을 찾아낼 수 있지
않을까 기대했던 것이다.

▶ **교회의 패턴을 이해하기 위해.** 모든 교회가 서로 다 다를까? 그렇다. 그
러나 이 작업의 한 가지 목적은 영적 성장과 관련하여 교회의 효율
성이 가진 패턴을 알아내는 것이었다. 의사들이 체질량 지수로 사
람들이 저체중인지, 정상체중인지, 과체중인지를 알아내듯, 교회도
영적 활력 지수로 영적 효율성을 이해할 수 있지 않을까? 키와 몸무
게를 조합하는 방법에는 수많은 것이 있지만 그 가운데서도 체질량
지수는 각 사람을 범주화하여 체중 조절을 해야 하는지 여부를 확
인하게 해 주는 방법이다. 교회의 효율성에도 이와 비슷한 구별된
범주들이 있지 않을까? 문제를 파악하는 소수의 패턴이 존재한다
면, 해결책을 찾는 것도 훨씬 쉬워질 것이다. 또한 진정한 발전을 지
속적으로 이끌어 내는 패턴을 모방하는 일도 훨씬 쉬워질 것이다.

앞의 두 가지 목적은 빠르게 달성되었다. 지금은 발견 프로젝트에
참여하는 모든 교회들이 한 페이지 안에 각 교회의 영적 활력 지수를 적
은 핵심 요약본을 받고 있다. 게다가 영적 활력 지수를 통해 최고의 모
범 교회들을 알아낼 수도 있었으며, 이로 인해 그들로부터 배운 교훈을

이렇게 다른 사람들과 나눌 수도 있게 되었다.

나머지 세 번째 문제인 교회의 패턴을 이해하는 일에 대해서는 바로 다음 문단에서부터 영적 활력 지수를 통해 가장 최근에 알게 된 사실을 가지고 설명하려 한다. 교회의 효율성과 관련하여 흥미롭게도 사람의 건강과 신체 단련을 위한 체질량 지수의 범주와 몇 가지 유사한 점이 있는 네 가지 서로 다른 패턴이 존재한다는 것이다.

교회의 효율성과 관련된 네 가지 패턴

발견 프로젝트의 조사 결과를 가지고 교회 목사님들과 이야기하는 것은 언제나 재미있다. 최근에는 일주일 사이에 3,000명이 모이는 네브래스카 교회의 목사님과 캘리포니아와 버지니아에 위치한 중간 규모 교회들의 목사님 두 분 그리고 최초로 발견 프로젝트에 참여했던 남아프리카공화국 출신의 한 교회 목사님을 만나 보았다. 교회의 지도자들에게 발견 프로젝트의 결과를 보여 주면서 분절되어 있던 사실들을 서로 연결 짓도록 도와주는 것은 엄청난 선물이요, 진정한 특권이다. 이들은 분명 모두가 자기 교회의 교인들에 대하여 깊은 관심을 갖고 있었다. 성도들이 예수님과의 관계에서 성장할 수 있도록 돕기 위해 그들이 쏟는 열정에 대한 이야기를 들을 때는 우리 마음도 따뜻해졌고, 일이 특히 잘 풀리지 않던 때의 이야기를 듣고 있자면 우리 마음도 덩달아 아팠다.

이런 식으로 무수한 목회자들과 대화하고 수백 개의 발견 프로젝트 보고서를 검토한 내용에 근거하여, 우리는 교회의 효율성과 관련하여 각기 다른 패턴들이 **존재한다고** 결론을 내렸다. 발견 프로젝트가 제시한 대부분의 의견들은 양적 자료를 꼼꼼하게 살펴본 결과 나온 것들이었지만, 이 네 가지 패턴을 가장 잘 설명해 주는 것은 **질적** 해석이다. 그러니 이제 우리를 제일 크게 실망시켰던 예에서부터 시작하여 보는 이를 깜짝 놀라게 할 만큼 열정적인 교회들의 예에 이르기까지 네 가지 구별된 교회들의 패턴을 알아보자. 이 각각의 패턴은 모두 영적 효율성을 기준으로 한 것이다.

패턴 1: 무관심한 교회(영적 활력 지수: 보통 60점 이하)

"자신이 여정 중에 있다는 사실을 모르면 스스로 침체되어 있다는 것도 알기 힘들겠지요." 100점 만점에 54점의 영적 활력 지수 점수를 받은 미주리 주의 한 대형교회 목사님이 교회 리더십 팀과의 대화를 나누면서 한 말이다표 11-2.

이 말을 들은 그의 동료들은 달콤 쌉쌀한 웃음을 지었다. 그 말이 그 교회의 아이러니한 상황을 잘 요약하고 있었기 때문이다. 8퍼센트의 교인들만이 **침체**라는 말로 자신의 영적 성장 속도를 표현했지만, 보고서를 통해 드러난 증거를 보면 그 교회 교인들 가운데 대부분이 영적으로 전혀 움직이지 않고 있는 상태임이 분명했다. 또한 이들이 수년간 교회에 규칙적으로 다니고 있음에도 불구하고 기독교 신념에 대한 믿음이 평균을 크게 밑돈다는 사실은 이 같은 판단에 한층 더 힘을 실어 주었다. 아래쪽을 향한 화살표들을 볼 때 이들은 '개인적인 신앙 훈련' 부문에서도 평균을 크게 밑돌았다. 봉사와 전도, 그리스도를 위해 모든 것을 잃을 위험을 감수하려는 의지 등을 포함한 '행동하는 신앙'의 카테고리 역시 비슷한 수준으로 심각한 상황이었다. 이들에게는 그리스도와의 관계 발전을 위한 여정이라는 것이 아예 존재하지 않았다. 아무런 움직임이 없었던 것이다.

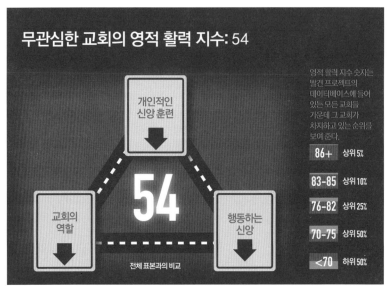

표 11-2 영적 활력 지수 54점은 발견 프로젝트의 데이터베이스에서 하위권에 속한다. 세 가지 영적 촉진 요소 카테고리 밑에 그려진 아래쪽을 향한 화살표는, 각 항목에 대한 이 교회 교인들의 점수가 이 데이터베이스에서 평균의 20퍼센트 이하임을 나타낸다.

체질량 지수 비유를 기준으로 생각해 볼 때, 불행하게도 발견 프로젝트에 참여한 교회들 가운데 약 20퍼센트라는 낮지 않은 비율의 교회들이 영적으로 '저체중'인 카테고리에 포함되어 있었다. 주로 장기간 교회에 규칙적으로 다닌 교인들의 수가 많은 오래된 교회들이 여기 포함되어 있었는데, 그 가운데 3분의 2가 그리스도를 알아 가는 단계와 그리스도 안에서 성장하는 단계에 속해 있었다. '영적 정지 상태'라는 표현이 더 잘 어울릴 것 같은 이러한 영적 성장 패턴이 존재한다는 사실은 우리에게 큰 도전이다. 게다가 그 무관심의 뿌리는 너무나 깊다.

패턴 2: 내향적인 교회(영적 활력 지수: 보통 60점 이상)

"과연 성장하고 있는 것은 그들과 교회와의 관계일까요, 아니면 그리스도와의 관계일까요?" 내향적인 교회들의 지도자들은 이런 질문을 자주 던진다. 그 교회들에 대한 보고서를 보면, 예배 참석율도 높고 개인적인 신앙 훈련의 수준도 평균 이상이다. 그런데 태도와 신앙을 행동으로 드러내는 데 있어서 하나님에 대한 사랑의 진전이 나타나지 않고 있다[표 11-3].

이러한 교회를 내향적인 교회라고 부르는 것은, 이 교회 교인들의 신앙이 편협하여 주로 성경적 지식을 많이 쌓는 것에만 집중하고 예수님과의 동행에 필요한 감정적 연결점을 만드는 일에서는 약한 모습을 보이고 있기 때문이다. 예수님과의 감정적 연결점이 있을 때에만 우리는 세상 밖으로 나가 그분의 대사가 될 수 있다. 그런데 이들은 오히려 안으로만 관심을 집중시킨 채, 교회가 자신들의 신앙 여정에 더 많은 영감과 교육을 제공하는 능력이 부족하다며 불만을 표출한다[교회의 역할 부문에서 화살표가 아래를 향하고 있음을 보라]. 발견 프로젝트에 참여한 교회들 가운데서는 약 15퍼센트가 이 카테고리에 속한다.

이들은 교회에 대하여 "성경을 깊이 있게 이해하도록 도와주세요"라고 부르짖는다. 그러나 지금 이들에게 필요한 것은 그것이 아니다. 또 한 번 체질량 지수 비유를 들어 말하자면, 이들은 지금 영적으로 '과체중'의 상태다. 이들에게는 더 많은 먹을거리가 아니라, 영적 운동이 필요하다.

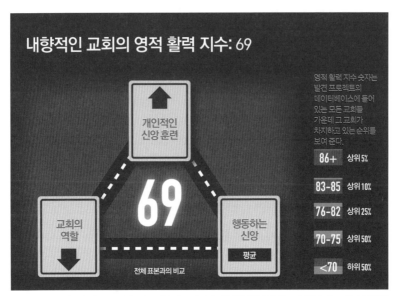

내향적인 교회의 영적 활력 지수: 69

개인적인
신앙 훈련

69

교회의
역할

행동하는
신앙

평균

전체 표본과의 비교

영적 활력 지수 숫자는
발견 프로젝트의
데이터베이스에 들어
있는 모든 교회들
가운데 그 교회가
차지하고 있는 순위를
보여 준다.

86+ 상위 5%

83-85 상위 10%

76-82 상위 25%

70-75 상위 50%

<70 하위 50%

표 11-3 영적 활력 지수 69점은 평균적인 점수이지만, 아래를 향한 화살표가 있어 이 교회가 내향적인 영적 특징을 지니고 있음을 보여 준다. 개인적인 신앙 훈련 부문에서는 강세를 보이지만 행동하는 신앙 부문에서는 그렇지 않고, 교회의 역할에 대해서도 성도들이 충분히 만족하지 못하고 있다. 이러한 결과는 주로 신앙 성장에 있어서 내부적인 문제에만 집중하고 이를 바깥으로 드러내 삶으로 구현해 내는 데는 큰 관심을 가지지 않는 교회들에서 나타난다.

패턴 3: 평균적인(혹은 평균 이상) 교회 (영적 활력 지수: 보통 70점 대)

"제 사전에 평균은 없어요." 대단한 열정을 가진 목사님들은 70점 대라는 영적 활력 지수 점수를 기쁜 마음으로 받아들이지 못하는 경우가 많다. 대개 이 점수를 받아 든 사람들의 첫 번째 반응은 '부정'이다. 스스로 북적거리는 '평균적인' 교회를 이끌고 있으면서 이렇게 말하는 목사님처럼 말이다. 왜 그들이 사실을 부정하는지는 충분히 이해할 만하다. 그들 대부분이 크고 역동적인 사역체를 이끌어 온 지도자들이기 때문이다. 하지만 그렇다고 해서 그들의 교회가 종합적으로 볼 때 영적으로 평균 수준이라는 뼈아픈 진실이 바뀌지는 않다표 11-4.

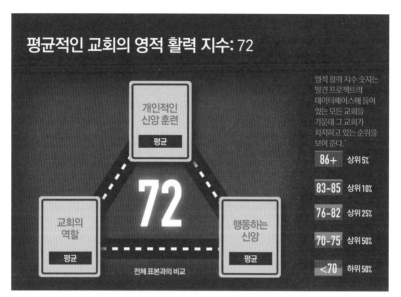

평균적인 교회의 영적 활력 지수: 72

개인적인
신앙 훈련
평균

72

교회의
역할
평균

행동하는
신앙
평균

전체 표본과의 비교

영적 활력 지수 숫자는
발견 프로젝트의
데이터베이스에 들어
있는 모든 교회들
가운데 그 교회가
차지하고 있는 순위를
보여 준다.

86+ 상위 5%

83-85 상위 10%

76-82 상위 25%

70-75 상위 50%

<70 하위 50%

표 11-4 대부분의 교회들이 세 개 항목 가운데 그 어디에도 위나 아래를 향한 화살표가 없는 65점에서 75점이라는 평균 영적 활력 지수 점수대에 들어가 있다. 이는 각 지수에 포함된 모든 영적 활력 측정치가 1,000개 교회들에 대한 표준적인 데이터베이스 평균의 20퍼센트 이내에 속한다는 의미다.

세 개 항목 가운데나 어디에도 위나 아래를 향한 화살표가 없는 이 표가 평균적인 교회의 전형적인 모습이다. 이는 곧 이 교회들에 대하여 발견된 사실들 가운데 어느 하나도 나머지 데이터베이스의 결과와 긍정적으로나 부정적으로 동떨어져 있지 않다는 뜻이다. 물론 모든 평균적인 영적 활력 지수 뒤에도 서로 다른 이야기들이 숨겨져 있다. 그리고 그 이야기들은 대개 개인적인 신앙 훈련에 대한 열기에 다시 불꽃을 피우기 위한 기회들에 초점이 맞춰져 있다. 이 교회들은 대개 새신자, 즉 그리스도 안에서 성장하는 단계의 교인들의 비율이 높기 때문이다.

그러나 평균적인 교회들이 신경 써야 할 진짜 기회는, 삼각형의 왼쪽 아래 항목인 '교회의 역할'에 있다. 이 카테고리의 결과를 결정하는 요소들이 교회나 담임목사에 대한 전반적인 만족도가 아니었다는 사실을 기억하는가? 여기서 말하는 교회의 역할은, 교회가 성도들의 영적 성장을 돕기 위해 하는 가장 중요한 사역에 대한 만족도와 관련이 있었다. 성도들을 도전하여 성장하게 하며, 다음 단계로 나아가게 하고, 성경을 이해할 수 있도록 돕는 일 같은 사역들 말이다.

이런 일들을 잘해내는 교회들은 '평균 이상'의 영적 활력 지수 점수를 받는다표 11-5. 이 교회들의 교인들은 다른 영적인 부문의 점수는 평균에 **그치지만,** 이 교회들에는 다른 대부분의 평균적인 교회들에 부족한 매우 중요한 한 가지인 '강력한 승인의 장'strong platform of permission이 마련되어 있다.

교회의 역할이라는 항목에서 높은 점수를 받았다는 것은 그 교인들이 교회와 그 지도자들에 대하여 큰 사랑과 존경의 마음을 갖고 있다는 의미다. 이들은 새로운 방향으로 자신들을 인도할 전적인 자유와 승인을 교회에 부여한다. 표 11-5에서 묘사한 것과 같은 교회들이 표는 미시간주의 한 대형 감리교회의 것이다은 교인들이 기꺼이 따라 줄 것을 알고 있기 때문에 자신 있게 사역을 진행해 나갈 수 있다. 따라서 다른 대부분의 평균적인 교회들이 신경 써야 할 가장 큰 기회는 영적 성장을 담당하는 리더십 팀을 보강하여 '교회의 역할' 부문의 화살표를 위를 향하도록 만드는 일이다. 사람들은 자신들이 존경하는 교회의 영적 지도와 인도를 훨씬 더 기꺼이 받아들이게 되어 있다.

체질량 지수 비유로 말하자면, 이것은 한 주에 몇 번 건물 주변을 뛰는 것으로 끝내던 운동에서 수준을 올려 마라톤을 위한 훈련을 하는 것과 비슷하다. 영적으로 평균적인 수준에서 엘리트로 옮겨 가는 것이다.

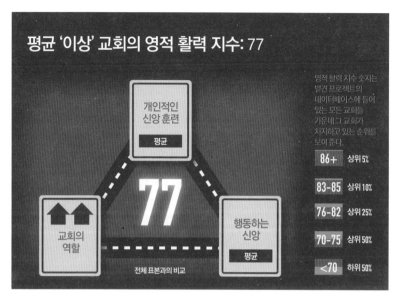

평균 '이상' 교회의 영적 활력 지수: 77

개인적인
신앙 훈련

평균

교회의
역할

행동하는
신앙

평균

77

전체 표본과의 비교

영적 활력 지수 숫자는
발견 프로젝트의
데이터베이스에 들어
있는 모든 교회들
가운데 그 교회가
차지하고 있는 순위를
보여 준다.

86+	상위 5%
83-85	상위 10%
76-82	상위 25%
70-75	상위 50%
<70	하위 50%

표 11-5 평균 '이상'의 교회란 다른 나머지 영적 활력 지수 부문에서의 점수는 평균일지 모르지만, 자신들의 영적 성장을 돕는 교회의 역할에 대해서는 분명한 만족을 표시하는 교인들의 교회라는 뜻이다. 이런 교회에 다니는 교인들은 지도자들에 대해 큰 존경심을 갖고 있어 그들이 결의한 영적 성장의 길을 불문곡직하고 기꺼이 따르려는 경향이 있다.

패턴 4: 열정적인 교회 (영적 활력 지수: 보통 85점 이상)

"기독교는 구경하는 스포츠가 아니다." 시카고 교외의 성령 펠로십 교회Spirit of God Fellowship를 이끌고 있는 목사님이 한 이 말은, 발견 프로젝트에서 상위권 교회들로 분류된 교회들의 특징을 잘 정의해 준다. 이 교회들에 다니면서 주일에 신도석에만 앉아 있으려는 누군가가 있다면, 그 사람은 결국 다른 교회를 찾게 될 것이다. 이 교회들은 계속해서 움직이는 교회들로, 사람들을 그리스도 안에서 성장시키는 한편, 그들이 하나님 나라를 위한 영향력을 발휘할 수 있도록 밖으로 내보낸다. 이 교회들은 영적 무기력을 참지 못한다[표 11-6].

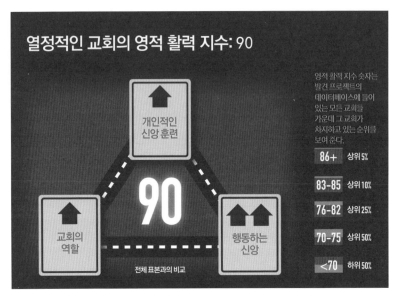

열정적인 교회의 영적 활력 지수: 90

개인적인
신앙 훈련

90

교회의
역할

행동하는
신앙

전체 표본과의 비교

영적 활력 지수 숫자는
발견 프로젝트의
데이터베이스에 들어
있는 모든 교회들
가운데 그 교회가
차지하고 있는 순위를
보여 준다.

86+　상위 5%

83-85　상위 10%

76-82　상위 25%

70-75　상위 50%

<70　하위 50%

표 11-6 세 카테고리의 영적 촉진 요소 항목의 화살표들이 모두 위를 향하고 있다는 것은, 이 교회의 교인들이 그리스도 중심의 제자로 성장하기 위해 헌신한 열정적인 사람들임을 나타낸다. 개인적인 신앙 훈련을 위한 투자와 신앙을 행동으로 옮기는 수준, 교회에 대한 사랑 등 모든 항목의 점수가 평균을 웃돌고 있다. 그 가운데 행동하는 신앙 항목에서 위를 향한 화살표가 두 개인 것은 이들의 태도와 행동이 표준적인 평균을 50퍼센트 이상 초과했다는 의미다.

　　이처럼 인상적인 영적 효율성의 패턴이 나타나는 이면에는 **모든** 교회들에게 반가운 한 가지 소식이 숨어 있다. 그것은 이 열정적인 교회들이 유달리 특별한 교회들이 아니라는 사실이다. 여기에는 미국 전역의 온갖 형태와 크기의 교회들이 포함되어 있었으며, 그 교회들의 교파와 문화적 조합도 다채로웠다. 12장에서부터 16장까지 우리는 이들에게서 얻은 교훈을 나열할 것이다. 구체적으로는 우리가 '그리스도 중심의 리더십'이라고 부르는 네 가지 모범 기준과 한 가지 특별히 중요한 원리를 이야기할 생각이다. 그 교회의 규모가 크든 작든, 혹은 시골에 있든 도시에 있든, 흑인이 많든 백인이 많든, 혹은 인종과 문화가 혼합된 교회든 간에 이 열정적인 교회들은 모두가 사람들을 변화의 길로 이끌고, 행하는 모든 것을 성경으로 이야기하며, 주인의식을 형성하고, 지역 공동체를 목회하는 등의 네 가지 모범 기준을 추구하고 있었다.

▶ **사람들을 변화의 길로 이끈다.** 이 교회들은 새로 교회에 오는 사람들이 영적 여정에서 밟아 나갈 그다음 단계의 길을 분명하게 알려 준다. 교회의 주요 지도자들이 그 길을 강력하게 홍보하고 지원해 주는 것이다. 그 길의 틀은 교회마다 각 교회의 환경을 반영하여 다양한 형태로 존재하지만, 그 교회들이 언제나 그러한 길을 제시하고 있다는 것만은 확실하다. 그리고 모든 교인들이 그 길을 경험하고 따를 거라는 이들의 예측은 어긋남이 없이 반드시 실현된다.

▶ **행하는 모든 것을 성경으로 이야기한다.** 모든 지도자들이 모범이 되어 교회와 일상생활 속에서 성경을 읽고 배우는 일을 핵심적인 가치로 떠받들어, 성경 읽기와 묵상에 대한 헌신이 강대상으로부터 일반 성도들에게까지 흘러내려온다. 이 같은 헌신은 성경공부와 성경 강의를 제공하는 것으로 그치지 않는다. 이 열정적인 교회들 안에서는 하나님의 말씀이 모든 논의와 활동, 의사결정에서 언제나 중심축의 역할을 한다.

▶ **주인의식을 형성한다.** 대부분의 교회들은 사역에 필요하기 때문에 교인들의 자원봉사를 독려하지만, 이 교회들은 교회에 대한 봉사의 개념을 완전히 새로운 수준으로 올려놓는다. 이들은 교인들이 교회에 대하여 자신들만의 비전을 가질 수 있게 하면서, 그것을 교회의 정체성의 일부로 편입한다. "나는 교회에 가는 게 아니다. 내가

바로 교회다"라는 말이 그들의 모토로 잘 어울린다.

▸ **지역 공동체를 목회한다.** 이들은 또한 많은 기대를 받고 있는 교회들이다. 교회 지도자들과 교인들이 하나가 되어 지역 공동체의 필요에 민감하게 반응하여 자주 다른 교회들이나 비영리 기관과 협력한다. 그래서 이들의 도움 없이는 관심과 자원이 부족하여 난항을 겪었을 문제들을 찾아내 이를 해결한다. 이들은 지역 사회에 큰 영향력을 미치는 든든한 기둥들로서, 자신이 속한 지역에 그리스도의 마음을 전한다. 이러한 현상은 그리스도께 진정으로 헌신하여 그 믿음을 살아내는 과정에서 자연스럽게 생기는 부산물이기도 하다.

와! 대단하다, 그렇지 않은가? 그런데 이 모든 것 뒤에는 뜻밖의 결말이 있다. 이 네 가지를 실행하는 교회들의 종류는 너무나 다양하여 그 가운데에는 엄청난 자원을 가진 교회도 있지만 최소한의 수단만 가진 교회들도 있다는 사실이 바로 그것이다. 말했듯이 작고 직원도 없는 도시 교회나 인적 드문 지역에서 부흥하고 있는 시골 교회들도 여기에 포함되어 있었다. 이 교회들은 어떻게 그런 어려운 환경을 극복해 냈을까? 비결이 무엇일까?

이제부터 그들의 전략과 성공담그리고 몇 가지 눈에 띄는 실패담을 들어보도록 하자.

망설임의 이유

교회들을 평가하고 그 교회를 서로 비교하여 등급을 매기는 데 있어 나를^{그렉} 망설이게 만드는 요소가 있다. 이것이 교회에 대해 말하는 올바른 방식이 아니라는 점이다. 오래전에 나의 멘토가 되어 주셨던 한 분은 내게 비교를 하게 되면 공동체를 약화시키기 쉽다고 말씀하셨다. 나 스스로를 다른 사람과 비교하거나 다른 사람이나 기관들을 서로 비교한다는 것은, 곧 내가 그들이 가진 소중한 공통된 기반을 파괴할 수도 있는 위험에 직면해 있다는 말과 같다. 그리고 성경이 아주 분명하게 말하고 있는 한 가지가 있다면, 그것은 그리스도께서 자신의 몸에 속한 사람들 사이의 일치를 바라셨다는 점이다. "내가 너보다 낫다"고 말할 수 있는 여지가 우리에게는 없다^{말은커녕 생각조차 할 수 없는 일이다}. 그건 잘못된 것이다.

그렇다면 이 망설이게 만드는 요소를 진실, 그러니까 다른 교회들보다 성도들의 영적 성장을 효율적으로 잘 돕고 있는 교회를 의도적으로 찾아 나가면서 얻게 된 진실들과 조화시키려면 어떻게 해야 할까? 동기가 순수하므로 자유롭게 비교해도 괜찮지 않을까? 게다가 우리는 우리가 가진 답이 전부라고 말할 생각도 없지 않은가? 또 우리가 바라는 건 단지 그들로부터 교훈을 얻으려는 것이지 않은가?

우리는 이 질문들에 대한 답이 '그렇다'일 거라고 생각한다. 우리는 우리의 탐구 자체에 수치스러운 점이 없기에 그 과정에 따르는 몇 가지 불편함을 참아내기로 했으며, 여러분에게도 우리와 함께 이 점을 인내해 줄 것을 요청하는 바다. 이 책은 어떤 교회가 최고의 모범 교회인지를 나열하는 목록이 아니다. 오스카 주연상을 수여하는 자리도 아니다. 더군다나 우리가 알아낸 것을 혼자만 알고 있는 것은 옳지 않다.

우리는 알고 싶고, 또 그렇게 알게 된 것들을 사람들과 나누고 싶다. 영적 성장보다는 주로 경제 성장과 관련하여 나오는 표현이긴 하지만 우리가 알게 된 모든 사실들이 "모든 배를 띄우는 밀물"이 되면 좋겠다. 모든 교회들은 지금보다 더 나아질 수 있기 때문이다. 그리고 모든 교회들이 바로 이런 기회를 찾고 있을 것이라 생각한다.

12

사람들을 변화의 길로 이끈다

우리가 그를 전파하여 각 사람을 권하고 모든 지혜로 각 사람을 가르침은 각 사람을 그리스도 안에서 완전한 자로 세우려 함이니.

골로새서 1 : 28[1]

군대는 일반 시민을 군인으로 만들려 할 때 신병 훈련소를 이용한다. 야구 팀은 새로 온 선수를 테스트하고 다른 포지션을 맡기려 할 때 전지훈련을 떠난다. 많은 대학들이 신입생들에게 오리엔테이션에 참석하라고 하는 것은 그들로 하여금 새로운 환경과 새로운 기대들에 친숙해지게 하기 위해서다.

인생의 새로운 경험으로 통하는 이 단기간의 도약대의 예들은 발견 프로젝트의 데이터베이스에서 꼽은 영적으로 가장 효율적인 교회

---

1   3부의 각 장은 성경적 근거를 가장 잘 반영하여 모범적으로 교회를 운영하는 목회자들이 뽑은 성경 구절로 시작할 것이다.

들이 제일 처음에 행하는 모범 기준들과 유사하다. 이 기준들을 통해 이 교회들은 교인들에게 높은 도전의식을 고취하고 타협할 수 없는 길로 통하는 첫 단계를 알려 줌으로써 그들을 변화의 길로 이끈다. 그 길은 사람들로 하여금 궁극적으로 예수 그리스도의 제자가 되게 하는 영적 성장의 과정이다.

분명히 말하지만 이 기준은 그리스도를 알아가는 단계에서 그리스도 중심 단계로 옮겨 가도록 인도하는 종합적이고 상세한 영적 지도와는 **무관하다**. 이것은 영적으로 차를 다시 움직이게 만드는 점프 스타터에 해당된다. 다시 말해, 이 기준들은 자동차의 내연 기관에 있는 다양한 부품을 충전시켜 그 자동차가 스스로 움직일 수 있게 하는 점프 스타터의 역할을 한다는 말이다. 이러한 점프 스타트의 **움직임**이야말로 이 영적 기준들의 전부라고 할 수 있다. 이 교회들은 영적 전진을 방해하는 가장 큰 도전적 상황이, 일을 처음 시작하는 바로 그 순간에 발생한다는 것을 알고 있다. 따라서 이들은 모범 기준들을 통해 영적 성장에 가장 큰 장애가 될 법한 문제들을 극복하기 위해 노력한다. 그렇게 교인들이 관성을 이겨내고 첫걸음을 내딛어 변화의 길로 들어설 수 있게 한다.

이 영적 점프 스타터는 최고의 모범 교회들에서 다양한 프로그램 형태로 드러난다. 하지만 7장에서 이야기한 목적이 이끄는 모델에서는 야구의 '내야 사각형' 틀이 이들이 사용하는 다양한 방식들에 일관되게 분명한 영향을 끼치고 있었다. 이 사각형의 네 꼭짓점에 해당하는 경험들을 다양하게 조합해 보면, 교회의 비전과 기독교적 핵심 가치, 신앙 훈련 그리고 봉사 조직과^{혹은} 소그룹 조직을 통한 다른 사람들과의 관계 맺음의 기회 제공 등 목적이 이끄는 삶의 공식이 지닌 기본적인 윤곽이 드러난다. 그러나 탁월한 효율성을 보이는 몇몇 교회들은 이와는 조금 다르게, 성경을 읽고 이해하는 능력과 신앙 훈련 능력을 향상시키는 것에 초점을 맞춘 오리엔테이션 프로그램 같은 점프 스타트를 제공하고 있었다. 또한 교인들에게 기독교의 기본을 소개하는 프로그램으로 좋은 평가를 얻고 있는 10주짜리 알파 프로그램 등, 다양한 도구를 활용하는 교회들도 있었다.

그러나 '사람들을 변화의 길로 이끄는' 이 모범 기준들이 단순히 몇 개의 강의와 오리엔테이션 프로그램을 소개하는 것으로 완수될 거라고 일축해 버려서는 안 된다. 이때 일어나는 변화는 이보다 훨씬 더 의미 있는 전환으로서, '많은 것이 나은 것'이라는 생각이 '적은 것이 많은 것'이라는 생각으로 바뀌는 것을 가리킨다. 우리를 이것을 '사람들을 변화의 길로 이끄는' 패러다임의 전환이라 부른다. 여기에는 교회를 이끄는 방식에 대한 전통적인 철학에 대하여 대대적인 변화가 요구될 수도 있다는 함의가 포함되어 있다.

'사람들을 변화의 길로 이끄는' 패러다임의 전환

패러다임의 전환이란 기본 전제가 실질적으로 변화할 때 쓰는 말이다. 그러나 때때로 사람들은 이 구문을 부적절하게 사용하여 실제로는 그렇게 주목하지 않아도 되는 변화의 중요도를 과장하기도 한다. 그러나 사람들을 변화로 이끄는 모범 기준에 대하여 쓴 이 표현은 문자 그대로 받아들여도 무방하다. 왜냐하면 여기서 말하는 패러다임의 전환이 가리키는 도전은 전통적인 교회의 사고방식에 지대한 영향을 끼치기 때문이다.

'많은 것이 나은 것'이라는 사고방식을 확산시킨 데 대하여 교회는 사회의 다른 조직들 못지않은 책임을 져야 한다. 물론 교회들이 새신자들을 위해 다양한 사역의 선택권을 주려고 노력하고 있다는 것은 이해한다. 그것은 지원과 갱생 프로그램에서부터 다양한 형태의 소그룹과 지역 공동체의 문제, 불의와 빈곤이라는 전 지구적 문제에 영향을 미치는 문제를 해소하기 위한 노력에 이르기까지 광범위하다. 특히 요즘 교회들은 사역 자원을 폭넓고 손쉽게 활용할 수 있게 해 주는 인터넷 환경 덕분에 교회의 규모에 상관없이 성도들에게 다음 영적 단계에 해당되는 다양한 선택권을 제공할 수 있다. 이로써 성도들은 각자가 선호하는 영적 성장의 길을 스스로 지도로 그릴 수 있게 되었다.

그러나 가장 탁월한 효율성을 가진 교회들을 통해 우리는 '많은 것이 나은 것'이라는 이 사고방식은 새신자들을 위한 최선의 노선이 아니라는 것을 깨달았다. 기독교 신앙을 알아 가는 첫 번째 단계를 밟고 있는 사람들에게는 더더욱 그랬다. 최고의 모범 교회들은 이들에게 다양한 활동과 공부라는 솔깃한 선택지들로 구성된 뷔페식 사역 메뉴판을 보여 주기보다는, 소속 교인이 되고 교회에 온전히 소속되기 위한 실질적인 전제 조건인 단 하나의 길만을 제시한다. 이들이 이렇게 하는 이유는, 그것이 발견 프로젝트만의 품질 보증 마크라 할 수 있는 패러다임의 전환을 보여 주기 때문이다. 다시 말해, 영적 성장이란 어떤 활동을 통해 결정되거나 추진되는 것이 아니라, 그리스도와의 관계가 성장하면서 결정된다는 것이다. 그렇기 때문에 이 교회들은 교인들을 사역 활동으로 묶는 것이 아니라, 그들이 자신의 삶을 예수님께 항복하고 내어드리기 위한 탐구 여정을 시작하게 하는 것을 목표로 삼는다.

이 교회들은 '적은 것이 많은 것'이라는 생각에서 비롯된 접근법을 가지고 새신자들을 위한 탐구 여정을 활성화한다. 구체적으로 이 접근법을 실행에 옮기는 노력들은 세 가지 주요 전략으로 나타난다. 이 세 가지 전략들은 교회를 이끄는 방법에 대한 새로운 사고방식으로의 전환을 가리킨다.

사람들을 변화의 길로 이끄는 세 가지 주요 전략

그리스도와의 관계에서 성장하는 길로 통하는 궤도 위에 교인들을 올려놓을 수 있을지의 여부를 결정하는 것은 영적인 점프 스타트 프로그램의 **형식**이 아니다. 중요한 것은 그 프로그램을 실행하는 방법이다. 발견 프로젝트에서 꼽은 최고의 교회들을 살펴본 결과, 세 가지 주요 전략이 이 모든 차이를 만드는 것으로 드러났다.

주요 전략 1: 목표점을 분명하게 설정한다. 이 교회들의 점프 스타트 프로그램들은 두 가지 점에 있어서 명백한 전제를 갖고 있다. 첫째, 이 교회들의 교인들은 교회의 최우선 순위가 자신들을 예수 그리스도의 헌신된 제자로 성장하도록 돕기 위해 능력이 닿는 한 모든 것을 다 하는 것이라는 사실을 알고 있다. 둘째, 그들은 교회가 제자가 되는 것의 의미를 어떻게 정의하고 있는지를 알고 있다.

주요 전략 2: 영적 점프 스타트 프로그램들에 대한 참석을 타협할 수 없는 것으로 만든다. 교회에 새로 온 사람들은 점프 스타트 프로그램에 참여하는 것에 대한 기대감이 없고 그것이 따뜻하지 않다면 예배당 안에 오래도록 앉아 있지 않는다. 이 교회들은 주일 예배 시간에 이것을 말로 광고할 뿐만 아니라, 교회의 우선순위에 대하여 쓴 보조 문서를 통해서도 점프 스타트 과정이 교인들을 위한 핵심적 기회임을 공개적으로 알리고, 그 절대적인 필요성을 표현한다.

주요 전략 3: 담임목사를 대변인으로 만든다. 이 교회들에서는 담임목사가 교회에 새로 온 사람들에게 점프 스타트 프로그램에 참석하는 것이 최우선 순위임을 강력하게 주장하고 여기 참석할 것을 독려한다. 또 많은 경우 담임목사가 한 개 이상의 강좌를 맡아 직접 가르친다. 특히 교회의 비전을 제시하는 일에 관하여 교회 직원이나 자원봉사자가 그 일을 대신 진행하고 있는 경우는 거의 없다.

다행히 이 목사님들에게는 사람들을 변화의 길로 이끄는 일이 왜 교회의 최우선 순위인지 그리고 교회를 운영하는 과정에서 예상치 못한 요구들이 수없이 발생하는 와중에 어떻게 이 주요 세 가지 전략을 그토록 효율적으로 실행할 수 있었는지에 대해 말할 내용이 차고 넘쳤다.

전략1: 목표점을 분명하게 설정한다

"우리의 소명은 그저 앉아서 지켜보는 것이 아니라, 하나님의 일에 동참하여 다른 사람들에게 구원과 치유를 가져다 주는 것입니다. 이를 위해서는 예수님을 위한 진정한 자기 희생이 필요하고, 따라서 저는 그것을 설교합니다. 저는 제자도에 대하여 높은 기준을 설정하여 이를 가르치고 있습니다.···저는 사람들이 기독교를 가지고 장난치지 않기를 바라며, 그들이 그 안에 진정으로 뛰어들기를 원합니다."

몬태나 주 이스트헬레나의 시골 마을에 위치한 이스트밸리 포스쿼어 교회East Valley Foursquare Church는 활발하게 성장 중인데, 그 교회의 300명의 교인들을 이끄는 제프 리처즈Jeff Richards 목사가 한 말이다. 하지만 그가 10년 전 처음 이곳에 도착했을 때, 이 교회는 성장은커녕 망해 가는 쪽에 가까웠다. 주일 예배 참석 교인 숫자는 50명 내외였다. 제자도의 수준은 처참할 정도로 낮았다. 사람들은 겨우 예배에 참석하는 정도였고, 뭔가 일을 해야 할 때 소매를 걷어붙이는 사람은 거의 없었으며, 교회가 그 지역 공동체에 미치는 영향력은 그야말로 미미했다. 그러다가 헨리 블랙커비Henry Blackaby의 『하나님을 경험하는 삶』Experiencing God 프로그램으로부터 새로운 영감을 받은 리처즈 목사는 교인들을 참으로 헌신된 그리스도 중심의 제자들로 성장시켜야겠다는 결심을 했다. 그리하여 그는 블랙커비의 커리큘럼을 교회에 소개하고 모든 핵심 교인들에게 그 커리큘럼에 참여할 것을 끈질기게 독려했다. 그러자 출석 교인 수가 40명으로 줄어들었다.

그러나 리처즈 목사는 좌절하지 않았다. 하나님도 마찬가지였다^{그랬던 것 같다}. 그 스스로가 기적이라고 표현하는 어떤 상황을 통해 그는 극적인 회심을 경험한 어느 전과자가 쓴 책을 배포해 주는 곳을 찾아냈고, 전 교인을 초대해 저자의 증언을 듣는 기회를 마련했다. 350명이 그 자리에 나타났고, 그 가운데 35명이 그날 밤 그리스도께 인생을 바치기로 다짐했다. 이것이 그 교회에 있어 하나의 전환점이 되었다. "하나님의 역사하심이었죠." 리처즈 목사는 이렇게 말한다.

지금까지도 그는 계속해서 제자 만들기라는 목표를 붙들고 있다. 교회에 새로 온 모든 사람들에게^{교회에 다닌 지 오래된 사람들까지도} 알파 프로그램에 참여하게 한 후, 그다음 코스로 "하나님을 경험하는 삶" 프로그램과 봉사를 하게 했다. 게다가 그는 일기 쓰기도 특별히 강조한다. 이것은 쉽지 않은 일이다^{"어려워요. 특히 우리가 사는 지역에서는 더더욱 그렇지요. 여기 사는 사람들은 대개 뭔가를 읽는 것에 어려움을 느끼고 있거든요."}. 그러나 리처즈 목사는 어렵다고 해서 당황하지 않았다. 목적지가 어디인지를 분명히 알았기 때문이다. 그는 자신이 교인들을 어디로 이끌고 싶어 하는지 알았고, 어떻게 하면 그들이 그 목적지에 도달할 수 있도록 도울 수 있는지에 대해서도 상당한 확신을 갖고 있었다.

그는 이렇게 말한다. "그저 하나님의 말씀을 듣는 수밖에 없었습니다. 그리스도 중심의 마음을 갖는다는 것은, 주님이 무엇을 말씀하시든 그 말씀을 따른다는 뜻이니까요. 설사 그것이 교인들의 수가 줄어드는 결과라 할지라도 말입니다. 그러나 결국에는 그것이 반드시 하나님이 원하시는 바였음이 드러날 것입니다."

간단히 말해 이것이 바로 그를 포함한 효율적인 교회들의 목회자들이 교인들에게 말하고 있는 목적지다. 그러니까 이들은 교인들이 그리스도 중심의 마음을 가지는 상태로까지 성장하여 주님이 '무엇을 말씀하시든' 그분을 따르게 되기를, 그리하여 '하나님이 원하시는 바'를 실천하게 되기를 바라는 것이다.

이 전략에서 패러다임의 전환은, 목회자들이 교회에 새로 온 사람들에게 그들을 위한 교회의 의제이자 목표점을 분명히 알려 주는 것이다. 그 목표는 바로 그리스도를 알고 그분께 각자의 삶을 항복하여 내어드리는 것이다. 교회의 의제는 교인들에게 다양한 교회 활동을 소화하게 만드는 것이 아니다. 좀 심한 말처럼 들릴지 모르겠지만, 교인들의 옆구리를 찔러 이런저런 교회 활동을 하게 함으로써, 그들에게 교회의 최종적 목표가 자신들에게 일을 시키려는 것이라는 인상을 줄 때가 너무나 많다.

최근 최고의 모범 교회 목록에 추가로 이름을 올린 버지니아 주 댄빌의 뉴라이프 커뮤니티 교회New Life Community Church의 담임목사인 짐 리드Jim Reed는 이것을 다음과 같이 표현한다. "우리는 스스로를 그리스도의 제자Christ's follower들이라고 부릅니다. 이 말은 문자 그대로 우리가 어디론가 가고 계시는 예수님을 따른다는 뜻입니다. 그분은 궁극적으로 하나님의 완전한 목적을 자신의 삶에서 성취하기 위해 매우 구체적인 방식으로 자기 삶을 꾸려 가셨습니다." 이것이야말로 가장 효과적인 교회들이 그 교인들에게 바라는 목표점으로, 바로 예수님의 영감을 통해 형성된 목표점이다. 다시 말해, 그 목표는 궁극적으로 하나님의 완전한 목적을 각자의 삶 속에서 성취시키는 것이다.

전략2: 영적 점프 스타트 프로그램들에 참석하는 것을 결코 타협할 수 없는 것으로 만든다

스티브 밀라초Steve Milazzo 목사는 자기 교회의 850명 성도들에게 가장 필요한 우선순위 프로그램이 영적 점프 스타트 과정임을 알리는 일에 때로 어려움을 겪었다는 사실을 인정한다. 뉴욕의 밸리스트림에 위치한 베들레헴 하나님의 성회 교회Bethlehem Assembly of God Church의 담임목사

인 그는 이렇게 말한다. "저는 큰 이벤트를 좋아하는 편입니다. 많은 사람들로 하여금 그리스도를 따르겠다는 최초의 결심을 하게 만드는 아웃리치 이벤트 같은 것 말이에요. 저는 그런 사람이에요."

다행히 밀라초 목사는 이렇게 말한다. "사람들을 변화의 길로 이끄는 일은 다른 교회 직원이 맡고 있어요. 그들이 저에게 그 일과 관련된 사실들을 알려 주지요. 직원들은 제게 이렇게 말해요. '스티브 목사님, 그 이벤트가 그 큰 그림과 어떻게 어울립니까?' 이 직원은 이런 사역 과정을 강화시키는 데 아주 탁월한 능력을 가지고 있어요." 참고로, 담임목사가 교인들을 변화의 길로 이끌기 위해 어떤 전략을 내세우든지, 실무에서 일하는 교회 직원들은 무엇보다 먼저 이 내용을 확인해야 한다.

이 교회의 점프 스타트 과정은 새신자들을 맞아들이는 것과 기독교 입문 강좌를 개설하는 등의 두 가지 경로로 구성되어 있다. 이 과정을 마친 사람들은 다시 두 가지 과정 가운데 하나를 밟게 되는데, 첫 번째는 밀라초 목사가 직접 인도하는 다섯 달 과정의 새신자 기초반이며, 다른 하나는 목적이 이끄는 삶 101에서 401까지의 시리즈 성경공부반이다.

밀라초 목사는 왜 이렇게 많은 시간을 할애해 신앙생활 초기에 있는 사람들을 변화의 길로 이끌려 하는 것일까? 발견 프로젝트에서 꼽은 최고의 모범 교회들을 이끄는 다른 많은 목회자들처럼 그 역시 이러한 노력이 효과를 발한다는 것을 알기 때문이다. 올랜도에 위치한 제일침례교회의 데이비드 유스 목사 역시 새신자들을 대상으로 1년에 10차례씩, 총 3회로 구성된 두 시간짜리 '영적 발전 강좌' 시리즈를 진행하고 있다. 그는 "그 자리에는 언제나 제가 있을 것입니다"라고 말한다. 그리고 실제로 6,000명 교인을 보유한 이 교회의 지도자는 어김없이 그 자리에 나타나 질문을 받는 것으로 수업을 시작하여, 교회의 비전과 핵심적 신념, 신앙 훈련, 교제를 위한 기회 같은 주제들을 가지고 사람들과 이야기한다. 교제를 위한 기회란 생활 집단life group을 가리키는 말로, 이것은 제일침례교회의 영적 추진력에 큰 영향을 끼치는 자원의 역할을 하고 있다.

이 교회는 자신들이 교회에 대한 발견 프로젝트의 결과가 좋게 나온 것을 두고 6,000명 이상이 수료한 이 수업들에 그 직접적인 공을 돌렸다. 그리고 자신들이 이렇게 할 수 있는 것은 교인들이 자신들이 추구하고 있는 바가 무엇인지 알고 있기 때문이라고 말했다. 수치상의 결과가 이를 증명한다. 미국 전역의 교회들의 평균적인 재등록 비율은 35퍼센트지만, 새신자반을 도입한 교회들의 경우 이 비율이 72퍼센트로 올라간다. 제일침례교회처럼 이 수업을 필수 과정으로 정할 경우에는 그 비율이 80이나 85퍼센트 정도까지 올라간다.

지리적으로 이 교회와 정반대편인 캘리포니아 주 프리몬트의 하버라이트 교회Harbor Light Church의 담임목사인 테리 인먼Terry Inman은 '출입구' Doorway라는 이름의 6주짜리 강좌를 자체 개발했다. 그는 지역의 거리를 걸어 다니는 사람들이 자기 교회에 속한 대다수의 백인 중산층 교인들과는 사뭇 달라 보인다는 점을 깨달은 후부터 새신자들을 향한 열정을 품었다. 그들은 피부색이 좀 더 어두웠고 긴 수염을 기르고 있었으며 기다란 로브를 입었다. 그는 그 지역 인구의 4퍼센트만이 교회에 규칙적으로 다니고 있는 현실을 타개하기 위해서는 창의적인 방법이 필요하다는 것을 깨달았다. 그래서 교인들이 이웃에 사는 외국인들과 교류하도록 독려했다. 그는 하버라이트 교회에 처음 방문한 모든 사람들의 집으로 24시간 이내에 개별적으로 머그잔을 갖다 주는 일을 담당하는 교회 지도자까지 뽑았다. 그리하여 지금은 처음 교회를 방문한 사람들 가운데 50퍼센트 정도가 교회에 정착하고 있으며, 현재 이 교회는 출석 교인이 1,000여 명에 달하는, 그야말로 다문화 교회가 되었다. 이 교회는 입구 쪽에 전 세계 80개국의 국기들을 걸어 두는 것으로 이 사실을 기념하고 있다. 인면 목사는 직접 나서서 '출입구' 강의를 맡아 가르침으로써, 다국적 문화를 품은 그 자신의 신앙과 리더십과 봉사의 비전을 교인들에게 알리고 있다.

디트로이트의 그리스도 안의 하나님의 교회 기독교 복음 센터 Christian Gospel Center Church of God in Christ 교회의 담임목사인 마커스 웨이즈Marcus Ways와 버밍엄에 위치한 페이스채플 크리스천 센터Faith Chapel Christian center의 마이클 무어Michael Moore 목사는 이와는 조금 다른 접근법을 취하고 있다. 이들은 성경을 읽고 이해하는 능력에 대한 기초를 쌓고 이를 행동으로 옮기는 일에 초점을 맞춘 프로그램을 만들어 새신자들이 8주에서 10주 동안 참여하도록 했다. 테네시 주 파리의 한 작은 마을에 위치한 테네시밸리 커뮤니티 교회Tennessee Valley Community Church의 스티브 갤리모어 Steve Gallimore 목사와 펜실베이니아의 시골 마을에 위치한 트라이카운티 교회Tri-County Church의 데이비드 비시David Bish 목사는 목적이 이끄는 삶에 나온 과정을 사용하고 있다. 트라이카운티 교회는 그 프로그램에서 개인적인 후속 코치 부분을 수정하여 활용하고 있으며, 테네시밸리 교회는 새신자들을 위하여 '새출발'Fresh Start이라는 연결 프로그램을 만들어 덧붙였다.

목적이 이끄는 삶이나 알파 프로그램처럼 표준화된 프로그램을 직접 사용하거나 이를 수정하여 활용하든지, 아니면 아예 자신들만의 고유한 방법을 개발하든지 간에, 탁월한 효율성을 보인 교회들은 모두가 몇 가지의 영적 점프 스타트 버전을 제시하고 있었다. 사실상 모든 교회들이 새신자들에게 이 과정에 반드시 참여할 것을 요구하거나 강요하는 것은 아니기 때문에 이 프로그램을 결코 타협할 수 없는 것이라고 말하기는 약간 무리가 있다. 그러나 이 프로그램들에 쏟아 붓는 자원과 그 지도자들이 인식하는 이 프로그램의 중요도를 볼 때, 이 교회들이 이 초기 단계를 영적 성장에 반드시 필요한 기본 원칙으로 여기고 있다는 메시지만은 분명하게 전달되는 것처럼 보인다. 그러니까 이 교회들은 초등학교 1학년 학생들에게 읽기의 기본 원칙과 연산을 가르치는 것만큼, 교회에 새로 온 신자들에게 이 과정을 가르치는 것을 중요하게 여기는 것이다.

여기서 교회 지도자들에게 제안하는 패러다임의 전환은 뷔페처럼 무수한 사역 기회를 새신자들에게 광고하는 대신 그들에게 많은 도전이 되는, 결코 타협할 수 없는 첫걸음이라는 '일품요리'를 제공하는 것이다. 새신자들이 교회를 떠날까 봐 두려워서 그들을 방치하며 그들이 자기 나름대로 시간을 들여 천천히 교회에 친숙해지기를 바라는 게 보통 우리의 자연스러운 경향이다. 교회의 이러한 노력은 우리 습성과 갈등을 일으키는 것이 사실이지만, 발견 프로젝트를 통해 알게 된 모든 사실들에 비추어 볼 때, 새신자들이 진정 원하는 것은 익명성이나 편의가 아니라 도전과 분명한 영적 지도였다.

전략 3: 담임목사를 대변인으로 만든다

호르헤 베가Jorge Vega 목사는 자칭 뉴욕 파 락어웨이의 다문화 교회인 풀가스펠 태버나클 교회Full Gospel Tabernacle Church의 '영적 아버지'다. 그는 아버지란 족적, 즉 누군가의 인생에 어떤 표식을 남긴다고 말한다. 그는 이 영향력과 권위는 위임이 불가능하다고 본다. 그리고 그의 교회를 출석하는 350명의 교인들 가운데 높은 비율의 교인들에게 아버지가 없다는 사실은 이런 관점에 확실한 설득력을 준다. "저는 제 아들이 한 명씩 태어날 때처럼 우리 교인들이 믿음의 첫걸음을 내디딜 때마다 제가 그 일에 적극적으로 관여해야 한다고 생각해요. 목사인 우리는 교회의 심장입니다. 각자가 가진 사역의 영을 다른 사람의 마음속에 옮겨 심는 것만큼 중요한 일은 없습니다."

이에 대한 그의 강한 확신은 24개 세션으로 구성된 멤버십 커리큘럼에 나타나 있다. 그가 이 커리큘럼을 시작하면서 설명한 교회의 비전은 다음과 같은 그의 고백에서 직접적으로 탄생한 것이다. "저는 한때 목사님이셨던 분의 아들로 자랐지만 이후 알코올중독자가 되었고 자살까지 생각했습니다. 저는 여러 차례 제가 자라난 방식에서 일탈하여 크게 타락하는 경험을 했지요. 이런 제 이야기를 교회에 새로 온 모든 사람들에게 하나씩 들려 주면서 그들이 하나님의 사랑과 그분의 변화시키는 능력을 믿을 수 있도록 하고 있습니다. 저는 그들에게 하나님이 어떻게 삶을 바꾸실 수 있으신지를 알려 줘요. 그래서 이 일이 그들의 삶에서도 충분히 가능하다는 것을 믿게 만들고 싶어요."

베가 목사의 사례 자체는 좀 특이할지 몰라도, 하나님께 새신자들의 삶을 변화시키는 능력이 있다는 사실과 그의 교회의 목적이 성도들로 하여금 그 같은 변화를 경험하도록 돕는 것이라는 사실을 전달하기 위한 그의 개인적인 헌신은 그렇지 않다. 탁월한 효율성을 보이는 대부분의 교회들을 이끄는 담임목사들은 강대상에서 규칙적으로 이 같은 점프 스타트 프로그램들을 홍보하고, 개인적인 시간과 에너지를 들여 이 프로그램들을 성공시키기 위해 애쓰고 있다. 이러한 환경 속에서 이들의 역할은 초조해하는 신인 선수들의 눈을 들여다보며 비전을 던져주고 승리를 위한 발전을 일궈내는 코치의 역할과 다를 바 없다.

사실 사람들을 변화의 길로 이끄는 이 첫 번째 모범 기준은 담임목사들의 중대한 태도 전환에서 시작된다. 다시 말해, 자신의 역할을 영적인 가르침을 제공하고 교회의 양떼를 이끄는 등의 기본적인 일에 헌신한 목자가 되는 것으로 한정했던 이들이, 그 역할을 영적 감독과 모범이 되며 비전을 던지는 일에 더욱 헌신하는 것으로 확장할 때, 교회는 사람들을 변화시키는 길로 이끌게 된다.

운동경기 감독의 비유는 사람들을 변화의 길로 이끌기 위한 세 가지 구체적인 전략에 적용할 수 있다. 무엇보다 먼저 위대한 감독은 그 시즌의 목표를 설명하고 그 목적을 이루는 데 방해가 되는 걸림돌을 규정함으로써 '목표점을 분명하게 설정'한다. 실제로 그리스도께 항복하여 온전히 내어드린 삶을 향한 비전을 차근차근 설명하고 예수님의 제자로서 매일의 삶에서 요구되는 바를 어떻게 수행해 나가는지에 대하여 모범을 보이는 것은 한 명의 담임목사가 수행해야 할 가장 중요한 역할 가운데 한 가지다.

위대한 감독들은 시즌 전에 점프 스타트 시기를 지날 때 사이드라인에서 활발하게 움직이면서 신인 선수들은 격려하면서, 그들이 베테랑 선수로 발돋움하기 위한 새로운 기회들을 제시해 준다. 담임목사들도 이와 비슷하다. 교회에 새로 방문한 새신자들로부터 즉각적인 존경을 받는 그들은 새신자들이 구도자나 영속적인 그리스도인이 되게 하는 독특한 위치에 있다. 다른 모든 위대한 운동경기 감독들처럼 이들도 그리스도 중심의 삶을 향한 이 '경기'를 처음 시작한^{혹은 다시 시작한} 사람들에게 영감을 주어 그 같은 삶을 시도해 보게 할 수 있다.

물론 운동경기에서는 점프 스타트 경험이 필수적이다. 선수가 그 자리에 나타나지 않으면 아예 팀에 들어갈 수가 없다. 그러나 교회의 담임목사들이 이렇게 하기는 어렵다. 오리엔테이션 행사에 참석할 것을 교인들에게 강요하는 건 불가능하다. 그러나 좀 오래 걸릴지라도 이들이 새신자들을 위해 시간을 바친다면 결국에는 그 영적 점프 스타트를 '놓칠 수 없는' 기회로 만들 수 있다.

마지막으로 운동경기의 감독은 그 팀에서 가장 중요한 대변인이기도 하다. 이것은 시즌을 시작할 때뿐만 아니라, 팀 성적이 오르락내리락할 때도 마찬가지다. 감독은 상황을 있는 그대로 말하는 사람인 동시에, 자신이 이끄는 선수들이 결코 좌절이나 패배에 굴복하지 않도록 언제나 기운을 북돋워 주는 사람이다. 이 설명은 훌륭한 담임목사에 대한 교과서적인 정의처럼 들린다. 다시 말해, 그는 단순히 성경 교리 교사나 여러 가지 사역을 이끄는 책임자 이상의 존재다. 담임목사에게 있어 가장 중요한 역할은 위대한 영적 감독이 되어 자기 사람들이 예수 그리스도를 위한 각자의 삶이라는 경기를 잘 치를 수 있게 이끄는 것이다.

이렇게 담임목사의 역할을 운동경기 감독과 동일시하는 것이 처음에는 너무 단순한 것처럼 느껴질 수도 있다. 어쩌면 목회자의 사역에 내

포된 극히 중요한, 영원에 대한 함의를 폄하하는 것으로 보일 수도 있다. 그러나 이 두 가지 우려 모두 이 비유를 든 의도와는 거리가 멀다. 우리는 단지 운동경기 팀을 우승으로 이끄는 몇 가지 단계를 빌려서, 이를 영적 성장을 향한 여정에 적용시키고 싶을 뿐이다.

이 단계들에 익숙해지려면 어느 정도 적응의 시간이 필요하다. 어쩌면 적어도 처음에는 약간 염려되는 부분이 있을지도 모른다. 예를 들어, 새신자들이 교회의 비전과 제자도 관련 사안에 대한 설명을 나중에 듣기보다는 초기에 듣는 편이 낫다는 인식은 담임목사들에게 있어 전형적인 패러다임의 전환이다. 그렇기 때문에 교인들은 결정권과 리더로서의 영향력을 상대적으로 적게 가진 교회의 다른 교인들이나 자원봉사자들보다는 담임목사로부터 그 메시지를 직접 들어야 한다. 이러한 패러다임의 전환으로 인해 구도자들이 교회를 알아 가는 초기 단계에서 그렇게 강하고 솔직한 선언을 듣고 당혹하여 교회에 매력을 느끼기는커녕 멀어지지 않을까 걱정하는 사람도 있을 것이다. 하지만 텍사스 주 미션에 위치한 3,000명의 교인이 출석하고 있는 부흥하는 교회인 팜밸리 교회^{Palm Valley Church}의 릭 개넌^{Rick Gannon} 같은 최고의 목사들은 그 같은 걱정에 동의하지 않는다.

'사람들을 변화의 길로 이끄는 일'의 딜레마:
그들이 겁을 먹고 교회를 떠나지는 않을까?

개넌 목사는 이렇게 말한다. "우리는 한 번도 교회 성장을 목표로 세운 적이 없었습니다. 우리의 목표는 언제나 건강한 교회입니다. 밤마다 자녀들의 침대 옆에 앉아 그들의 성장을 위해 기도할 필요는 없습니다. 부모로서 그 아이들의 건강을 확실하게 책임지기만 한다면, 그들은 자연스레 성장할 것입니다. 제가 처음 부임했을 때 이 교회는 그리 건강하지 못했습니다. 저는 거칠고 힘든 싸움을 수없이 싸워야 했습니다. 이 모든 노력이 효과를 발휘한 것은, 우리가 성장이 아닌 건강에 초점을 맞추었기 때문입니다."

개넌 목사는 교인 수의 증가 여부에는 신경 쓰지 않았다. 이 장 앞에서 언급한 이야기에 나온 제프 리처즈 목사의 경우처럼, 개넌 목사가 그 같은 '거칠고 힘든 싸움'을 싸우는 동안 오히려 교인 수가 줄어드는 일도 있었다. 하지만 목표는 숫자가 아니었다. 그것은 개넌 목사의 목적지가 아니었던 것이다. 그의 목표는 교인들을 도전해 그리스도와의 관계에서 성장하도록 돕는 것이었다. 다른 많은 최고의 목사들과 마찬가지로 개넌 목사는 지금도 팜밸리 교회의 점프 스타트 프로그램의 첫 번째 강의를 맡아 가르치고 있다. 불안해하는 사람들의 눈을 직접 보고 "여러분이 그리스도의 제자가 되고 싶다면 우리는 여러분을 환영합니다. 그렇지 않다면 다른 데서 바라는 바를 찾아보시기 바랍니다"라는 내용의 초대장을 분명히 전달하고 싶기 때문이다.

이것이 많은 교회 지도자들이 경험해야 할 패러다임의 전환이다. 그러나 패러다임의 전환이 필요한 분야는 이뿐만이 아니다. 계속해서 살펴보자.

13

모든 것은 성경으로 이야기한다

모든 성경은 하나님의 감동으로 된 것으로 교훈과 책망과 바르게 함과 의로 교육하기에 유익하니.

디모데후서 3:16

"교회 지도자들은 무언가에 베였을 때 피부에서 성경이 흘러나와야 한다."

텍사스 주 댈러스의 워터마크 교회Watermark Church의 담임목사 토드 와그너Todd Wagner의 말이다. 이 말에는 최고의 모범 교회들의 전반적인 태도가 반영되어 있다. 이들은 살아 가면서 하나님의 말씀을 어떤 결정을 내리고 수양을 쌓기 위한 지침이 되는 교재나 참고자료 이상으로 인식한다. 이 교회들에게 있어 성경은 단순히 하나의 자원에 그치지 않고 그 교회의 문화를 정의하는 특징이다. 그들의 모든 말과 행동을 비추는 거울이자 기준이 된다는 말이다.

구체적으로 말하자면, 와그너 목사는 '모든 것을 성경에 비추어 생각하는' 성도가 어떤 성도인지, 또 그것이 어떤 행동으로 표출되는지를 알고 있다. 그는 자신이 이끄는 교회의 교인들이 어떤 상황을 만나든지 "이 상황에 대한 하나님의 말씀은 무엇인가?"를 자문한다고 설명한다. 그는 이것이 제2의 천성이 되어 어떤 문제를 다루거나 쟁점을 처리해 나갈 때 개인의 인간적인 지혜가 **아니라** 하나님의 말씀에서 모든 것을 시작해야 한다고 말한다. "왜냐하면 우리 인생은 우리의 것이 아니기 때문이지요. 우리는 왕에게 모든 것을 보고합니다. 그러니 우리가 물어야 할 첫 번째 질문은 '왕은 이 일에 대해 무어라 말씀하실까?'가 되는 것이 당연합니다."

워터마크 교회처럼 모든 것을 성경으로 이야기하는 교회들은 성경 공부 시간을 마련하고 묵상 가이드를 준비하는 것으로 일을 끝내지 않는다. 이들은 교회의 방향과 우선순위를 결정하는 데 있어서 성경을 가장 핵심적이고 중요한 가치로 여기면서 성경에 접근하고 그 말씀을 충실히 지킨다. 이 같은 모범 기준이 또 하나의 패러다임의 전환이다. 성경을 단순한 자원 도구로 여기는 상태에서 그것을 교회의 최고 핵심과 영혼을 규정하는 DNA로 여기는 일종의 패러다임의 전환을 이룬다는 말이다.

'모든 것을 성경으로 이야기하는' 패러다임의 전환

사실 우리는 조심스러운 마음으로 모든 것을 성경으로 이야기하는 모범 기준을 패러다임의 전환이라고 설명한다. 많은 교회 지도자들에게 이 말은, 건강 영역에서 마치 운동이나 균형 잡힌 식생활의 필요성을 이야기하는 것이 대단한 패러다임의 전환이라면서 허풍 치는 것처럼 들릴 수 있다. 운동과 적절한 식이요법은 기본적인 전제에 의문을 던지는 새로운 생각이 아니라, 이미 잘 알려지고 널리 통용되고 있는 건강한 생활을 위한 기준이다. 교회 지도자들도 모든 것을 성경으로 이야기하라는 이 말을 혁신적인 사역 개념이라기보다는 교회 리더십에 따라 자연스럽게 나타나는 부산물이자 이미 대부분의 교회들이 관습적인 지혜로 받아들이고 있는 익히 알려진 기준으로 여길 것이다.

그러나 발견 프로젝트의 데이터베이스는 이와 다른 것을 이야기하고 있다. 교회들이 이미 모든 것을 성경으로 이야기하고 있다면 성경과 관련된 사람들의 태도가 교회마다 크게 다르지 않아야 할 터인데, 결과는 이와 반대다. 매일 성경을 묵상하고 있다고 말한 교인들의 비율은 최소 3퍼센트에서 최고 42퍼센트까지 무척 다양하게 나타났다. 이 항목에 대한 데이터베이스에 등록된 모든 교회의 평균은 21퍼센트였고, 최고의 모범 교회들의 교인들이 성경을 묵상하는 평균은 이보다 훨씬 높은 34퍼센트였다.

이렇게 큰 차이가 있는 것을 보면서 우리는 1,000여 개의 발견 프로젝트 교회들 중에서 성경에 기울이는 관심과 존중의 정도가 각기 다르며, 최고의 모범이 되는 교회들은 성경을 특별하고도 효율적인 방식으로 받아들이고 있음을 알게 되었다. 구체적으로 성경을 받아들이는 이러한 노력들은 세 가지 주요 전략으로 표출되고 있으며, 이 세 가지 전략들은 각기 교회를 이끄는 방법에 대한 새로운 사고방식으로의 전환을 가리킨다.

모든 것을 성경으로 말하기 위한 세 가지 주요 전략

모든 교회들과 지도자들은 성경을 사랑한다. 최고의 모범 교회 가운데 한 교회의 목사인 마커스 웨이즈의 표현대로 "성경은 책으로 된 하나님이다. 우리에게 필요한 모든 것이 그 안에 들어 있다!" 성경에서 우리는 위로와 격려와 영감을 주는 하나님의 음성을 듣는다. 우리의 필요와 우리 앞을 가로막는 걸림돌에 어떻게 대처해야 하는지에 대한 하나님의 지혜와 조언도 그 안에서 찾는다. 어찌 사랑하지 않을 수 있겠는가?

그러나 이 사랑을 서로 다른 수준의 믿음과 경험과 확신을 가진 채 홀로 성경을 읽고 그 의미를 해석하는 교인들에게 전달하기란 쉬운 일이 아니다. 최고의 모범 교회들과 그 외의 다른 교회들 간의 차이가 여기서 발생한다. 성경에 대한 사랑에는 차이가 없다. 성경을 **사랑**하지 않는 교회는 없기 때문이다. 차이는 **그 사랑을 전달하는 방법**에서 발생한다. 최고의 모범 교회들의 특징을 살펴본 후 우리는 이 같은 차이를 만드는 다음의 세 가지 주요 전략을 발견하였다.

▸ **설교를 할 때 성경을 주 요리로 삼는다.** 하나님의 말씀을 가르치는 가장

효율적인 방법에 대해서는 수많은 이견이 있었지만, 최고의 모범을 보여 주는 다수의 교회들은 공통적으로 강해식 설교를 선택했다. 그러나 무엇보다 우리가 이 교회들의 목회자들의 가르침에서 얻을 수 있는 가장 중요한 교훈은 이들 모두가 설교 준비를 성경으로 시작한다는 점이다. 이들은 설사 주제 설교를 하는 경우라 할지라도 성경에서 삶의 적용점을 찾아 전달하는 것을 목표로 삼는다. 성경 말씀으로 시작해서 뒤이어 이 말씀을 세상에 적용하는 것이다.

▶ **변명의 여지를 주지 않는다.** 최고의 모범 교회들은 성경 읽기나 묵상을 실천적이고 의미 있으며 다가가기 쉽게 만들어, 가장 바쁜 일정 속에서도 이를 실천할 수 있게 한다.

▶ **성경을 교회의 근간으로 삼는다.** 최고의 모범 교회들에 가 보면 어디를 둘러보든 성경에서 인도하심과 영감을 얻는다.

그렇다면 이 최고의 모범 교회들의 목회자들은 이 세 가지 전략을 통해 어떻게 이토록 효율적으로 모든 것을 성경으로 이야기할 수 있을까? 그들의 경험담을 직접 들으면서 그 최고의 조언에서 교훈을 얻어 보자.

전략1: 설교할 때 성경을 주 요리로 삼는다

성경을 '주 요리'로 대접하는 일에 관한 한, 전형적인 모델이 되는 목회자는 아마 미시간 주 디트로이트에서 기독교 복음 센터를 이끌고 있는 마커스 웨이즈 목사일 것이다. 350명이 모이는 이 교회는 발견 프로젝트 데이터베이스에 들어 있는 교회들 중 가장 높은 영적 활력 지수를 얻었다. 그는 일주일에 총 다섯 번씩 가르치는 일을 하고 있다.

- ▶ **주일 성경학교.** 실천적인 성경적 가르침을 전달하는 이 강의에는 모든 교인이 참석하고 있다. 웨이즈 목사는 모든 사람들이 같은 것을 이해하고 있는지를 확인하는 복습 시간을 30분 정도 가진 후 수업을 끝마친다.
- ▶ **주일 예배.** 주일 대예배 설교를 담당하여 가르치고 있다.
- ▶ **주일 리더십 개발 과정.** 짧은 공부 모임을 만들어 평신도 지도자들에게 성경의 메시지나 주제를 발전시키고 설명하는 방법을 알려 준다. 이 모임의 목적은 이들을 하나님의 말씀에 대한 수동적인 청중에서 적극적인 참여자로 변모시키는 것이다.
- ▶ **성경 학교.** 웨이즈 목사는 주중에 66권 성경 전체를 배우는 이 커리큘럼을 만들었다. 모든 수업은 15분 동안의 질의응답 순서로 시작되는데, 그는 이때 나오는 질문들의 질과 양, 다양성을 통해 수업의 효율성을 가늠한다.
- ▶ **목회 수업**^{매주 금요일 저녁}. 구원과 삼위일체, 영원과 같은 핵심적인 기독교 신념과 개념에 대한 교리를 교인들에게 가르치고 있다. 이 수업의 목적은 교회 교리의 성경적 기초, 즉 그들이 믿는 바와 그 믿음의 이유를 알려 주는 것이다.

20년 전 성경을 '우리가 하는 모든 일의 근거이자 이유'로 삼겠다는 비전 하나만 가지고 이 교회를 개척한 웨이즈 목사는 이렇게 말한다. "성경공부와 성경에 기초한 사역이 우리 교회의 정맥입니다."

그의 교육 방식은 비변증적 설명이다. 즉, 그는 실생활에서의 경험보다는 성경을 주 자료로 삼아 수업을 시작한다. 다른 말로 설명하자면, 육아와 같은 실생활의 경험과 관련된 성경구절들을 모아 주제적인 메시지를 전하기보다는 성경을 직접적으로 해석하여 이를 삶에 적용시킨다. 이것은 듣는 이들이 각기 어떤 상황에 처해 있든지 편견 없이 하나님의 말씀이 이야기하는 바를 찾아 성경에 돌진하는 모델이라 할 수 있다.

왜 그는 이토록 교인들이 성경에 몰두하게 하는 일에 헌신하여 이일을 굳건히 지속하고 있는 것일까? 그는 성경을 내재화하지 않은 상황을 다음과 같이 이해하고 있기 때문이다. "텅 빈 배 몇 척을 얻었다고 생각해 보세요. 하지만 시련의 시간이 닥치면 그것들은 산산이 부서지고 말아요. 그 배들을 계속해서 나아가게 해 줄 물질이 그 안에 없으니까요. 그렇기 때문에 우리는 더 길고 느린 항로로 항해하기로 다짐했어요. 더 어려운 길이지만 분명 더 많은 열매를 맺게 해 주거든요."

한편 최근에 발견 프로젝트에서 최고의 모범 교회에 속하게 된, 플로리다 주 잭슨빌에 위치한 사우스포인트 커뮤니티 교회Southpoint Community Church의 담임목사인 러스 오스틴Russ Austin은 주제별 설교 방법을 취하고 있다. 실생활의 이야기로 설교를 시작해서 나중에 성경의 주제로 들어가는 것이 자신에게 더 잘 맞는다고 그는 말한다. 그러나 목적은 웨이즈 목사와 같다. "만약 성도들을 하나님의 말씀으로 데려다 줄 수 없다면, 그것은 제가 실패했다는 뜻입니다. 그들을 위해 제가 직접 고기를 잡아 주는 대신 낚시하는 법을 알 수 있는 곳으로 그들을 데려가지 않는다는 것은, 곧 그들이 그 일에 성공할 수 있는 장소로 데려가는 일에 있어서 제가 실패했다는 말이 됩니다. 우리는 규칙적으로 사람들을 도전하면서 사업이나 결혼에 실패하고 부모로서 실패하고 있을 때, 모든 것을 제자리로 되돌려 놓는 원리가 성경 속에 있다고 말해 주어야 합니다. 그들이 실패하고 있는 이유는 하나님의 말씀을 알지 못하고 또 적용하지 않기 때문이라는 사실을 알려 주어야 한다는 말이지요." 오스틴 목사는 이렇게 말한다.

성경에 대한 사랑을 전달하고 체화시키는 기술적인 방법은 서로 다를지 모르지만, 하나님의 말씀을 아는 것이 모든 최고의 모범 교회 목사들이 교회의 교인들에 대하여 갖고 있는 목표다. 어떤 이들의 교육 방식은 설명적이고 또 어떤 이들은 주제식 접근을 택하며 때에 따라서는 이 두 가지를 혼합하여 사용하는 목회자도 있지만, 결국 이들이 원하는 것은 한가지다. 사람들을 감동시켜 하나님의 말씀을 공부하게 할 뿐만 아니라 그것을 사랑하고 내면화시키는 것이다. 그리하여 웨이즈 목사의 표현대로 인생의 어려운 시기를 지날 때 "그 배들을 계속해서 나아가게 해 줄 원동력"을 만들어 가는 것이다.

성경을 가지고 가르쳐야 한다는 필요성이 담임목사들을 위한 패러다임의 전환이라는 이 이야기가 이상하게 들릴 수도 있다. 우리는 성경을 알고 사랑하는 것이 우리 모두가 바라는 만큼 효과적으로 교인들에게 전달되고 있지 않다고 생각해 왔는데, 발견 프로젝트의 조사 결과로 알게 된 두 가지 사실은 그 염려가 근거가 있다는 생각을 뒷받침해 주고 있다. 첫 번째는 앞 장에서도 이야기한, 성경 묵상이 영적 성장에 엄청난 영향을 미치는 촉진 요소로 작용한다는 사실이다. 정말이지 교회가 그리스도와의 관계를 위해 교인들을 도우려 할 때 할 수 있는 일이 단 한 가지밖에 없다면, 그것은 반드시 하나님의 말씀을 사랑하고 그것에 몰두하도록 돕는 사역이어야 한다. 두 번째는 성경을 매일 묵상하는 사람들의 비율이 교회마다 천차만별이고, 전반적으로 그 수도 적다는 사실^{다섯 명 가운데 한 명만이 매일 성경을 묵상하고 있다}이다. 심지어 그리스도 중심 단계에 속한 사람들 가운데서도 매일 성경을 펴는 사람이 절반에 못 미치고 있다.

이것을 패러다임의 전환으로 보든 그렇지 않든, 그 증거는 분명하다. 사람들을 도전하여 더 큰 목적 의식을 가지고 더 자주 성경을 접하게 하면, 오늘날 교회에 다니는 사람들 모두는 아닐지라도 적어도 대부분의 사람들의 신앙이 성장하게 될 것이다.

'말하기는 쉽지'라는 생각을 하는 사람이 있을지도 모르겠다. 특히 내가^{캘리} 성경을 가르친 적이 한 번도 없다는 사실을 아는 사람이라면 더더욱 그럴 것이다. 그러나 나 역시 지역 대학에서 부교수로 10년간 일한 경험이 있다. 그래서 가르치는 일을 하는 사람들과 진심으로 공감할 수 있다. 나는 경영 전공의 필수과목인 기업금융 개론을 가르쳤고, 매 학기를 하나같이 주저하고 불안해하는 표정을 한 학생들의 얼굴을 쳐다보는 것으로 시작했다. 이 과목은 아주 어려운 수업으로 소문이 나서, 솔직히 말해 우리 학생들은 이 과목을 무서워했고 그저 학점을 딸 수 있기만을 희망했다.

하지만 나는 학생들이 금융을 **사랑하기를** 바랐다. 보다시피 나는 숫자를 사랑한다. 내게 있어 손익계산서와 대차대조표를 파헤치는 일은 커다란 조각그림 퍼즐을 푸는 것과 같다. 나는 숫자들 뒤에 있는 이야기의 조각을 맞춰 보는 도전을 대단히 즐긴다. 그래서 나 역시 주일마다 설교하면서 교인들의 영적 전구를 켜 주기 위해 열심이고, 모호하거나 위협적으로 느껴질 수도 있는 하나님의 말씀과 하나님에 대하여 교인들이 혼란을 느끼거나 심지어 지루하게 느끼지 않고 그 말씀과 사랑에 빠지게 하기 위한 목회자들의 분투를 조금이나마 이해할 수 있다.

그리 수용적인 태도를 보이지 않는 사람들에 대하여 모호하거나 위협적으로 느껴질 수도 있는 어떤 대상에 대한 감정을 사랑으로 바꾸는 비밀은 무엇일까? 내가 가르쳤던 금융 수업에서의 경험에 기초하여 그 답을 먼저 짐작해 보았다. 그리고 실제로 최고의 모범 교회들의 목회자들을 만나 보면서 나의 본능적인 직감이 옳았음을 확인했다. 가르치는 방식이 설명적인가 주제적인가는 그리 중요하지 않다. 성경에서 통찰력이 넘치는 삶의 적용점을 만들어 내는가 하는 문제도 여기서 중요한 문제는 아니다.

실제로 어떤 주제를 살아 움직이게 하는 것은, 특정한 접근법이나 특별한 프로그램이 아니다. 그것을 하는 것은 사람, 바로 당신이다. 금융을 가르치는 강의실에서는 내가 바로 그 동력이었다. 숫자를 통해 한 조직을 움직이는 것이 무엇인지 밝혀내는 작업에 대한 나의 열정이, 내가 사용한 교육 방식이나 교재보다 훨씬 더 중요했다. 성경을 통해 우리 신앙의 영광스러운 신비를 밝혀내는 일에 대한 당신의 열정이 승리를 가져올 것이다. 가르치는 방식이 설명적인지 주제적인지는 중요하지 않다. 발견 프로젝트에서 밝혀낸 최고의 모범 교회들의 목회자들은 각기 성격이 다른 만큼, 가르치는 방식도 다양했다. 그러나 이들은 모두 하나님의 말씀에 대한 깊은 열정을 품고 있었다. 그리고 그들은 이것이야말로 성경에 대한 자신들의 사랑을 교인들에게 전이시키는 비밀이라고 말한다. 마음속에서 불타오르는 이 열정이 있기에 그들은 매일 빠짐없이 나타나 교인들로 하여금 그들의 마음을 변화시키는 하나님의 말씀이 가진 능력을 받아들이도록 돕고 있는 것이다.

전략 2: 변명의 여지를 주지 않는다

목회자가 아무리 큰 열정을 갖고 있다 할지라도, 그 바쁜 일정 속에 뭔가를 더 집어넣도록 사람들을 설득하는 일은 무척 힘든 싸움이다. 그래서 최고의 모범 교회들은 창의력을 발휘하여 다양한 방안을 제시함으로써 성경에 대한 교인들의 독해력과 능숙도, 자신감이 성장하도록 돕고 있다.

일단 많은 교회들이 전통적인 방식을 따라 일반적인 주일 예배 시간이 아닌 다른 시간에 성경공부 수업을 따로 진행한다. 그 형식은 앞에서 설명한 마커스 웨이즈 목사의 성경 학교에서부터 1년에 30주 동안 일주일에 나흘간 저녁 시간에 진행되는 게이트웨이 교회Gateway Church 의 게이트웨이 이큅Gateway Equip 처럼 다양한 선택지가 있는 대학 강의식 커리큘럼에 이르기까지 다양하다.

또 어떤 교회들은 좀 더 간단한 방법으로 변명의 여지를 없애고 있다. 예를 들어 베들레헴 하나님의 성회 교회의 스티브 밀라초 목사는 교인들에게 10/10 서약서에 서명할 것을 요청한다. 이것은 다음과 같은 사항에 대한 헌신을 다짐하는 내용이다.

▶ 하루에 10분 성경 읽기
▶ 하루에 10분 기도하기

▸ 소그룹에 들어가 10명의 사람들과 교제하기

▸ 10명의 사람들이 그리스도를 영접하도록 기도하기

밀라초 목사는 교인들에게 이 서약서에 서명을 요청하는 이유는 어떤 활동을 만들기 위함이 아니라, 그들이 교회 밖에서도 신앙을 경험할 수 있도록 기회와 계획을 만들기 위함이라고 말한다. 이에 대해 그는 이렇게 설명한다. "이 10분으로 여러분의 인생이 변화될 것입니다. 사람들은 신앙이라는 것이 예배에 참석하는 것으로 끝나는 것이 아니라는 사실을 깨닫지 못하고 있습니다. 신앙이란 성령님으로 하여금 우리를 내적으로 변화시키시도록 허락하는 것입니다. 이 같은 변화는 우리 자신이 아닌 하나님만이 만들 수 있는 것이지요."

워터마크 교회는 첨단 기술을 활용하여 교인들이 성경을 가까이 할 수 있게 하고 있다. 이 교회가 쓰고 있는 '조인 더 저니'Join the Journey라는 프로그램은 웹을 기반으로 하여 매일 성경을 읽을 수 있게 한 것으로, 교회 직원이 아닌 교인들이 직접 관리하고 있다. 교인들이 자원하여 간단한 자기소개를 하고 각자의 삶에서 무엇이 중요한지를 설명한 내용을 곁들여, 각자가 맡은 성경 구문에 대해 묵상한 내용을 매일 올리는 것이다. 그리고 다른 사람들은 이 묵상 내용을 매일 전자우편으로 받아 보겠다고 서명함으로써 실용적이고 간편한 공동체를 만들 수 있다. 무엇보다 이 프로그램을 시작한 이후 워터마크 교회에서 매일 성경을 읽는 성도들의 수는 두 배로 늘었다!

또 글로스터 카운티 커뮤니티 교회Gloucester County Community Church는 이와는 또 다른 방법으로 교인들이 매일 성경을 묵상하게 해 준다. 이 교회는 분기별로 한 번씩 『오늘의 말씀』 Word for You Today 이라는 제목의 책자를 무료로 배포하고 있다. 뉴저지에 위치한 이 교회의 담임목사인 브루스 소피아 Bruce Sofia 는 그 책자에 나온 주제들을 자주 설교 시간에 다룸으로써 홀로 그 말씀을 보고 있는 2,500명의 교인들의 필요를 충분히 채워주고 있다. 테네시 주 파리의 테네시밸리 교회의 스티브 갤리모어 목사는 나스카 NASCAR 자동차 경주대회의 팬들인 교인 500여 명을 위해 『파워업』 Power Up 이라는 묵상집 같은 도구를 개별적으로 제공하고 있다.

이렇듯 각 교회들이 사용하는 전략들은 다양하지만, 최고의 모범 교회들은 모두가 공통적으로 교인들이 지속적으로 성경을 가까이 할 수 있도록 확고하고 헌신적인 노력을 기울이고 있다. 웹 기반의 묵상 프로그램이나 다양한 수준의 성경 강의를 만들 수 있을 정도로 충분한 자원을 보유한 교회든, 혹은 10/10 서약처럼 좀 더 간단한 방식을 채택한 교회든 간에 이들이 기대하는 바는 하나같이 교인들이 하나님의 말씀을 통해 주중에도 개인적으로 하나님과 교제하는 것이다.

여기서의 패러다임의 전환은 주일 예배가 변화에 대한 부담을 전적으로 짊어진다는 사고방식을 주중에 일어나는 일들이 변화의 생명선이라는 사고방식으로 바꾸는 것을 가리킨다. 달리 말해, 사람들이 교회 밖에서 하나님과 만나는 시간이 길어지면 길어질수록 그들이 그리스도의 제자로 성장할 가능성이 높아진다. 이 패러다임의 전환이 일어날 때, 교회 지도자들은 이를 동기로 삼아 더 창의적이고 융통성 있고 신중하게 적절한 전략들을 세울 수 있다. 그럼으로써 영적 생활을 주일 오전 시간에만 한정해 놓음으로써 생겼던 그간의 모든 변명의 여지를 없앨 수 있는 것이다.

최고의 모범 교회들이 이 일을 해낼 수 있는 것은 이들이 자신들의 주요 역할을 새롭게 인식하고 있기 때문이다. 그들은 자신들에 대해 사람들을 직접 그리스도 중심의 삶으로 데려다 놓는 로켓이 아닌, 영적 성장을 위한 로켓 발사대로 인식한다. 이들이 할 일은, 스티브 밀라초 목사의 말처럼 문을 열어 '성령님으로 하여금 우리를 내적으로 변화시키시도록 허락하는 것'이다. 변화란 한 사람의 내면에서 일어나는 일이지만, 동시에 그 같은 일이 일어나는 것은 교회 건물 안뿐만 아니라 바깥이 될 수 있기 때문이다.

전략 3: 성경을 교회의 근간으로 삼는다

성경을 교회의 근간으로 삼으라는 이 개념이 모호하게 느껴지는 사람들을 위해 워터마크 교회의 토드 와그너 목사는 한 가지 구체적인 적용점을 알려 준다. "여러분은 인도하심과 의사결정, 영감을 구할 때 하나님의 말씀을 찾는 일이 가장 가치 있는 일임을 끊임없이 되새겨야 합니다. 저와 저의 사역 방식도 바로 여기에서 출발하지요." 이 같은 리더십의 몇 가지 예로는 다음과 같은 실천 항목들이 있다.

▶ **직원회의 때 따로 시간을 내어 성경에서 각자가 무엇을 배우고 있는지와 그들이 암송하고 있는 구절들을 나눈다.** 해당 회의의 주제가 무엇이든 간에 모임의 인도자에게 그 주제와 관련된 성경구절을 이야기해 줄 것을 요청한다.

▶ **리더십 개발 과정의 그룹 모임에서 부부 간의 정절이나 인종주의, 일중독 같은 어려운 문제들에 대한 사례 연구를 한다.** 이때 무엇보다 먼저 "여러분이

라면 어떻게 하겠습니까?"를 묻고, 그다음에는 "성경의 어느 부분에서 이에 대한 언급을 찾을 수 있습니까?"를 묻는다. 이렇게 물을 때 처음에는 질문을 받는 사람이 당황할지도 모른다. 대부분의 사람들이 자신만의 틀 안에서 주제들을 다루는 데 익숙해져 있고, "성경이 이 주제에 대해 뭐라고 말하는지 살펴보는 것으로 이야기를 시작해 봅시다"라고 말하는 것이 ^{아직은} 제2의 천성으로 굳어져 있지 않기 때문이다.

▶ **어떤 질문이나 주제, 문제를 만나든지 그 교인을 하나님의 말씀으로 인도한다.** 어떤 상황에서라도 우리의 첫 번째 질문은 "하나님의 말씀은 그것에 대해 뭐라고 말씀하시는가?"가 되어야 한다.

우리 교회의 문화가 워터마크 교회보다 덜 개방적이고 덜 직접적이라면, 이러한 제안들이 다소 벅차게 느껴질 수도 있다. 하지만 최고의 모범 교회들에서는 일관되게, 적어도 일정한 수준에서 교회 지도자들과 평신도 지도자들에게 책임을 맡겨 성경적인 문맥으로 문제를 접근하고 해결하며 교인들을 상담하는 행동양식이 발견되었다.

사우스포인트 교회의 러스 오스틴 목사는 이것을 이렇게 간단히 표현한다. "교회 지도자들이 성경을 대하는 방식이 성경이 말하고 있는 바를 가르치는 일보다 더 중요하다." 우리에게는 이것이 패러다임의 전환으로 들린다.

'모든 것을 성경으로 이야기하는 것'의 딜레마: 이것이 정말로 새로운 전형이 될 수 있을까?

전형^{normal}이라는 단어는 그것이 어떤 기준에 합치된다는 뜻이다. 유의어로는 **관례, 대표, 보통, 일반** 같은 단어들이 있다. 냉수기나 커피숍, 교회 로비에 적힌 성경 말씀을 읽는 일이 그것을 강대상에서 듣는 것만큼 관례적이고 대표적이며 일반적이며, 일상적이고 일반적인 일이 되고 있다면 굉장한 일 아닐까?

하지만 사실, **그것을 전형적인 일이라고 말할 수는 없다**. 여러분이 최고의 모범 교회들의 교인이 아니라면, 그러니까 이런 현상이 반드시 일어나고 있다고는 말할 수 없지만 그럴 가능성이 확실히 더 높은 교회들의 교인이 아니라면, 이것은 여러분에게 전형적인 일이라고 말할 수 없다.

'새로운 전형'이라는 표현은 주로 대참사가 일어난 후의 상황에서 사용된다. 예를 들어 9·11 사태에 뒤이어 항공여행 보안의 '새로운 전형'이 나왔고 2008년 시작된 경기 침체에 뒤이어 소비습관이 수정되어 '새로운 전형'이 나왔다. 어떤 사건이 일어나 그 환경을 완전히 극적으로 뒤흔들어 놓을 경우, 이전의 것과는 명확히 구분되는 새로운 구조가 정착된다.

발견 프로젝트를 통해 드러난 모든 사실들은, 우리가 이 모든 것을 뒤흔들어 놓을 필요가 있음을 알려 준다. 이로써 교회의 '새로운 전형'을 만들어, 예배 참석만 한 채 교회 신도석의 성경 위에는 먼지만 쌓이고 있던, 몽유병을 앓는 것 같은 지난 세기를 벗어나야 한다. 모든 것을 성경으로 말하는 교회가 표준적인 최고의 모범 교회가 될 수 있을까? 두말할 것 없이 그렇다. 이것이 우리가 최고의 모범 교회들에게서 배운 교훈이다. 그러나 우리가 배운 한 가지 추가적인 사실은 기존 체계에 대한 충격이 필요할 수도 있다는 것이다. 수치상의 기록을 보면 오늘날의 교회가 가진 기대와 표준적인 운용 절차가 완전히 뒤집혀야만 이런 일이 일어날 수 있기 때문이다.

'전형'의 유의어 중에는 '건강'이라는 단어도 있다. 혈압이 전형적이라면, 그것은 좋은 일이다. 마커스 웨이즈 목사의 말을 빌면 성경이 '교회의 정맥'을 따라 흐르게 하는 것 역시 좋은 일일 것이다.

"교회 지도자들은 무언가에 베였을 때 피부에서 성경이 흘러나와야 한다"고 토드 와그너 목사가 말했다. 이것이 모든 것을 성경으로 이야기해야 한다는 말의 의미다.

우리는 이 일이 이루어질 수 있음을 안다. 그것은 바로 우리로부터 시작된다.

14

주인의식을 형성한다

그가 어떤 사람은 사도로, 어떤 사람은 선지자로, 어떤 사람은 복음 전하는 자로, 어떤 사람은 목사와 교사로 삼으셨으니 이는 성도를 온전하게 하여 봉사의 일을 하게 하며 그리스도의 몸을 세우려 하심이라 우리가 다 하나님의 아들을 믿는 것과 아는 일에 하나가 되어 온전한 사람을 이루어 그리스도의 장성한 분량이 충만한 데까지 이르리니.

에베소서 4:11-13

　　예수 그리스도는 반문화적인 인물이었다. 그분은 고대 세계를 뒤흔들어 당시 제왕들과 신분제가 지배하던 율법주의 사회에서 겸손과 긍휼, 섬김의 정신을 가르치셨다. 물론 그분이 세상에 오신 것은 우리를 구원하기 위함이었지만, 동시에 하나의 문화를 규정짓는 두 가지 특징인 당시의 '신념'과 '행동'에 도전하고 이를 변화시킴으로써 하나님의 나라를 이 땅에 세우시기 위함이기도 했다.

　　그러나 그로부터 2,000년이 흐른 지금, 예수님이 보기 원하셨던 변화는 아직 제대로 이루어지지 못했다. 곧 자아도취의 문화에서 자기 희생적인 문화로 제대로 변화가 이루어지지 않은 것이다. 기독교 신념은 널리 퍼졌을지 몰라도, 이 신념들에 내포된 반문화적인 행동의 증거가 그리스도인들 사이에 그리 많이 보이지 않고 있다. 솔직히 말해 그리스도의 제자들에게서 기대하는 겸손하고 긍휼한 행동이 동네와 회사 복도, 정체 중인 도로 위 같은 일상 속에서 구별되게 나타나는 일은 거의 없다.

기독교에 대한 신념이 곧바로 그리스도를 닮은 행동으로 나타나지 않고 있다는 이 실망스러운 사실이, '주인의식 형성'이라는 이 모범 기준이 극복하고자 하는 대상이다. 이 모범 기준은 교회의 비전과 사명을 대표하는 일련의 가치들에 대하여 주인의식을 가지는 것이다. 다시 말해, 성경의 표현에 따르면 '가서 제자로 삼는' 것이다.

이렇게 교인들로 하여금 제자도의 비전을 받아들이게 만드는 데 성공한, 주인의식을 만들어 낸 최고의 모범 교회들에서는 정말로 행동의 변화가 빚어지고 있을까? 이 교회들의 교인들은 자기 희생적인 사람들일까? 이혼율이 낮고 소득 신고서를 더 정직하게 제출하며 일상생활에서 이웃들에 대하여 더욱 큰 친절을 나타내고 있을까? 사실 이 질문들은 발견 프로젝트에서 측정한 항목들이 아니었기 때문에 이에 대한 답은 알 수 없다. 하지만 태도와 행동을 측정한 다른 여러 가지 수치를 볼 때, 최고의 모범 교회들이 펜실베이니아 주 뒤부아에 위치한 트라이카운티 교회에 다니는 사람들이 입은 보라색 티셔츠 위에 선명하게 새겨진 "나는 교회에 가는 게 아니다. **내가** 바로 교회다"라는 문구가 상징하는 가치를 그대로 받아들이고 있다는 점만은 분명해 보인다.

내가 바로 교회다. 교회가 주인의식을 형성한다. 이 모호한 개념들의 진짜 의미는 무엇일까? 이 가치들을 적극적으로 받아들인다고 할 때 이것들이 어떻게 하나의 문화를 형성하는 것일까? 우리는 이 문화적 역학이나 구조의 변화를 개념적으로 설명하기보다는 간단한 이야기 하나로 풀어 보고자 한다.

몇 해 전 나는캘리 당시 아홉 살이던 딸과 함께 사우스웨스트 항공사의 비행기를 타고 여행을 한 적이 있었다. 시카고에서 샌디에이고로 가는 사우스웨스트 항공의 일반 비행 일정을 따르자면 출발지에서 최종 목적지에 도착하기까지 몇 번씩 비행기를 내렸다 타야 했다. 내 사랑스러운 딸 샬럿이 코감기에 걸리는 바람에 나는 처방전 없이 살 수 있는 약으로 딸아이를 돌보았지만 그다지 큰 효과는 없었다. 비행기가 세인트루이스에 착륙하기 위해 하강하기 시작할 무렵부터 샬럿은 귀를 완전히 막고 있었다. 고막에 가해지는 압력으로 인한 통증 때문에 샬럿은 눈물을 줄줄 흘리고 있었다. "아파!" 딸아이는 목청껏 울부짖었다.

한 여승무원이 재빨리 온습포를 가지고 왔지만 그 애의 고통은 조금도 사그라지지 않았다. 승무원이 다른 방법을 찾으려고 이런저런 궁리를 하는 것이 눈에 보이는 듯했다. 마침내 그녀가 물었다. "따님의 이름이 뭔가요?"

그 애의 이름을 들은 승무원은 마이크를 잡고 통로 중간으로 가더니, 선실 안에 있는 모든 사람들을 향해 이렇게 말했다. "잠시 주의를 기울여 주십시오. 이 항공기에 샬럿이라는 아주 특별한 손님이 타고 계십니다. 우리가 얼마나 그녀에게 관심을 갖고 있으며, 우리 비행기에 타준 것에 대해 얼마나 고마워하는지를 전할 수 있도록 저를 도와주시면 감사하겠습니다."

그러고 나더니 남부 특유의 사랑스럽고 느릿느릿한 말투와 그랜드 올 오프리[Grand Ole Opry, 미국 테네시 주 내슈빌에 위치한 컨트리 음악 공연장—옮긴이] 노랫소리에 버금갈 정도로 관심을 집중시키는 큰 목소리로 컨트리풍 발라드 노래를 불렀다. 그것은 오직 사우스웨스트 항공사가 이 가엾은 작은 소녀를 돌볼 수 있게 되어 얼마나 행복한지를 전하기 위한 행동이었다. 이에 기내에 있던 모든 사람들이 박수를 쳤다. 이제 다른 데 관심이 쏠린 딸아이는 미소를 지으며 기내의 낯선 사람들이 일제히 보내 주는 애정 어린 관심에 푹 빠져들고 말았다.

그 승무원은 울고 있는 어린아이를 위해 노래를 불러 주라고 그 항공사에 고용된 것이 아니었다. 그녀가 노래를 한 것은 그것이 그 직업의 자격 요건이라서가 아니었다. 그녀가 노래한 것은 모든 사람들이 즐거운 비행을 경험하도록 하는 일에 최우선 순위를 둔 그 회사의 문화가 만들어 낸 기대에 부응한 결과였다. 그것이 설사 뾰로통한 아홉 살짜리라 할지라도 말이다. 그녀는 의무감으로 노래한 것이 아니라, **자율적으로** 노래했다. 왜냐면 그 순간 그녀는 단순히 사우스웨스트 항공사를 위해 일한 것이 아니라, 그녀 **자신이** 사우스웨스트 항공사였기 때문이다.

이 자율성이라는 개념이 바로 '주인의식을 형성'하는 모범 기준의 초석이다. 그리고 성도들에 대하여 너무 낮은 기대를 설정한 교회들은 이 패러다임의 전환이 필요하다. 너무 많은 교회들이 그저 자신이 교회에 '속해 있다'고 말하는 성도들, 곧 성실하게 예배에 참석하고 가끔씩 자발적으로 봉사나 기부를 하는 성도들로 교회가 채워져 있다는 사실에 만족해 버린다. 그러나 이런 수준의 소속감만으로는 충분치 않다. 단순한 소속감만으로는 예수님을 위한 일을 해낼 수 없다. 가치를 온전히 받아들이려 하는 사람들, 또 어쩌면 '내가 바로 교회다'라고 적힌 티셔츠를 입으려 하는 사람들만이 그 일을 해낼 수 있다.

'주인의식을 형성하는' 패러다임의 전환

뉴저지 주 세웰의 글로스터 카운티 커뮤니티 교회의 담임목사 브루스 소피아는 교회에 문제가 있음을 눈치 챘다. "2년 전 우리 교회 리더십 팀은 우리의 철학에 결함이 있다는 것을 알게 되었어요. 예배 참석률과 활동에 참여하는 교인들의 비율이 크게 증가하는 등 겉으로는 잘되어 가는 것처럼 보였지만, 그리스도를 닮은 제자들은 만들지 못하고 있었거든요. 우리의 사역들은 각각의 필요에 맞춰진 것들로, 전체적인 그림과는 무관할 때가 너무 많았습니다. 우리는 바로 이 때문에 매우 자기 중심적으로 자신의 필요를 채우기 위해 교회에 들락거리는 미성숙한 신도들만 양산하고 있다고 판단했어요. 당시 우리 관심의 초점은 모든 사역 안에 교인들을 위한 어떤 요소가 들어 있느냐였지, 사실 그들이 그리스도와 이웃을 위해 무엇을 하고 있느냐에는 별 관심이 없었습니다. 그리스도를 알아 가는 단계 다음인 그리스도 안에서 성장하는 단계로 나아가는 것이나 전체로서의 교회에 기여하기 위해 필요한 훈련은 교인들의 삶에서 완전히 빠져 있었던 것입니다."

지금은 발견 프로젝트에 참여한 교회들 가운데 최상위 5퍼센트에 속하게 된 소피아 목사의 교회는 자기 중심성과는 거리가 먼 특징을 가진 교인들로 구성되어 있다. 전체적으로 볼 때, 최고의 모범 교회에 속한 교인들 가운데 70퍼센트 이상이 교회를 섬기고 있으며, 한 달에 한 번 이상 어려운 처지에 있는 사람들을 위해 개별적으로 구제 활동을 하는 사람은 50퍼센트에 달한다. 십일조를 하는 사람은 60퍼센트 이상이며, 지난 한 해 동안 불신자들과 영적인 대화를 여섯 번 이상 나눈 사람의 비율은 3분의 1 이상이다. 이 모든 수치는 발견 프로젝트의 데이터베이스에 들어 있는 나머지 교회들의 평균보다 현저하게 높은 수치로, 대부분의 경우 50퍼센트 이상씩 더 높다.

이 사람들은 대체로 자신들이 속한 교회의 비전을 삶으로 구현해 내면서 교회 안팎에서 그리스도의 가치를 각자의 생활양식으로 받아들이고 있다. 이를 통해 판단하건대, 이 교회들의 목회자들도 소피아 목사처럼 교회에 소속되는 것만으로는 충분치 않다는 사실을 인지하고 있는 것 같다. 주일 예배에 모습을 드러내고 개인적으로 관심이 가는 특정한 사역만을 엄선하여 참여하는 것만으로는 그리스도의 제자로 성장하기에 충분한 기준이 되지 못한다.

중요한 것은 최고의 모범 교회에 속한 교인들 중 거의 70퍼센트에 달하는 이들이 "교회에서 적극적으로 활동하지 않는다면 나는 그리스도인으로서 성장할 수 없다"는 진술에 강한 동의를 표했다는 사실이다. 이들은 교회라는 환경 없이 자신의 신앙을 삶으로 구현해 내는 것을 상상하지 못한다. 트라이카운티 교회의 구호가 뜻하는 바처럼 이들은 단순히 교회에 가는 것이 아니라, **그들 자신이** 바로 교회이기 때문이다. 교회의 가치와 비전이 그들의 정체성에 스며들어 있다.

최고의 모범 교회들은 살아 숨 쉬는 유기체다. 이 교회들을 채운 교인들은 한자리에 모였다가 각자의 자리로 흩어져 그들을 하나로 묶는 그리스도에 대한 헌신을 삶으로 구현해 낸다. 구체적으로 주인의식을 형성하는 노력들은 세 가지 주요 전략으로 표출되고 있으며, 이 세 가지 전략은 각기 교회를 이끄는 방법에 대한 새로운 사고방식으로의 전환을 가리킨다.

주인의식을 형성하는 세 가지 주요 전략

그리스도를 닮은 행동의 가치를 삶으로 구현해 내도록 교인들에게 영감을 주고 실질적인 준비를 시키는 일에 관하여 교회 지도자들은 자연스럽게 자원봉사 프로그램이나 소그룹 그리고 이 프로그램들을 이끌 평신도 지도자들을 위한 훈련 프로그램 같은 전통적인 수단을 찾는다. 물론 최고의 모범 교회들도 이 수단들의 장점을 활용한다. 그러나 예수님의 반문화적 정신을 이어받은 사람들의 목적은 이런 프로그램들을 개발하는 것 자체에 있지 않다. 이들의 목적은 **행동을 변화시키는 것**이다. 구체적으로 소피아 목사는 교회에 '소속된' 2,500명이 넘는 주일 예배 참석자들을 교회의 제자도의 비전을 '소유한' 그리스도의 제자들로 변모시켰다. 최고의 모범 교회들에서 발견한 그 비결은 다음과 같은 세 가지 행동 변화 전략에 있었다.

▶ **교인들 스스로 교회가 될 수 있도록 권한을 준다.** 이것은 목회자와 평신도를 구분하는 사고방식을 타파하는 만인제사장 전략이다. 이 둘 사

이에 놓인 경계를 흐려 놓음으로써 평신도들에게 높은 수준의 사역 책임을 지우고, 창조적인 방식을 사용해 사람들을 감동시켜 일상생활 속에서 그리스도를 닮은 행동을 실험하게 하는 것이다.

▸ **사람들이 이 일에서 성공할 수 있도록 실제적인 준비를 시킨다.** 단순히 권한을 주는 것만으로는 충분치 않다. 실제 행동의 성과와 책임에 대하여 높은 기준을 설정해 주고, 그들이 이 기준에 도달하려 할 때 필요한 도구를 제공하고 교육을 시키는 것 또한 중요하다.

▸ **교인들을 계속해서 책임진다.** 최고의 모범 교회들은 교인들에게 영적 거울이 필요하다는 사실을 이해하고 있다. 그들에게는 그리스도와 더욱 긴밀하게 동행할 때 걷게 되는 오르막길과 내리막길을 좀 더 잘 다니도록 도와주는 안전한 관계의 네트워크가 필요하다. 다수의 교회들은 엄청난 시간과 자원을 투자해 소그룹이라는 기반 구조를 형성해 그 같은 지원을 하고 있다.

그렇다면 이제 교인들을 감동시켜 교회의 비전을 소유하고 이를 삶으로 구현해 내기 위해 이 세 가지 전략을 실행할 때 최고의 모범 교회들이 사용하는 구체적인 방법을 몇 가지 살펴보자.

전략 1: 교인들 스스로 교회가 될 수 있도록 권한을 준다

교인들이 일련의 기대대로 살아 낼 권한이 스스로에게 있다고 느낄 때 교회는 그들에게 그 권한을 위임한다. 최고의 모범 교회들에서 보이는 성공적인 권한 위임의 요소들로는 영감을 주는 것과 모범을 만들어 주는 것, 그 기대에 어떤 내용이 포함되어 있는지와 같은 목적을 분명히 해 주는 것 등이 포함된다.

이 모범 기준을 표현한 "나는 교회에 가는 게 아니다. **내가** 바로 교회다"라는 문구를 만든 트라이카운티 교회의 담임목사인 데이비드 비시는 다음과 같은 세 가지 실천 방안을 통해 이 비전을 살아 낼 권한을 교인들에게 위임하고 있다.

- ▶ **설교한다.** 가르치는 일이 꼭 필요하다. '내가 바로 교회'라는 정신이 트라이카운티 교회의 비전을 전수하는 연간 시리즈의 핵심이다.
- ▶ **보강한다.** 트라이카운티 교회는 가르치는 일에 더하여 '내가 바로 교회' 정신이 실제로 어떤 형태로 나타나는지를 보여 주는 시각 자료를 예배당 벽에 제시해 둔다. 이들은 앞서 언급한 문구가 적힌 티셔츠도 나눠 주고 있으며, 그들에게 "이번 주 여러분은 어떻게 교회가 되셨습니까?"라는 질문을 던진 후 그에게 교인들이 보내 준 이야기를 정리한 답장도 정기적으로 배포하고 있다.
- ▶ **행한다.** 교회가 된다는^{being} 것에는 공동체적으로 무언가를 '행하는' ^{doing} 요소도 포함된다. 트라이카운티 교회는 매년 가을 수백 명의 교인들이 다같이 앞서 말한 그 티셔츠를 입고 주일 공동체 예배로 모인다.

브루스 소피아 목사가 이끄는 글로스터 카운티 커뮤니티 교회는 이 행동들을 한 단계 더 나아간 수준으로 변형시켜 실천하고 있다. 이 교회는 1년에 수차례 단기간의 도전 프로그램을 만들어 시행한다. 모든 프로그램의 목적은 교인들에게 영감을 주어 그들이 영적 행동을 실험해 본 후 그 경험에 대한 이야기를 나누게 하는 것이다. 예를 들어 "바로 그 자리에서의 능력"이라는 이름의 도전 프로그램은 성도들이 생활하면서 우연히 만난 실의에 빠진 사람들을 위해 그들과 함께 즉석에서 기도하도록 장려하는 프로그램이다. 단기간이라도 집중적으로 이 일을 하게 되면 즉각적인 기도가 더 일상적인 행동이 될 것이라는 기대로 시작된 이 프로그램은 총 6주로 구성된 한 시즌 동안, 일주일에 최소한 한 번씩 이 행동을 하는 것을 목표로 삼았다. 그리고 그 프로그램을 하는 기간 중의 주일에는 목사가 설교를 통해 그런 노력에 대하여 "우리는 다함께 이 일을 하고 있으며 우리는 미친 것이 아니다"라는 메시지를 전달하여 교인들의 기운을 북돋워 주었다.

이 교회는 성령님의 즉흥적인 이끄심을 인식하는 능력이 성장할 수 있도록 돕는 단기 도전 프로그램도 시행했다. 주일 예배 때 교인들은 얼마가 들어 있는지 알 수 없는 봉투를 받았다. 이것의 목적은 각자가 그로부터 40일 안에 성령님의 이끄심에 반응하여 그 돈을 어딘가에 기부하는 것이었다. 그리고 교회는 나중에 그들에게 "왜 하나님이 그 일을 하라고 이끄셨을까?"라는 질문에 답하는 카드를 제출하게 했다. 전체 참여자 가운데 70퍼센트가 응답 카드를 제출했고, 그 가운데 많은 사람들이 정확히 그 봉투 속에 든 돈의 금액만큼 필요했던 낯선 사람에게 그 돈을 건네주도록 성령님이 인도하셨다는 이야기를 썼다.

또한 소피아 목사는 교인들에게 지금은 하나님으로부터 멀리 떨어져 있으나 신앙인이 되면 좋겠다고 생각하는 사람들의 이름을 각자 쓰게 한 후 그것을 교인들끼리 교환해, 새로 알게 된 그 사람들을 위해 서로 기도해 줄 것을 요청하고 있다. 이 약속 캠페인은 '2008 문을 지나는 자'와 '2009 선을 넘는 자'와 같은 제목을 달고 진행되었다. 그래서 지금도 교인들은 예배 후에 소피아 목사에게 자신들이 데려온 손님들을 소개하면서 특별한 사인이나 속삭이는 말을 통해 그 손님이 '문을 지나는 자'나 '선을 넘는 자'임을 알릴 때가 많다.

그 밖에 많은 최고의 모범 교회들이 권한 위임의 문화를 강화하기 위해 평신도 지도자들을 설득하여 사역에서 중요한 역할을 맡도록 하는 방법을 사용한다. 예를 들어 미시간 주 디트로이트에 소재한 그리스도 안의 하나님의 교회 기독교 복음 센터를 이끄는 마커스 웨이즈 목사의 경우, 그와 함께 일하는 유급 직원은 소수에 지나지 않으며 나머지 30명의 리더십 팀은 순전히 자원봉사자들로 구성되어 있다. 이들은 단순한 조언을 해 주는 것에서 그치지 않고, 실제로 모든 주요한 사역 계획을 주도하고 있다. 토드 와그너 목사가 시무하는 댈러스에 위치한 대형교회 워터마크 교회 역시 평신도 리더십 비율이 높다. 이 교회에서 유급 사역자를 고용하기 시작한 분야로는 어린이 사역이 유일할 정도다.

최고의 모범 교회들의 자원봉사자들이 교회를 위해 할애하는 시간이 가장 긴 것도 전혀 놀랄 일이 아니다. 각자 직업을 갖고 있으면서 일주일에 20시간에서 25시간을 교회를 위해 바치는 사람도 적지 않다. 실제로 앨라배마 주 버밍엄의 페이스채플 크리스천 센터의 마이클 무어 목사는 오히려 4,000명의 교인들에게 자원봉사를 위한 열정 때문에 직장에서의 일상적인 업무를 소홀히 하는 일이 없도록 주의하라고 자주 조언할 정도다. 참고로, 현재 그를 돕고 있는 설교 목사는 이미 충분히 바쁜 일정을 보내고 있는 버밍엄 경찰서장이다.

지금까지 말한 개념들이 아주 특별한 것은 아닐 수 있다. 그러나 이 사실들은 최고의 모범 교회들이 의도적으로 그 성도들에게 권한을 위임하여 그들로 하여금 교회 안팎에서 그리스도의 반문화적 비전을 전수받은 자이자 전파하는 자로서 행동하게 하고 있음을 보여 준다. 우리는 이것이 바로 교회 지도자들을 위한 정신적 패러다임의 전환이라고 생각한다.

이것은 매우 중대한 사안이다. 발견 프로젝트의 모든 결과들은 사람들이 도전 받기를 원한다고 말한다. 옛 속담대로 그들이 원하는 것은 우리가 물고기를 직접 건네주는 것이 아니라, 낚싯줄을 건네주면서 스스로 물고기를 잡는 법을 가르쳐 주는 것이다. 우리가 이 일을 할 때, 그러니까 단기간 동안 어떤 행동을 해 볼 것을 도전하거나 실질적인 사역을 맡김으로써 그들이 그리스도의 제자로서의 삶을 직접 경험할 수 있도록 도울 때, 우리는 혼자서 계속해서 그 많은 일을 할 때보다 그리스도를 위해 훨씬 더 많은 물고기를 잡을 수 있다.

전략 2: 사람들이 이 일에서 성공할 수 있도록 실제적인 준비를 시킨다

팀 그레이Tim Gray 목사는 2006년에 여덟 명의 사람들과 156달러를 가지고 미주리 주 시골 지역에서 브리지 커뮤니티 교회Bridge Community Church를 시작했다. 지금은 400명의 교인들이 모이게 된 이 교회는 아주 성공적인 셀 가족 모임에 그 기반을 단단히 두고 있다. 여기에는 그레이 목사가 이 같은 성공을 위해 셀 리더들을 잘 준비시킨 공이 크다. 다른 보통 교회들의 기준에서 보자면 그레이 목사가 지도자들에게 원하는 내용이 너무 야심찬 것처럼 느껴질 수도 있다. 그러나 그는 그동안 갈고 닦아 온 접근법을 통해 그 교회를 이끌고 있는 사람들이 그리스도를 섬

기기 위해 기꺼이 하려는 일이 무엇인지를 생각해 낸다.

예를 들어 이 교회의 셀 리더들은 성경 가르치는 법과 목회적 양육, 성경적 상담에 대하여 35시간짜리 교육을 받는다. 이 교육은 교회의 등록 교인이 되기 위해 필요한 훈련을 14시간 동안 받은 **후에야** 받을 수 있다. 등록 교인들 또한 다른 사람들이 그들의 멘토가 되도록 허용하고, 또 자신들이 다른 누군가의 멘토가 되는 일에 헌신하겠다는 서약서에 서명한다. 그레이 목사는 다음과 같은 말로 이처럼 높은 기준을 변호한다. "우리가 받은 명령은 그저 등록 교인이 되거나 신도석에만 앉아 있으라는 명령이 아닙니다. 우리는 나가서 제자를 삼으라는 명령을 받았습니다. 하지만 사람들에게 권한을 위임해 주는 것만으로는 충분하지 않아요. 자녀가 운전 연습을 했는지 확인하지도 않은 채 차 열쇠를 맡길 수는 없습니다. 리더 역할만 맡겨 놓고 그들을 훈련시키지 않는 것은 교회를 속이는 행위입니다. 사람들은 훈련 받기를 **원해요**. 우리의 사명은 더 많은 다른 사람들을 준비시킬 수 있도록 충분히 많은 사람들을 준비시켜 놓는 것입니다."

캘리포니아 주 프리몬트의 하버라이트 교회의 목사 테리 인먼 목사도 이 말에 동의한다. "저는 하나님의 목적을 이루기 위한 저의 은사가 무엇인지 알고 있으며, 또 그것을 사용하고 있습니다." 물론 영적 은사라는 개념은 전혀 새로운 것이 아니다. 오히려 이것은 에베소서라는 바울의 편지에서부터 나오는 것으로, '주인의식을 형성하는' 모범 기준을 특징짓는 아주 근원적인 구절이다. 최고의 모범 교회들에서는 이 부분이 자주 행해지고 있어, 이 교회들의 전체 교인들 가운데 40퍼센트 이상이 하나님을 위해 자신들의 영적 은사를 사용하고 있다고 답했다. 그러나 무엇보다 최고의 모범 교회들이 매우 '의도적으로' 그 교인들을 준비시키는 데 집중하여, 훈련 프로그램과 각종 도구로 그들을 무장시키기 위한 노력을 기울이는 모습은 다른 교회 지도자들에게 격려의 메시지가 된다.

그 메시지는 높은 목표를 지향하고 있다. 그리고 그 메시지에는 교인들이 단순히 기꺼이 섬기려는 의지뿐만이 아니라, 배우고 훈련 받는 것에 대한 갈망까지 가짐으로써 그레이 목사의 말대로 '더 많은 다른 사람들을 준비시킬 수 있도록' 기대하는 마음이 포함되어 있다.

전략 3: 교인들을 계속해서 책임진다

"사람들이 다른 그리스도인들과 관계를 맺고 있다면 성장은 자동적으로 따라온다." 테네시밸리 커뮤니티 교회의 스티브 갤리모어 목사의 말이다. "성장이 자동적으로 따라오는 까닭은, 그때 '하나님이 말씀' 하시는 일이 일어나기 때문이다." 팀 그레이 목사에게 셀 모임이 있다면, 갤리모어 목사에게는 라이프그룹life group이라는 것이 있다. 그는 라이프그룹에 속한 사람들이 사역자가 되도록 권한을 위임한다. 이것은 많은 최고의 모범 교회들이 가진 교회의 원동력이기도 하다. 실제로 올랜도 제일침례교회 역시 라이프그룹을 매우 중요하게 여긴다. 교인들은 라이프그룹에서 영적으로 성장할 수 있는 시간이 단 한 시간이라도 남아 있다면 주일 예배가 아닌 이 모임에 참석해야 한다는 이야기를 들을 정도다!

혹 어느 지점에서 소그룹이 영적 활력을 위한 모범 기준으로 등장하게 될지 궁금하게 생각했는가? 그랬다면 지금이 바로 그 지점이다.

진실한 책임감을 키우기 위해 꼭 필요한 신뢰의 관계가 존재하는 환경을 만들어 주는 것이 바로 소그룹이기 때문이다.

브루스 소피아 목사는 리더십 팀이 제자를 만들기 위한 노력에 더 많은 에너지를 투입하기로 결정했을 때 이 사실을 깨달았다. 이렇게 해서 시작된 첫 번째 변화는 교회의 모든 일을 잠시 중지하고 '친구들의 서클'^{'Circle of Friends}이라는 이름의 공동체 전략을 도입한 것이었다. 이들은 '친구들의 서클'을 준비하기 위해 6주 동안 ^{주일 예배를 제외한} 다른 어떤 것보다 일반적인 주중 활동을 높은 우선순위에 놓았다. 이로써 사람들은 DVD 커리큘럼에 기초한 소그룹 연구 모임에 참여할 수 있었고, 주일 예배의 설교는 그 커리큘럼의 내용을 보충해 주었다. 소피아 목사는 이 라이프그룹이 영적 제자도를 강화시켜 주었다고 말한다. 거의 기도를 하지 않던 사람이 기도하기 시작했고, 한 번도 성경을 읽지 않은 사람이 성경을 읽기 시작했다.

그러나 그 가운데서도 최고의 순간은 사람들이 각자의 상처와 고민을 털어놓는 진정한 나눔의 시간이었다. 스티브 갤리모어 목사는 이 시간을 '하나님이 말씀하신다'고 부른다. 소피아 목사는 이런 일은 오직 라이프그룹 안에서만 일어난다고 말하며 이렇게 설명한다. "예수님에게도 친구들의 서클이 있었던 것처럼, 친구들의 서클의 일부가 된다는 것은 그들이 문제를 직면하고 해결하게 만든다." 요즘에도 그는 18개월에 한 번씩 다른 모든 성인들을 위한 사역을 중지하고 주일 예배와 연계된 커리큘럼을 활용해 '친구들의 서클'에 활기를 새롭게 북돋우고 있다. 그리고 이 교회는 그 지역에서 사용하는 게시판과 현수막을 이용해 이같은 노력을 광범위하게 홍보하여 새신자들을 교회로 끌어 모으는 일도 하고 있다.

최고의 모범 교회의 교인들 가운데 75퍼센트가 일주일에 한 번 이상 소그룹 모임에 참여하는 것과는 대조적으로 발견 프로젝트 데이터베이스에 속한 나머지 교회들에서는 평균적으로 50퍼센트의 성도들만이 소그룹에 참여한다. 왜 이런 결과가 나오는 것일까?

핵심은 최고의 모범 교회들은 소그룹이 공동체를 제공하는 것 이상의 역할을 할 거라고 기대한다는 것이다. 대부분의 교회들은 소그룹에 대하여 '공동체를 제공한다'는 기본적인 목표만 설정한 채, 사람들이 소그룹을 통해 서로 관계를 맺고 우정을 형성해 가기를 의도한다. 물론 이 목표도 모든 교회들에게 중요하지만, 최고의 모범 교회들은 이와 더불어 소그룹이 '하나님이 말씀'하시는 자리가 되어, 사람들이 그곳에서 '문제를 직면하고 해결'하기를 기대한다.

이들은 소그룹이라는 기반 구조를 새신자들이 친구를 사귈 수 있도록 돕는 전략 이상의 태도라고 여긴다. 이것이야말로 교회 지도자들이 경험해야 할 패러다임의 전환이다. 실제로 그들의 소그룹은 무엇보다 강력한 조직 활동이 될 수 있다. 이 안에서 제자 만드는 일을 진척시킴으로써 교회의 비전에 대한 주인의식을 형성할 수 있다는 말이다.

그러나 이 경고의 말을 다시 반복하고 넘어가야 할 것 같다. 최고의 모범 교회들은 소그룹에 참여하는 사람들의 수를 증가시키기 위해서 애쓰고 있는 것이 아니다. 그들의 목표는 숫자가 아니다. 그들의 목표는 교인들이 책임감을 갖게 하는 것이다. 이들은 다만 사람들이 문제를 직면하고 해결하기 위해 노력해 나갈 때 도움이 되는 안전한 환경을 만들어 유용한 지도와 상담을 제공할 뿐이다.

스티브 갤리모어 목사는 이것을 이렇게 설명한다. "스스로 책임감을 갖지 않으면 결코 변화할 수 없습니다." 그의 교회의 심장에는 사람들의 변화를 돕고자 하는 마음, 즉 그들을 도와 "깨끗한 모습으로 하나님께 나아와 유용한 그릇이 되게" 하고자 하는 마음이 들어 있다. 최고의 모범 교회들의 목표는 책임 있는 관계를 사람들에게 제공하는 것이다. 상대로 하여금 영적 거울로 정직하게 들여다볼 수 있도록 서로를 돕는 사람들이 모이는 신뢰에 기초한 공동체를 세우는 것이 그들의 목표다. 그럼으로써 그들이 하나님을 위하여 유용한 그릇으로 성장하지 못하도록 가로막는 모든 눈가리개를 없애는 것이다.

'주인의식을 형성하는 일'의 딜레마:
그렇다면 당신은 혁명을 원한다는 말인가?

비틀즈가 말했다. "너도 알다시피, 우린 모두 세상을 바꾸길 원해"
비틀즈의 노래 "Revolution"의 일부 가사―옮긴이

주인의식을 형성하는 모범 기준은 일종의 도전장을 던지는 행위다. 당신은 세상을 바꾸기를 원하는가, 원치 않는가?

전 세계의 교회들이 개인의 행동 변화의 책임을 그리스도의 제자들에게 집중적으로 직접 지운다면, 그것은 급진적인 변화일 것이다. 우리는 지금까지 사람들을 감동시켜 교회에 소속감을 느끼게 만들 수 있다는 것을 증명해 왔다. 하지만 그들을 감동시켜 예수님이 제자도에 관해 가졌던 관심을 그들 **자신도** 소유할 수 있도록 만들 수 있을까? 예수

님은 부활하시고 제자들에게 "너희는 가서 모든 민족을 제자로 삼아 아버지와 아들과 성령의 이름으로 세례를 베풀고 내가 너희에게 분부한 모든 것을 가르쳐 지키게 하라"[마 28:19-20]고 말씀하셨다. 그리스도의 부활 이후부터 교회는 항상 이 사안에 대한 책임을 맡아왔다.

그분의 메시지는 반문화적이었다. 그리고 그분이 제자들을 도전하며 주신 최후의 메시지는 그 메시지를 실제로 만들라는 것이었다. 우리 가운데 그 누구도 이 일을 완벽하게 해내지 못하고 있다. 그러나 발견 프로젝트에서 밝힌 최고의 모범 교회들은 우리가 서로에게서 배우는 것이 가능하며, 그 결과 훨씬 더 나은 방식으로 그 일을 해낼 수 있다는 약속을 건넨다.

그러니 시작해 보자. 우리가 그리스도의 교회의 지도자들인 이유는, 우리가 실제로 세상의 변화를 **원하고** 있는 자들이기 때문이다.

15

지역 공동체를 목회한다

너희는 세상의 빛이라 산 위에 있는 동네가 숨겨지지 못할 것이요… 이같이 너희 빛이
사람 앞에 비치게 하여 그들로 너희 착한 행실을 보고 하늘에 계신 너희 아버지께 영광
을 돌리게 하라.

마태복음 5:14, 16

"나는 교회를 목회하는 게 아니다. 나는 지역 공동체를 목회한다."

다소 파격적인 이 진술은 캘리포니아 주 프리몬트의 하버라이트
교회의 담임목사인 테리 인먼의 사역 방식을 설명한 것이다. 그가 '**목
회**'pastor라는 단어를 동사로 사용했다는 사실에 주의하기 바란다. 그는
자신이 공동체와 맺고 있는 관계를 묘사하면서 '**섬기다**'serve라는 동사
대신 이 단어를 사용하였다. 교회가 그 지역 공동체와 교류하는 방식과
관련하여 자주 사용되는 용어인 '섬기다'라는 단어에는 교회가 그 지역
에 유용한 역할을 한다거나 어떤 식으로든 원조를 베푼다는 의미가 내

포되어 있다. 반면 '목회하다'라는 단어에는 훨씬 광범위한 개념이 들어 있다. '양을 치다'라는 뜻의 라틴어 원어에서 파생된 이 단어는 한 떼의 가축들을 인도하고 보살피며 보호하는 역할을 온전히 떠맡는 것을 뜻한다.

우리는 '**목회하다**'라는 단어를 교회를 이끄는 역할이나 과업과 결부시키는 경향이 있다. 보통 목회자들에게 한 떼의 가축은 교인들이다. 그러나 인먼 목사는 그 가축이 교회가 아니라, 지역 공동체라고 본다. 그는 20년 전 사역자로서 부르심을 받고 일주일 동안 금식하며 "주님, 교회는 어디로 가고 있으며 우리가 해야 할 일은 무엇입니까?"라는 기도를 드린 다음부터 이 같은 관점으로 자신의 사역을 정의했다.

무엇으로 네가 판단받을지 생각해 보고 그 일을 행하라.

이것이 당시 테리가 하나님의 강력한 감동을 받고 이해한 명령이었다. 그래서 그는 예수님이 재림하실 때 일어날 일을 설명한 마태복음 25장을 읽기 시작했다. 여기서 목자가 염소와 양을 구분한 것처럼 예수님 역시 우리가 예수님의 기대를 얼마나 잘 충족시켰는지를 기준으로 두 그룹으로 나눌 것이라고 말씀하신다. "내가 주릴 때에 너희가 먹을 것을 주었고 목마를 때에 마시게 하였고 나그네 되었을 때에 영접하였고 헐벗었을 때에 옷을 입혔고 병들었을 때에 돌보았고 옥에 갇혔을 때에 와서 보았느니라… 내가 진실로 너희에게 이르노니 너희가 여기 내 형제 중에 지극히 작은 자 하나에게 한 것이 곧 내게 한 것이니라"마 25:35-36, 40.

인먼 목사는 이 분명하고도 상세한 명령에, 하버라이트 교회의 모든 사역적 자원을 조직화하는 것으로 반응했다. 그 결과 하버라이트 교회는 현재 그 지역 공동체 안에서 강력한 목소리를 내고 영향력을 발휘하고 있다. 이제 이 교회는 다른 40개 교회와의 연합체에서 핵심적인 역할을 감당하고 있으며, 주요한 자원봉사단이 되어 캘리포니아 지역 세 개 도시에 있는 비영리 기관들을 섬기고 있다.

최고의 모범 교회들은 자신들의 역할을 바로 이렇게 인식하고 있다. 이들은 자신들의 정체성에 대해 그들이 속한 공동체의 목회자로 여긴다. 다시 말해, 그들은 그 지역 공동체를 **섬기는** 하나님의 사람들일 뿐만 아니라 그 지역 마을들의 골칫거리인 노숙이나 중독과 같은 문제를 해결하기 위해 앞장서서 노력하는 사람들이다. 이들은 지역 공동체 네트워크의 일부가 되어 지역의 쟁점들에 깊숙이 관여한다. 이것은 그들이 교회 문을 열고 들어온 사람들뿐만 아니라 그들이 사는 지역의 길거리를 돌아다니는 모든 사람들을 인도하고 보살피며 보호하는 목자로 부르심을 받았다고 믿고 있기 때문에 가능하다.

지역 공동체를 목회하려면 그 모든 일들에 깊숙이 관여해야만 한다. 지역의 긴급한 사안들에 관심을 갖는 데서 그칠 것이 아니라, 다른 사람들과 협력하기 위해 준비된 자리로 나아가 그 쟁점들에 대하여 실제적으로 무엇인가를 하려는 노력을 기울여야 한다는 것이다. 이런 활동가의 사고방식을 가질 때 빈곤과 불의 같은 문제를 예수님의 마음에 상처를 입히는 것으로 인식한다. 그럴 때 마태복음 25장의 정신을 삶으로 구현하면서 그 문제들을 근절하기 위해 할 수 있는 모든 일을 다하게 된다.

'지역 공동체를 목회하는' 패러다임의 전환

혹 이런 생각을 하고 있는 사람이 있을지도 모르겠다. "잠깐만요. 대다수의 교회 지도자들이 지역 공동체를 섬기고 영향력을 끼치는 데 헌신하지 않는다는 말인가요? 지역 공동체를 지원하는 것이 대다수 교회들이 계획한 사역의 공통 목표이지 않나요?"

물론 목표는 공통일 수 있지만, 이 모범 기준은 분명 많은 교회들에 필요한 패러다임의 전환이다. 이것은 "너희가 여기 내 형제 중에 지극히 작은 자 하나에게 한 것이 곧 내게 한 것이니라!"는 예수님의 말씀에서도 발견된다. 이 말씀이 분명히 내포하는 사실이 있다. 그리스도는 교회가 더 광범위한 공동체의 사람들에게 단순히 정신적인 분야로 사역을 확장하는 것 이상을 해 주기를 원하신다는 것이다. 예수님은 우리에게 먹을 것과 마실 것, 쉴 곳과 동행을 필요로 하는 모든 남자와 여자와 어린아이들의 눈을 들여다볼 것을 요구하신다. 그리고 우리가 **그분을** 섬기듯 그들을 섬기라고 요구하신다. 그들의 눈물이 그분의 눈물이기에 그 눈물을 닦아 주고, 그들의 필요가 바로 그분의 필요이기에 집 없는 자들에게 먹을 것과 입을 것을 주며, 그들의 고통이 그분의 고통이기에 아프고 죽어 가는 사람들을 보살펴야 한다. 이것이 패러다임의 전환이다. 혹은 적어도 그저 단순하게 지역 공동체를 섬기겠다고 약속하고 그치는 선에서 크게 앞으로 나아간 것이다. 마태복음 25장에서 말하는 헌신의 규모는 이보다 훨씬 크다. 이 말씀은 우리가 예수님을 직접 섬기듯 상처받고 발버둥치는 누군가를 섬길 것을 요구한다.

최고의 모범 교회들은 필요한 수준의 집중도와 열심으로 이 말씀에 응하고 있음이 아주 명확하게 드러난다. 이는 교회 자원을 사용하는 방법과 각 개인이 일정을 관리하는 법 그리고 교회 리더십의 중심부에 설 사람을 택하는 방법 등과 관련하여 그들이 어떤 결정을 내리는지를 보면 쉽게 확인된다. 마태복음 25장 말씀은 그리스도가 재림하셔서 염소와 양을 구분할 때의 모습을 아주 실제적으로 묘사한다. 이 교회들은 그 사실을 확실하게 이해하고 있다.

최고의 모범 교회들은 지역 공동체를 목회하는 일에 주일 예배를 구상하고 실행하는 것만큼이나 높은 사역적 중요성을 부여한다. 그렇게 주일 예배에 들이는 정도의 영감 어린 에너지를 투입해 아웃리치 전략과 계획을 세운다. 그들이 구체적으로 지역 공동체를 목회하는 데 사용하는 노력은 세 가지 주요 전략으로 표출되고 있다. 이 세 가지 전략은 각기 교회를 이끄는 방법에 대한 새로운 사고방식으로의 전환을 가리킨다.

지역 공동체를 목회하는 세 가지 주요 전략

수치를 보면 최고의 모범 교회들 안에서 일어나는 아웃리치 문화의 현실을 알 수 있다. 발견 프로젝트의 데이터베이스에 이름을 올린 1,000여 교회들 가운데 한 달에 한 번 이상 교회를 통해 어려운 처지에 있는 사람들을 돕는 사람들의 비율은 낮게는 6퍼센트에서 높게는 61퍼센트에 이르고 있으며, 모든 교회들의 평균은 26퍼센트다. 그러나 최상위 5퍼센트에 해당하는 최고의 모범 교회들의 경우, 그 비율이 이보다 훨씬 높은 41퍼센트에 이른다.

　이에 못지않게 중요한 것은 이 숫자들에 반영된 아웃리치의 문화가 **지속적**이라는 점이다. 다시 말해, 이 교회들에서는 그 같은 활동을 성탄절이나 부활절 등 1년에 두 번 정도 하고 끝내지 않는다는 말이다. 위의 결과에 나온 비율에 따르면, 이 교회들에서는 다섯 명의 교인들 가운데 두 명이 매달 한 번 이상 아웃리치 활동을 하고 있다. 한 달에 한 번 이상 교회 사역으로 섬기고 있는 사람이 네 명 가운데 약 세 명이라는 사실은 새삼 놀라운 사실도 아니다. 또한 그와 같은 비율의 사람들이 "하나님이 가난한 자들의 삶에 관여하라고 나를 부르셨다"는 진술에 강한 동의를 표했다.

　이 교회들이 '왜' 지역 공동체에 대한 아웃리치 활동에 그 같은 가치를 부여하고 있는지는 마태복음 25장에 명료하게 표현된 그리스도의 명령을 통해 알 수 있다. 하지만 그들은 '어떻게' 그 명령을 일상적인 사역의 요구사항에 포함시켜 넣을 수 있을까? 그리고 그들은 어떻게 교인들이 그 바쁜 생활 가운데 우선순위를 이 일에 두고 생활할 수 있도록 그들에게 영향을 미쳤을까? 이 일을 가능하게 하는 요소로는 다음과 같은 세 가지 전략이 있었다.

▶ **교회와 공동체를 섬기는 일에 대하여 높은 기준을 설정한다.** 최고의 모범 교회들은 일찍부터 자주, 교인들에게 교회와 지역 공동체의 필요를 그들이 채워 주기를 교회가 기대하고 있음을 분명히 알려 준다. 이 헌신과 관련된 분위기와 속도는 담임목사가 설정한다. 왜냐하면 테네시밸리 커뮤니티 교회의 스티브 갤리모어 목사의 표현에 따르면 "여러분의 교인들은 여

러분이 하는 것만큼 이 일들을 돌보며, 여러분이 가는 거리만큼 가게 될 것이기 때문이다. 간단하다."

▸ **지역 공동체와의 사이에 다리를 만든다.** 대부분의 최고의 모범 교회들은 다른 교회들이나 비영리 기관, 지역 공동체의 지도자들과 공고한 관계를 구축하거나 파트너십을 맺는 경우가 많다. 이들이 이렇게 하는 데는 두 가지 이유가 있다. 첫 번째는 지역 공동체에서 가장 시급한 필요를 늘 인지하여 그 일에 관여하기 위함이고, 두 번째는 그들과 협력함으로써 최대한의 영향력을 발휘해 이 필요들을 채워 줄 수 있기 때문이다.

▸ **섬김의 자리를 복음 전파를 위한 연단으로 만든다.** 일리노이 주 사우스홀랜드에 위치한 성령 펠로십 교회를 남편 존과 함께 목회하고 있는 바버라 설리번Barbara Sullivan은 "그건 머리로 하는 일이 아닙니다"라고 말한다. 이 말은 최고의 모범 교회들의 목회자들이 복음 전도와 상하고 고통당하는 이들을 섬기는 것 사이의 자연스러운 관련을 인지하고 있음을 알려 준다. 절망한 사람들의 마음은 은혜와 구속에 대한 그리스도의 메시지를 받아들일 준비가 된 비옥한 땅이기 때문이다.

이제 이 최고의 모범 교회들의 목회자들이 이 세 가지 주요 전략을 어떻게 그토록 효율적으로 실행해 지역 공동체를 목회해 가고 있는지 그 실제적인 모습을 들여다보자.

전략 1: 교회와 공동체를 섬기는 일에 대하여 높은 기준을 설정한다

테네시밸리 커뮤니티 교회의 교인들은 그 지역 공동체에서 가장 분주한 곳이면 어디든 다 가 있다. 그들은 지역 상공회의소 자리에 앉아 있으며, 경제적으로 어려운 동네에 가서 현황을 조사하여 그들의 필요가 무엇인지 알아내어 그 필요를 채워 주고, 일반적으로 교회를 찾기 힘든 구석진 곳으로 들어간다. 이 활동들의 수석 대변인이라 할 수 있는 이 교회의 담임목사인 스티브 갤리모어 목사는 지역 공동체를 위한 이러한 봉사로 인해 교회를 섬기겠다고 한 교인들의 약속이 왜곡되거나 위태로워질까 걱정하지는 않는다고 말한다. 섬김이 필요한 **모든** 곳을 향해 자신이 언제나 가속페달을 밟고 있기 때문이라는 것이다. 그는 교회 지도자들에게 다음과 같은 조언을 해 준다.

▶ **높은 수준을 기대하는 교회가 되라.** 수동적으로 신도석에 앉아 있기만을 바라고 테네시밸리 교회에 온 사람이 있다면 그는 잘못된 선택을 한 셈이다. 이 교회에서는 규칙적인 사역 봉사가 소속 교인으로서 타협할 수 없는 약속의 일부분으로 자리 잡았다.

▶ **광고를 설교하라.** 매주 주일 예배 때 갤리모어 목사는 교회가 가장 우선적으로 필요로 하는 사안을 광고하여 모든 사람들의 관심을 끌어모은다. 그는 그렇게 섬김의 기회와 영적 성장 및 교회에 대한 책임 사이에 연결점을 만들어 낸다. 그러고는 사람들에게 예배 후에 '연결 지점'Connection Point이라는 중심부로 모이라고 말한다. 그 자리에 가 보면 갤리모어 목사가 직접 나와 사람들과 악수함으로써 예배 시간에 이야기한 그것이 그에게 정말로 중요한 필요임을 다시

한 번 분명히 표명한다.

▶ **봉사 활동의 현황을 지속적으로 주시하라.** 테네시밸리 커뮤니티 교회는 교인들이 얼마나 자주 그리고 어떤 식으로 봉사를 하고 있는지 예의주시한다. 이렇게 하는 주된 목적은 사람들이 각자 처한 상황에 비해 과도하게 봉사하느라 기진맥진하는 일이 없도록 하기 위함이다. 실제로 갤리모어 목사는 자신이 가진 에너지와 열정을 다 써 버려 지친 교인들에게 일정 시기 동안 봉사 활동을 쉬라고 권한 적이 여러 번 있었다고 말한다. 자원봉사 참여 현황을 주시하면 교인들로 하여금 그들이 무심한 상태에 머물러 있으면 안 된다는 점을 인식시키는 효과도 얻을 수 있다.

▶ **편리하게 만들어 주라.** 이 교회는 '20분간의 노력'이라는 이름의 자원봉사 전략을 통해 경험이 없는 사람들이 경험 많은 자원봉사자들과 함께 팀을 꾸려 주말에 20분 동안 봉사를 하도록 하고 있다. 이 전략은 사람들로 하여금 단기간 동안 편리하게 색다른 사역 봉사를 표본으로 맛볼 수 있게 해 준다. 이것은 시행착오적 참여를 독려하는 효과를 만들어 내며, 궁극적으로는 훨씬 안정적이고 장기간 봉사에 헌신을 다짐하게 하는 결과를 가져온다.

교인들이 지역 공동체를 섬기는 무거운 의무를 이행하느라 교회 안의 필요들이 간과되는 일이 없도록 하는 확실한 또 한 가지의 방법은, 다른 교회 활동들 안에 지역 공동체를 위한 봉사를 통합시켜 넣는 것이다. 하비 캐리Harvey Carey 목사가 목회하는 디트로이트의 믿음의요새 교회Citadel of Faith Church는 가끔씩 창의성을 발휘하여 주일 예배 안에 기습적으로 지역 공동체를 대상으로 한 아웃리치 프로젝트를 포함시키고 있다. 그가 이끄는 이 다문화 교회는 교인들에게 주일 예배에 올 때는 늘 차 안에 운동화를 챙겨오라고 광고한다. 캐리 목사가 언제 예배 대신 지역 으로 아웃리치 활동을 보낼지 알 수 없기 때문이다.

때로는 '현관 기도'라는 전략을 실행하기도 한다. 캐리 목사는 그 들이 교회의 아웃리치 활동 차원으로 무료로 성경을 배포하거나^{이 교회는} ^{한 해에 8,000권의 성경을 배포하고 있다} 학교 가방을 주어 미리 접촉해 둔 사람들의 집 으로 교인들을 보낸다. 그는 교인들에게 그 가족들을 만나고 그 현관 앞에서 그 사람들이 필요로 하는 것을 위해 기도해 주라는 숙제를 내준 다. 또 하나의 독창적인 활동으로는 '도시 캠핑'이라는 것이 있다. 이것 은 교회의 남자 성도들과 소년들이 마약 거래 장소로 알려진 길목들로 가서 핫도그와 스모어^{구운 마시멜로를 초콜릿과 함께 크래커 사이에 끼워 먹는 캠프용 간식-옮긴이}를 구움으로써 여러 장소에서 이루어지는 마약 거래를 성공적으로 방해 하는 것이다. 이 같은 시도들이 믿음의요새 교회의 마음을 잘 보여 준 다. '요새'라는 단어가 어떤 공동체를 지켜보며 수호한다는 의미를 담 고 있다는 것도 우연이 아니다. 미국에서 가장 가난한 도시, 그 가운데 서도 가장 가난한 동네에 위치한 이 교회에 있어 이것은 매우 중요한 역할이며, 동시에 이 단어는 '산 위에 있는 동네'가 되기를 열망하는 이 교회의 모습을 아주 적절히 묘사한 단어다^{마 5:14-16}.

여러 최고의 모범 교회들은 소그룹 구성원들이 봉사에 참여하는 걸 아주 당연한 것으로 기대한다. 예를 들어 브루스 소피아 목사의 글로 스터 카운티 커뮤니티 교회^{뉴저지 주 세웰}는 '친구들의 서클'에 대하여 매 사 역 시즌마다 두 가지 봉사 프로젝트를 진행할 것을 요청한다. 하나는 교회 안에서의 봉사요, 다른 하나는 교회 밖에서의 봉사다. 그리스도 안의 하나님의 교회 기독교 복음 센터^{미시간 주 디트로이트}나 페이스채플 크리스천 센터^{앨라배마 주 버밍엄}, 이스트밸리 포스퀘어 교회^{몬태나 주 이스트헬레나} 같은 다른 교회들도 교회와 지역 공동체를 섬기는 것을 소그룹 생활의 가장 기본적인 목표로 설정하고 있다.

'높은 수준을 기대하는 교회가 되라'고 한 스티브 갤리모어 목사의 조언은, 한 교회가 진정으로 그 지역 공동체를 목회하려 할 때 필요한 모든 것을 확실히 충족시키기 위해 요구되는 정신적인 패러다임의 전환을 가장 잘 묘사한 진술이다. 목표를 높게 잡으라. 이것이 최고의 모범 교회들의 정신이다. 이스트밸리 포스퀘어 교회의 제프 리처즈 목사는 "숨을 쉬고 있는 한 여러분은 봉사를 해야 합니다"라고 말한다. 올랜도 제일침례교회의 데이비드 유스 목사는 "이제 여러분의 턱받이 수건을 떼어 주고 대신 앞치마를 드리겠습니다"라고 말한다. ^{그리고 이들은 실제로 앞}
^{치마를 던져 주어 사람들이 그 말의 핵심을 놓치지 않게 해 준다!}

여러분이 이 같은 목회 계획을 각자의 교회 안에서 훨씬 강력하게 추진해 나가면서 교회 밖에서 더 많이 봉사할 것을 요구할 때, 교회 안에서 섬기고자 하는 교인들의 열망과 의지가 줄어들 거라고 가정하지 말라. 성령님이 그들의 마음을 붙들어 주실 것을 믿으라. 그리고 성도들이 걷는 길에서 만나게 되는 그 모든 도전들에 맞서 능히 이겨낼 수 있도록 격려해 주라.

전략2: 지역 공동체와의 사이에 다리를 만든다

그 일은 샌프란시스코 남동부 지역의 40개 복음주의 교회들이 매달 모임을 가지면서 그 지역의 고유한 필요를 두고 기도하면서 시작되었다. 이들은 4퍼센트의 인구만이 교회에 다니는 그 지역에 거주하는 수많은 잃어버린 자들을 위해 기도했다. 그리고 미국에서 도시 면적에 비해 가장 다양한 인종과 문화가 공존하는 것으로 알려진 그 지역에 인종적·문화적 교량이 세워지기를 기도했다. 이 지역의 공립학교 체계에 따르면 학생들이 총 136개의 언어를 사용하고 있다고 한다.

테리 인먼 목사를 비롯한 동료 목사들은 어느 순간 자신들이 그 지역의 필요를 위해 단순히 기도드리는 데서 한발 더 나아가 그 필요를 채워 주기 위해 필요한 조치를 취해야겠다고 느꼈다. 또한 이들은 선언하는 것만으로는 그리고 한 개 교회만으로는, 이 일에 필요한 변화의 물결을 만들어 낼 수 없다고 판단하여 서로서로 힘을 모았다. 이때 그들은 다음과 같은 행동들을 했다.

▸ 시장과 지방 관료를 만나, 그 도시를 위해 봉사하는 최선의 방법은 자원봉사자들을 필요로 하는 비영리 기관과 파트너십을 맺는 것이라는 이야기를 들었다.
▸ 컴패션 네트워크Compassion Network를 만들어 자금을 모은 뒤, 이미 25개의 다른 공립 단체와 사립 단체의 거처를 마련한 이력이 있는 그 도시의 패밀리 리소스 센터Family Resource Center 사무실에 전달했다.
▸ 참여한 각 교회들로부터 매달 기부금을 받아 전임 관리자와 네댓 명의 인턴들의 월급으로 썼다. 이들은 교회 교인들 사이에 네트워크를 형성해 지역 공동체 사람들의 필요를 채워 주는 일을 하였다.
▸ 지금도 모든 교회들은 매주 자원봉사가 필요한 영역들을 열거한 이

메일을 받고 있으며, 그 빈 자리들은 보통 몇 시간 이내에 다 채워진다. 컴패션 네트워크는 지난 2008년 지방 정부가 수여하는 '올해의 비영리 기관' 상을 수상하기도 했다.

인먼 목사는 자신이 마태복음 25장에 매우 진지하게 응답하는 유일한 방법이 컴패션 네트워크라고 생각한다. 그는 그리스도가 말씀하신 여섯 가지 명령에 따르기 위해 실제로 취한 행동의 예를 한 명령당 여러 개씩 읊을 수도 있다. 그 가운데서도 감옥에 갇힌 사람들을 방문하는 일에 대해 그가 가진 관점이 특히 흥미롭다. 그는 이렇게 말한다. "우리는 이전부터 전통적인 의미의 감옥 사역을 진행하고 있었습니다. 그러나 어느 순간 그리스도 없이 사는 대부분의 사람들이 일종의 감옥에 살고 있는 게 아닌가 하는 생각이 들더군요. 그것은 의심의 감옥일 수도, 두려움의 감옥일 수도 있습니다. 그들에게 다가가는 유일한 방법은 그들이 사는 감옥 속으로 직접 들어가 그들을 만나는 것밖에 없습니다." 이것은 그가 마태복음 25장을 확장하여 해석한 결과로, 그는 이렇게 이야기한다. "이 여섯 가지 명령은 모두 밖으로 나가고 또 나가며 또 한 번 더 나가야 한다는 이야기입니다. 저는 이 메시지를 지난 20년간 강대상에서 해 왔고, 실제적인 예를 통해 그것을 전해 왔습니다."

최고의 모범 교회들 모두가 컴패션 네트워크처럼 조직적이고 다면적인 모습으로 움직이고 있는 것은 아니지만, 이 가운데 많은 교회들이 그 지역의 교회들을 비롯한 다른 기관들과 협력 관계를 맺어 일하고 있다. 최근에 최고의 모범 교회 목록에 이름을 올린 닉 호너캠프^{Nick} Honerkamp 목사의 새언약교회New Covenant Church, 노스캐롤라이나 주 클라이드는 서른 개의 다른 교회들과 연계해 쉼터 운영을 시작하고 교회 재정과 자원봉사자 등 전적인 지원을 했다. 그렇게 그 지역의 노숙자 문제를 해결하기 위해 노력하고 있다. 또한 이 교회들은 공립학교의 예산이 빠듯하다는 것을 알고, 새로운 학년이 시작되기 전에 학교의 자원을 정리하기 위해 지원하며 협력했다. 이러한 교회들 간의 파트너십을 통해 학교들을 지원하기 시작한 2008년 이후, 총 68개 교회들이 함께 모여 그 주 안에 있는 모든 공립학교들을 맡았다. 노스캐롤라이나 주에서 이 같은 공식협정이 맺어진 것은 처음이었다. 이 교회들은 선교 여행이나 성경학교의 형식이나 커리큘럼을 위해 자원을 공동으로 출자하는 것 같은 사역 계획에 대해서도 서로 연대하여 움직였다.

다른 여러 최고의 모범 교회들의 목회자들과 마찬가지로 호너캠프 목사 역시 모든 교회 직원들에게 지역 공동체의 기관들과 관계를 맺게 하여, 그 지역의 가장 시급한 필요들에 대한 최신 동향을 교회가 늘 파악할 수 있게 했다. 이런 특징들이 단순한 봉사의 개념(유용하다는 개념)을 뛰어넘어 스스로를 지역 공동체의 목회자로 인식하는 교회들에서 발견되는 진짜 차이점이다. 이들은 많은 시간과 자원을 들여 양떼를 돌보며, 다른 사람들과 힘을 모아 공중위생과 그 지역의 안전을 가장 크게 위협하는 문제를 해결하기 위해 자주 노력한다.

'필요를 본다', '그 문제를 자신의 문제로 인정한다', '힘을 모은다' 이 세 가지 디딤돌들이 현재 자신들의 양떼를 신도석에 앉은 사람들로 정의하는 사람들, 즉 지금으로서는 지역의 문제에 대하여 자신들이 할 수 있는 능력을 개별적인 교회 차원의 자원으로 한정한 사람들이 경험해야 할 정신적인 패러다임의 전환이다.

예수님은 5,000명을 먹이심으로써 이와는 다른 방식의 모범을 보이셨다. 먼저 그분은 그들의 필요를 보셨다. 그리고 자원을 모은 후 하나님께 그들을 축복해 달라고 간구하셨다. 그분은 한계나 불가능성에 집중하지 않으셨다. 최고의 모범 교회들은 우리 역시 그럴 필요가 없다고 말해 준다.

전략 3: 섬김의 자리를 복음 전파를 위한 연단으로 만든다

소외된 자들인가, 잃어버린 자들인가? 사회 정의인가, 복음 전도인가? 이것은 교회 지도자들이 교회의 자원과 시간과 관심을 배분하는 방식을 고민할 때마다 튀어나오는 고전적인 줄다리기다. 이것들은 모두가 중요하다. 하지만 무엇이 1순위가 되어야 하며, 무엇이 2순위일까? 일리노이 주 사우스홀랜드의 성령 펠로십 교회는 이 두 가지 활동을 서로 다른 것으로 인식하지 않는 최고의 모범 교회다. 이들은 섬기는 것이 그리스도를 위해 사람들에게 다가가는 최고의 방법이라고 믿고 있기 때문에 그것이 가능하다.

이 교회를 개척한 존 설리번과 바버라 설리번 부부는 겸손하고 신실한 사람들이다. 1970년대에 하나님은 치과의사였던 존과 그의 아내 바버라를 시카고와 가까운 상대적으로 부유한 교외 지역인 사우스홀랜드에 교회를 개척하도록 부르셨다. 1980년에 이 교회는 시카고 남부의 한 치료센터에서 도심 지역의 마약중독자들을 대상으로 사역을 시작했다. 그리고 1988년에는 마약중독과 조직폭력, 살인, 부패로 유명한 주변 지역인 하비에 회복위원회Restoration Ministries라는 것을 만들었다.이 도시는 최근 공식적으로 미국에서 가장 위험한 거리가 있는 도시라는 평가를 받았다. 이들은 독립적인 이사회를 만들어 다른 교회들도 이 도심 사역들에 참여할 수 있게 하였다. 이후 회복위원회는 회복이 힘들 정도로 상태가 나쁜 많은 사람들 때문에 절망적으로만 보였던 장소와 주민들을 위한 희망의 횃불 역할을 함으로써 수천 명에 달하는 사람들의 삶을 변화시키는 일을 도왔다.

그야말로 '산 위에 있는 동네' 역할을 한 것이다.

회복위원회는 현재 중독자들의 회복을 위한 두 개의 입주 시설을 운영하고 어린아이들로부터 노인들을 위해 준비된 28개의 프로그램을 진행하고 있다. 여기에는 다음과 같은 프로그램들이 포함되어 있다.

▶ **복싱 클럽.** 한때 중독자였던 사람들이 80명의 아이들에게 복싱을 가르쳐 준다. 이들의 좌우명은 '길거리에서 피 흘리기보다는 체육관에서 땀 흘리는 것이 낫다'이다.

▶ **인터셉트 프로젝트.** 자원봉사자들이 이끄는 이 방과후 프로그램에는 개인 교습과 미술 지도, 농구 클럽과 컴퓨터 클럽 등이 포함되어 있다. 이 모든 활동 중에는 복음의 메시지가 강조되고 있다.

▶ **멘토링.** 역시 한때 중독자였던 사람들이 지역의 한 초등학교에서 멘토링 과정을 진행한다. 이 학교는 하비에서 유일하게 당국의 감시 대상에서 벗어났는데, 이는 방과후 교실과 멘토링 프로그램을 통한 직접적인 성과라 할 수 있다.

물론 최고의 모범 교회 가운데 소외된 사람들에게 다가감으로써 예수님을 위한 강력한 영향력을 끼치는 곳이 성령 펠로십 교회만 있는 것은 아니다. 몬태나 주 시골에 위치한 이스트밸리 포스퀘어 교회는 매주 주말에 불행한 환경에서 지내는 200-300명의 어린이들을 일곱 대의 차량에 나눠 태워 교회로 데려온다. 디트로이트의 그리스도 안의 하나님의 교회 기독교 복음 센터에서는 350명의 교인들이 적극적으로 푸드 뱅크 행사를 주최하고 있으며, 3,000명의 사람들에게 식사를 제공하는 프로그램을 운영하며, 이것을 교회의 특징적인 연례 행사로 만들고 있다. 뉴욕 주 파 락어웨이의 풀가스펠 태버너클 교회는 취업박람회나 부모 교육 프로그램을 진행하는 한편, 그 지역에 있는 다섯 개의 저소득층 주택단지 사람들에게 가장 필요한 부분을 채워 주기 위해 조직된 파트너십 관계를 통한 사역으로, 그 지역에 그 존재감을 뚜렷이 드러내고 있다. 이 교회의 담임목사인 호르헤 베가는 "조직 폭력배들도 이곳이 지역 공동체를 돕는 장소라는 걸 알고 있어요. 우리 교회의 창문에는 빗장이 걸려 있지 않습니다"라고 말한다.

이렇게 '내 형제 중에 지극히 작은 자 하나'에게 다가가면 정말로 예수님의 메시지가 전파될까? 이 음식들과 상담, 더 나은 미래에 대한 희망을 얻고 도움을 얻은 사람들이 정말로 종국에는 그리스도를 따르겠다는 결정을 내리게 될까?

성령 펠로십 교회는 이 물음에 대한 답이 긍정적이라는 것을 보여 주는 예다. 이들은 8,000명이 넘는 사람들이 자신들의 사역을 통해 예수님께 삶을 바치게 되었다고 말한다. 이 교회의 공동 개척자인 바버라 설리번은 가장 실의에 빠진 사람들, 곧 살면서 완전히 바닥으로 떨어져 만신창이가 된 사람들을 돕는 것이 복음의 메시지를 전하는 최고의 연단임을 굳게 확신한다. 그래서 그녀는 두려움 많은 초보 전도자들을 마약 중독자 갱생 시설에 보내어 거기서 처음으로 불신자들과 영적인 대화를 시도해 보도록 한다. 그곳에서 그들은 비판하지 않는 영혼과 굶주린 마음, 구원과 구속의 약속을 들을 줄 아는 귀를 가진 사람들을 발견한다.

교회 지도자치고 바버라의 이러한 관찰 결과에 대한 진실성을 의심하는 사람은 없을 것이다. 하지만 최고의 모범 교회들과 그렇지 않은 교회들 사이의 차이점은 그 진리를 행동으로 옮기는 의지 여부에 있다. 그리고 일단 그 진리를 내면화하기만 한다면, 그가 목회하는 교회들은 그 지역의 양떼들을 알아 가기 위한 노력을 놀랍도록 창의적으로 하게 된다. 몇몇 최고의 모범 교회들은 지역 주민들에게 교회에 한번 가 보고 싶고, 나아가 그 결과로 예수님을 믿고 싶은 마음이 들게 하기 위해 가두행진을 할 때 사용하는 꽃수레를 만들기도 한다. 실제로 성령 펠로십 교회의 꽃수레는 8년 연속 그 지역의 현충일 행사에서 최고 꽃수레로 선정되었다! 어느 목사님이 이 같은 노력에 대해 설명한 것처럼, "교회에 다니지 않는 사람들에게 다가가려면 그들에게 교회가 마음을 쓰는 모습을 보여 주면 된다. 그러면 그들은 적어도 우리가 누구인지 알아보려는 마음 정도는 가지게 된다."

꽃수레를 만들거나 음식을 나누고, 또 혜택을 받지 못하는 아이들을 위해 복싱 클럽을 운영하는 등 제각각 구체적인 양상은 다르지만 최고의 모범 교회들은 이 방법들이 모두 결국에는 효과를 발휘하여 교인들이 그리스도와의 관계에서 성장해 가는 길로 들어서기 시작한다고 증언해 줄 것이다.

'지역 공동체를 목회하는 일'의 딜레마:
오르막길 오르기

"아마 다른 그 무엇보다 섬김의 행위가 사람들을 영적 성숙의 길로 이끄는 가장 효과적인 방법일 겁니다." 테리 인먼 목사는 이렇게 말한다. 그는 이어서 말한다. "교실 안에서만 지나치게 많은 훈련을 시키고 실제적인 경험의 기회를 제공해 주지 않는다는 점이 마음 아팠습니다. 성경은 우리가 말씀을 들을 뿐만 아니라, 그 말씀을 행하는 자가 되어야 한다고 말씀하셨는데 말이죠."

우리가 발견한 사실들도 그의 말을 뒷받침해 준다. 모든 평가 부문에서 대다수의 그리스도의 제자들이 타인을 향한 태도와 행동에 있어서 한참 부족한 모습을 보이고 있다. 앞의 장들에서 우리는 하나님에 대한 사랑과 이웃에 대한 사랑 사이에 간극이 있다는 점을 지적했다. 일례로 5장에서 살펴본 바에 따르면, 영적으로 성숙한 성도들인 그리스도 중심 단계에 속한 사람 네 명 가운데 세 명이 "다른 어떤 것보다도 더 하나님을 사랑한다"는 진술에는 매우 강한 동의를 표했으나 "내가 아는 사람들과 모르는 사람들을 아주 많이 사랑한다"라는 진술에 대해 매우 강한 동의를 표한 사람은 3분의 1에 지나지 않았다.

타인과 관련된 행동 중, 한 달에 한 번 이상 교회 안에서 봉사 활동을 하는 교인은 전체 교인 가운데 평균적으로 57퍼센트였고, 교회를 통해 구제 활동을 하는 사람은 26퍼센트, 교회를 통하지 않고 개별적으로 구제 활동을 하는 사람은 39퍼센트였다. 이 말은 곧 매달 자신들의 교회에서 봉사 활동을 하지 **않는** 교인이 40퍼센트 이상이며, 교회를 통한 구제 봉사 활동을 하지 **않는** 교인이 약 75퍼센트, 개별적인 구제 활동을 하지 **않는** 교인은 60퍼센트 이상이라는 의미다.

이 사실을 들은 목사는 마음이 찢어지듯 아파야 한다.^{하나님도 마음 아파하고}

계신다. 이 요소들이 마태복음 25장의 말씀을 이루기 위한 오르막길을 구성하는 요소이기 때문이다. 그뿐만 아니라, '지극히 작은 자 하나'를 섬기는 것은 모든 신자들의 영적 성장을 위한 엄청난 촉진 요소로 작용하기 때문이다. 그리스도와의 인격적 관계를 진지하게 추구하면서 자신의 생명을 온전히 주님께 내어놓으려 하는 사람이라면 특히 더 그러하다. 교회가 실패한 것들 가운데 가장 큰 실패를 딱 하나 고르라고 한다면, 그것은 아마 '이웃에 대한 사랑' 부분일 것이다. 이웃 사랑에 관련된 태도와 행동을 묻는 항목에 긍정적인 답을 한 사람의 비율이 모든 영적 성장 단계에서 골고루 형편없이 낮게 나온 것이다.

그러나 '가장 큰 실패'라는 동전의 뒷면에는 '가장 큰 기회'라는 문구가 적혀 있다. 그리고 최고의 모범 교회들은 실례를 통해 나머지 우리들을 격려해 주고 기운을 북돋워 준다. 모범 교회들과 나머지 교회들의 핵심적인 차이점은, 이 교회들은 **교인들이 마땅히 해야 할 어려운 숙제를 면제해 주지 않는다**는 데 있다. 이 교회들의 비전은 '섬김'을 훌쩍 뛰어넘어 그 지역 공동체를 목회하는 데 집중되어 있으며, 이들은 열정을 갖고 이 일을 행하고 있다. 그리고 이렇게 목회의 개념에 대한 시각을 확장함으로써 이 교회에 속한 사람들의 마음은 그와 함께 성장한다.

이런 변화가 가능할까? 물론 가능하다. 이것이 늘 쉬운 일일까? 물론 그렇지 않다. 교회 지도자들은 솔로몬의 지혜로 교인들을 위한 모든 섬김의 기회들을 자세히 살펴보고 그 가운데 어떤 것이 가장 우선되어야 하는지를 판단해야 한다. 높은 기준을 설정하는 것도 좋은 이상이지만, 현실적일 필요도 있다. 어떻게 생각하는가? 너무 많은 선택지를 제시하면, 사람들은 처음부터 너무 많은 걸 하느라 금방 지쳐 버리든지, 아니면 혼란스럽고 벅차다는 느낌을 받아 그대로 방관자로 남아 있게 되지 않을까?

이런 질문으로 고민할 때 우리는 "게으른 자여 개미에게 가서 그가 하는 것을 보고 지혜를 얻으라"고 했던 솔로몬의 잠언 한 구절에서 새로운 생각거리를 얻을 수 있다^{잠 6:6}. 매달 73퍼센트의 교인들이 교회 봉사를 하고, 41퍼센트가 교회를 통해 구제 활동을 하고, 51퍼센트가 개별적으로 구제 활동을 하는 최고의 모범 교회들의 교인들이 여기서 말하는 개미라면 '그가 하는 것을 보고 얻어야' 할 지혜는 바로, 대부분의 교인들 안에는 앞으로 나아가 더 많은 일을 할 수 있는 역량이 충분히 내재되어 있다는 사실일 것이다. 그러니 교회와 지역 공동체와 세계의 필요를 교인들의 눈앞에 펼쳐 놓는 것을낼 필요가 없다. 개미들처럼 우리가 협력하여 하나님이 주신 자원들을 활용해 나간다면 이 모든 필요가 충족될 수 있다.

16

그리스도 중심의 마음으로 이끈다

네 마음을 다하고 목숨을 다하고 뜻을 다하고 힘을 다하여 주 너의 하나님을 사랑하라.

마가복음 12:30

1989년 10월 29일 일요일, 나는 ^{그렉} 처음으로 윌로크릭 교회로 걸어 들어갔다. 그 순간 내가 거기 있고 싶은 건지 확신하지 못하고 있었다.

그해 초, 나는 「타임」^{*Time*}지에서 '록음악과 드라마, 멀티미디어 슬라이드 쇼'를 사용하고, 교인들은 '신도석이 아닌 쾌적한 극장 의자'에 앉아 있는 교회에 관한 기사를 읽었다. 일평생 전통적인 찬송가를 부르고 목사님이 기다란 예복을 입는 루터 교회에 다녔던 나는 의심스러운 생각이 먼저 들었다. 그러던 내게 어머니는 자신이 속한 휴스턴의 여성 성경공부 모임에서 최근에 읽은 책을 한 권 보내 주셨다. 어머니는 『너무 바빠서 기도합니다』^{*Too Busy Not to Pray*, IVP}라는 제목의 이 책을 무척 마음에 들어 했고, 마침 그 책의 저자인 빌 하이벨스가 시카고 어디쯤에서 목회를 하고 있다는 생각을 하셨던 것이다.

읽어 보니 매우 유익하게 느껴졌다. 신학적으로도 견고했다. 그래서 한 친구가 나를 윌로크릭으로 초대했을 때 나는 마지못한 듯 승낙했다. 평생 예배를 드리러 교회에 갔었지만 이전에는 한 번도 보지 못한 길고 긴 줄에 서서 기다린 후에야 나는 회중석 뒷자리 하나를 발견하고 앉아서 주보를 펼쳐 보았다. 그날의 설교 메시지는 "악마주의의 출현: 악마주의적 저항의 극복"이었다. 농담이 아니다. 구도자들에 대하여 예민한 관심을 기울이는 교회치고는 상당히 무거운 주제였다.

먼저 잘 만들어진 예배 시작 음악과 영상 스케치가 나왔다. 그다음에는 서른일곱 살의 담임목사가 무대로 올라왔다. 그의 메시지는 누군가가 사탄의 통제 아래 들어간 것을 알아채는 방법과, 그 같은 상황에 처한 상대를 만날 때 어떻게 대응해야 할지에 초점이 맞춰져 있었다. 강렬한 메시지였다.

거의 30분 동안 이 주제로 이야기한 후, 하이벨스 목사는 초점을 바꾸어 청중 가운데 포함된 '성장 중인 그리스도인들'을 향해 말했다. 악마는 노골적으로 악마적인 예배로는 많은 사람을 결코 성공적으로 끌어들일 수 없음을 알고 있기 때문에, 차선의 계획을 실행한다고 말했다. "악마는 그저 그리스도를 향한 여러분의 전적인 헌신의 기세를 조금씩 꺾으려고 할 것입니다. 80퍼센트나 90퍼센트, 심지어 95퍼센트만 헌신해도 괜찮다고 여러분을 설득하려 들 것입니다. 하지만 그건 거짓말입니다. 예수님은 **전적인** 헌신을 요구하십니다. 95퍼센트의 헌신을 했다는 말은 당신의 헌신이 5퍼센트 부족하다는 뜻입니다." 하이벨스 목사는 단호한 목소리로 우리가 취해야 할 유일한 삶의 방식은 주님께 우리의 마음과 머리와 손을 모두 다 드린 채 사는 것이라고 말했다. 그러고는 점점 더 큰 목소리로 우리의 시선을 전적으로 헌신하는 삶, 그 어떤 타협도 없는 삶을 향해 고정시킬 것을 도전하고 간청하는 것으로 설교를 마쳤다.

나는 꼼짝도 할 수 없었다. 정신은 달음박질하는 듯했고 심장은 쿵쾅거렸다. 시간이 멈춘 듯했다. 살아오는 내내 누군가가 나를 불러 그 같은 약속, 그 같은 절대적 헌신을 하라고 촉구해 주기를 기다리고 있었다. 나는 이 목사가 진심으로 그 같은 말을 하고 있음을 알 수 있었다. 그는 자신의 전 존재를 바쳐 그것만이 우리가 살아야 할 유일한 삶의 방식임을 열렬히 믿고 있었다. 다시 말해, 하나님을 위해 모든 것을 다 드린 삶, 전적으로 항복하는 삶만이 유일한 삶의 방식임을 그는 진정으로 믿었다.

이후 몇 년이 지나면서 나는 하이벨스 목사를 개인적으로도 알게 되었고, 그날 들었던 열정적이고 집중된 삶을 사는 다른 여러 사람들을 만나고 함께 일하는 특권을 누릴 수 있었다. 그런데 우리 설문조사 팀이 발견 프로젝트에서 밝혀낸 최상위 5퍼센트 교회들의 목회자들을 만난 2008년 9월, 우리는 이들에게는 뭔가 다른 점이 있다는 사실을 깨달았다. 그리고 이들과 어느 정도 시간을 함께 보내는 동안 그 같은 차이를 만든 이유가 점차 명확해졌다.

이 목회자들과 대화를 나누면서 우리는 미리 가정한 그들의 공통점을 이야기한 후, 그들의 통찰과 경험 이야기를 집중적으로 들으면서 우리의 생각을 바로잡는 시간을 가졌다. 이 논의의 결과로 나온 것이 바로 12장에서 15장까지 다룬 네 가지 최고의 모범적인 전략이다. 하지만 이때 이 전략들 이외에도 이 교회들에 공통점이 **더 있을** 것 같다는 생각이 점점 강하게 들었다. 다른 뭔가가 이들 안에서 일어나고 있었다. 우리는 이들과 더 많이 대화하고 스스로 생각해 본 끝에 마침내 다섯 번째 공통점을 밝혀냈다. 그것은 '전략'과는 무관한, 이 담임목사들이 공유하고 있는 어떤 '태도'였다. 그들은 모두 제자 만드는 일에 **사로잡혀** 있었다. 완전히 사로잡혀 있었다. 두말할 것 없이 그것이 이들 마음의 가장 깊은 소망이었고 가장 중요한 염원이었다.

이들의 이야기를 좀 더 자세히 들은 후, 제자 만들기에 이토록 집중하게 한 이들의 고유한 특징 세 가지를 알아냈다. 먼저 이 지도자들은 사람의 마음을 누그러지게 할 정도로 겸손한 사람들이었으며, 둘째로는 스스로 항복한 삶의 모범을 보였고, 마지막으로는 자신의 에너지를 교회 출석 교인 숫자를 증가시키는 것보다는 교인들의 마음이 성장하는 데 집중적으로 쓰고 있었다.

그리스도 중심의 지도자들은 사람의 마음을 누그러지게 할 정도로 겸손하다

최상위 5퍼센트 교회들의 목회자들은 교인들 사이에서 어떤 변화가 일어나도 그것을 자신의 공이 아닌, 하나님의 임재와 역사하심과 간섭하심에 돌린다. 텍사스 주 미션에 위치하고 있으며, 발견 프로젝트의 조사 결과 영적 촉진을 위한 노력을 가장 잘해내고 있는 것으로 밝혀진

팜밸리 교회의 릭 개넌 목사에게 제일 처음 연락했을 때, 그는 우리의 전화를 받고 매우 놀랐다고 말했다. 그는 자신의 교회가 최상위 5퍼센트의 교회에 속한다는 이야기에 진심으로 큰 충격을 받았다. 실제로 팜밸리 교회가 그 같은 놀라운 결과를 일궈낸 원인이 무엇이냐고 묻자, 그의 리더십 팀은 모두 왜 그 일들이 그렇게 잘 진행되는지를 어떻게 설명해야 할지 몰라 당황스러워했다. 그보다 그들은 자신들이 앞으로 성취해 나가야 할 나머지 숙제들에 집중하고 있었다. 그때까지 이룬 일들에 대해 자축하는 분위기는 전혀 없었다. 다만 아직 완수하지 못한 일들을 이루고자 하는 열망만이 그들을 사로잡고 있었다.

이 같은 겸손은 나머지 최상위 5퍼센트 교회들의 담임목사들에게서도 일관되게 나타났다. 이들은 스스로가 특별하다고 생각하지 않았다. 그들은 자신들의 교회에는 여전히 필요한 것과 고쳐야 할 것들이 많다고 말했다. 그 교회 안에서, 혹은 많은 경우 그 지도자들의 부족함에도 불구하고 선한 일이 이루어진다고 하면 그것은 전적으로 하나님 때문이라고 계속해서 강조했다. 오히려 이들은 그들 교회 안의 모든 성장은 하나님, 곧 그분의 은혜와 사랑과 능력으로만 이뤄진 것이라고 주장하며 그들의 공통된 경향이나 주제의식을 찾으려는 우리의 노력에 대해 꺼려하는 모습까지 보였다.

이 지도자들은 너무 겸손한 나머지, 그들의 노력이 교회 성도들의 영적 활력에 어떤 기여를 했는지 이야기해 주려 하면 매우 불편해하는 모습을 보였다. 이들은 "아무 일에든지 다툼이나 허영으로 하지 말고 오직 겸손한 마음으로 각각 자기보다 남을 낫게 여기고"라는 빌립보서 2장 3절의 말씀을 삶으로 구현해 내고 있었다. 우리에게는 이 사실이 매우 신선하고 고무적으로 느껴졌다. 위대한 지도자들이 언제나 이런 식으로 반응한다면 정말 멋진 일이겠는가? 하지만 현실에서는 대부분의 사람들이 다른 사람으로부터 어떤 일을 매우 잘하고 있다는 칭찬을 들으면 자기들이 그 일을 어떻게 하고 있는지를 자세히 이야기해 주고 싶어 안달하기 마련이다.

그러나 이 지도자들의 이야기를 듣다 보니 짐 콜린스^{Jim Collins}가 『좋은 기업을 넘어 위대한 기업으로』^{Good to Great, 김영사}에서 상술한 위대한 기업들에 대한 조사 결과가 생각났다. 그는 오래가는 위대한 기업들의 특징 중에 "깊은 인간적 겸손과 치열한 직업적 의지가 역설적으로 결합"한 '단계 5의 리더십'이라는 것이 있다고 말한다. 그는 이러한 지도자들은 "회사가 성공했을 때 다른 사람들과 외부 요인, 혹은 행운으로 그 공을 돌린다"고 설명했다.[1] 우리는 분명 이 목회자들에게서 이와 비슷한 겸손을 찾아볼 수 있었다.

그리스도 중심의 지도자들은 항복한 삶의 모범을 보인다

이 교회 지도자들은 교인들이 자신들을 주시하며 스스로 가르치는 바를 실제로 살아 내고 있는지를 유의 깊게 지켜보고 있다는 사실을 알고 있다. 텍사스 주 댈러스의 워터마크 교회의 토드 와그너 목사는 그것

---

1 짐 콜린스, 『좋은 기업을 넘어 위대한 기업으로』(*Good to Great*, 김영사), "2장: 단계 5의 리더십", Harvard Business Review(2001년 1월).

을 이렇게 표현한다. "저희가 더 많은 제자들을 만들어 내려 한다면, '내가 그리스도를 본받는 자가 된 것같이 너희는 나를 본받는 자가 되라'고 한 바울의 말을 그대로 따라할 수 있는 사람들이 우리에게 더 많이 있어야 합니다"고전 11:1.

최고의 모범 교회의 목회자들과 처음 만났을 때 이들 모두가 일관되게 동의한 내용은, 그들 자신을 비롯한 모든 교회의 담임목사들이 교인들에게 설교로 전하는 삶의 모범을 스스로 보여 줄 필요가 있다는 것이었다.

와그너 목사는 이렇게 말한다. "우리는 교회에 등록하는 모든 사람들에게 말해요. '우리 지도자들이 성경에서 말하는 것과 다른 뭔가를 행하고 있는 것을 목격하거든 우리에게 말씀해 주십시오. 우리에게 말씀해 주시면, 우리는 그 부분을 고치고 그 문제에서 완전히 벗어나겠습니다. 여러분은 그런 지도자의 지도를 받고 싶지 않으실 테니까요.'"

발견 프로젝트의 최상위 5퍼센트 교회들의 목회자들은 스스로 그리스도 중심의 삶을 살아가는 모범이 되고자 하는 바람을 그대로 행동으로 옮기고 있었다. 예를 들어 개인적으로 성경을 읽고 묵상하는 시간 중에 하나님께 교훈을 얻은 경우에 대한 이야기를 나누다가 그 잦은 빈도수에 우리는 크게 놀랐다. 그들은 단순히 성경을 가르치는 데서 그치지 않고, 성경이 자신들을 가르치게 하고 있었다. 성경이 그들을 만들고 그들을 형성하고 있었다. 어느 모로 보나 그들은 간절히 하나님과 함께 있기를 바랐고, 그분의 말씀으로부터 배움을 얻기를 바랐다.

캘리포니아 주 프리몬트의 하버라이트 교회의 테리 인먼 목사는 "우리 교인들은 저의 설교에는 그렇게 큰 반응을 보이지 않습니다. 저와 하나님과의 동행 그리고 저의 가족과 하나님과의 동행에 대한 실제적인 이야기를 들려줄 때 그들은 가장 큰 반응을 보이지요"라고 말한다. 그는 무엇보다 큰 울림을 만들어 내는 것은 자신의 말이 아닌 행동임을 잘 이해하고 있다. 그리고 의도적으로 그 자신과 하나님과의 관계에서 어떤 일이 일어나고 있는지를 교인들에게 알려 주고 있다.

중요한 것은 투명성이다. 교인들이 그 지도자들에게서 보고자 하는 모범은 완벽한 모습이 아니라 점점 나아져 가는 모습이다. 최상위 5퍼센트 교회들의 지도자들은 자신들의 실패담과 분투를 있는 그대로 이야기한다. 이들은 교인들에게 스스로의 흠결을 드러내어 모든 사람이 자신의 실수로부터 배움을 얻도록 하고 있다.

릭 개넌 목사는 이렇게 말한다. "여러분이 우리 교인들을 모아놓고 저와 여기 계신 다른 사역자들에 대해 물어본다면 그들은 아마 '그들은 투명해요. 우리 가운데 한 사람 같아요. 완벽한 사람들은 아니지만 저는 그들을 닮고 싶어요. 그들을 따르면 그리스도도 따를 수 있을 것 같아요'라고 말할 거예요. 그들의 이런 말 때문에 우리는 겸손해집니다. 하지만 한편으로는 그들이 더 이상 우리에게 이런 말을 하지 않는다면, 그것은 우리에게 문제가 생겼다는 뜻이지요."

교인들이 여러분을 지켜보고 있고, 자신의 영적 여정을 그들과 나눌 때 여러분은 비로소 그들을 감동시킬 수 있다. 여러분도 아직 해답을 다 찾지 못했다는 것을 그들이 알 때, 그 사실은 그들에게 격려가 될 것이다. 그리고 여러분이 자신을 열어 보여 줄 때 강대상과 신도석에 자리한 사람들 사이에 생길 수 있는 단절의 벽이 얇아질 수 있다. 다시 말해, 성도들에게도 그리스도 중심의 삶을 살아내는 것이 가능해지는 것이다. 그들은 이렇게 생각한다. "목사님이 해낸다면, 저도 해낼 수 있어요."

그리스도 중심의 지도자들은 그들의 에너지를 출석 교인 숫자를 증가시키기보다는 교인들의 마음을 성장시키는 데 집중한다

일반적으로 교회의 사역 지도자나 목회자가 다른 교회의 지도자를 만날 때마다 몇 분 이내에 빠짐없이 등장하는 질문이 있다. '교회 크기가 얼마나 되지요?' 우리는 상대방의 교회에 몇 명이 출석하는지를 알고 싶어 한다. 그리고 의식적으로든 무의식적으로든 그에 대한 답을 가지고 상대 목사나 지도자의 능력을 재단해 버린다. 교인의 수가 적으면 적은 대로, 많으면 많은 대로 우리는 그에 대해 각기 전형적인 어떤 인상을 품게 된다. 솔직히 말해 우리는 작은 교회의 지도자들보다는 큰 교회의 지도자들을 더 높게 평가한다. 옳은 건 아니지만, 이것이 현실이다.

최상위 5퍼센트 교회들의 목회자들을 모으면서 우리가 관심을 기울였던 것 가운데 하나는, 200명에서 9,000명에 이르기까지 서로 매우 다른 규모의 교회들에서 온 그들이 서로를 동료로서 존경하고 있는지를 확인하는 일이었다. 교회 규모가 이들 사이에 문제가 되지 않기를 바랐지만, 그것은 알 수 없는 노릇이었다.

그러나 곧 우리가 괜한 걱정을 하고 있었음이 드러났다. 이들은 교회 규모와는 상관없이 서로를 존중했을 뿐만 아니라, 그들 중 누구도 그것을 화제로 올리지도 않았다. 그런 일은 단 한 번도 없었다. 그 주제는 이상할 정도로 화제에서 벗어나 있었다. 이들에게 그것은 전혀 중요한 일이 아니었던 것이다.

대화가 이어지자 그 이유가 분명하게 보이기 시작했다. 교인들을 진실로 그리스도께 온전히 모든 것을 바친 제자로 성장시키겠다는 주된 사명에 너무 집중하고 있었기에, 교회 규모 따위는 이 지도자들의 관심 사안이 전혀 아니었다. 이들에게는 제자를 만들겠다는 단 하나의 목표밖에 없었다. 변화된 인생을 보고자 하는 이 갈망으로 인해, 다른 모든 것은 부차적인 문제가 되었다.

릭 개년 목사는 이렇게 말한다. "거의 꽉 찬 예배당 안을 둘러보고는 '아, 오늘은 별로군'이라고 말하는 목사님들을 본 적이 있어요. 하지만 우리 직원들 중에는 그런 말을 하는 사람이 없어요. 한 명도요."

물론 이 지도자들도 몇 명의 교인들이 교회에 출석하고 있는지 살펴본다. 하지만 그것이 그들이 집중하는 주된 대상은 아니다. 이들은 출석 교인 수를 어떻게 하면 10퍼센트 늘일 수 있을지를 고민하느라 마음이 산란해지는 일이 결코 없다. 그 대신 어떻게 하면 교인들을 도전해 그리스도와 친밀하게 만들 수 있을지에 대한 생각에 사로잡혀 있다. 어떻게 하면 그리스도께 모든 것을 바친 제자가 되게 할지, 그리스도께 항복하여 모든 것을 내어드리는 제자로 만들지에 대한 고민으로 이들의 머릿속은 꽉 차 있다. 이것만큼 중요한 요소는 아무것도 없다.

여러분이 해야 하는 단 한 가지

2008년 10월 16일 최상위 5퍼센트 교회들의 목회자들을 처음으로 만난 후 2개월도 채 지나지 않아 우리는 그 가운데 몇 명의 목회자들을 초청해 1,500명이 넘는 다른 교회 지도자들을 대상으로 강연하게 하는 컨퍼런스를 개최했다. 그들은 이틀에 걸쳐 이 책에 나온 여러 개념들에 초점을 맞춰 경이롭고 유용한 이야기를 들려주었다. 그리고 이 컨퍼런스가 끝난 후 캘리와 나는^{그렉} 내 사무실에 모여 이 행사에 대한 사후회의를 했다.

캘리는 기분이 날아갈 듯했다. 그녀는 행복해했고, 그 행복한 감정을 남김없이 드러냈으며, 안심하고 있었다. 그러는 것이 당연했다. 여러 측면에서 그 행사는 발견 프로젝트에서 중대한 사건이었고, 그때까지 5년 동안 애쓴 우리 작업의 정점이기도 했다. 더 중요하게는, 수백 명의 목회자들이 신선한 영감과 그 영감을 실행으로 옮기기 위한 실제적인 도구를 얻어 각자의 교회로 돌아갔다.

그런데 이상하게 나는 크게 의욕을 잃고 있었다. 모든 일이 끝났기 때문이 아니었다. 최상위 5퍼센트의 교회들의 목사들 중에 새로 사귄 친구들을 순수한 마음으로 그리워하게 될 것이기 때문도 아니었다. 내가 그 순간 무기력해졌던 것은, 다만 우리 교회의 목사이자 지도자로서 내가 해야 할 일이 너무 많다는 생각이 들어서였다. 좀 더 자세히 설명해 보겠다.

위대한 교회들과 그 지도자들의 이야기를 다시 듣게 되자, 나 자신이 속한 우리 교회가 지속적인 변화를 위해 어떤 것이 필요한지가 놀랄

만큼 선명하게 보였다. 이미 최고의 모범 교회 지도자들과의 소통을 통해 배운 여러 가지 새로운 전략을 도입해 놓고 있었지만, 여전히 우리가 할 수 있는 일이 많이 **있었다**. 우리는 더 많은 일을 해야 했다. 이것도 충분히 도전적인 깨달음이었지만, 이 때문에 그처럼 우울한 감정에 빠져든 것은 아니었다.

그날 이후 며칠 동안 그런 기분에 빠져 있었던 까닭은, 윌로크릭이 더 영적으로 활력 있는 교회가 되도록 돕는 첫 번째 단계는 바로 **나 자신이** 영적으로 좀 더 활력 있는 사람이 되는 것이라는 사실이 매우 분명해졌기 때문이다. 그때처럼 '모든 것은 **나**로부터 시작된다'라는 문장의 의미를 확실하게 이해한 적은 없었다.

나는 냉혹한 진실에 직면해야 했다. 내가 아무리 하나님을 사랑했을지라도 그리고 나의 신앙 성장이 내 인생 그 어느 때보다도 더 빠르게 이뤄지고 있었음에도 불구하고, 나보다 훨씬 더 많이 예수님과의 관계에 집중하고 헌신한 사람들이 있다는 사실을 알게 된 것이다. 현재 내가 서 있는 자리와 내가 서고 싶고 서야 하는 자리 사이의 틈은 도무지 건널 수 없을 정도로 넓어 보였다. 여기서 거기로 이동할 수 있을 것인가에 대한 의문이 그토록 떨쳐 버리기 힘든 커다란 근심을 가져왔던 것이다.

그전까지만 해도 나는 발견 프로젝트라는 작업을 통해 윌로크릭 행정목사로서의 내 역할에 도움이 되는 전략과 필요한 모든 통찰을 얻을 수 있을 것이라고 생각했다. 그때까지는 모든 것이 생각대로 잘 진행되고 있는 것처럼 보였다. 그러던 것이 컨퍼런스가 끝난 그날, 그 모든 아이디어들과 전략들에 한계가 있다는 사실을 뼈저리게 깨달았다. 목표 달성을 위해 필요한 것, 즉 그 무엇과도 타협할 수 없는 가장 중요한 것은, 나 자신이 더 열심히, 열정을 가지고, 한결같은 마음으로 헌신하여 그리스도와의 관계를 위해 애써 나가야 한다는 것이었다.

그 많은 사람들 가운데서 이제 나는 그 같은 관계를 추구해 나가기 위해서는 무엇이 필요한지를 아는 사람이 되어 있었다. 그때까지 관여해 온 설문조사로 인해 나는 무엇이 사람들의 영적 성장을 촉진하는지를 제대로 이해하게 된 것이다. 진지하게 자기 자신을 온전히 헌신해 더 많은 시간을 들여 하나님을 만나고, 성경을 읽고, 가난한 자들을 섬기며, 일상 속에서 내 전 생명을 내어드려야 한다는 사실을 외면할 수 있는 방법은 없었다.

그날 이후 나를 인도한 것은 "의에 주리고 목마른 자는 복이 있나니 그들이 배부를 것임이요"라는 말씀이었다[마 5:6]. 나는 음식과 물을 얻기를 갈망하듯 이 말씀을 내 몸으로 느껴야 했다. 그리스도와 친밀해지려 할 때 그리고 내가 가진 크고 작은 모든 것을 그분께 드리려 할 때 몰려오는 아픔을 감당해야 했다. 내가 갈망했던 다른 어떤 것보다도 하나님과 함께하기를 갈망해야 했다.

"나는 그리스도의 제자가 되고자 하는 열정으로 불타고 있는가?" 묻지 않을 수 없었다. 그리고 그날 아침, 나는 솔직하게 갈 길이 멀었음을 인정할 수밖에 없었다.

당신은 어떠한가? 당신은 그 무엇보다 의에 주리고 목말라하고 있는가? 아니면 적어도 부분적으로라도 내가 느꼈던 감정을 느끼고 있는가?

영적으로 활력 있는 교회로 가는 길은 우리 자신의 마음에서부터 시작되어야 한다. 그 후에야 앞에서 설명한, 다른 최고의 모범 교회들이 알려 준 네 가지 전략을 살펴보고 시행할 수 있다. 그러나 순서를 거꾸로 이해하여 마음의 일에 공을 들이기 전에 각종 전략에 의존한다면, 기억하기 바란다. 우리 안에서 생산되지 않고 있는 그것이 다른 사람의 마음에서 재생산될 리 만무하다. 우리가 해야 할 주된 임무, 곧 우리가 해야만 하는 그 한 가지는, 전적으로 우리의 손이 닿는 범위 안에 있다.

여러분은 모든 것을 내어놓아야만 한다.

모든 것을 말이다.

영적으로 활력이 넘치는 위대한 교회를 만들기 위한 첫걸음은 목사인 여러분과 여러분 주위의 교회 지도자들이 각자 온 마음을 다해 매일의 삶 속에서 그리스도를 따르는 것이다. 하루에 한 가지씩 나 자신의 문제를 버리고 그리스도를 따르라. 그리스도와의 관계가 인생에서 가장 중요한 관계임을 선언하라. 온 정신과 몸과 마음과 뜻과 힘을 다해 그리스도와의 친밀함을 추구하라. 이 한 가지 중요한 일을 못하게 우리를 가로막는 것이 단 하나라도 있어서는 결코 안 된다.

여러분은 할 수 있다.

그리고 교회와 교인들을 위해서라도 여러분은 반드시 이 일을 해내야만 한다. 다른 길로 가 보고 새로운 전략을 찾고, 또 어쩌면 아주 유능한 직원을 고용할 수는 있다. 그러나 결국 교회를 이끄는 자가 예수님께 완전히 헌신한 사람이 아니라면, 즉 그리스도와의 관계를 다른 모든 것보다 우선하는 사람이 아니라면, 그 모든 좋은 것은 아무런 효과를 발휘하지 못할 것이다. 그것은 생명을 만들어 내지도, 세상을 바꾸지도 못할 것이다. 그러나 우리 모두는 이 세계가 얼마나 간절히 변화를 필요로 하고 있는지 알고 있다.

지금까지 여러분은 이 책을 통해 그리스도께 더 가까이 다가가고 예수님과 더 깊은 친밀함을 누림으로써 하나님과 이웃에 대하여 더욱 고차원적인 사랑으로 특징지어지는 생명을 만들어 내려 할 때 필요한 것들에 대한 정보를 얻었다. 때로는 그 여정이 온통 우리가 해야만 하는 일들과 전적으로 혼자 힘으로 내딛어야 할 발걸음으로 가득 차 있는 것처럼 느껴질 수도 있다.

그러나 아주 좋은 소식이 있다. 하나님이 이미 우리를 향해 움직이고 계시다는 것이다. 이 길은 양면 도로다. 뿐만 아니라 그분은 우리를 앞질러 가고 계신다. 그분은 우리가 태어나 처음으로 숨쉬기 전부터 우리 뒤를 쫓고 계셨다. 그분이 처음으로 우리에 대해 생각하셨을 때, 그러니까 우리가 태중에 생기기도 전부터 그분의 마음은 우리에 대한 사랑으로 흘러넘치고 있었다. 그리고 우리가 태어나는 그 순간부터 그분은 두 손을 넓게 펴고 우리를 향해 다가오고 계셨다. 우리를 사랑하시기에 그분은 우리가 차마 이해할 수도 없는 여러 가지 방법으로 우리의 인생에 간섭해 오셨다. 그분이 관심을 가지는 유일한 의제는 우리의 구속이다. 그분의 소망은 우리가 경험하게 될 다른 어떤 관계보다도 그분과 친밀한 관계를 맺으며 완전한 결합을 이루는 것이다.

바울의 글을 기억하자. "내가 확신하노니 사망이나 생명이나 천사들이나 권세자들이나 현재 일이나 장래 일이나 능력이나 높음이나 깊음이나 다른 어떤 피조물이라도 우리를 우리 주 그리스도 예수 안에 있는 하나님의 사랑에서 끊을 수 없으리라"롬 8:38-39. 하나님의 열정은 **우리를** 향해 있다. 언제나 그래왔고, 앞으로도 영원히 그러할 것이다. 우리가 그분을 향해 한 걸음씩 내딛을 때마다 그분이 여러분을 향해 내딛는 발걸음과 만나게 될 것이다. 우리는 그분을 향해 걷고, 그분은 우리를 향해 뛰어오신다. 그분은 우리를 사랑하시며, 우리가 인생에서 그리고 교회의 지도자로서 필요로 하는 모든 것을 주고 싶어 어쩔 줄 몰라 하신다.

하나님은 이미 첫걸음을 떼셨다. 이제는 우리 차례다. 무엇을 기다리는가?

움직이라.

부록
Appendices

1

발견 프로젝트란?

설문조사를 기초로 한 영적 여정에 대한 관점

발견 프로젝트는 설문조사를 기초로 하여 영적 여정이 이루어지는 과정을 밝힌 관점이다. 지금까지 1,000개 교회의 약 25만 명의 사람들이 참여한 설문조사를 통해 이 사실은 입증되었다.[1] 발견 프로젝트는 설문조사라는 접근법을 통해 사람들의 영적 태도와 필요 및 동기가 그들의 영적 행동과 어떻게 연결되는지를 평가함으로써 '보이지 않는 것을 측정'한다는 점에서 특별하다.

발견 프로젝트는 각기 다른 영적 성장 단계에 있는 사람들을 네 그룹으로 묶어 영적 성장 과정을 구분지었다. '그리스도를 알아 감', '그리스도 안에서 성장함', '그리스도와 친밀함', '그리스도 중심'의 단계로 나누었다. 그러나 발견 프로젝트가 가진 더 깊은 가치는 어떤 요소가 이 영적 성장 과정 중에 변화를 이끌어 내는지에 대한 통찰을 알려 준다는

---

1 발견 프로젝트와 관련된 더 자세한 정보와 간단한 역사를 보고 싶다면 www.revealnow.com을 참고하라.

점이다. 다시 말해, 이를 통해 어떤 교회 활동이나 신념, 신앙 훈련과 행동^{복음 전도나 봉사 등}이 영적 여정의 각기 다른 성장 지점에서 가장 큰 영향을 미치는지를 알 수 있다는 말이다.

영적 생활 조사

영적 생활 조사는 지역 교회들이 교인들의 영적 건강을 평가할 때 사용할 수 있는 조사 도구다. 이 조사의 목적은 시장에서 사람들이 시장 비용의 적은 일부만으로 사용하는 것과 같은 최선의 조사 도구를 교회 지도자들에게 제공하는 것이다. 더 자세한 정보를 얻고 싶다면 "발견 프로젝트 영적 생활 조사란?"이라는 제목의 부록 2나 www.revealnow.com을 참고하기 바란다.

세 권의 책

2007년에 출간된 『발견』^{Reveal: Where Are You?, 국제제자훈련원, 2008}은 일곱 교회를 통해 실시한 5,000개 설문지의 자료를 근거로 작성한 조사 초기의 종합적 발견 내용을 정리한 책이다.

2008년에 나온 두 번째 책 『나를 따르라』^{Follow: What's Next for You?, 국제제자훈련원, 2009}는 영적 성장 과정 중의 변화에 가장 큰 영향을 끼치는 영적 촉진 요소를 설명함으로써 4단계의 영적 성장 과정과 관련하여 전작에서 밝힌 사실들을 확장시켰다. 『나를 따르라』 안의 사실들은 200개가 넘는 교회들의 교인들이 작성한 8만 개의 설문조사지의 자료를 근거로 하였다.

2009년에 출간된 『집중』Focus: The Top Ten Things People Want and Need from You and Your Church은 교회와 담임목사에 대한 만족을 이끌어 내는 요소들사람들이 원하는 것을 영적 성장에 가장 큰 영향을 미치는 촉진 요소들사람들이 필요로 하는 것과 비교한 책이다. 이 책은 2008년 9월과 2009년 2월 사이에 발견 프로젝트 영적 생활 조사에 참여한 376개 교회 8만 명 교인들의 답변을 기초로 만들어졌다.

발견 프로젝트 영적 생활 조사란?

발견 프로젝트 영적 생활 조사는 교회의 영적 성장의 기준을 정하고 그 경과를 확인할 수 있는 검증된 방법이다. 우리 교회가 정말로 차별성을 갖고 사람들을 좀 더 그리스도를 닮은 사람들로 만드는 데 도움을 주고 있는지를 알아보려면 출석 교인 수나 헌금 액수 수치만 들여다보는 것으로는 충분치 않다. 교회를 대상으로 익명으로 답하게 한 이 온라인 설문조사는 이해하기 쉽고 관리가 간단하며, 시차를 두고 반복하여 그 변화를 관찰할 수도 있다. 1,000여 개 교회의 25만 여 명의 사람들이 참여한 방대한 양의 데이터베이스도 있어 각 교회의 결과를 다른 교회와 비교할 수도 있다.

우리 교회가 이 도구를 사용해야 할까?

영적 성장이라는 문제에 있어 우리는 보이지 않는 것을 측정할 수 있어야 한다. 이 영적 생활 조사를 활용한 교회들은 이를 통해 각자의 교회 성도들의 영적 태도와 동기와 태도 및 만족도를 깊이 이해할 수 있었다. 이 조사를 이용할 때 교회 지도자들은 장기간 동안 그들의 성도들이 그리스도께 얼마나 다가갔는지를 추적할 수 있으며, 현재 사역의 노력과 자원의 분배가 실제로 교회 성도들을 영적으로 성장시키는 데 기여하고 있는지도 확인할 수 있다.

영적 생활 조사는 무엇을 제공해 주는가?

5년 동안 세 번의 설문조사: 먼저 기본적인 설문조사를 실시한 후, 후속 조사를 두 차례 실시한다. 후속 조사는 5년 이내라면 어느 때고 실시할 수 있다.

이전에 실시했던 설문조사 결과 및 발견 프로젝트의 데이터베이스에 들어 있는 다른 교회들의 결과와 비교하여 현재 해당 교회의 영적 특징을 나타낸 **영적 생활 진단 보고서**를 제공한다.

발견 프로젝트의 결과에 대응하여 새로운 행동 계획을 세우는 각 교회의 리더십 팀을 도와 네 단계의 기획 과정인 **발견 작업서**Reveal Works 를 제공한다.

마지막으로 영적 생활 조사를 교인들에게 홍보할 수 있도록 **마케팅 자료**를 제공한다. 여기에는 인쇄물이나 이메일을 통해 배포할 문서 안에 들어갈 샘플 문구를 비롯하여 사람들에게 이 조사에 대해 더 많이 알리고 참여율을 높이기 위한 각종 도구가 포함되어 있다.

1,000개의 교회에는 어떤 교회들이 속해 있는가?

이 책에서 밝히는 사실들은 2008년 9월부터 2010년 3월 사이에 진행된 설문조사에 참여한 1,007개 교회의 자료에 기초하고 있다. 다음은 이 교회들에 대한 간략한 개요다.

위치 및 규모

표 A3-1과 A3-2는 지리적 위치와 규모에 따른 이 1,007개 교회의 분포를 표시한 것이다_{주일 예배에 참석하는 성인 수 기준}.

총 네 개로 나눈 지리구 가운데 세 개 지리구에 약 90퍼센트의 교회들이 모여 있다. 특히 그 가운데 일리노이와 미시간, 오하이오 주의 영향이 크게 미치는 중서부 지역에 35퍼센트 이상의 교회들이 밀집해 있다. 반면 북동부 지역에는 11퍼센트의 교회들만이 분포되어 있다.

주일 예배 참석 교인 수로 보자면 중간 정도의 규모의 교회가 집중적으로 많이 분포하고 있다. 절반이 약간 넘는 52퍼센트의 교회들의 주일 예배 참석 성인 교인 수가 251명에서 1,000명 사이이고, 250명 이하라는 최저 단위의 교인들이 주일 예배에 참석하고 있는 교회는 총 26퍼센트였다. 그러나 이 비율이 미국 전국 교회의 평균이라고 말할 수는 없다. 전국적으로는 낮지 않은 비율의 교회들의 주일 예배 참석 교인 수가 100명 이하인 것으로 파악되기 때문이다.

1,007개 교회들의 지리적 위치

미국의 지리구	지리적 구획	표본 교회 수의 비율
전체 교회 수		1,007
북동부	뉴잉글랜드	3%
	중부 대서양	8%
중서부	동북 중부	26%
	서북 중부	11%
남부	남부 대서양	15%
	동남 중부	4%
	서남 중부	13%
서부	산간	7%
	태평양	13%

표 A3-1 이 책에 나온 결과들의 근거가 된 1,007개 교회들은 미국 전역에 위치해 있다. 그 가운데 가장 적은 수의 교회들이 위치한 구획은 뉴잉글랜드로 3퍼센트의 교회만이 포함되어 있으며, 가장 높은 비율인 26퍼센트의 교회들이 위치한 곳은 중서부, 그 가운데서도 동북 중부 구획이다.

1,007개 교회들의 주일 예배 참석 교인 수	
미국의 지리구	표본 교회 수의 비율
전체 교회 수	1,007
101명 이하	3%
101-250	23%
251-500	25%
501-1,000	27%
1,001-2,500	15%
2,501-5,000	5%
5,001명 이상	2%

표 A3-2 이 책에서 다룬 1,007개 교회들의 규모는 다양하였지만, 주일 예배 참석 교인 수가 250-1,000명 사이인 교회의 수가 절반 이상인 것으로 보고되었다.

교단 및 교회 특성

설문조사에 참여한 교회들은 다양한 교단에 속해 있으며, 특성도 다양하다[표A3-3. A3-4]. 초교파 교회와 침례교 교회가 1,007개 교회 중 45퍼센트를 차지하고 있지만, 감리교와 루터교, 장로교 같은 다른 교단 교회들도 고루 섞여 있었다. '교회 특성'이라는 항목에 대해서는 조사에 참여한 각 교회들에게 자신들의 교회를 가장 잘 설명한 단어 세 개를 알려달라고 하여 정리하였다. '현대적', '복음주의적', '구도자 친화적' 단어가 가장 많이 나왔다. 하지만 한 가지 더 중요하게 지적할 점은, 적지 않은 비율의 교회들이 자신들의 교회를 이 세 개의 단어들로 설명하지 **않**

았다는 사실이다.

요약하자면 이 책이 보고하고 있는 결과에 포함된 1,007개 교회의 인구학적 조합은 최초로 발견 프로젝트 영적 생활 조사가 진행된 2007년 이후 이 조사에 참여해 온 모든 교회들의 다양성을 그대로 보여 주고 있다. 특정한 결과를 만들어 내기 위해 특정 부분에 가중치를 주거나 데이터를 재분배하는 일은 없었다.

1,007개 교회의 교단	
교회 교단	표본 교회 수의 비율
전체 교회 수	1,007
초교파	28%
침례교	17%
감리교	9%
루터교	8%
장로교 / 개혁교회	7%
기독교 교회 / 그리스도의 교회 / 제자회	4%
하나님의 성회 / 하나님의 교회 / 오순절	4%
빈야드 교회 연합	3%
기타	20%

표 A3-3 이 책에서 다룬 1,007개 교회들은 초교파 교회(28퍼센트)와 침례교(17퍼센트)에서부터 빈야드 교회 연합(3퍼센트)에 이르기까지 다양한 교단에 소속되어 있었다.

1,007개 교회의 특성

교회 특성 복수 응답 허용	표본 교회 수의 비율
전체 교회 수	1·007
현대적	64%
복음주의적	63%
구도자들에 민감구도자 친화적	54%
선교자적 마음가짐	39%
혁신적	34%
비전 지향적	32%
보수적	24%
전통적	18%
주류	15%

표 A3-4 각자의 교회의 특성을 가장 잘 설명해 주는 단어 세 개를 선택하라고 했을 때, 1,007개 교회들 가운데 약 3분의 2가 '현대적', 혹은 '복음주의적'이라는 단어를 꼽았다. 그러나 '선교자적 마음가짐' (39퍼센트)과 '보수적'(24퍼센트), '전통적'(18퍼센트)이라는 단어를 택한 비율도 상당했다.

최고의 모범 교회에는 어떤 교회들이 속해 있는가?

최고의 모범 교회란 2007년 가을에 발견 프로젝트 조사를 받은 500개 교회들 가운데 영적 활력 지수를 기준으로 최상위 5퍼센트에 속한 교회들을 가리킨다. 이후에도 여러 교회들이 최상위 5퍼센트에 속하는 영적 활력 지수를 받아 추가로 이 그룹에 들어왔다. 우리가 따로 최고의 모범적 사례를 보여 주는 이야기와 전략을 빈틈없이 검토한 것은 아니지만, 2008년 이후 좀 더 제한된 표본 연구를 통해 다음에 정리한 교회들이 행하는 최고의 모범적 사역들에서 네 가지 공통 원리를 확인할 수 있었다.

교회명	담임목사	교회 프로필	주일 예배 참석 성인 교인 수 2008년
베들레헴 하나님의 성회 교회 뉴욕 주 밸리스트림	스티브 밀라초	하나님의 성회/다문화/교외	850명
브리지 커뮤니티 교회 미주리 주 리딩턴	팀 그레이	초교파/시골	400명
그리스도 안의 하나님의 교회 기독교 복음 센터 미시간 주 디트로이트	마커스 웨이즈	오순절/아프리카계 미국인/도시	350명
믿음의요새 교회 미시간 주 디트로이트	하비 캐리	복음주의 언약교회/다문화/도시	220명
이스트밸리 포스퀘어 교회 몬태나 주 이스트헬레나	제프 리처즈	오순절/시골	320명
페이스채플 크리스천 센터 앨라배마 주 버밍엄	마이클 무어	초교파/아프리카계 미국인/ 도시	3,500명
올랜도 제일침례교회 플로리다 주 올랜도	데이비드 유스	침례교/교외	6,000명
풀가스펠 태버너클 교회 뉴욕 주 파 락어웨이	호르헤 베가	초교파/다문화/도시	350명
게이트웨이 교회 텍사스 주 사우스레이크	로버트 모리스	초교파/다문화/교외	9,000명
글로스터 카운티 커뮤니티 교회 뉴저지 주 세웰	브루스 소피아	초교파/교외	2,500명
하버라이트 교회 캘리포니아 주 프리몬트	테리 인먼	하나님의 성회/다문화/교외	900명

교회명	담임목사	교회 프로필	주일 예배 참석 성인 교인 수 2009년
팜밸리 교회 텍사스 주 미션	릭 개넌	초교파/다문화/교외	3,000명
성령 펠로십 교회 일리노이 주 사우스 홀랜드	존 설리번	초교파/다문화/교외	400명
테네시밸리 커뮤니티 교회 테네시 주 파리	스티브 갤리모어	침례교/시골	400명
트라이 카운티 교회 펜실베이니아 주 뒤부아	데이비드 비시	초교파/시골	850명
워터마크 교회 텍사스 주 댈러스	토드 와그너	초교파/교외	4,800명

영적 신념과 영적 태도에 대한 진술이란 무엇이며,
그것은 어디에서 비롯되는가?

우리 조사의 목적은 영적 성장을 가져오는 것이 무엇이며, 그 같은
성장을 방해하는 요소가 무엇인지에 대한 통찰을 얻는 것이다. 이 작업
을 진행하며 우리가 내리는 '영적 성장'에 대한 정의는, 하나님을 사랑
하고 이웃을 사랑하라고 한 그리스도의 가장 큰 계명[마 22:36-40]에 근거한
다. 우리는 영적 신념과 영적 태도에 대한 진술들을 사용하여 각 사람이
각 진술에 대해 얼마나 강하게 동의하는지를 답하게 함으로써 그들이
영적으로 어느 단계에 와 있는지를 평가하였다. 우리가 사용한 진술들
은 다음과 같다.

▶ **은혜로 얻는 구원:** 나는 현재나 과거의 내 행위로 스스로를 구원할 수
는 없다고 믿는다[엡 2:8-9].

▶ **삼위일체:** 나는 성경의 하나님이 유일하고도 진정한 하나님-아버지,
아들, 성령-이심을 믿는다[고후 13:13].

▶ **인격적인 하나님:** 나는 하나님이 적극적으로 내 삶에 개입하고 계시

다고 믿는다[시 121].

▸ **그리스도를 첫 자리에 모심:** 나는 내 인생에서 예수님이 첫 번째가 되기를 바란다[마 6:33].

▸ **성경의 권위:** 나는 성경이 나의 말과 행동에 결정적인 권위가 있다고 믿는다[딤후 3:16-17].

▸ **그리스도 안에서의 정체성:** 나는 하나님을 알고 사랑하며 섬기기 위해 존재한다[요 1:12-13].

▸ **청지기 정신:** 나는 그리스도인이라면 물질적인 것을 추구하는 삶이 아닌 희생하는 삶을 살아야 한다고 믿는다[딤전 6:17-18].

▸ **삶의 희생:** 나는 예수 그리스도를 위해 기꺼이 내 인생에서 중요한 모든 것을 잃을 위험을 감수할 수 있다[롬 12:1-2].

▸ **신앙의 희생:** 나는 불신자들이 예수 그리스도를 자신들의 주님이자 구세주로 받아들이기를 기도한다[엡 6:19-20].

▸ **시간의 희생:** 나는 내 공동체에 속한 다른 사람들을 섬기고 돕기 위해 내 시간을 내어놓는다[골 3:17].

▸ **돈의 희생:** 하나님의 일이 나의 재정 사용의 최우선 순위다[고후 8:7].

이 진술들은 성경에 그 기반을 둔 것으로서 텍사스 주 샌안토니오의 오크힐스 교회의 담임목사인 랜디 프레이지가 쓴 『그리스도인의 생활개요 평가도구』에서 가지고 왔다. 수십 명의 교회 지도자들과 신학자들이 그리스도의 제자들에게서 반복적으로 발견되는 핵심적인 특징을 발견하기 위해 철저하게 성경을 연구하였고, 그런 다음 펜실베이니아 대학과 리서치 전문업체 갤럽이 후원하는, 지속적으로 미국의 '영적 온도'의 기준점이 되는 "영적 연두교서"를 포함한 다양한 포럼에서 이를 검증하고 개정하였다. 이 같은 포괄적인 노력에는 달라스 윌라드나 J. I. 패커, 래리 크랩 같은 전문가들이 참여하였다. 이 과정에 참여한 사람들이 이처럼 우수했을 뿐만 아니라 그 접근법이 무척이나 철저하였기에 우리는 이 진술들을 우리의 조사에 활용하기로 한 것이다.

발견 프로젝트 결과에 대한 윌로크릭의 대응법

"그렇다면 발견 프로젝트의 모든 결과들에 대하여 윌로크릭은 어떻게 대응하고 있는가?" 우리가 목회자들과 교회 지도자들로부터 가장 자주 듣는 질문 중 하나다. 여러분도 이 조사 결과가 우리의 사역에 어떤 영향을 미쳤는지 궁금할 것이다. 그래서 다른 교회들에게 도움이 될까 하여 우리가 실행하고 배우고 있는 내용을 지속적으로 나누는 차원에서 발견 프로젝트를 통해 알게 된 사실들에 대응하여 우리 교회가 취한 가장 중대한 변화들을 아래에 요약해 보았다.

윌로크릭 교회가 발견 프로젝트의 결과를 받아 본 후 실시한 변화를 위한 노력들은 크게 두 시기로 나눠 설명할 수 있다. 첫 번째 시기는 2004년과 2007년 사이이며, 두 번째는 2008년 이후 지금까지 지속되고 있는 변화다.

변화를 위한 노력: 최초의 조사 이후 (2004-2007)

2004년 교회의 첫 번째 설문조사 결과를 확인하고 난 직후, 윌로크릭의 주요 지도자들은 세 가지 사실을 분명하게 깨달았다. 첫 번째는 영적 성장의 책임이 교회와 개인 양자에게 주어져 있다는 사실을 인정해야 한다는 것이었고, 두 번째는 그리스도 중심 단계에 속한 성도들을 더 잘 지원해 줘야 한다는 것이었으며, 마지막 세 번째는 그리스도와 친밀한 단계와 그리스도 중심 단계에 속한 사람들이 가진 독특한 필요에 집중해 줄 지도자를 임명해야 한다는 것이었다.

영적 성장에 대한 책임을 전가했다

발견 프로젝트 조사를 실시하기 전에는 성도들에게 근본적인 영향을 끼치는, 세계적인 영적 성장 전략을 세우고 실행해야 한다는 책임을 온통 교회 직원들이 짊어졌었다. "우리는 무엇이 당신을 위한 최선인지 알고 있어요. 이 다양한 프로그램과 활동들에 참여하세요. 그러면 당신은 영적으로 성장할 수 있어요." 그러면서 주일 예배와 수요 예배에 참석하고 소그룹에 참여하며 제시된 수백 가지 봉사 기회들 가운데 한 가지 이상에 관여할 것을 교인들에게 권했다. 우리는 교인들이 이 활동들을 하면 각각의 영적 성장 단계에 속한 교인들 중에서 일부, 아니 모든 사람들이 영적으로 성장할 수 있도록 그들을 도와줄 것이라 확신했다.

그런데 알고 보니 교인들의 영적 성장을 돕는 경험을 제공할 책임이 대부분 교회에 있다고 전제한 그 전략은, 합리적인 수준에서 교회가 제공할 수 있는 것을 훌쩍 뛰어넘는 비현실적인 기대 위에 세워져 있었다. 타인의 영적 성장에 대하여 교회가 과도한 책임을 지자 교인들은 교회 직원들에게 의지하게 되었다. 그것은 건강하지 못한 상황이었다. 따라서 우리는 첫 번째 변화로, "우리는 무엇이 당신을 위한 최선인지 알고 있어요"로 대표되던 접근법을 바꾸어, 다음 메시지를 주기 위해 노력했다. "우리 모두가 영적 여정 위에 서 있고, 자신의 영적 성장에 대한 책임은 각 사람이 져야 합니다. 여러분의 영적 여정은 각자 고유한 것이며, 따라서 여러분의 영적 성장 과정에서는 단계마다 각기 다른 뭔가가 필요할 것입니다. 교회 지도자들이 여기 있는 이유는, 자신에게 필요한 것이 무엇인지 확인하고 여정의 그다음 단계로 나아가려 하는 여러분을 돕기 위해서입니다." 모든 사람들에 대하여 일관되게 효력을 발휘하는 궁극의 영적 성장 전략을 세우기 위해 노력하는 대신, 우리는 그에 대한 기본적인 책임을 영적 성장의 대상인 각 사람에게로 전가시켰다. 이때부터 우리 교회 리더십의 역할은 감독과 격려자, 구비자[equipper]가 되었다.

그리스도 중심 단계에 속한 성도들을 지원했다

조사 결과 그리스도 중심 단계에 속한 우리 교인들이 자신들의 영적 성장을 돕는 일과 관련하여 교회에 대한 불만족도가 상대적으로 높은 것으로 나왔다. 그리고 이들은 더 깊이 있는 성경 교리를 원하고 있었다. 우리 교회에 대한 설문조사 결과를 보면 가장 성숙한 이 교인들이 가장 훌륭한 복음 전도자들이며 자원봉사자라는 사실이 분명하게 드러났다. 그런 그들이 교회에 대해 불만을 갖고 있다는 것은 우리 지도자들에게 큰 걱정거리가 아닐 수 없었다. 우리는 그들에게 의존하여 그리스도가 맡기신 사명을 감당해 나가고 있었다. 우리는 그들이 영적으로 잘

자라 가기를 간절히 원했다. 그래서 우리는 여러 가지 계획을 세워 그들이 관심을 가진 문제들을 해결해 주기 시작했다. 주일 예배의 설교 내용에 기초한 자료를 만들어서 교인들이 주중에 그것을 더 깊이 공부할 수 있게 하였다. 주일 예배 설교를 할 때는 사람들의 감정적인 필요를 채워 주는 주제에 성경의 각 책을 해설적으로 강해하는 메시지를 추가했다. 또한 수요 예배에 대한 설문조사 결과를 보면, 그것이 그리스도 안에서 성장하는 단계의 성도들과 그리스도와 친밀한 단계의 성도들의 필요는 충족시켜 주지만, 그리스도 중심 단계에 있는 성도들 사이에서는 그에 대한 만족도가 뚝 떨어졌다. 이들은 더 심오한 성경적 지식을 원했던 것이다. 그래서 우리는 수요 예배 설교 메시지를 조정하여, 그 안에 그리스도 중심의 성도들에게 더 큰 도전이 될 만한 내용들을 포함시켰다. 우리는 이 같은 조치로 인해 그 예배에 참석하는, 상대적으로 미성숙한 단계의 성도들에게 부정적인 영향이 가는 일은 없을 것이라 믿었다. 조사 결과를 보면 성경을 더 깊이 이해하는 것이 **모든 사람**의 바람이라고 분명히 명시되어 있었기 때문이다.

지도자를 임명했다

2004년 여름 우리 리더십 팀이 처음으로 윌로크릭의 발견 프로젝트 결과를 점검하던 그 중요한 수련회에서, 빌 하이벨스 담임목사는 우리 교회의 가장 큰 문제점을 즉각적으로 알아냈다. 우리 교회 교인들 중 **절반**에 해당하는, 그리스도와 친밀한 단계와 그리스도 중심 단계에 속한 교인들의 특별한 필요를 채워 주는 전담 사역자가 없다는 것이 바로 그 문제였다. 윌로크릭 교회는 업무에 딱 맞는 은사와 능력과 영적 성숙도를 가진 지도자를 택하는 것이, 일을 성사시키기 위한 첫걸음이라고 늘 믿고 있었다. 그런 우리에게 기존의 활동들을 재조정하고 교회에서 가장 영적으로 성숙한 교인들의 지속적인 성장을 촉진시키기 위한 추가적인 기회들을 만들어 낼 사람이 필요했다.

그리고 마침내 우리는 이 일을 이끌어 나갈 검증된 지도자 랜디 프레이지를 찾아냈다. 그는 댈러스 지역의 판티고 성경 교회의 담임목사로 사역했던 사람으로, 제자도에 열정을 가지고 있었으며 우리 교회의 소그룹 체계를 이끄는 것을 도와줄 수 있는 인물이었다. 프레이지 목사는 성경 문학 과정을 만드는 책임을 맡고, 수요 예배의 추가적인 변화를 이끌어 냈다. 그리고 그의 팀은 각 개인의 영적 성장 정도를 평가하기 위한 도구를 만들어 각 사람이 나아가야 할 다음 영적 여정의 단계를 알아내는 걸 돕는 작업을 시작했다. 그들의 목표는 프리 사이즈 옷처럼 한 가지 아이디어로 모든 사람들의 필요를 채워 주려던 기존의 전략을 개별적 필요에 맞춘 영적 성장 계획으로 바꾸는 것이었다. 그 작업은 현재 '인게이지'라는 프로그램으로 결실을 본 상태다. 인게이지는 웹을 기반으로 한 시스템으로, 이 프로그램을 이용하는 교인들은 간단한 발견 프로젝트 설문조사를 한 후 각기 다른 결과에 따라 차별화된 영적 성장 계획서를 받아, 어떤 것이 각자의 영적 성장을 위한 다음 단계로 최선인지를 판단하게 된다. 여기서 말하는 다음 단계로는 개인별 상황에 맞춘 성경 읽기 계획에서부터 교육 프로그램에 참여한다든가 교회 봉사 등 각자가 출석하는 교회에서 제공하는 구체적인 성장 기회에 이르기까지 다양하다. 추후 이 프로그램은 윌로크릭 교회 교인뿐 아니라, 이에 관심을 가진 모든 교회의 교인들도 이용할 수 있을 것이다.

이상의 내용들이 큰 변화로 느껴지지 않을 수도 있다. 솔직히 말해 우리가 알게 된 것들을 제대로 흡수한 후 다른 사람들을 일으켜 세워 우리가 발견한 사실들을 행동으로 옮기게 하기까지는 상당한 시간이 필요했다. 우리는 따로 시간을 들여 회의에 회의를 거듭하고 교회 직원들과 주요 평신도 지도자들에게 발견 프로젝트 결과를 보여 주었다. 각 부서의 운영 방침을 바꾸는 준비 작업을 할 때도 그들에게는 그 결과의 의미를 이해하고 질문을 던질 시간이 필요했다. 그러나 마침내 우리는 사람들의 생각과 태도와 행동이 조금씩 변화되는 것을 보기 시작했다.

2007: 두 번째 경고

2004년 우리가 첫 번째 설문조사 결과를 받은 후, 우리는 이 결과를 경고로 여겼다. 그러나 2007년 설문조사를 다시 시행하고 보니 우리에게 얼마나 더 깊이 있는 변화가 필요한지를 제대로 이해하지 못하고 있었음이 드러났다. 2004년 이후 변화를 위한 우리의 노력이 실제로는 교회에 얼마나 큰 영향을 미쳤을까? 놀랍게도 그리 크지 않았다. 오히려 우리가 향상되기를 바랐던 핵심적인 분야에서는 의미 있는 움직임이 전혀 없었다. 받아들이기 힘든 결과였다. 이것을 받아들이기가 더 힘들었던 이유는, 같은 설문조사를 받은 다른 20개 교회들이 있어서, 처음으로 다른 교회들과 윌로크릭을 비교할 수 있었기 때문이다. 몇몇 영역들에서 우리가 기준에 한참 미치지 못하고 있다는 사실이 확연히 드러났다.

다른 교회들과의 이 같은 비교가 물론 경쟁을 위한 것은 아니었다. 우리는 다만 하나님을 온전히 섬기기를 추구하는 공동체로서 우리가 실제로 무엇을 할 수 있는지를 분명하게 보고자 했다. 그제야 우리는 우리 교회의 잠재성을 볼 수 있었다. 즉, 우리 교회를 다른 교회들과 비교함으로써 우리가 특별히 잘하는 것복음 전도와 구제 활동이 무엇인지를 분명히 알고, 향상시켜야 할 중요한 부분들성경 읽기와 묵상 및 주일 예배에 집중하는 식으로 다음에 우선적으로 해야 할 행동을 정할 수 있었다.

점진적인 변화만으로는 우리가 바라는 결과가 나올 수 없다는 점이 확실해졌다. 지금 그 자리에 머무른다는 것은 생각할 수도 없는 일이었기에 우리는 대대적인 개혁을 감행해야 했다. 종교적이지 않은 사람들을 온전히 헌신한 예수 그리스도의 제자로 바꾸는 것이 우리의 사명이었기에 우리는 윌로크릭의 역사상 가장 큰 변화들을 시도해 나가기 시작했다.

변화를 위한 노력: 현재 (2008년 이후 지금까지)

2008년 봄에 윌로크릭의 주요 리더십 팀은 다시 한 번 전략 계획 수련회로 모였다. 당시 우리는 사흘을 함께 지내며 설문조사 결과를 놓고 논의했는데, 이때는 이전에 비해 훨씬 더 급진적이고 윌로크릭의 핵심 전략의 대대적인 변화와 관련된 아이디어들이 나왔다. 이 수련회 이후 우리는 다음과 같은 다섯 가지 중요한 전략을 실행에 옮겼다.

1. 발견 프로젝트가 정리한 '영적 성장 과정'을 교회의 영적 성장의 틀로 완전히 받아들였다.

그때까지만 해도 우리는 발견 프로젝트의 결과에 대해 교인들에게 많은 이야기를 하지 않고 있었다. 하지만 2008년의 첫 번째 주일 예배부터는 하이벨스 목사가 몇 주 동안 연이어 표를 가지고 이 네 단계의 신앙 성장 과정을 설명했다. 그는 이렇게 각 단계에 대해 설명하고 교회 안의 사람들을 도전했다. 그것은 교인들로 하여금 자신의 위치를 평가하게 하고, 동시에 그리스도께 좀 더 가까이 나아가기 위해 취해야 할 다음 조치를 구체적으로 선택하게 하기 위함이었다. 우리는 교인들에게 설문조사 결과를 알려 주고, 그들의 영적 여정을 돕기 위해 우리가 실행하고 있는 움직임들을 솔직하게 털어놓았다.

또한 교회 직원들에게 발견 프로젝트가 우리 생활의 일부임을 인식시켜, 주요 리더들로 하여금 그 결과와 결론을 100퍼센트 받아들이고 각자의 사역을 그 결과에 일치시키기 위해 할 수 있는 모든 것을 할 필요가 있다는 것을 인정하게 했다. 사실 개중에는 발견 프로젝트와 관련된 이 모든 것이 단순한 유행, 그러니까 잠깐 동안 주목을 받다가 조용히 사라지고 마는, 그저 지나가는 아이디어라고 생각한 사람들도 없지 않았다. 그래서 많은 이들이 '좀 두고 보자'는 태도를 취하고 있었지만, 이제는 주요 리더들이 발견 프로젝트가 그들의 생활의 일부임을 분명히 인식하지 않으면 안 되었다.

2. 이원화되어 있는 예배 모델을 없애고, 수요 예배를 대학 강의식 형태로 바꾸었으며, 주일 예배에도 중대한 변화를 단행했다.

교회 개척 이후 33년 동안 윌로크릭은 매주 두 번의 다른 예배를 드리고 있었다. 주로 영적 구도자들을 대상으로 한 주일 예배와 좀 더 성숙한 그리스도의 제자들을 주요 대상으로 한 수요 예배가 바로 그것이었다. 그러나 설문조사 데이터를 통해 우리 교인들이 자신들의 다양한 영적 필요를 채워 줄, 더 다양한 선택지를 원하고 있다는 사실이 분명히 드러났다. 게다가 바쁜 일정들 때문에 사람들은 수요일 저녁 예배에 참석하기가 점점 힘들어지고 있었다. 교인들이 좀 더 깊은 성경의 가르침을 배울 수 있는 모임이 수요 예배밖에 없다면 결코 우리의 사명을 실현시킬 수 없을 터였다. 우리는 이원화된 예배 모델에 수정을 가해야만 했다.

먼저 우리는 수요 예배를 대학 강의 형태로 바꿔 구체적인 내용의 다음 단계의 학습을 필요로 하는 사람에게 참석을 독려하기로 결정했다. 이것은 발견 프로젝트 설문조사에서 좋은 결과를 얻은 교회들 중 이와 비슷한 방법을 사용해 온 여러 교회들의 지도자들과 대화하는 중에 나온 아이디어였다. 현재 우리가 진행하고 있는 새로운 형태의 수요일 저녁 프로그램'예배'가 아니다은 교회에 일찍 오고 싶어 하는 사람들을 위해 30분간의 찬양 시간으로 시작된다. 이 시간이 끝나면 사람들은 흩어져 각기 다른 영적 성장 단계에 맞춰 구성된 열 두 개의 강의 중 한 강의를 들으러 간다. 강의의 형태는 101, 201, 301 등 수준별 강의와 비슷한 형식으로 되어 있다.

이 수업들은 기독교를 알아 가는 사람들을 위한 것에서부터, 성경을 종합적으로 이해할 수 있게 하거나 영적 은사를 발견하도록 돕는 수업에 이르기까지 다양하다. 지역의 신학교 교수들이 와서 성경의 각 책에 대한 심화 과정을 지도하는 일도 있다. 그리고 수요일 저녁에 교회에 올 수 없는 사람들을 위해 거의 모든 수업이 온라인에 올려진다. 지금도 계속해서 강의 형식과 구성에 조금씩 변화를 주고 있긴 하지만, 최근 우리 교인들을 대상으로 실시한 설문조사가 증명해 준 내용을 통해 우리는 이 방법이 전반적으로 성도들의 영적 성장에 도움을 주고 있음을 확인했다.

그런데 모든 사람이 수요일 저녁 예배에 참석할 수 있는 것은 아니기 때문에^{오프라인에서든 온라인에서든} 주일 예배에도 변화가 필요함을 깨달았다. 영적 구도자들을 향해 지나치게 편향되지 않은, 네 단계의 영적 성장 과정에 속한 모든 사람들의 영적 변화를 똑같이 촉진시키는 주일 예배를 드릴 필요가 있었다. 그리고 더 깊이 있는 성경 내용과 구체적인 다음 단계를 알려 줌으로써 모든 사람들을 더 강하게 도전하는 예배를 드려야 했다. 그리하여 우리는 공적 예배의 양을 늘리고, 모든 사람이 하나님과 의미 있는 만남의 시간을 가질 수 있도록 돕는 것을 목적으로 한 예배들을 만들었다.

3. 소그룹 전략을 변경했다.

1993년을 기점으로 우리는 모든 사람들을 소그룹에 참여시키는 것을 교회의 목표로 삼아 왔다. 앞에서 반복해서 말했듯이 '삶의 변화는 소그룹 안에서 가장 잘 일어난다'고 믿었기 때문이다. 우리는 심지어 소그룹 참여를 등록 교인이 되기 위한 필수 요소로 포함시키기까지 했다! 1993년과 2003년 사이에 소그룹에 참여하는 교인 수는 4,000명에서 1만 5,000명으로 늘어났다. 그러나 발견 프로젝트의 분석을 통해 우리가 일관되게 지켜 온 이 목표가 잘못 설정된 목표였음이 밝혀졌다. 윌로크릭을 비롯한 우리가 조사한 교회들의 자료 중에서는, 교인들을 한 명도 빠짐없이 소그룹에 참여시키면 그것이 효과적인 영적 형성 전략으로 작용할 거라고 말해 주는 증거가 그 어디에도 없었다.

대신 우리는 영적 공동체가 모든 이들의 지속적인 성장을 위해 필수적이라는 사실만을 입증해 낼 수 있었다. 따라서 강조점을 모든 이들을 소그룹에 참여시키는 것에서 그들이 어떤 종류든 영적 공동체에 들어가게 하는 것으로 바꾸었다. 앞에서 보았듯이 그리스도와 친밀한 단계와 그리스도 중심 단계의 성도들 가운데 대다수는 멘토링 관계나 영적 우정, 스스로 만들어 낸 '독자적' 소그룹 등을 통해 이미 영적 공동체를 경험하고 있었다. 그런데도 우리는 끈질기게 그들에게 '공식적인' 교회 소그룹에 참여할 것을 강요하여, 그들의 등에 불필요한 짐을 지웠던 것이다.

새로운 전략을 실행하기 위해서는 새로운 언어가 필요했다. 지금 현재 우리는 삶의 변화는 공동체 안에서 가장 잘 일어난다고 말한다^{그것}이 꼭 소그룹일 필요는 없다. 그리고 이에 더하여 영적 공동체가 각자의 영적 성장을 위해 필수적인 것은 사실이지만, 그것을 찾고 든든히 쌓아 나가는 것은 각 사람의 책임임을 교인들에게 상기시키고 있다. 물론 교회 안에 훈련된 지도자들이 이끄는 많은 소그룹이 있어 원하기만 한다면 참여하여 도움을 얻을 수 있지만 영적 공동체를 계속 추구해 나가는 책임은 어디까지나 개인의 몫임을 알려 주는 것이다.

4. 모든 교인에게 기본적으로 매일 성경 읽는 훈련을 요구했다.

우리 역시 매일 성경을 읽는 것이 그리스도의 제자들의 신앙 훈련을 위해 필수적인 일이라고 늘 생각했다. 그러나 발견 프로젝트의 결과는 그리스도를 알아 가는 단계의 사람들도 규칙적으로 성경을 읽지 않으면 안 된다고 말하고 있었다. 거기에다 성경을 가까이 하는 훈련이 한 개인이 할 수 있는 활동 중 가장 효과적인 영적 촉진 요소가 된다는 사실까지 알게 된 이후, 이것은 우리 교회에서 가장 중요하고 우선적인 일이 되었다.

지금은 주일 예배 때마다 빌 하이벨스 목사가 "제가 여러분을 대신해서 성경을 읽어 드릴 수는 없습니다"라고 말하는 것을 아주 흔하게 듣고 있다. 더 깊이 있는 주일 예배 설교를 통해 그리고 예배 중에 더 자주 성경 말씀을 봉독하게 하고 묵상하게 함으로써 우리는 교인들 안에 하나님의 말씀을 더욱 간절히 찾는 마음을 불어넣기 위해 애쓰고 있다. 뿐만 아니라 각종 주중 모임에서도 성경에 더 집중하면서, 그 안에 심화된 과정을 많이 포함시키고 있다. 게다가 이 같은 변화는 성인들을 대상으로 한 사역에서만 일어난 것이 아니었다. 어린이 사역에서도 우리는 그 커리큘럼의 목표를 단순히 성경 이야기를 가르치는 것에서 스스로 성경을 읽고 이해하는 법을 가르치는 것으로 바꾸었으며, 중등부 사역의 커리큘럼도 수정하여 중등 과정 4년이 끝나고 난 후에는 학생들이 매일 성경 읽는 습관을 가질 수 있게 한다. 이는 이 교육 부서가 가르치고 강화시켜야 할, 평생에 영향을 미치는 여러 신앙 훈련들 가운데 하나일 것이다.

5. 지역 공동체를 섬기는 일에 더 많은 에너지와 물질을 투자하기 시작했다.

발견 프로젝트의 결과에 대한 우리의 대응은 관심이 필요한 영역의 일을 바로잡는 것에서 그치지 않았다. 우리는 힘을 조절하여 하나님이 분명히 움직이시는 영역 안으로 들어가 지속적으로 하나님의 일에 가담하는 일도 시작하였다. 조사 결과들은 교회가 성도들을 그리스도와 더욱 가까워지게 하려 할 때 어려운 처지에 있는 사람들을 섬기는 것이 가장 큰 촉진 요소 중 하나임을 확인해 주었다. 이것은 윌로크릭에게는 매우 좋은 소식이었다. 10년이 넘도록 우리는 밖으로 나가 시카고 전역에서 도움이 필요한 사람들을 섬기는 것을 주요 전략 가운데 하나로 삼고 있었기 때문이다. 현재 우리는 이 일을 매우 진지하게 받아들여 매달 몇 명의 자원봉사자들이 우리가 운영하는 구제 활동 사역 부서들을 통해 봉사 활동을 하고 있는지를 꼼꼼히 확인하고 있다. 그 수는 해가 지날수록 조금씩 증가하고 있다. 2010년에 우리 교회의 자원봉사자들은 2009년보다 30퍼센트 정도 증가한 7만 건 이상의 봉사 활동을 행했으며, 윌로크릭 교인들 중 구제 사역 기호를 제공하는 것과 관련한 질문에 매우 만족한다고 답한 사람이 77퍼센트였다. 이것은 발견 프로젝트의 데이터베이스에 속한 모든 교회들의 평균보다 28퍼센트가 높은 결과였다. 그러나 우리는 이보다 더 훨씬 더 높은 수치를 원한다.

윌로크릭의 돌봄 센터Care Center는 현재 시카고 지역 최대의 푸드뱅크로서, 2010년에만 1만 7,000개 이상의 가정들을 섬겨 왔다. 매주 650명이 넘는 교인들이 상근직원 두 명과 파트타임 직원 한 명과 함께 이 일에 참여하고 있다. 또한 우리 교회에는 어려운 처지에 있는 사람들에게 자동차를 나눠 주고 무료로 차 수리를 해주는 카스CARS라는 사역 부서가 있다. 그런데 이 두 개 사역을 위한 부서는 따로 시설을 빌려 일하고 있다. 2010년 10월에 있었던 교회의 35주년 기념행사에서 우리는 돌봄 센터와 카스 부서 사무실을 사우스배링턴 캠퍼스로 이전하여 기존의 식사 및 운송 수단 봉사에 더하여 아동용 의복과 의료봉사, 직업 훈련을 비롯한 다양한 돌봄 사역과 후원 봉사를 제공하는 새롭고 확대된 종합 돌봄 사역을 시작할 것이라고 발표했다. 그리고 바로 그 주일부터 이 비전을 실현시키기 위해 1,000만 달러를 모금하는 컴패션 캠페인이 시작되었다. 우리는 이 새로운 사역이 2012년 말에 본격적으로 운영되기 시작하면 교회가 지역 공동체를 섬길 수 있는 기회가 많아지는 것은 물론, 교인들의 영적 성장을 촉진시키기 위한 기회도 훨씬 더 많아지리라 생각한다.

우리가 향하는 곳… 한 번에 한 걸음씩

모든 것을 한 번에 하는 것은 불가능하다. 변화시켜야 한다는 자극을 주는 요소들이 우리에게 여전히 많이 남아 있다는 것은 자명한 사실이다. 그러나 우리는 교회 안에 있는 모든 이들이 그리스도와 생기 넘치고 깊이 있는 관계를 경험할 수 있도록 돕기 위해 해야 하는 모든 일을 하기로 굳게 다짐했다. 우리 교인들이 시행한 가장 최근의 설문조사 결과[2010]는 계속해서 이 길을 걸어가려는 우리에게 용기를 북돋워 주었다. 2007년 이후 우리에게는 다음과 같은 변화가 생겼다.

▶ 성경을 읽고 묵상하는 교인들의 비율이 35퍼센트 증가하여, 이 항목에 대한 윌로크릭의 수준이 다른 최고의 모범 교회들과 같아졌다.

▶ 주일 예배에 대한 교인들의 만족도가 네 개의 영적 성장 단계에서 골고루 상승했다. 이 예배들이 자신들의 영적 성장에 도움이 되고 있다고 말하는 교인 수가 전체적으로 29퍼센트 많아졌다.

▶ 영적 삶에서 성장하고 다음 단계로 나아가도록 도전하는 교회의 역

할에 대한 만족도가 27퍼센트 증가했다.

▸ 성도들의 영적 성장을 돕는 교회의 역할에 대한 전체적인 만족도가 34퍼센트 증가했다.

윌로크릭은 아직 최상위 5퍼센트 교회가 아니다. 그러나 2004년 이후 실행한 변화들은 정말 확실한 성장을 가져왔다. 우리 교회의 영적 활력 지수의 의미 있는 증가는 이 사실을 증명한다. 그러나 "또한 모든 것을 해로 여김은 내 주 그리스도 예수를 아는 지식이 가장 고상하기 때문이라"고 했던 바울의 말처럼 이 숫자 자체는 그리 중요하지 않다. 그리고 이것이야말로 우리 교회에서 일어난 가장 큰 변화라 할 수 있다. 다시 말해, 발견 프로젝트는 우리의 대화를 변화시켰다. 물론 우리도 아직 예배 참석 교인 수와 교회 활동에 대해 이야기한다. 그러나 이 조직 안의 모든 구성원들은 그 수치가 곧바로 우리가 진정으로 쫓고 있는 바를 측정하는 기준이 되지는 않는다는 것을 안다. 우리가 쫓는 것은 다름 아닌 예수님을 위해 사람들의 마음과 삶을 변화시키는 것이다.

'사실'은 진정 우리의 친구였다. 발견 프로젝트와 윌로크릭의 직원들의 결단과 노고 덕분에 이 '사실'들은 우리를 도와 우리가 성도들이 그리스도와의 관계에서 성장할 수 있도록 더 잘 도울 수 있게 해 주었다.

7

조사의 접근법 및 방법론

이 일을 시작할 때 우리는 '과학적 조사로 영적 성장을 이해하고, 심지어 측정할 수 있도록 도울 수 있을까?'라는 간단한 질문 하나를 품었다. 그러니까 '시장에서 소비자의 태도와 행동을 측정하기 위해 사용하는 조사 도구를 지역 교회가 교인들의 영적 신념과 행동을 측정하는 일에 쓸 수 있을까?'가 우리의 질문이었던 것이다. 우리는 그럴 수 있을 거라고 믿었다.

우리는 2004년 윌로크릭에서 첫 번째 설문조사를 완료한 이래 계속해서 그 도구를 다듬어 왔으며, 현재 우리의 데이터베이스에는 1,000개 교회에 출석하는 약 25만 명의 교인들에게서 받은 설문조사 결과가 들어 있다. 이 조사를 진행한 지 수년이 지난 지금, 우리는 이 설문조사 도구와 분석이 교회 지도자들에게 유효하고 가치 있는 통찰을 제공할 수 있음이 입증되었다고 확신한다.

다음은 이 조사의 접근법과 방법론을 간단히 개관한 내용이다.

접근법

우리의 접근법은 다음과 같은 세 가지 주요 영역과 질문들에 초점을 두었다.

> ▶ **단계:** 교회가 주의하여 섬겨야 할 사람들의 그룹과 단계는 각각 어떻게 구분될까?
>
> ▶ **필요:** 영적 성장을 위한 필요 중 어떤 것이 충족되고 있으며, 또 어떤 것이 충족되지 못하고 있는가? 또는 모든 성장 단계의 사람들이 불만을 느끼고 있는 부문은 무엇인가?
>
> ▶ **동인 및 장애물:** 영적 성장의 동인은 무엇이며 이를 방해하는 장애물은 무엇인가?

이상의 세 가지 영역이 그동안 수집한 정보를 정리하기 위한 틀을 만들 때 고려한 요소들이다.

방법론

대체적으로 조사연구 방법론에는 질적 연구와 양적 연구라는 두 가지 방법론이 있다. 우리는 이 두 가지 방법론을 기본으로 사용한 후, 여러 분석 기술 및 과정을 적용하여 데이터를 재검토하였다.

질적 연구(통찰의 취합)

일반적으로 이 연구는 일 대 일로 이뤄지는 과정으로, 조사원은 한 개인에게 직접적으로 질문을 던진다. 이때 질문자는 단순한 정보와 견해뿐만 아니라, 해당 주제에 대한 상대방의 감정과 동기도 얼마든지 조사할 수 있다. 조사원들이 이 같은 질적 데이터를 사용하는 것은 이것이 가설과 신념, 태도와 동기를 명확히 파악하는 데 도움이 되기 때문이다. 질적 작업은 주로 연구 초기에 이뤄지는데, 이를 통해 조사원이 양적 도구에서 사용하게 될 언어를 세부적으로 조정할 수 있기 때문이다.

양적 연구(통계적 신뢰성과 타당성의 구축)

이 과정에서는 보통 상세한 설문지를 만들어 수많은 사람들에게 배포한다. 이 설문지의 질문은 주로 객관식이어서, 참여자는 각 질문 아래 적힌 여러 보기 가운데 가장 적절한 답을 선택한다. 양적 연구를 하게 되면 방대한 양의 데이터를 수집할 수 있어 이를 훨씬 많은 인구에 대하여 일반화하기에 유리하며, 두 개 이상의 그룹 사이에 직접적인 비교도 가능해진다. 양적 연구의 경우, 통계학자들이 그 결과를 분석할 때 사용할 수 있는 방법이 다양하게 존재한다는 이점도 있다.

분석 과정 및 분석 기술(통찰 및 결론의 수량화)

양적 연구를 할 때는 따로 분석 계획을 세워 그 데이터를 가지고 관찰에 근거한 통찰을 만들어 낼 수 있어야 한다. 크게 네 차례의 설문조사를 진행하는 동안 우리는 다음과 같은 다양한 분석 기술을 사용하였다.

- **상관 분석:** 두 개의 변수 사이에 상관관계가 있을 경우, 그 상관관계의 정도를 측정한다. 상관관계가 발견되었다고 해서 꼭 한 가지 변수가 다른 한 가지 변수의 원인이라고 볼 수는 없다. 다만 그 움직임의 패턴이 서로 연결되어 있다고만 말할 수 있다.

- **판별 분석:** 어떤 변수들이 두 개 이상 그룹들 사이의 차이를 가장 잘 설명하는지를 결정한다. 하지만 그렇다고 해서 그 변수들이 직접적으로 그 그룹들 간의 차이를 발생시켰다고 추론할 수는 없다. 다만 그 변수에 관한 한 그 그룹들 사이에 중요한 차이가 있다고 말할 수 있을 뿐이다.

- **회귀 분석:** 변수들 간의 관계를 조사하기 위해 사용한다. 이 기술은 주로 결과로 나타나는^{혹은 종속된} 변수를 다른 하나 이상의 독립 변수를 통해 예측할 수 있는지를 알아볼 때 사용한다.

- **위계적 군집 분석:** 어떤 설문조사 항목에서의 통계적 속성이 서로 가장 비슷한지를 확인하여 그에 따라 여러 그룹들을 하나로 묶을 때 사용한다. 이 같은 분류가 타당한 것이었는지는 바로 다음에 나오는 '확인 요인 분석'을 통해 검증받는다.

- **확인 요인 분석:** 어떤 설문조사에 대한 일련의 항목들이 하나 이상의 근원적 요소를 공유하고 있다고 이론화시킨 모델을 검증할 때 사용한다. 이 모델을 검증하는 것은, 데이터가 그 이론에 얼마나 잘 맞아떨어지는지를 확인하기 위해서다.

- **경로 분석:** 회귀 분석 기술을 발전시킨 분석 기술로, 결과로 나타나는 ^{혹은 종속된} 변수에 대한 여러 변수들의 상대적인 영향력을 알아볼 때 사용된다. 이 기술을 사용하면 간접적인 영향^{결과 변수에 대한 한 개 이상의 변수들}

의 효과가 또 다른 변수의 영향을 받는 경우도 계산할 수 있다. 직간접적 영향에 대한 이론적 모델을 개발하고 검증하는 것 역시, 데이터가 그 이론에 얼마나 잘 맞아떨어지는지를 확인하기 위해서다. 그리고 적합한 수준의 결과가 나오면 그 이론은 인정 받는다.

우리는 윌로크릭에 집중하여 조사를 진행한 2004년은 물론, 수백 개 교회들이 참여한 2007년의 조사에서도 질적 방법론과 양적 방법론을 모두 사용했다. 다음은 가장 최근에 진행한 설문조사 작업 때 사용했던 방법론들을 요약한 것이다.

질적 연구 시기

2006년 12월

▶ 교인 68명과의 일 대 일 인터뷰: 특별히 영적으로 가장 성장한 단계에 있는 사람들을 선정하여 인터뷰를 진행했다. 이때 우리의 목표는 설문지를 만들기 위한 지침이 되는 통찰과 문구를 찾는 것이었다.

▶ 인터뷰에 소요된 시간: 30-45분

▶ 15개 주제에 집중: 인터뷰는 각 개인의 영적 생활의 역사와 교회의 배경, 개인적인 신앙 훈련, 영적 태도 및 신념 등을 주제로 삼았다.

2008년 4-5월과 9월

▶ 16개 교회와의 심층 인터뷰: 특별히 발견 프로젝트의 데이터베이스에

서 영적 활력 지수를 기준으로 최상위 5퍼센트에 속한 교회들을 선정하여 인터뷰를 진행했다. 이때 우리의 목표는 이 교회들이 다른 교회들에 비해 두드러진 결과를 얻은 이유가 무엇이며, 이 교회들을 최고의 모범 교회로 모이게 만든 공통점이 있는지를 알아보는 것이었다.

▶ 첫 번째 전화 인터뷰에 소요된 시간: 60-90분
▶ 두 번째 대면 인터뷰에 소요된 시간: 이틀간에 걸친 단체 모임
▶ 다양한 부문의 주제에 집중: 인터뷰는 교회의 역사 및 배경, 종합적인 교회의 목표, 교회의 사역 과정, 교회가 현재 진행 중인 프로그램, 교인들에 대한 기대, 영적 성장에 집중하고 있는 정도, 교회의 성공 여부를 측정하는 방법, 직원 선정 방법 등을 주제로 삼았다.

양적 연구 시기

1기 (2007년 1-2월)
▶ 다양한 지역과 규모, 인종 및 형식을 가진 일곱 개 교회들에 대한 온라인 현장 조사
▶ 4,943건의 설문응답 접수
▶ 설문지에 포함된 53개 질문의 주제
  -기독교와 개인적인 영적 삶에 대한 태도
  -성경 읽기와 기도, 일기 쓰기 등의 훈련을 하는 횟수 등 개인적인 신앙 훈련 현황
  -영적 성장과 관련한 교회의 역할에 대한 만족도

-영적 성장과 관련한 교회의 특정한 자질성경을 깊이 있게 이해할 수 있도록 도와주는것등들의 중요도와 만족도

-영적 성장에 대한 가장 큰 장애물

-주일 예배와 소그룹, 청년부 및 봉사 같은 교회 활동에 대한 참여 여부와 만족도

2기(2007년 4-5월)

▶ 다양한 지역과 규모, 인종 및 형식을 가진 25개 교회들에 대한 온라인 현장 조사

▶ 1만 5,977건의 설문응답 접수

▶ 1기 조사에서 사용한 설문 문항을 다듬어 사용

3기(2007년 10-11월, 2008년 1-2월)

▶ 다양한 지역과 규모, 인종 및 형식을 가진 미국의 398개 교회들에 17개 국가의 91개 교회를 추가하여 이들에 대한 온라인 현장 조사

▶ 11만 6,239건의 설문응답 접수

▶ 2기 조사에서 사용한 설문 문항을 다듬어 사용

-설문 범위를 확대하여 『그리스도인의 생활개요 평가도구』에서 발췌한 핵심적인 기독교 신념과 신앙 훈련에 대한 20개 진술을 추가[1]

-주일 예배와 소그룹, 아동부 및 청년부, 봉사 경험과 관련한 교회의 특정한 자질에 대한 중요도와 만족도까지 추가로 측정

---

1   Randy Frazee, The Christian Life Profile Assessment Tool Training Kit(Grand Rapids, Mich.: Zondervan, 2005).

▸ 다양한 지역과 규모, 인종 및 형식을 가진 미국의 609개 교회들에 대한 온라인 현장 조사

▸ 13만 1,814건의 설문응답 접수

▸ 3기의 조사에서 사용한 설문 문항과 최고의 모범 교회들과의 인터 뷰에서 나온 질적 데이터에 근거하여 질문들을 다듬어 사용

　-설문 범위를 확대하여 담임목사의 리더십에 대한 중요도와 만족 도를 측정하는 17개 항목을 추가

　-영적 성장과 관련한 교회의 역할이라는 부문에서의 중요도와 만 족도를 측정하는 18개의 항목 추가

분석 과정 및 참고자료

　매 조사 시기마다 우리는 통계학자들과 조사 전문가들이 실행하는 분석 계획을 사용했다. 이 계획 하에 상관 분석과 회귀 분석, 판별 분석, 군집 분석, 확인 요인 분석, 경로 분석 같은 많은 분석 기술들을 사용했다. 우리가 사용한 분석적 접근법을 넓게 보면, 이 연구 조사 철학의 본질을 다음 세 가지 진술로 설명할 수 있다.

　우리의 조사는 시의적절한 스냅사진이다

　이 조사를 실행할 때 우리는 의도적으로 스냅사진처럼 한 시기의 어떤 순간만을 대상으로 하였다. 따라서 '교회가 제공하는 영적 지도를

가치 있게 생각하는 것'과 같은 특정 변수로 인해 대상이 어느 한 단계에서 다른 단계로 이동할 수 있다는^{예를 들어 '그리스도 안에서 성장하는 단계'에서 '그리스도와 친밀한 단계'로} 확신을 근거로 판단하는 것은 불가능하다. 인과관계를 확립하려면 시기에 따른 한 사람의 영적 발전상을 평가하는 작업이 수반되어야 한다^{추적 연구}.

그러나 영적 지도를 가치 있게 생각하는 비율이 그리스도 안에서 성장하는 단계에 있는 사람들에 비해 그리스도와 친밀한 단계에서 높은 것으로 나타난다는 사실은, 교회가 제공하는 영적 지도를 가치 있게 생각하는 것이 이 두 단계 사이의 영적 변화에 영향을 미친다는 강한 증거다. 영적 지도가 변화의 '원인'이 된다고 확정적으로 말할 수는 없지만, 판별 분석을 이용하면 이 두 단계를 구분해 주는 가장 확실한 차이점을 확인할 수 있다. 따라서 우리는 조사 결과들을 통해 특정 요인이 다른 요인들에 비해 훨씬 더 '예측 가능'하며, 결과적으로 그것이 다른 요인들보다 영적 성장에 더 큰 영향을 미친다고 추론하였다.

우리의 궁극적인 목표는 긴 기간을 두고 여러 시점에서 한 개인을 조사하여^{추적 조사} 영적 성장의 자연스러운 영향을 보다 명확하게 이해하는 것이다. 그러나 추적 조사는 실행하기가 쉽지 않다. 그러기 위해서는 오랫동안, 대상이 이사를 가거나 교회를 옮기는 그 모든 과정을 쫓아 다녀야 하기 때문이다. 이런 조사는 보통 '스냅사진'식의 조사를 통해 어떤 주요 변수를 중심으로 장기간의 변화를 측정해야 할지를 확인하고 난 후에야 이뤄진다. 그러나 추적 조사의 결과가 나와 있다 할지라도 우리가 알아내야 할 것은 여전히 아주 많이 남아 있다. 영적 형성과 관련된 많은 사항들을 우리는 결국 온전히 다 이해하지 못할 것이다. 지금 우리가 측정한 태도와 행동을 결정적인 영적 형성이라고 오해해서는 안 된다. 이것은 단지 우리의 영적 형성을 위해 일하시는 중에 성령님이 사람의 마음을 열기 위해 사용하시는 도구로만 받아들여야 할 것이다.

이 조사의 목적은 지역 교회들에 진단 도구를 제공하는 것이다

우리가 이 일을 시작한 것은 시장에서 사람들이 적은 비용만을 사용해 최선의 조사도구에 해당하는 진단 도구를 교회들에 제공하기 위함이다. 이것은 '순수' 연구라기보다는 '응용' 연구다. 다시 말해, 이 연구의 목적은 학술지에 실을 사회과학적 발견을 하기 위함이 아니라, 교회 지도자들에게 실제 행동으로 옮길 수 있는 통찰을 제공하는 것이라는 말이다.

간단히 말해 우리에게도 추적 연구를 통해 연구의 기반을 강화하고픈 생각은 있지만, 일단은 적절한 통계학적 분석을 이용하여 어떤 한 시점의 상황을 조사하고 그 결과에 기초하여 사람들이 교회와 교회의 담임목사에게 원하고 필요로 하는 것이 무엇인지에 대한 결론을 도출해 내기로 했다. 이 접근법은 미국 내에서 가장 성공적이고 가장 존경받는 몇몇 기관들에서의 의사결정에 정기적으로 영향을 미치는 가장 엄격한 시장 조사의 기준에도 부합한다.

조사는 과학인 동시에 예술이다

우리의 발견 사실들의 근간이 된 데이터들은 과학만큼이나 포괄적이고 설득력이 있는 것이었고, 동시에 다년간의 경험에서 우러나온 결정을 내리는 놀라운 실력을 가진 전문가들의 도움도 받았다. 이 작업을 가장 가까이서 진행해 온 세 명의 조사 전문가들은 50년 이상 광범위하게 적용되는 조사 프로젝트에 몸담아 온 인물들이다. 에릭 안슨은 P&G의 양적 소비자 과학 부서에서 경력을 시작했으며, 나중에는 컨설팅 회사인 맥킨지앤드컴퍼니의 브랜드 전략 북미 대표로 일했다. 테리 슈바이처Terry Schweizer는 20년간 세계 최대의 소비자 시장 조사 기관에서 일하며 시카고 지점을 운영하다가, 2007년 이후로는 발견 프로젝트 팀의 전임 직원으로 일하고 있다. 텍사스 대학 오스틴 캠퍼스에서 정량법으로 박사학위를 취득한 낸시 스캄마카 루이스Nancy Scammacca Lewis는 지난 7년간 한 지역 교회에서 비상근 목회 직원으로 일하는 한편, 교육과 사회과학과 관련된 조사 프로젝트에 자문으로 참여해 왔다. 에릭과 테리, 낸시 이 세 명의 사람들이 자신들의 장기인 전문 지식과 판단력을 쏟아 부어 이 책에 수록한 모든 발견을 정리하였기에, 우리는 이 조사의 예술적 요소와 과학적 요소가 아주 공고한 바탕 위에 세워져 있다고 자신 있게 말할 수 있다.

연구 기준

요약하자면 우리는 견고한 질적 연구와 총 네 번의 시기에 걸쳐 이뤄진 1,000개 이상의 다양한 교회들에 대한 양적 설문조사 등 오늘날 실행할 수 있는 최고의 응용 조사 기준을 동원하여 이 연구를 행했다. 아직 해야 할 일들도 많이 남아 있지만 이 책에 담긴 통찰과 발견 사실들은 매우 높은 수준의 탁월한 조사를 통해 비롯되었다고 자신한다.

본질적으로 이 책은 '하나님과 이웃에 대한 사랑의 증가'로 정의되는 영적 성장이 어떻게 일어나는지를 다룬 이야기다. 우리의 조사에 따르면, 영적 성장이란 2인용 자전거처럼 우리가 가진 물질적 보물과 감정적 보물을 동시에 하나님의 돌보심에 온전히 제물로 희생하겠다는 의지를 키울 때 일어난다.

그런 측면에서 우리는 이 작업이 완료되기까지 진정한 희생을 마다하지 않은 몇몇 분들께 진심으로 감사의 마음을 전하고 싶다.

▶ 에릭 안슨은 지칠 줄 모르는 대변인의 역할뿐만 아니라 작업을 진행하는 매 단계에서 비범한 지혜와 격려를 나눠 주는 역할을 해 주었다.

▶ 테리 슈바이처는 시장에서 쌓아 온 오랜 경력을 뒤로하고 자신의 중요한 재능과 전문 지식을 오로지 발견 프로젝트를 위해 희생해 주었다.

▶ 빌 하이벨스는 이 작업을 홍보해 주는 것은 물론, 우리가 알게 된 모든 사실들에 대하여 교회가 적절히 대응할 수 있도록 용기 있게 월

로크릭을 이끌어 주었다.

▶ 짐 멜라도Jim Mellado가 발견 프로젝트에 보낸 지지와 리더로서의 지원은 지난 시간 동안 한 번도 시든 적이 없었다.

▶ 크리스틴 앤더슨Christine Anderson은 발견 프로젝트와 관련된 모든 출판물을 맡아 관리해 주었으며 이 작업이 빛을 발하지 못하게 위협하는 온갖 장애들을 극복해 주었다.

▶ 주디 킨Judy Keene은 편집과 글쓰기와 관련된 자신만의 전문성을 발휘하여, 이 책에 신선한 목소리를 부여하고 이 작업에 새로운 수준의 전문적 언어와 표현을 덧입혀 주었다.

▶ 멜 프롭스트Mel Probst와 낸시 스캄마카는 이 조사가 시작된 초기에 뛰어난 은사를 발휘하여 아주 초보적 수준에 머물러 있던 작업에 큰 도움을 주었다. 그들이 없었다면 지금과 같은 수준의 결과물이 나오지 못했을 것이다.

▶ 로리 메이어스Lori Meyers는 행정적 기술과 뛰어난 유머 감각으로 팀의 분위기를 활기차게 만들어 주었으며, 상황이 좋을 때는 물론 나쁠 때도 일이 순조롭게 진행될 수 있게 해 주었다.

▶ 윌로크릭 리더십 팀은 발견 프로젝트의 결과에 따라 교회의 전략과 부서를 완전히 바꾸자는 제안에 만장일치로 동의해 주었다.

▶ 가족들은 집안일에 최선을 다하지 못할 때도 우리를 받아들여 주고 끊임없이 큰 사랑과 인내로 우리를 응원해 주었다.

마지막으로 개척 정신과 교인들에 대한 사랑으로 여러 차례 우리를 다음 고지로 이끌어 준, 발견 프로젝트에 참여한 모든 교회들에 대하여 감사하다는 말을 하지 않는다면, 그것은 우리의 큰 불찰이 될 것이다. 우리가 스스로를 의심하는 순간에도 우리를 믿어 준 그들이 있었기에 이 작업은 이렇게 예수님을 기쁘시게 해 드릴 수 있었다.

윌로크릭 협회

본 자료는 윌로크릭 협회와의 제휴로 발표한 여러 사역 도구 가운데 하나다. 윌로크릭 협회는 아직 하나님의 가족이 되지 못한 채 살아가는 사람들을 환영하는 환경을 만들고, 그들로 하여금 믿음을 통해 사랑에 기초한 하나님의 구원의 부르심을 좀 더 쉽게 받아들일 수 있도록 애쓰는 교회와 교회 지도자들을 돕기 위해 1992년에 만들어졌다.

이 혁신적인 교회들과 그 지도자들은 그리스도와 하나님 나라에 대한 전적인 헌신을 통해 가장 심오한 차원에서 서로 연결되어 있다. 교인들로 하여금 그리스도 중심의 헌신을 향한 길을 걷도록 돕는 교회를 세우기 위해 필요한 것이라면 무엇이든 할 각오가 되어있는 이들은, 다양한 영적 단계에 속한 모든 신자들을 격려하며 그들이 완전히 변화된 그리스도 중심의 삶을 살아갈 수 있도록 계속해서 이끌고자 하는 깊은 열망을 공유하고 있다.

오늘날 전 세계적으로 80개 교파 1만 개 이상의 교회들이 공식적으로 윌로크릭 협회와 연계하고 있으며, 각기 이 협회의 회원이 된 이 교회들은 서로 간에도 관계를 맺고 있다. 그 밖에도 수천 개가 넘는 교회들이 네트워크의 형성과 각종 훈련 및 참고자료와 관련하여 도움을 얻기 위해 윌로크릭 협회를 찾고 있다.

윌로크릭 협회의 사역에 대해 더 많은 정보가 필요하다면 willowcreek.com을 참고하기 바란다.

무브

영적 성장에 대한 1,000개 교회들의 증언

초판 1쇄 인쇄 2013년 1월 30일
초판 1쇄 발행 2013년 2월 10일

지은이 그렉 호킨스, 캘리 파킨슨
옮긴이 박소혜
펴낸이 오정현
펴낸곳 도서출판 국제제자훈련원

기획책임 김명호
편집책임 옥성호
디자인 이은교
마케팅 김겸성 송상헌 고태석 박형은 오주영 김미정

등록 제22-1240호(1997년 12월 5일)
주소 (137-865) 서울시 서초구 서초1동 1443-26
e-mail dmipress@sarang.org **홈페이지** www.discipleN.com
전화 (02)3489-4300 **팩스** (02)3489-4309

ISBN 978-89-5731-603-0 03230